Mark Zahel

Hüttentouren Südtirol

Vinschger und Meraner Höhenweg, Sarntaler Hufeisen, Keschtnweg, Dolorama, von Seis nach Sexten

6 leichte Mehrtagestouren

AF635947

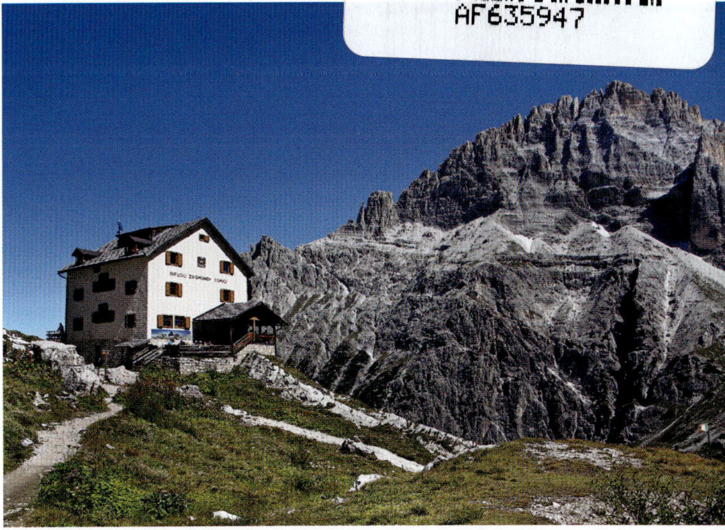

ROTHER
BERGVERLAG

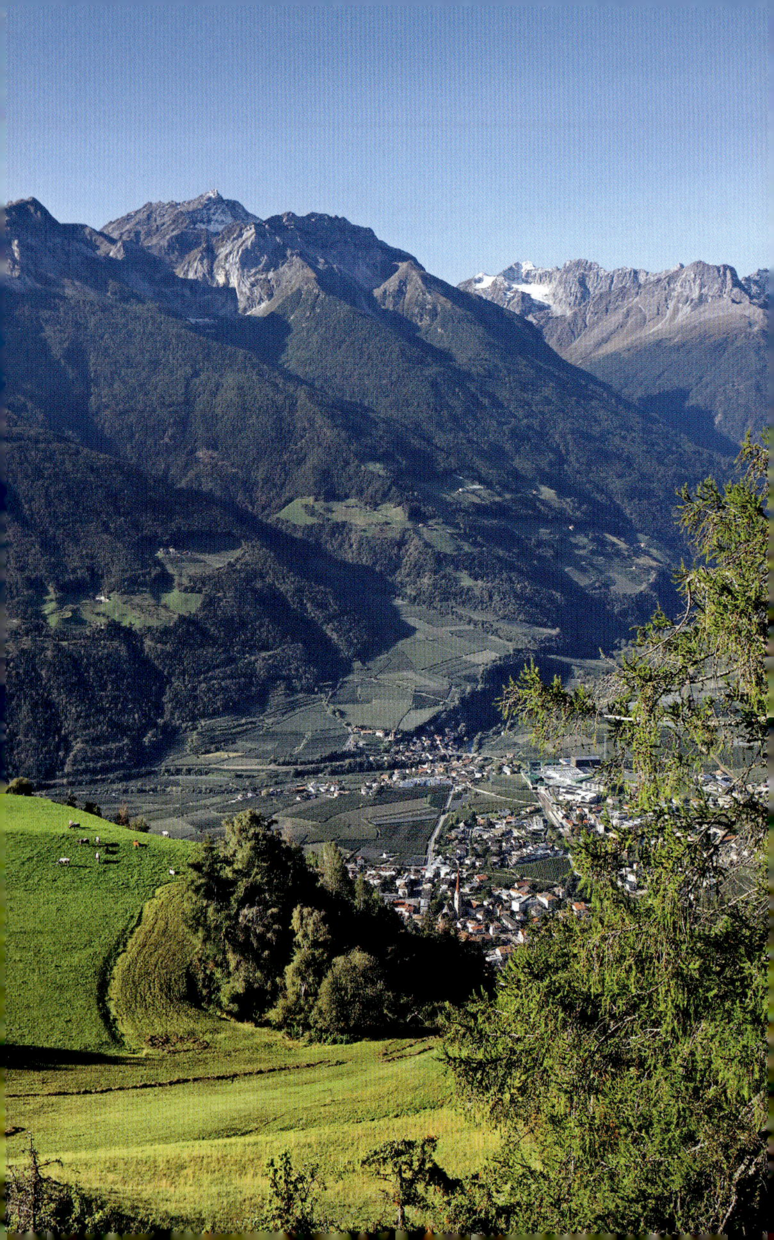

VORWORT

Egal, ob man es als Weitwandern, Trekking oder einfach als Mehrtagestouren bezeichnet, diese Art des Unterwegsseins in den Bergen verspricht besonders intensive Erlebnisse. Im besten Fall stellt sich ein regelrechter »Flow« ein, der uns sukzessive vom Alltag entbindet und den Fokus auf das Schrittmaß inmitten der Natur legt. Häufig sind Touren von Hütte zu Hütte ja eher auf den ambitionierten Bergwanderer mit Alpinerfahrung zugeschnitten. Dass es auch moderate Unternehmungen gibt, und zwar durchaus ausgedehnte, beweist dieses Buch. Es stellt vom Vinschgau bis hinüber in die Dolomiten sechs der wichtigsten leichteren Trekkings in Südtirol vor, die sich in jeweils fünf bis zehn Tagen absolvieren lassen.
Auf dem Vinschger Höhenweg geht es in weiten Bereichen noch sehr ruhig und urtümlich zu, auch ist die Infrastruktur hier relativ bescheiden: eine echte Empfehlung für Entdeckungslustige. Anders sehen die Umstände beim populären Meraner Höhenweg, der sehr facettenreich rund um die Texelgruppe führt, aus. Nicht nur diverse Hütten und Berggasthäuser, auch einige Höfe, haben sich auf Wanderer eingerichtet. Eine weitere spannende, mittlerweile fast schon klassische Tour von Hütte zu Hütte ist das große Sarntaler Hufeisen, das bestmöglich der Topografie der Sarntaler Alpen folgt. Weniger hoch hinaus geht es auf dem Keschtnweg entlang des Eisacktals, den man vor allem auch als Kulturwanderung apostrophieren kann: mehr noch als alle anderen eine Genusswanderung im buchstäblichen Sinn. Großartige Aussichten im Namen trägt der relativ neu konzipierte Dolorama-Weg durch die Lüsner Berge, die Peitlerkofel- und Geislergruppe im Nordwesten der Dolomiten. Wer indes die volle Ladung Dolomiten einfangen möchte, begibt sich vorzugsweise auf eine vollständige West-Ost-Durchquerung zwischen Schlern und Drei Zinnen respektive von Seis nach Sexten. Dieses Trekking ist mit seinem Füllhorn an Landschaftsbildern vielleicht sogar die Krönung unserer Auswahl.
Was bedeutet nun das Attribut »leicht«? Grundsätzlich ist diese Vokabel relativ zu verstehen, denn als Maßstab gilt das normale Bergwandern auf markierten Wegen und Steigen, speziell in der alpinen Form von Hütte zu Hütte. Gleichwohl werden in diesem Band harte Kriterien berücksichtigt: Die Anforderungen sollen sich weithin im Schwierigkeitslevel T2 bewegen und T3 nirgends übersteigen. Letzteres entspricht der Rother-Farbeinstufung »rot« (also mittel), wonach zumindest elementare Trittsicherheit erforderlich ist – dies tatsächlich aber nur abschnittsweise. Auch in konditioneller Hinsicht lässt sich zumeist ein gut beherrschbares Maß einhalten, denn mit Ausnahme des Vinschger Höhenwegs kommen tägliche Gehzeiten von mehr als fünf Stunden kaum vor. Oft lassen sich die Etappen sich flexibel gestalten.
Bleibt mir, Ihnen erlebnisreiche Wandertage in der schönen Bergwelt Südtirols zu wünschen!

Mark Zahel, im Frühjahr 2024

INHALTSVERZEICHNIS

WICHTIGE HINWEISE FÜR UNTERWEGS

Jede der sechs Mehrtagestouren wird zunächst mit einer allgemeinen Einführung gewürdigt. Eine Übersichtskarte vermittelt erste Orientierung. Die Tourenkapitel beschreiben dann einzelne logische Abschnitte, die aber nicht notwendigerweise tatsächlichen Tagesetappen entsprechen müssen, denn die Einteilung kann häufig individuell vorgenommen werden, insbesondere bei hoher Dichte von Unterkünften, wie es etwa am Meraner Höhenweg oder in den Dolomiten der Fall ist.

Schwierigkeitseinstufung

In der Kopfzeile jedes Routenabschnitts sind im Hinblick auf die Nutzerfreundlichkeit bereits wichtige Parameter wie Gehzeit, Höhenmeter und Distanz aufgeführt. Die Farbe der Tourennummer gibt einen (groben) Hinweis auf das Schwierigkeitsniveau der Etappe. Grundsätzlich werden in Rother-Wanderführern drei Kategorien unterschieden, von denen in diesem Band – gemäß seiner Ausrichtung – nur die ersten beiden relevant sind.

SCHWIERIGKEITSKATEGORIEN

■ = Leicht

Bergwanderung auf gut ausgebauten und markierten Wegen von meist nur mäßiger Steilheit. Passagen in abschüssigem Gelände sind selten. Ein Grundmaß an Trittsicherheit kann vorteilhaft sein, sonst gibt es aber keine besonderen Anforderungen. Auch konditionell nicht überdurchschnittlich fordernd.

■ = Mittel

Wege und Bergpfade, die solide Trittsicherheit erfordern, in ausgesetztem Gelände auch Schwindelfreiheit. Sie sind in der Regel ebenfalls ausreichend markiert, weisen aber nicht selten schmalen Verlauf auf und können stellenweise gesichert sein. Der Gebrauch der Hände ist jedoch höchstens unterstützend notwendig, klettern im eigentlichen Sinn muss man nicht. Im alpinen Gelände nimmt die Abhängigkeit von den herrschenden Verhältnissen zu. Ist bei technisch leichteren Routen allein der konditionelle Anspruch hoch, wird ebenfalls in diese Kategorie eingestuft.

■ = Schwierig

Anspruchsvollere Routen in oft hochalpinem, beschwerlichem Gelände. Eventuell kann eine erkennbare Trasse am Boden fehlen, außerdem ist mit einfachen Kletterstellen (erster oder maximal zweiter Grad) zu rechnen. Absolute Trittsicherheit und Schwindelfreiheit sind ebenso unerlässlich wie eine umfassendere alpine Erfahrung. Die Abhängigkeit von Wetter und Verhältnissen ist umso mehr zu beachten.

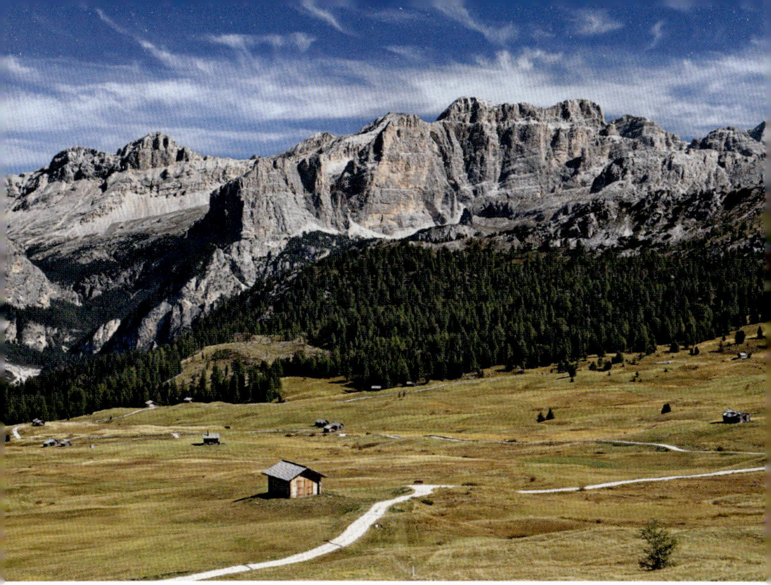

Stadelbesetzte Wiesen vor schroffem Felsgemäuer: auf der Pralongià.

Im Zuge einer differenzierten Bewertungspraxis soll zusätzlich auf die ursprünglich vom Schweizer Alpenclub entworfene »T-Skala« zurückgegriffen werden. T1 und T2 liegen im »blauen« Bereich, T3 im »roten« und spätestens ab T4 wird üblicherweise »schwarz« deklariert. Nachfolgend die maßgeblichen Definitionen, wie sie für unsere Zwecke Bedeutung besitzen:

DIE SCHWIERIGKEITSSKALA NACH MUSTER DES SAC

Grad	**Weg, Gelände**	**Anforderungen**
T1 Wandern	Weg gut gebahnt, Gelände flach oder leicht geneigt, keine Absturzgefahr.	Keine Anforderungen, auch mit Turnschuhen geeignet, Orientierung problemlos.
T2 Bergwandern	Weg mit durchgehender Trasse, Gelände teilweise steil, Absturzgefahr nicht völlig ausgeschlossen.	Etwas Trittsicherheit, Trekkingschuhe empfehlenswert, elementares Orientierungsvermögen.
T3 Anspruchsvolles Bergwandern	Weg nicht unbedingt durchgehend, ausgesetzte Stellen evtl. gesichert, ggf. etwas Händeunterstützung, Geröllflächen, einfache Schrofen.	Gute Trittsicherheit, Trekkingschuhe, elementare alpine Erfahrung, durchschnittliches Orientierungsvermögen.

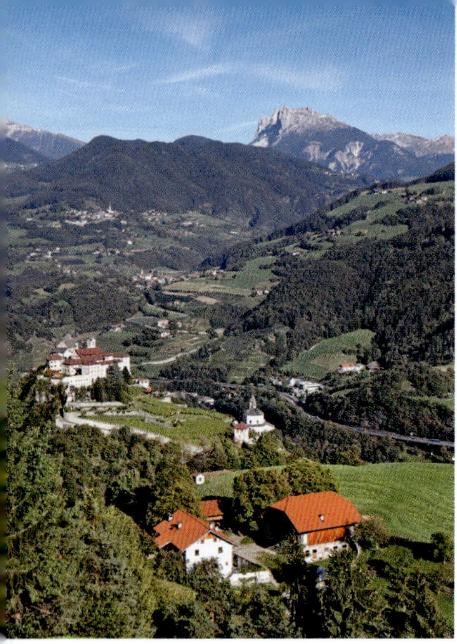

Am Keschtnweg bei Klausen; im Mittelgrund thront Kloster Säben.

Gehzeiten/Höhenmeter

Die Gesamtgehzeit steht als wichtige Größe sofort erkennbar in der Titelzeile. Das Gleiche gilt für die zu bewältigenden Höhenmeter, die ein zwischenzeitliches Auf und Ab so genau wie möglich und sinnvoll berücksichtigen, sowie die Marschstrecke – sämtlich wichtige Parameter für den konditionellen Anspruch. Maßgeblich ist immer die reine Gehzeit ohne Pausen, wobei die tatsächliche Streuung in der Praxis ein bekanntes Phänomen ist, das mitunter Kritiken seitens der Nutzer verursacht. Ein Autor kann eben nicht alle Einflussfaktoren, unter denen das persönliche Leistungsvermögen des Einzelnen sicherlich an erster Stelle steht, dezidiert berücksichtigen, sondern sich lediglich an berggewohnten, disziplinierten Wanderern ohne erhöhten sportlichen Anspruch orientieren. Diese legen im Aufstieg im Durchschnitt 300 bis maximal 400 Höhenmeter pro Stunde zurück, im Abstieg etwa das 1,5-fache und auf flacher Strecke ca. vier Kilometer.

Die Toureninfo

In jedem einzelnen Kapitel wird vorab in einem Prosatext auf Besonderheiten, Hintergründiges und den jeweiligen Grundcharakter eingegangen. Darunter steht ein Tourensteckbrief als wichtigstes Werkzeug zur konkreten Planung. Folgende Elemente sind üblicherweise enthalten:

- **Ausgangs- und Endpunkt:** Diese ergeben sich nach dem Routenverlauf fortlaufend. Beim Ausgangspunkt der ersten sowie dem Endpunkt der letzten Etappe findet sich ein Hinweis auf die öffentlichen Verkehrsmittel, manchmal auch zwischendurch, wenn Ortschaften mit Infrastruktur berührt werden.
- **Anforderungen:** Es wird über Beschaffenheit der Wege bzw. des Geländes, über besonders relevante Schwierigkeiten sowie an die Begeher gestellte Voraussetzungen Auskunft gegeben. All dies gründet sich allein auf objektive Kriterien und daher immer auf die Annahme günstiger Verhältnisse. Dass z.B. Schlechtwetter die Anforderungen spürbar erhöhen kann, muss zusätzlich einkalkuliert werden. Die Summe dieser hier präzi-

sierten Fakten drückt sich letztlich auch in der Farbe der Tourennummer und dem T-Skalenwert (siehe S. 7) aus.

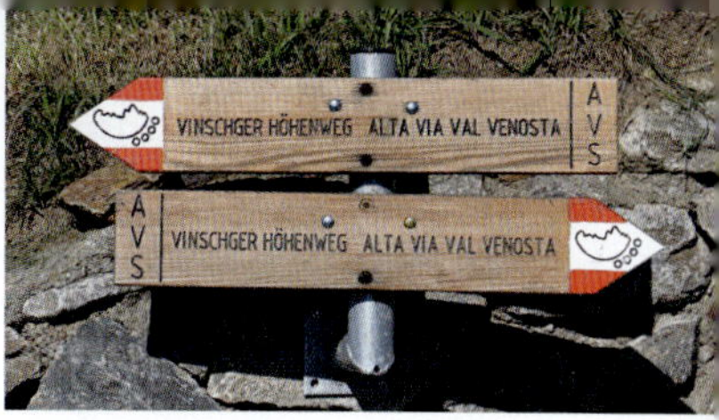

Spezielle Wegweiser erleichtern die Orientierung.

- **Einkehr/Unterkunft:** Aufgeführt werden sämtliche Stationen einer Etappe, die Verpflegung bzw. Übernachtungsmöglichkeit anbieten. Jausenstationen sind normalerweise nur namentlich erwähnt, Unterkünfte hingegen mit Kontaktdaten und bei Berghütten zusätzlich auch die ungefähren saisonalen Bewirtschaftungszeiten.
- **Varianten:** Alternative Routenverläufe in Teilbereichen einer Etappe werden in kompakter Form aufgezeigt. Auch einige Gipfeloptionen finden Erwähnung, allerdings nur, sofern der zusätzliche Aufwand verhältnismäßig gering ist und sich im Rahmen der Tagesetappe realisieren lässt. Bei Keschtnweg, Vinschger und Meraner Höhenweg spielen Gipfelabstecher ohnehin keine oder kaum eine Rolle.
- **Karten:** Standardmäßig empfohlen wird die Tabacco-Karte im Maßstab 1:25.000, die für Südtirol flächendeckend vorliegt. Daraus sind – vorbehaltlich etwaiger Widersprüchlichkeiten – auch alle Höhenangaben entnommen.

Kartenausschnitte und Profile

Als visuelle Planungshilfen dienen der Kartenausschnitt sowie das Höhenprofil, das die wesentlichen Steigungsverläufe wiedergibt und den Überblick über die Gehzeiten (einschließlich Zwischenwerte) enthält. Zudem sind wichtige Wegpunkte verortet, die auch in der Routenbeschreibung kenntlich gemacht werden und mit dem GPS-Track korrespondieren.

GPS-TRACKS UND KOORDINATEN DER AUSGANGSPUNKTE

Auf **gps.rother.de** stehen zu diesem Wanderführer GPS-Tracks und die Koordinaten der Ausgangspunkte zum kostenlosen Download bereit. Dieser QR-Code führt direkt zum Download.
1. Auflage, Passwort: **475201pra**
Die GPS-Tracks können in die **Rother App** importiert werden. In der App kann man unterwegs stets sehen, wo man gerade ist und wo es langgeht. **Anleitungen dazu: rother.de/gps**
Trotz sorgfältiger Prüfung können wir Fehler und zwischenzeitliche Veränderungen nicht ausschließen. Verlassen Sie sich für die Orientierung niemals einzig und allein auf die GPS-Daten, sondern beurteilen Sie die Verhältnisse vor Ort.

Grundsätzlicher Tourenanspruch

Die in diesem Band beschriebenen Touren verlaufen stets auf ordentlich markierten und tendenziell leichteren Wanderwegen. Im äußersten Fall kommen schmale, relativ steile Steigpassagen vor und ganz selten auch mal gesicherte Stellen. Mit grundlegender Trittsicherheit ist bei normalen sommerlichen, also schneefreien Verhältnissen freilich alles beherrschbar. Die konditionellen Anforderungen sind von der individuellen Etappeneinteilung abhängig. Beim Vinschger Höhenweg und dem Sarntaler Hufeisen erscheint diese nicht sehr variabel und im ersten Fall teilweise auch ziemlich streng. Bei den anderen vier Treks kann man hingegen fast nach Belieben kürzere oder längere Tagesetappen wählen. Zumindest in der Hauptsaison empfiehlt sich eine Reservierung der Quartiere, um seinen Schlafplatz zu sichern. Eine straffe Durchorganisation besitzt allerdings auch den Nachteil, dass man weniger flexibel auf äußere Umstände oder spontane Bedürfnisse reagieren kann. Generell lässt sich sagen, dass sich unsere Touren in hohem Maße auch für Trekking-Neulinge und Genusswanderer eignen.

Beste Jahreszeit und Eigenheiten des Wetters

Die Tourensaison richtet sich einerseits nach den Öffnungszeiten der obligatorischen Herbergen, andererseits nach den äußeren Bedingungen, die wiederum vor allem von der Höhenlage abhängig sind (und natürlich von

Nach einem Wettersturz präsentiert sich die Landschaft bei der hoch gelegenen Stettiner Hütte leicht verschneit.

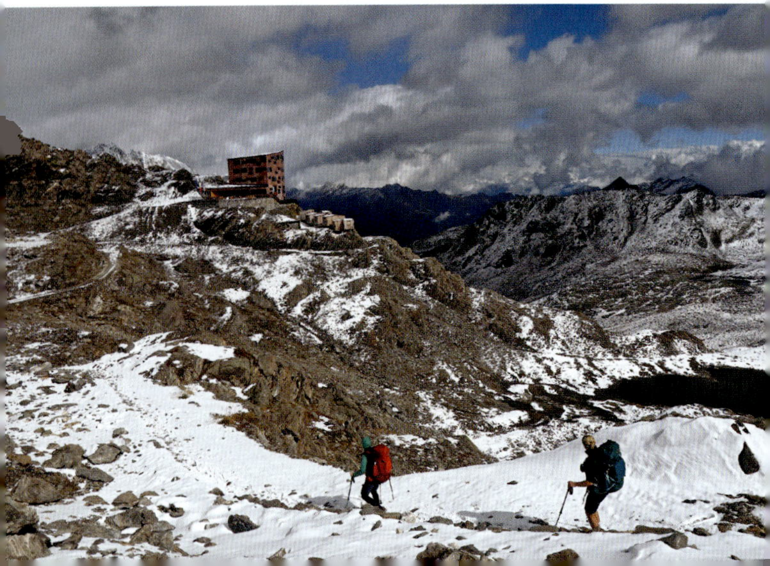

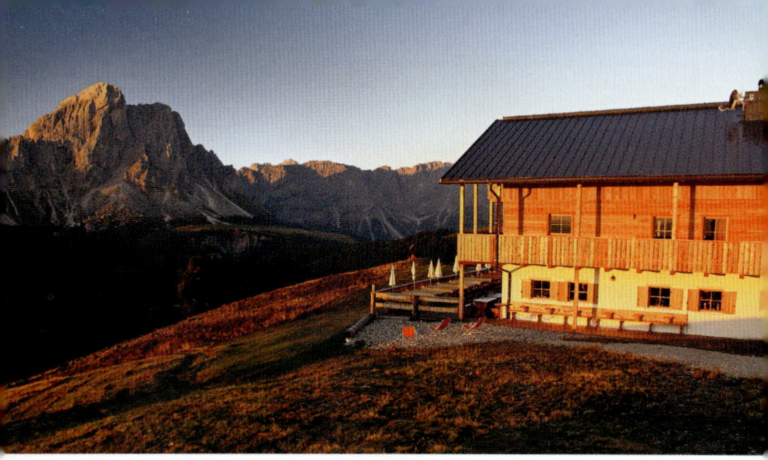

Sonnenaufgang an Maurerberghütte und Peitlerkofel.

der aktuell herrschenden Witterung). Für ausgesprochene Gebirgswanderungen wird die Saison normalerweise im Laufe des Junis eingeläutet und dauert bis mindestens Ende September, mit etwas Glück und Planungsgeschick auch noch bis in den Oktober hinein. Beim Vinschger Höhenweg und den südlichen Bereichen des Meraner Höhenwegs lässt sich diese Spanne oft noch etwas erweitern. Die absolut längste Saison weist der in deutlich tieferen Lagen verlaufende Keschtnweg auf – dort kann man theoretisch fast ganzjährig unterwegs sein.

Wie genussvoll eine Tour letztlich erlebt wird, hängt auch in hohem Maße vom Wetter ab. Diesbezüglich gilt Südtirol ja glücklicherweise als bevorzugter Landstrich, ohne dass damit freilich eine Garantie verbunden wäre, dass die Sonne auch tatsächlich zuverlässig scheint. Aber die Wahrscheinlichkeit dafür ist immerhin vergleichsweise hoch – mit durchschnittlich 55 bis 60 Prozent wird sie von Klimatologen angegeben. Umliegende Gebiete sind teils deutlich niederschlagsreicher, nicht nur was die Gesamtsummen angeht, sondern auch die Zahl der Regentage. Im besonders trockenen mittleren Vinschgau registriert man nur gut 500 Liter im Jahr; am Alpenhauptkamm und gegen Osten hin wird es tendenziell etwas mehr, natürlich auch in gewisser Abhängigkeit von der Höhenlage. Großräumige Wetterfronten wirken sich in Südtirol häufig nur in abgeschwächter Form aus, weil sie sich anderswo bereits großteils abgeregnet haben. Bei Anströmung aus nördlichen Richtungen sorgt der Föhn sogar für trockene Verhältnisse mit ausgesprochen klarer Luft, beeinträchtigt womöglich nur durch einen relativ kalten, böigen Wind. Bei solch einer Wetterkonstellation ist die Reise nach Südtirol aber immer eine gute Idee. In der warmen Jahreszeit wird die Niederschlagsaktivität vornehmlich durch konvektive Vorgänge

WETTERINFOS IM INTERNET

wetter.provinz.bz.it
alpenverein.de/DAV-Services/Bergwetter

verursacht. Und die daraus resultierenden Gewitter sind nicht zu unterschätzen! Vor allem die Dolomiten scheinen meiner Erfahrung nach etwas häufiger betroffen. Darüber hinaus müssen vor allem Südstaulagen als kritisch eingestuft werden – sozusagen als Umkehrschluss zur Nordföhnlage. Denn gegen feuchteschwangere Luftmassen aus dem Mittelmeerraum ist Südtirol nicht so gut geschützt. Die stärksten Niederschläge treten dabei oft auf einer Linie Ultental – Burggrafenamt – Brenner auf, zuweilen auch in den Dolomiten, ohne damit eine Verallgemeinerung auszusprechen. Für richtige Bergtouren ist diese Situation jedenfalls kaum geeignet. Viel besser sieht es selbstredend bei Hochdrucklagen aus, die im Herbst aber auch die Neigung zu Nebel respektive Hochnebel mit sich bringen. Dieser kann mitunter erstaunlich weit hinaufreichen, doch wer drüber steht, erlebt unvergleichliche und womöglich unvergessliche Stimmungen ...

Ausrüstung

Was generell zur Bergausrüstung gehört, dass man nämlich vor allem mit angepasstem Schuhwerk und zweckmäßiger Bekleidung unterwegs ist, wird an dieser Stelle als bekannt vorausgesetzt. Natürlich muss alles auf die Länge der Unternehmung abgestimmt sein. Zum üblichen Wanderequipment kommt in jedem Fall das Notwendige für das »Hüttenleben«, also ein leichter Hüttenschlafsack, Pflegeutensilien, Wechselwäsche etc. Regen- und Kälteschutz ist umso wichtiger, zumal man kaum wird überblicken können, ob sich die Wetterentwicklung über alle Tage günstig gestal-

SYMBOLE

Symbole im Tourenkopf
- mit Bahn/Bus erreichbar
- Einkehrmöglichkeit
- für Kinder geeignet

Symbole im Höhenprofil
- Ort mit Einkehrmöglichkeit
- Einkehrmöglichkeit
- Unbewirtschaftete Hütte, Alm
- P Parkplatz
- Bushaltestelle
- Fahrt mit Bus
- Bahnhof / S-Bahn-Haltestelle
- Gipfel
- Kirche, Kapelle
- Burg, Schloss, Ruine
- Aussichtsturm
- Aussichtsplatz
- Seilbahnstation
- Auf-/Abfahrt mit Seilbahn
- Joch, Passübergang
- Abzweigung
- Brücke

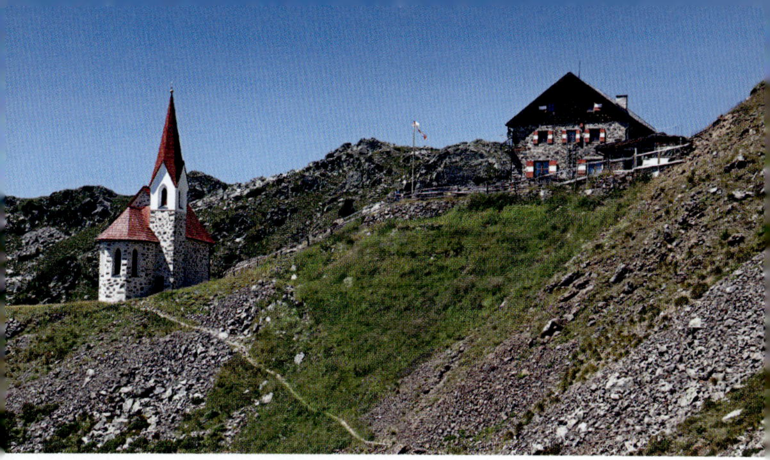

Traute Zweisamkeit: Kirchlein und Schutzhaus am Latzfonser Kreuz.

tet. Man denke jedoch daran, sich nicht wie einen Maulesel zu bepacken und damit das Wandervergnügen zu beeinträchtigen. »So viel wie unbedingt nötig, aber so wenig wie möglich«, lautet gleichsam das Motto. Hier und da ein paar Gramm eingespart, das kann sich am Ende beträchtlich summieren. So erübrigt es sich normalerweise, Proviant in großem Stil mitzuschleppen, da man sich überwiegend auf den Hütten und Jausenstationen verpflegen kann. Oft wird sogar Halbpension angeboten. Freilich darf auch diverser »Kleinkram« nicht vergessen werden – etwa Sonnenschutz, Notfallapotheke, Taschenmesser und Stirnlampe, nicht zuletzt das Kartenmaterial sowie dieser Führer.

Taktik unterwegs

Für das Bergwandern gibt es ein paar allgemeine Tipps, die fast Binsenweisheiten gleichkommen, an dieser Stelle aber kurz aufgegriffen werden sollen, zumal sie bei mehrtägigen Touren verstärkte Bedeutung besitzen. In erster Linie gilt es, mit seinen Kräften haushälterisch umzugehen und stets für eine gute Regeneration zu sorgen. Erholsamer Schlaf in der Nacht und ausreichende, nicht belastende, aber durchaus auch nicht zu kalorienarme Verpflegung sind das A und O, um sich auf Dauer fit und leistungsfähig zu fühlen. Insbesondere die Flüssigkeitszufuhr darf niemals vernachlässigt werden. Man sei allerdings etwas vorsichtig beim Entnehmen von Wasservorräten aus der freien Natur. Mag dies zwar häufig vollkommen unbedenklich sein, kann doch eine einzige mit Keimen belastete Probe zu unangenehmen Missständen führen.
Ein früher Aufbruch hat sich gewöhnlich als vorteilhaft erwiesen. Man braucht natürlich nicht wie bei einer Hochtour zu nachtschlafender Zeit

Der Umwelt zuliebe ...

Auch beim Wandern hinterlassen wir einen ökologischen Fußabdruck, aber im Einklang mit der Natur unterwegs zu sein, ist gar nicht so schwer!

VORBEREITUNG UND ANFAHRT

- Sich vorab informieren, worauf in Bezug auf Natur und Umwelt in der jeweiligen Wanderregion besonders zu achten ist.
- Soweit möglich mit Bahn und Bus anreisen, Wander- und Rufbusse nutzen.
- Ist eine Anfahrt mit dem Auto nötig, Fahrgemeinschaften bilden.
- Bei weiten Anfahrten Mehrtagestouren planen oder von einem Quartier vor Ort aus mehrere Touren absolvieren.
- Flugreisen möglichst reduzieren und durch Beiträge zu Klimaschutzprojekten kompensieren.

KLEIDUNG UND AUSRÜSTUNG

- Beim Kauf von Outdoor-Kleidung auf umweltfreundliche und faire Herstellung achten und Kleidungsstücke möglichst viele Jahre nutzen.
- Ausrüstung kann man eventuell auch gebraucht kaufen oder ausleihen.
- Reparieren statt neu kaufen.

VERPFLEGUNG

- Beim Einkauf Bio-Ware, regionale und saisonale Erzeugnisse bevorzugen.
- Hütten und Gasthäuser auswählen, die regionale Produkte verwenden.
- Auf Einwegflaschen und Plastikverpackungen verzichten, stattdessen wiederverwendbare Trinkflaschen und Brotzeitboxen benutzen.

ÜBERNACHTUNG

- Bei lokalen Anbietern buchen, damit Menschen vor Ort profitieren.
- Auf Hütten und in anderen Unterkünften Strom und Wasser sparen.

UNTERWEGS

- Wege benutzen und Abkürzer vermeiden.
- Sperrungen von Wegen und Schutzgebieten respektieren.
- Keine Blumen pflücken und keine Pflanzen entnehmen.
- Waldbrandgefahr beachten.
- Müll wieder mit nach Hause nehmen und dort entsorgen.
- Toilettengänge in freier Natur möglichst vermeiden.
- Lärm vermeiden.
- Hunde an die Leine nehmen.

ROTHER
BERGVERLAG

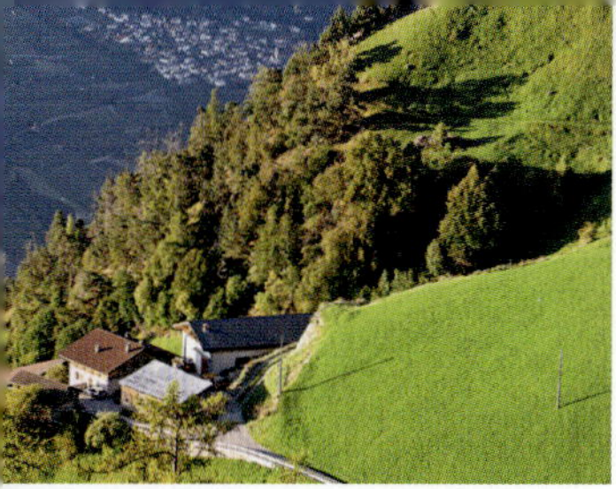
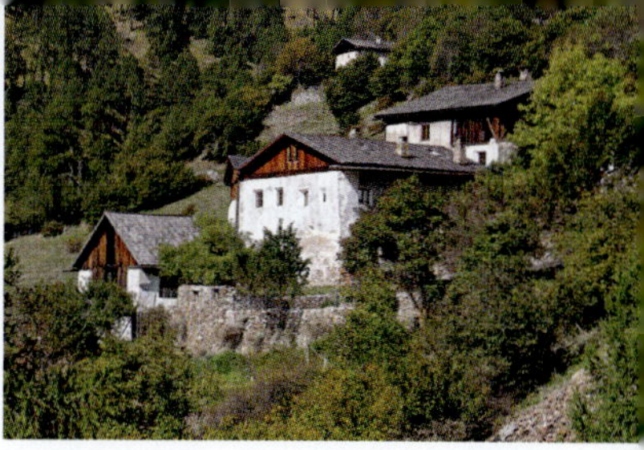

Berghöfe über dem Vinschgau bilden ihre eigene Welt. Besonders archaisch wirken die uralten Rimpfhöfe (rechts).

loszustolpern, doch in frischer Morgenluft gestaltet sich jeder Aufstieg schlichtweg leichter, ganz abgesehen von den traumhaften Stimmungen zu dieser Tageszeit. Wir sollten dann versuchen, alsbald unseren optimalen Gehrhythmus zu finden, was bei Gruppen natürlich nicht immer konform läuft. Prima, falls das Team homogen zusammengesetzt ist, andernfalls ist auf Schwächere Rücksicht zu nehmen. Wenn auch nur ein einziger Teilnehmer spürbar überfordert ist, leiden meistens alle darunter. Regelmäßige Pausen mit einem kleinen Snack können ebenfalls nur förderlich sein, oft geschieht das quasi automatisch an besonders attraktiven Wegpunkten. Man plane außerdem Zeitreserven ein, was wiederum für einen frühen Start am Morgen spricht, der nur hinausgezögert wird, falls die Etappe kurz oder untertags eine Wetterbesserung zu erwarten ist.

Gefahren

Auch wenn man die alpinen Gefahren in einem Wanderführer wie diesem keinesfalls hochstilisieren muss, so gilt es doch daran zu erinnern, dass jedwedes Unterwegssein im Gebirge mit einem gewissen Restrisiko verbunden ist. Eine der häufigsten Ursachen für eine Notsituation oder Unannehmlichkeiten liegt bei Bergwanderungen in der Selbstüberschätzung. Diese kann sich sowohl auf den geländebedingten als auch auf den konditionellen Anspruch beziehen, ist aber durch eine sorgfältige Vorbereitung und umsichtige Durchführung der Tour vermeidbar. Mit reifender Erfahrung tut man sich diesbezüglich leichter. Nicht zu vernachlässigen ist der Einfluss einer etwaigen Gruppendynamik mit ihren (scheinbaren) Zwängen. Daneben gibt es aber auch objektive Gefahren, die das Gebirge an sich mitbringt, vor allem im Zusammenspiel mit dem Wetter. Dazu eine kurze Auflistung:

- **Absturzgefahr:** In ausgesetztem Gelände müssen Trittsicherheit und Schwindelfreiheit entsprechend ausgereift sein, was eine verantwortungsvolle Selbsteinschätzung erfordert. Konzentrierte Fortbewegung und erhöhte Vorsicht speziell bei brüchigem Fels, instabilen Geröllhalden und nassen Grashängen sind angezeigt.

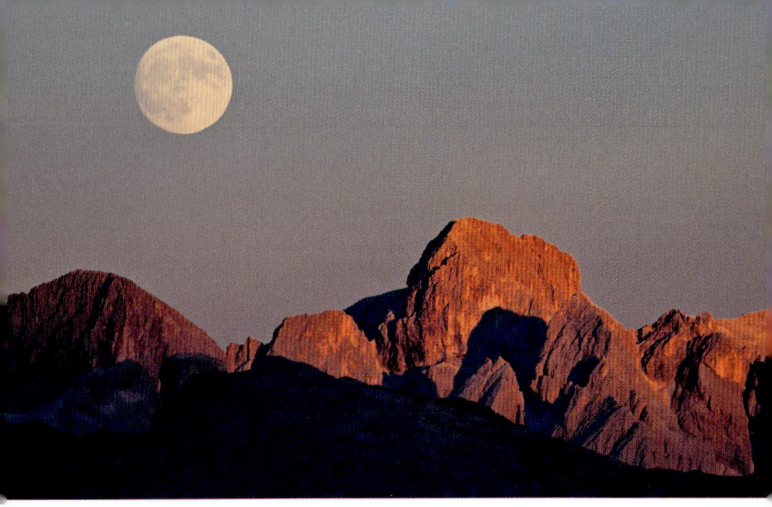

Vollmond über den Gipfeln des Rosengarten.

- **Schneefelder:** Diese treten bevorzugt im Frühsommer auf und können – falls hartgefroren – sehr tückisch sein. Teleskopstöcke bieten nur in mäßig steilem Gelände eine gewisse Hilfe, andernfalls muss mit Pickel und Steigeisen vorgesorgt werden. Im Falle eines Sturzes sofort in die bremsende Liegestützhaltung gehen, bevor der Körper beschleunigt. Besser man unternimmt die Tour erst, sobald der Altschnee vom letzten Winter weithin abgeschmolzen ist. Im Fall eines Kaltlufteinbruchs mit Neuschnee ist besonders kritisches Beurteilungsvermögen gefragt, je nach Intensität bleibt manchmal nur ein Aussetzen oder sogar der Abbruch der Tour.
- **Wildbäche:** Ohne Brücken oder Stege können diese je nach Wasseraufkommen ein erhebliches Hindernis bedeuten. Man sucht geduldig eine geeignete Stelle zum Queren (bei Blöcken auf deren Stabilität achten!) und setzt mit Vorteil Stöcke zum Abstützen ein.
- **Steinschlag:** Dieser tritt vor allem in steilen, brüchigen Fels- und Schrofenzonen, besonders im Bereich von Rinnen, auf und wird von Wanderern nicht selten selbst ausgelöst. Die gefährdeten Passagen sind rasch, aber konzentriert hinter sich zu bringen.
- **Gewitter:** Es besteht unmittelbare Lebensgefahr durch Blitzschlag, daher sind exponierte Punkte und Gerinne unverzüglich zu verlassen. Am besten deutet man die Warnsignale (zunehmende Quellbewölkung, schwüle Luft, Fallen des Luftdrucks) und sucht rechtzeitig Schutz auf. Lokalen Wärmegewittern, die bevorzugt in der zweiten Tageshälfte auftreten, lässt sich recht effektiv durch frühen Aufbruch begegnen. Frontgewitter

werden in der Regel gut vorhergesagt, sodass wir Gelegenheit haben, unsere Taktik danach auszurichten. Man bedenke stets auch die mittelbaren Gefahren wie Nässe, Abkühlung und mögliche Vermurungen bei Starkregen.

- **Schlechte Sicht:** Dadurch verkompliziert sich speziell auf weniger gut markierten Routen die Orientierung. Hilfsmittel wie Kompass, Höhenmesser oder idealerweise GPS können nützlich werden. Wegloses Gelände sollte bei anhaltend dichtem Nebel tabu sein. Bei Verlust der Markierung gehe man zurück bis zum letzten bekannten Punkt.

Notfall/Bergrettung

Falls man trotz aller Vorsicht in eine Notsituation gerät, gilt es nicht in Panik zu verfallen, sondern ruhig und überlegt zu handeln. Verletzten ist zunächst Erste Hilfe zu leisten. Mit einem Mobiltelefon lässt sich am einfachsten direkt die Bergrettung verständigen.

- Allgemeine europäische Notrufnummer: 112
- Bergrettung in Italien: 118

Falls keine Mobilfunkverbindung zur Verfügung steht, dient das internationale alpine Notsignal dazu, auf sich aufmerksam zu machen. Es besteht aus einem optischen oder akustischen Zeichen, das sechsmal in der Minute in regelmäßigen Abständen gegeben und mit jeweils einer Minute Pause dazwischen wiederholt wird, bis eine Antwort kommt. Diese besteht aus dreimaligem Zeichen innerhalb einer Minute.

Dolomitische Szenerie an den Cirspitzen über dem Grödner Joch.

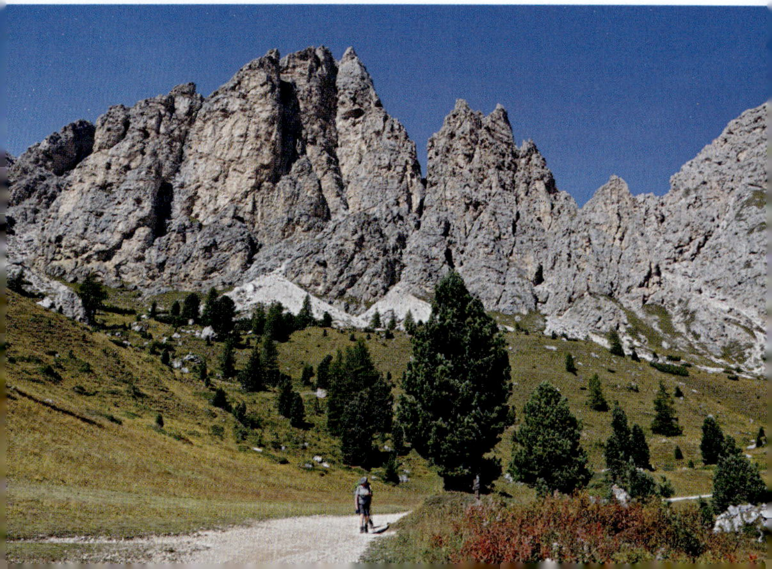

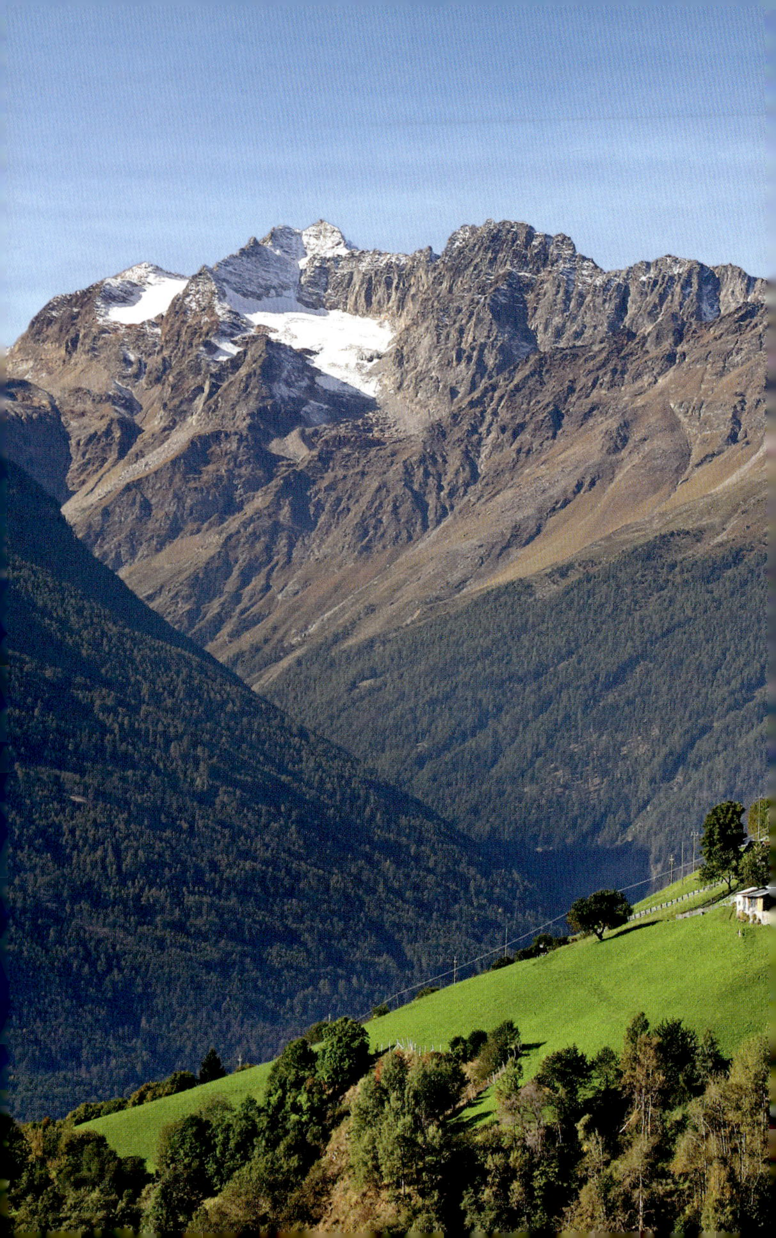

VINSCHGER HÖHENWEG

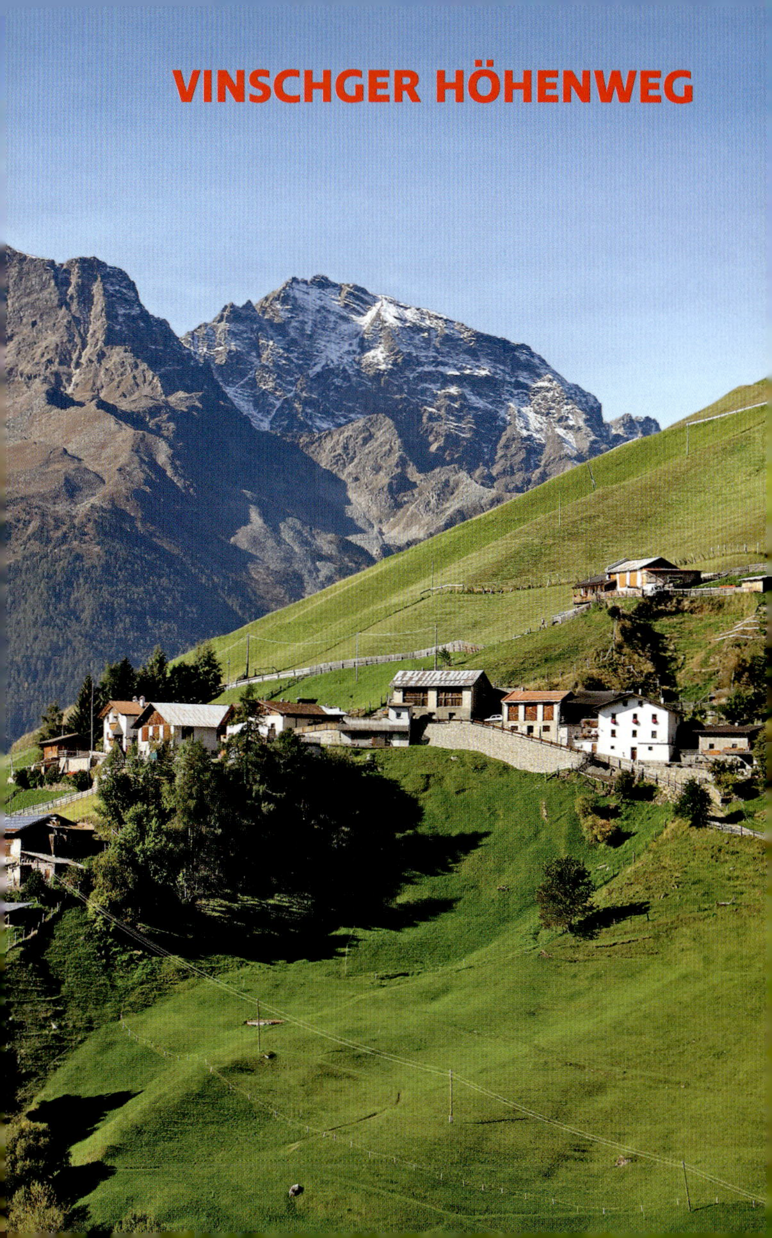

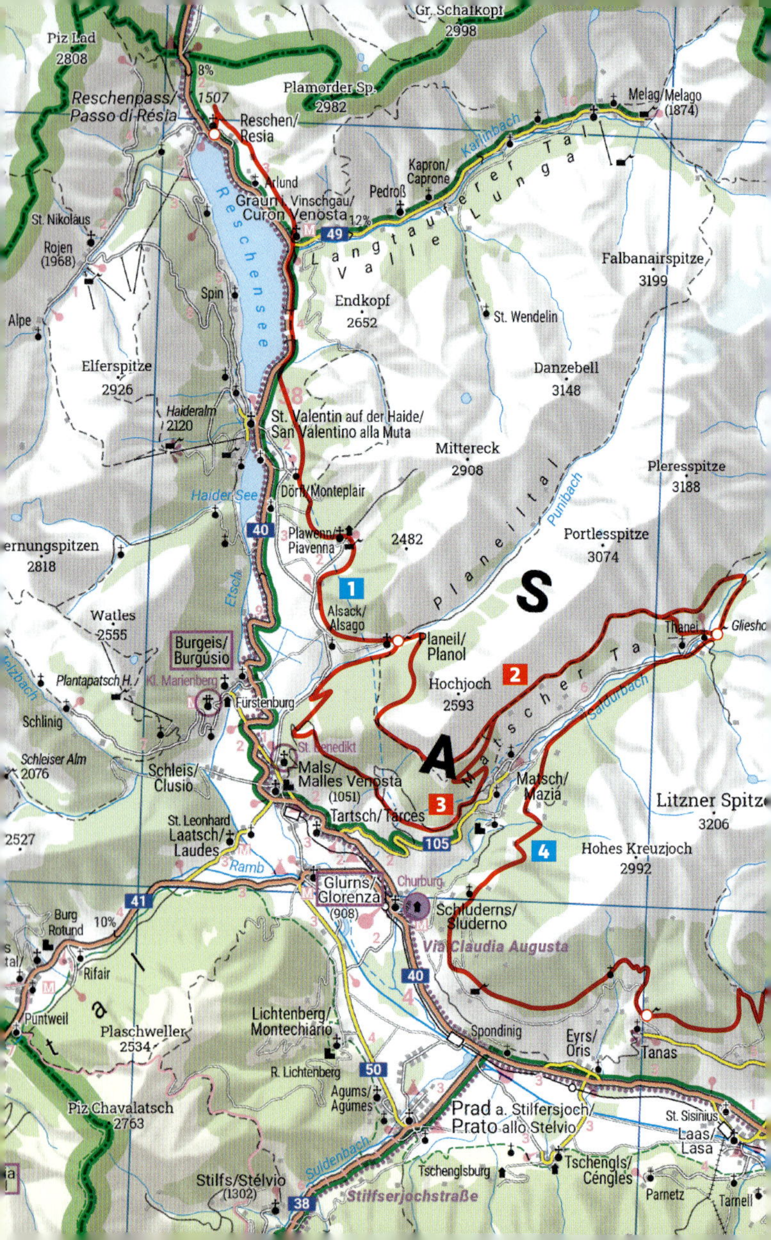
Piz Lad
2808
Gr. Schafkopf
2998
Reschenpass/
Passo di Résia
1507
8%
Plamorder Sp.
2982
Melag/Melago
(1874)
Reschen/
Resia
Karlinbach
Arlund
Kapron/
Caprone
Pedroß
Graun i. Vinschgau/
Curon Venosta
12%
49
Langtauferer Tal
Valle Lunga
St. Nikolaus
Rojen
(1968)
Reschensee
Falbanairspitze
3199
Spin
Endkopf
2652
St. Wendelin
Alpe
Elferspitze
2926
Danzebell
3148
Haideralm
2120
St. Valentin auf der Haide/
San Valentino alla Muta
Mittereck
2908
Pleresspitze
3188
Haider See
Dörfl/Monteplair
Planeiltal
Punibach
ernungspitzen
2818
40
Plawenn/
Piavenna
2482
Portlesspitze
3074
1
S
Etsch
Watles
2555
Alsack/
Alsago
Thanei
Glieshof
Burgeis/
Burgúsio
Planeil/
Planol
2
Plantapatsch H.
Kl. Marienberg
Hochjoch
2593
Matscher Tal
Saldurbach
Schlinig
Fürstenburg
St. Benedikt
Schleiser Alm
2076
A
Schleis/
Clusio
Mals/
Malles Venosta
(1051)
Matsch/
Mazia
Litzner Spitze
3206
3
Tartsch/Tárces
St. Leonhard
2527
Laatsch/
Laudes
105
Hohes Kreuzjoch
2992
4
Ramb
Glurns/
Glorenza
(908)
Churburg
41
Schluderns/
Sluderno
Burg
Rotund
10%
Via Claudia Augusta
Rifair
40
Puntweil
Plaschweller
2534
Lichtenberg/
Montechiaro
Spondinig
Eyrs/
Oris
Tanas
R. Lichtenberg
50
Agums/
Agúmes
Prad a. Stilfersjoch/
Prato allo Stelvio
St. Sisinius
Laas/
Lasa
Piz Chavalatsch
2763
Suldenbach
Tschenglsburg
Tschengls/
Céngles
Stilfs/Stélvio
(1302)
38
Stilfserjochstraße
Parnetz
Tarnell

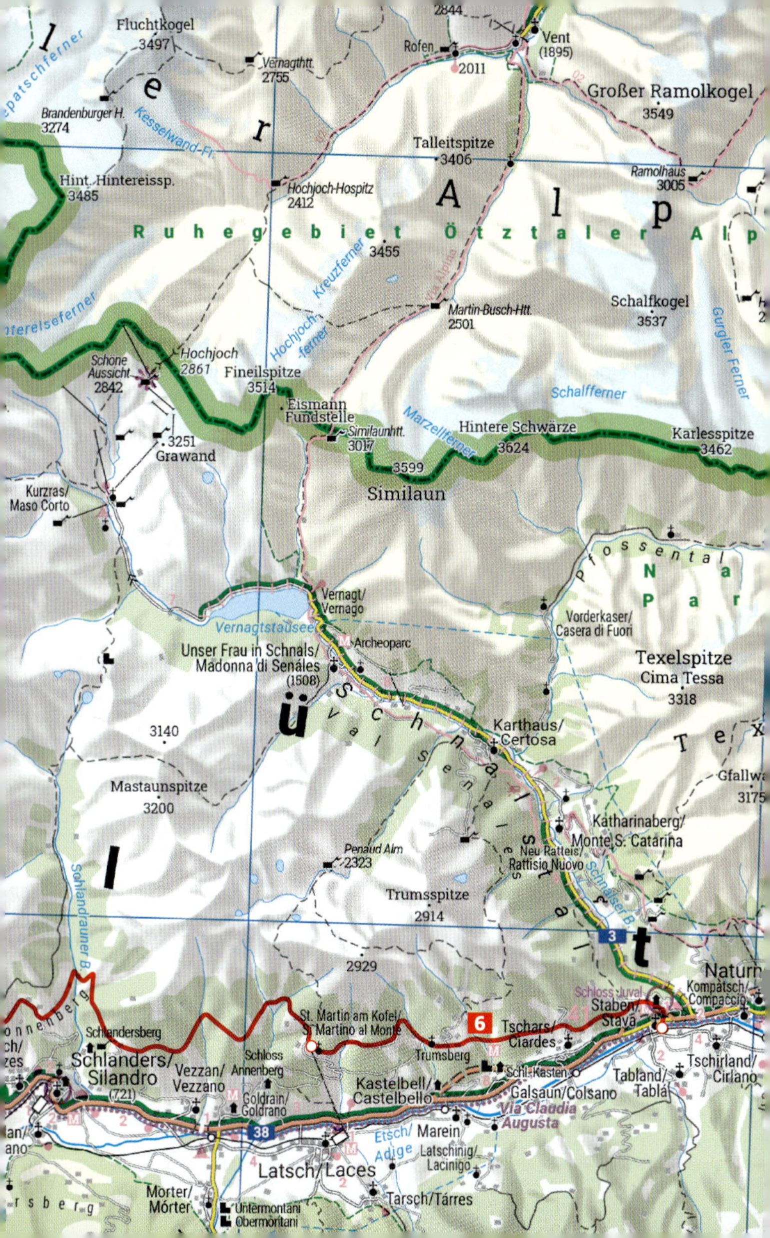

Fluchtkogel 3497
Vernagthtt. 2755
Rofen
2011
Vent (1895)
Großer Ramolkogel 3549
Brandenburger H. 3274
Kesselwand-Fr.
Talleitspitze 3406
Ramolhaus 3005
Hint. Hintereissp. 3485
Hochjoch-Hospitz 2412
Ruhegebiet Ötztaler Alpen
3455
Kreuzferner
Via Alpina
Martin-Busch-Htt. 2501
Schalfkogel 3537
Gurgler Ferner
Schöne Aussicht 2842
Hochjoch 2861
Hochjoch-ferner
Fineilspitze 3514
Eismann Fundstelle
Schalfferner
Similaunhtt. 3017
Marzellferner
Hintere Schwärze 3624
Karlesspitze 3462
3251 Grawand
3599
Similaun
Kurzras/ Maso Corto
Pfossental
Vernagt/ Vernago
Vernagtstausee
Archeoparc
Vorderkaser/ Casera di Fuori
Unser Frau in Schnals/ Madonna di Senáles (1508)
Texelspitze Cima Tessa 3318
3140
Schnalstal
Val Senáles
Karthaus/ Certosa
Gfallwand 3175
Mastaunspitze 3200
Katharinaberg/ Monte S. Catarina
Neu Ratteis/ Rattisio Nuovo
Schnalser B.
Penaud Alm 2323
Schlandrauner B.
Trumsspitze 2914
2929
Naturns
Schloss Juval
Kompatsch/ Compaccio
Staben/ Stava
St. Martin am Kofel/ St. Martino al Monte
Tschars/ Ciardes
Schlandersberg
Schloss Annenberg
Trumsberg
Schl. Kasten
Schlanders/ Silandro (721)
Vezzan/ Vezzano
Kastelbell/ Castelbello
Tabland/ Tablá
Tschirland/ Cirlano
Goldrain/ Goldrano
Galsaun/Colsano
Via Claudia Augusta
Etsch/ Adige
Marein
Latsch/Laces
Latschinig/ Lacinigo
Morter/ Mórter
Untermontani
Obermontani
Tarsch/Tárres

Von der Etschquelle am Reschen bis zum Eingang ins Schnalstal

Um es gleich vorweg zu nehmen: Eine klassische Tour von Hütte zu Hütte ist der Vinschger Höhenweg nicht. »Erfunden« wurde er überhaupt erst im 21. Jahrhundert, wenngleich manche seiner Abschnitte tatsächlich uralt sein dürften. Vielmehr verläuft der Vinschger Höhenweg die meiste Zeit in den Lagen der Berghöfe und durchmisst somit eine archetypische Kulturlandschaft an den äußersten (sprich südlichen) Ausläufern der Ötztaler Alpen – fast ständig in Sicht- und Reichweite des Haupttals. Die hochalpine Bergwelt spielt für die Begehung selbst also kaum eine gewichtige Rolle, abgesehen von den herrlichen Ausblicken, die sich speziell auf die gegenüberliegenden Bereiche der Sesvenna- und Ortlergruppe eröffnen.

Vom Reschenpass (genauer gesagt von der unweit gelegenen Etschquelle) bis auf Höhe des Schnalstals begleitet der Vinschger Höhenweg das Tal der oberen Etsch über mehr als 100 Wanderkilometer. Die Wege zwischen den weitläufig über die Bergflanken verstreuten Höfen lassen sich zu einer abwechslungsreichen Tour verbinden, die normalerweise binnen fünf Tagen absolviert wird. Wenige zusätzliche Nächtigungsgelegenheiten bzw. Varianten ermöglichen zumindest in beschränktem Rahmen auch eine Entzerrung. Übernachtet wird in Gasthäusern und Pensionen, die sich zumeist abseits größerer Ortschaften befinden, also eher in Bergweilern oder sogar in Einzellage. Dies trägt einerseits dazu bei, dass »zivilisatorische Störungen« gering bleiben und das Wandererlebnis recht ursprünglich, garantiert

Bild Seiten 18/19: Am Vinschger Sonnenberg liegt Talatsch vis-à-vis der Ortlergruppe.
Unten: Tiefblick auf Schlanders mit dem Schloss Schlandersberg.

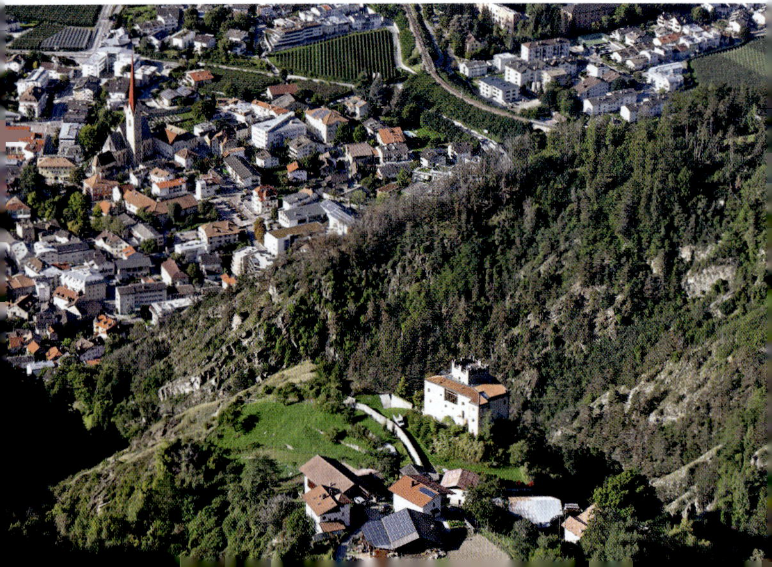

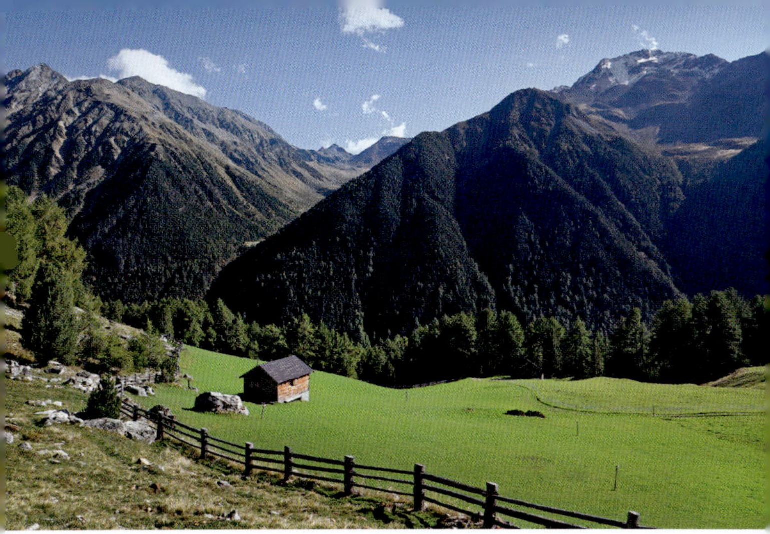

Auf den Eisaweisen im inneren Matscher Tal.

andererseits aber auch einen gewissen Komfort.

Vom Ort Reschen aus nimmt der Vinschger Höhenweg am ersten Tag zunächst die Grundrichtung Süd, führt ab Graun dicht am Reschensee entlang und schließlich verschachtelt bis Planeil. Dass die Spitzige Lun nicht in die Originalroute eingebunden war, obwohl sie tags darauf eine ideale Verbindung ins Matscher Tal vermittelt, erfüllte den Verfasser stets mit gewissem Unverständnis. Doch ist die Umwidmung inzwischen tatsächlich realisiert worden, sodass wir auf dieser zweiten Etappe ausnahmsweise mal bis über die Waldgrenze hinausgelangen. Früher wanderte man quasi außen herum über Muntetschinig – eine Route, die bei Bedarf weiterhin nachvollzogen werden kann. Das Matscher Tal ist das einzige Vinschger Seitental,

Matsch in einem Seitental des Vinschgau hat »König« Ortler im Panorama.

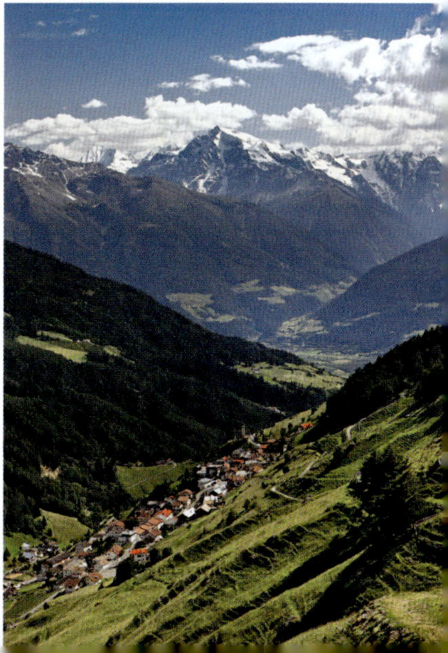

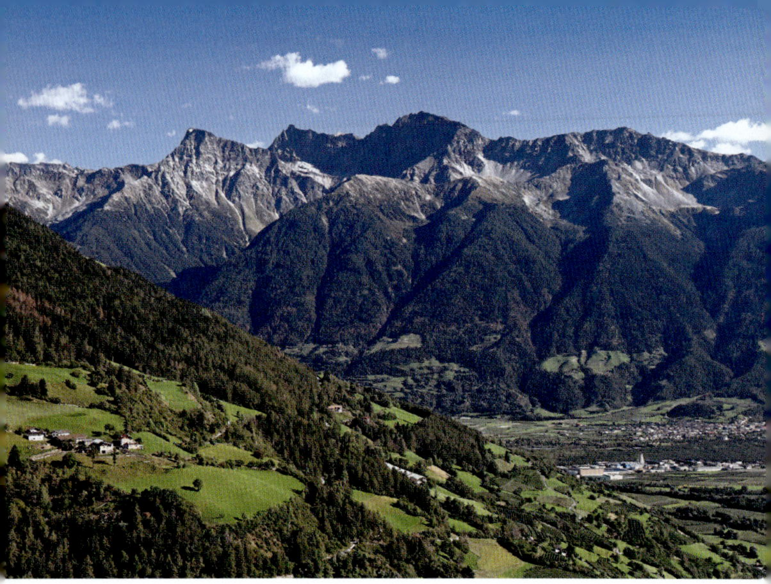

Ausblick vom Vinschger Höhenweg zur Tschenglser Hochwand.

welches wir wirklich tief ausgehen. Und dieser Schlenker lohnt sich landschaftlich ungemein, denn es gibt hier viele idyllische Fleckchen zu entdecken! Während wir sonst die höheren Gipfel nur aus der Distanz beäugen, gehen wir im inneren Talbereich mit einigen Dreitausendern schon fast auf Tuchfühlung. Matsch ist übrigens in letzter Zeit mit seinem neuen Label als »Bergsteigerdorf« (eine Initiative der Alpenvereine) verstärkt ins Bewusstsein der Bergaktiven getreten.

Die dritte Etappe leitet zunächst wieder aus dem Matscher Tal heraus und schwenkt anschließend auf den Vinschger Sonnenberg ein, wo der Höhenweg seinem Namen absolut gerecht wird und streckenweise zur echten Panoramaroute avanciert. Denn der Höhenunterschied zur Talsohle fällt nun tendenziell größer aus. Hier begegnen wir allenthalben ganz speziellen Gegebenheiten, wie sie in vergleichbarer Weise nur noch in anderen alpinen Trockentälern, etwa dem Walliser Rhonetal, vorherrschen. Neben Lärchen- und Kiefernwäldern sind ausgedörrte, mit einer anspruchslosen Steppenvegetation bewachsene Steilhänge charakteristisch, aber auch sattgrüne »Oasen«, die durch fleißige Bauernhand entstanden sind. Schon vor Urzeiten zapfte man das kostbare Nass aus den Hochlagen an, entwarf ein ausgeklügeltes System von Waalen und machte die Berghänge zumindest parzellenweise urbar. Mittendrin bauten Bauern ihre Höfe, mitunter aberwitzig kühn gelegene Nester, oft auch stolze Anwesen, die das anhei-

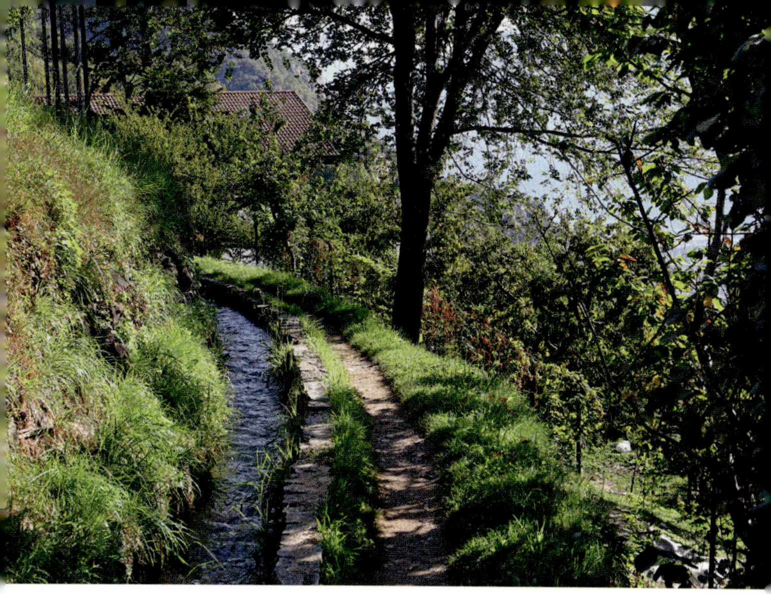

Der Schnalswaal kurz vor dem Sonnenhof.

melnde Streusiedlungsbild seit jeher prägen. Vor der Kulisse eines Ortler, einer Tschenglser Hochwand oder einer Orgelspitze für jeden Landschaftsästheten ein Traum!
Nach der langen vierten Etappe, die uns zwischen Tanas und St. Martin im Kofel eine gehörige Portion Ausdauer abverlangt, läuft der Vinschger Höhenweg am letzten Tag mehrheitlich bergab Richtung Staben aus – hinunter in die Obstkulturen des Untervinschgau. So tragen wir Erinnerungen heim, die für Südtirol typisch sind: als stimmungsvolle Verbandlung von Natur- und Kulturschätzen.

Dieses Symbol begleitet uns auf Schritt und Tritt.

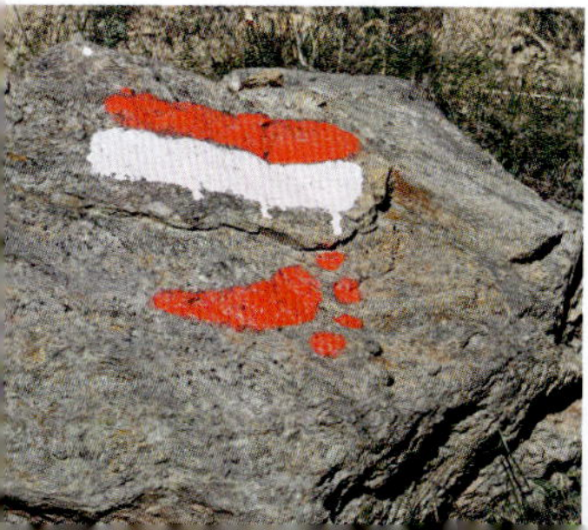

St. Martin im Kofel ist Zielpunkt des vierten Wandertages.

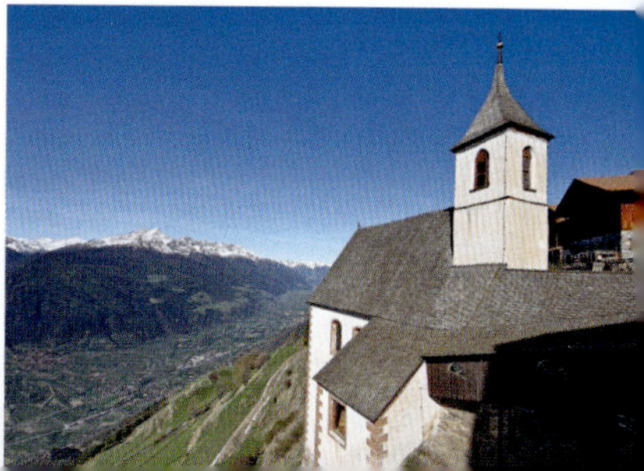

↗ 850 m | ↘ 770 m | 20.8 km

1 Reschen – Planeil

6.00 h

Dörfer und Weiler im Vinschgauer Oberland

Als »Höhenweg« im buchstäblichen Sinn lässt sich die Auftaktetappe des Vinschger Höhenwegs kaum bezeichnen, bewegt man sich hier doch unzweifelhaft noch eher im Talbereich, obschon in einer Höhenlage zwischen 1500 und gut 1700 Metern. Als offizieller Startpunkt gilt die halb im Wald versteckte Etschquelle unweit der Ortschaft Reschen, kaum zwei Kilometer von der österreichischen Grenze entfernt. Die Route schmiegt sich, wo immer möglich, an die unteren Hanglagen, muss zwischendurch für ein knappes Stündchen aber auch die Uferpromenade des Reschensees nutzen. Der aus dem Wasser ragende Kirchturm von Alt-Graun ist ein Wahrzeichen der Gegend und ein Touristenmagnet besonderer Art. Nur ein Stück weit abseits der Reschenstraße herrscht dagegen oft schon erstaunliche Ruhe. Weiler wie Dörfl, Plawenn oder Alsack entfalten ihren gebietstypischen Charme, in Planeil (am Ausgang des gleichnamigen Seitentals) wird nach dem womöglich schönsten Abschnitt der Etappe schließlich Quartier bezogen. Als landschaftliches Charakteristikum prägt die Malser Haide, der größte Schwemmkegel der Alpen, den Obervinschgau. Und am südlichen Horizont grüßt von Anfang an der mächtige Ortler mit seiner schillernden Eishaube.

Sommeridylle im Weiler Plawenn.

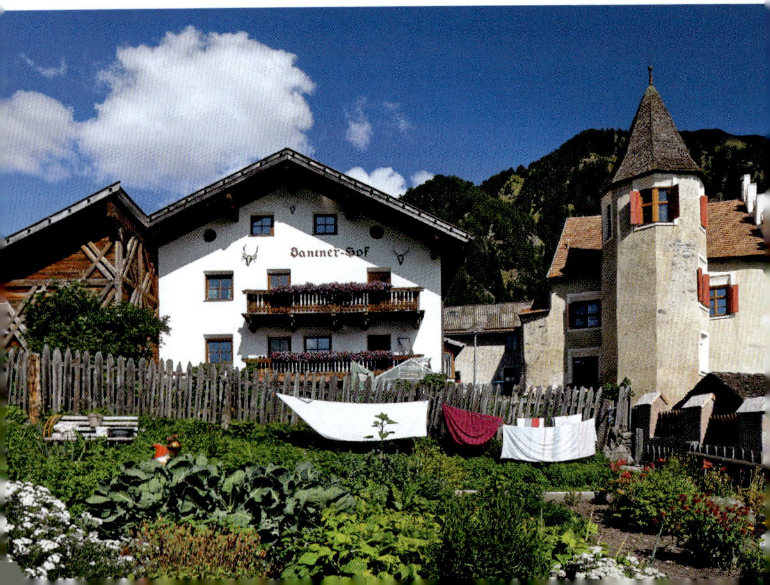

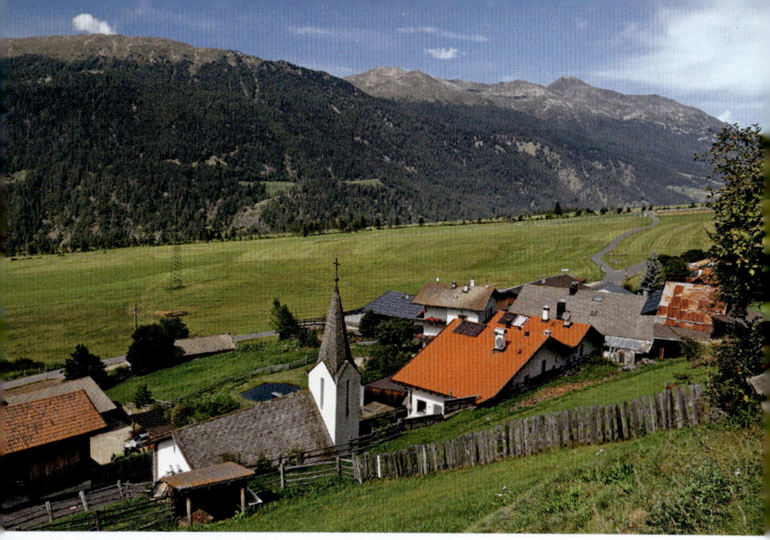

Alsack liegt am Rand der Malser Haide.

Ausgangspunkt: Reschen, 1513 m. Parkmöglichkeiten z.B. im Waldbodenweg oder etwas oberhalb beim Sportplatz. Haltestellen der Buslinie vom Bahnhof Mals an der Hauptstraße. Aus Österreich vom Bahnhof Landeck per Bus via Nauders erreichbar.
Endpunkt: Planeil, 1592 m. Es besteht eine Verbindung mittels Kleinbus nach Mals.
Anforderungen: T2, häufig T1. Technisch leichte Wanderung durch Wälder und Wiesenbereiche in Talnähe. Breit ausgebaute Trassen wechseln mit schmaleren Naturpfaden ab, steile Passagen sind selten. Solide Ausdauer für gut 20 Kilometer erforderlich.
Einkehr/Unterkunft: Gasthäuser und Hotels in Reschen und Graun, ggf. auch in St. Valentin auf der Haide. Restaurant Club Adrenalina am Reschensee. Gasthof Gemse (Tel. +39 0473 831148, gasthof-gemse.it) und Pritscheshof (Tel. +39 0473 421623, pritscheshof.com) in Planeil.
Karte: Tabacco, Blatt 043 »Vinschgauer Oberland«.

Wir starten im Ort **Reschen** ❶ durch den Waldbodenweg Richtung Sportplatz, der sich knapp oberhalb der Siedlungen befindet, und nehmen dann zunächst den Abstecher zur **Etschquelle** ❷ wahr, um den offiziellen Aus-

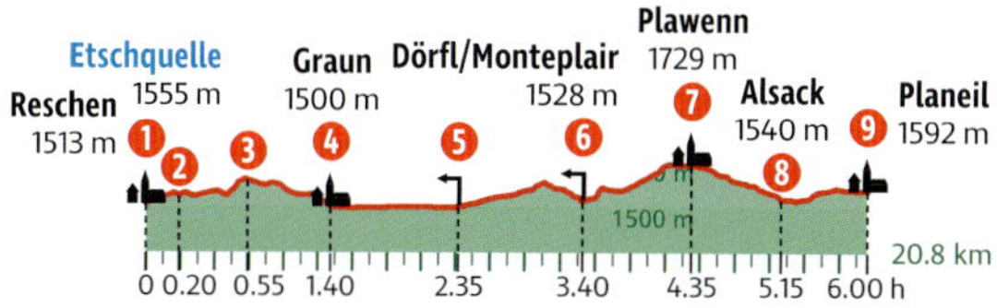

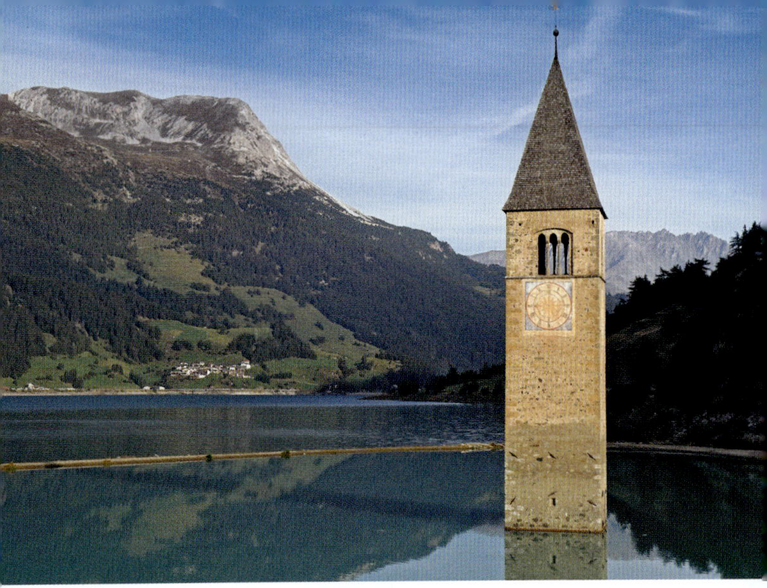

Der im Reschensee versunkene Kirchturm von Graun gegen den Piz Lat.

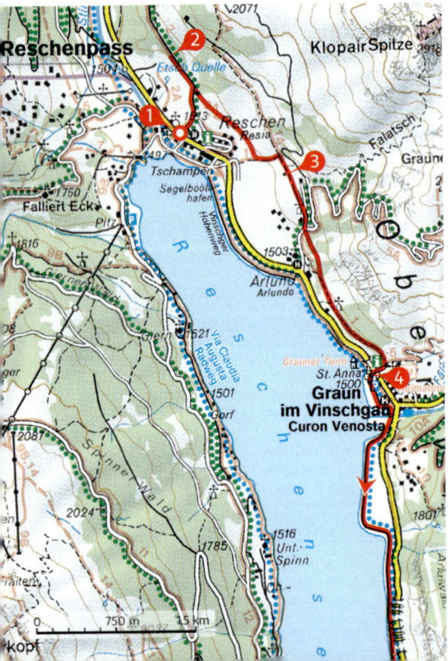

gangspunkt des Vinschger Höhenwegs zu besuchen. Dafür geht es ein kleines Stück gen Norden (gut beschildert). Zurück bei der Sportanlage folgt man einem Waldsteig, der oberhalb des Dorfes entlang quert und danach zu den Höfen von **Klopair** ❸, 1644 m, ein paar Höhenmeter gewinnt. Auf der Zufahrt anschließend leicht abwärts bis zum Abzweig eines Forstweges, mit diesem nach links kurz bergauf und in der ersten Kehre auf einem Steig weiter. Allmählich nähern wir uns **Graun** und wenden uns bei den ersten Häusern hinunter zum Ufer des **Reschensees**, wo der Kirchturm des versunkenen alten Dorfes zur vielbesuchten und viel fotografierten Sehenswürdigkeit avanciert ist ❹. Auf der Fortsetzung südwärts sind wir nun für fast vier Kilometer auf die Seepromenade (Radweg) angewiesen, zunächst noch ein Stück weit abseits des regen Verkehrs auf der Reschenstraße, später leider ein Weilchen direkt nebenan. Im Bereich der Flanken gibt es hier keine adäquate Möglichkeit. Erst hinter dem Recyclinghof können wir nach links ausscheren ❺, um die mit Lärchen bestandenen Flächen des Inneren Talaiwaldes zu durchwandern. Da die Pfadspur im Gras nicht überall deutlich ist, achte man gut auf die Markierung. Nach leichtem Bergauf stoßen wir auf einen befestigten Schotterweg, halten uns bei der Gabelung links und kurz darauf rechts auf einen Steigabschnitt, der eigentlich obsolet wäre, wenn man zuvor ohne zusätzliche Höhenmeter auf dem unteren Forstweg bliebe. Denn später kommt man ohnehin auf diesen zurück und gelangt in die Nähe des Weilers **Dörfl (Monteplair)** ❻, wo bei P. 1528 scharf links abgezweigt wird. In einer Schneise (Grasweg) geht es aufwärts. Abermals trifft man auf einen Wirtschaftsweg, der mit etwas Höhenverlust bis nahe der Schäferhütte genutzt wird, ehe uns der Hinweis »Plawenn« links aufwärts lotst. Die Schleifen des breiten Waldweges lassen sich hier auch – allerdings ohne Markierung – abkürzen und werden ohnehin von einem Pfad abgelöst. Um den Hang herum öffnet sich nun die Malser Haide, die ihren Ursprung im Kessel des Plawenntals hat. Mit geringem Auf und Ab queren wir den Sonnenhang hinüber in die kleine Siedlung **Plawenn** ❼, 1729 m, wo zwischen Bauernhäusern die Archi-

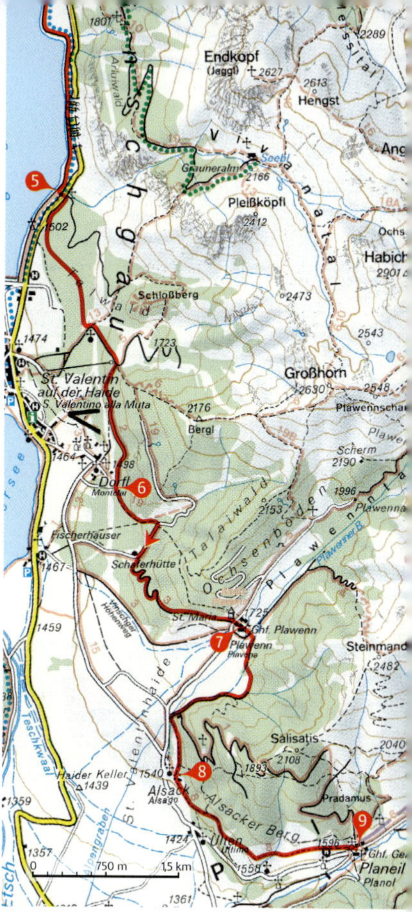

Eindrucksvoll wirkt der Schwemmkegel der Malser Haide.

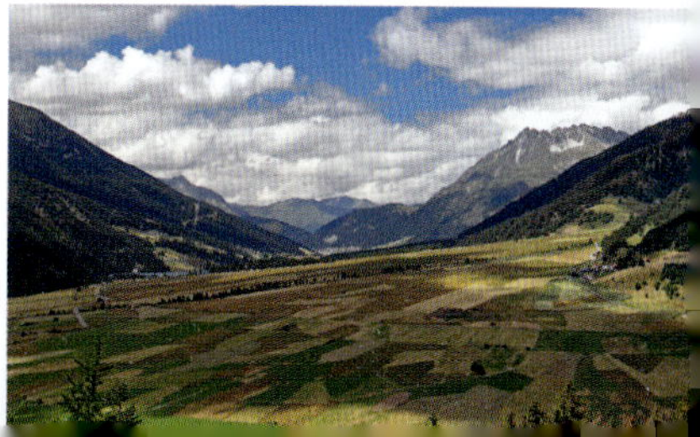

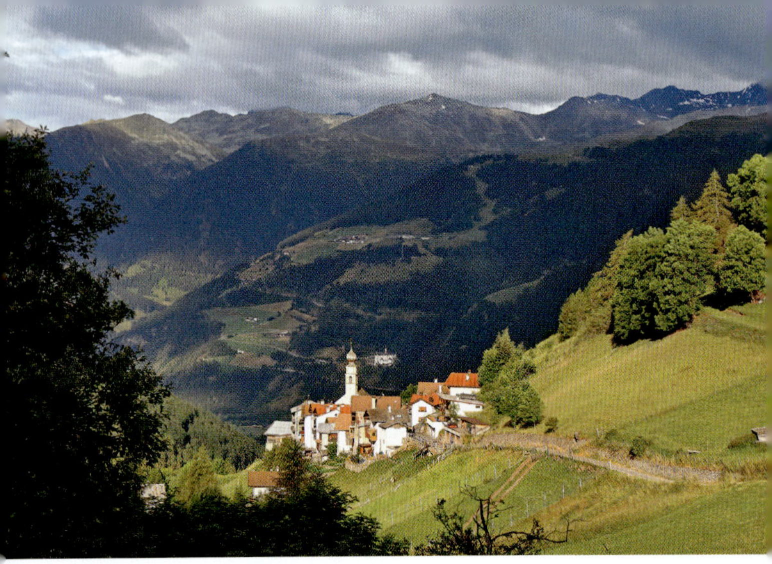

Unser Etappenziel Planeil als idyllisches Bergdorf vor der Sesvennagruppe.

Hier entspringt die Etsch.

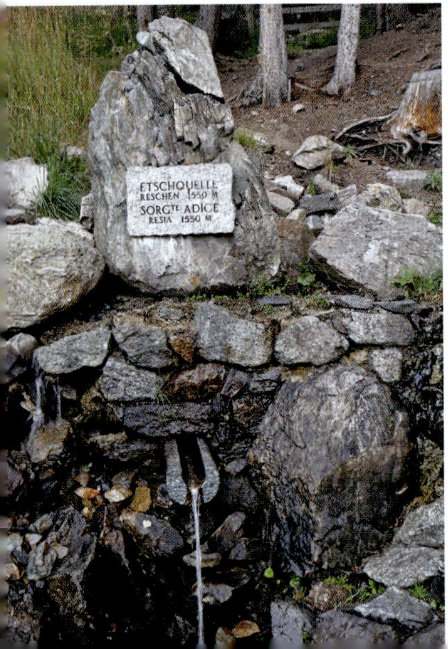

tektur eines Adelsansitzes verblüfft. Wir wechseln auf die andere Seite und begeben uns gleich nach Überschreiten des Plawenner Bachs über die unmittelbar angrenzenden Wiesen bergab, später etwas nach links abrückend. Noch vor Erreichen der Straße schlägt man linker Hand einen Forstweg ein, verlässt diesen aber nach wenigen Minuten wieder, um auf einem Wiesenweg gegen **Alsack** abzusteigen. Man tangiert jedoch lediglich ein einzeln stehendes Gebäude bei P. 1540 ❽ und setzt die Hangtraverse urwüchsig oberhalb des Weilers Ulten fort. Hier geht unsere Route einige kleine Gräben und Ecken aus und führt schließlich durch mehrheitlich offenes Gelände leicht ansteigend Richtung **Planeil** ❾, 1592 m, auf den letzten Metern entlang der Straße.

↗ 1200 m | ↘ 970 m | 20.9 km

7.30 h

Planeil – Spitzige Lun – Glieshof

2

Über einen tollen Ausgangspunkt ins innere Matscher Tal

Zwar ist die Spitzige Lun – nicht wie der Name vermuten lassen könnte – kein richtig ausgeprägter Gipfel, als äußerster Ausläufer eines gewaltigen, von der Weißkugel ausgehenden Kammzuges aber allemal ein hervorragender Aussichtspunkt. Man befindet sich hier hoch über der markanten Biegung, welche der Vinschgau bei Mals vollzieht, und zugleich am Kulminationspunkt des gesamten Vinschger Höhenwegs. Dabei war die Spitzige Lun ursprünglich gar nicht in die Route integriert, sondern fand erst vor wenigen Jahren sinnvollerweise Aufnahme. Dies, zumal sich dadurch sogar eine verkürzte Gehzeit dieser ausschweifenden zweiten Etappe ergibt. Nach der Überschreitung schwenken wir ins ursprüngliche Matscher Tal ein und können dort meilenweit wunderbar durch die lichtbewaldeten, sonnseitigen Flanken queren. Inmitten einer Schar Dreitausender ist zum Ende hin auf der offiziellen Routenführung noch ein Schlenker über die bewirtschaftete Matscher Alm eingebaut. Der nominelle Zielpunkt der Etappe liegt beim Almhotel Glieshof, am Ende der öffentlichen Matscher Talstraße.

Tiefblick auf Glurns inmitten seiner Stadtmauer.

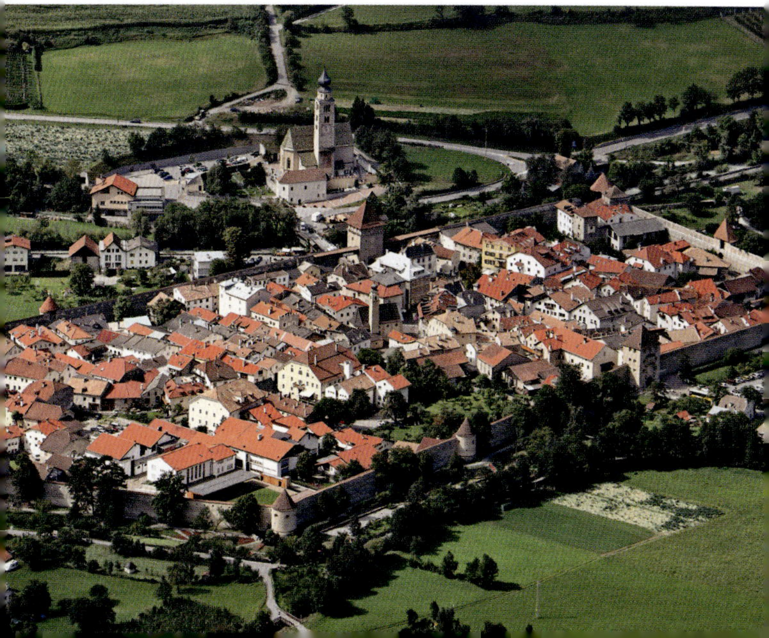

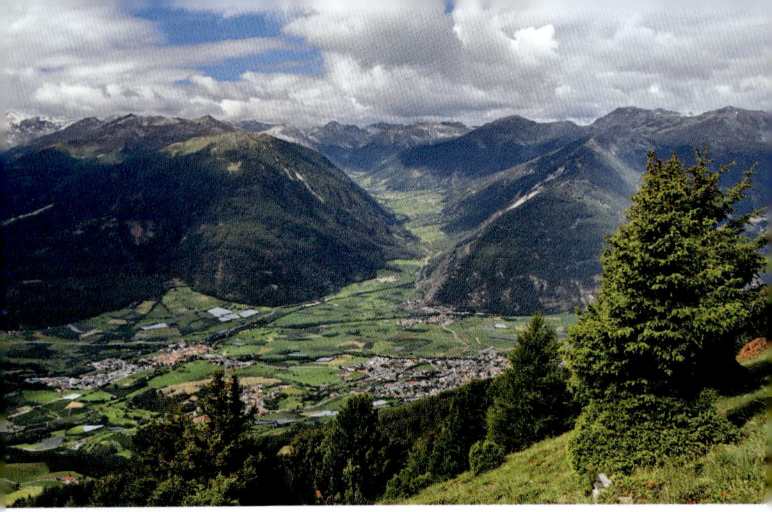

Aus Graubünden kommend mündet das Münstertal in den Vinschgau, hier von den Höhen der Spitzigen Lun aus gesehen.

Ausgangspunkt: Planeil, 1592 m. Mit ÖPNV erreichbar vom Bahnhof Mals; Parkmöglichkeit am Ortseingang.

Holzschnitzkunst am Weg.

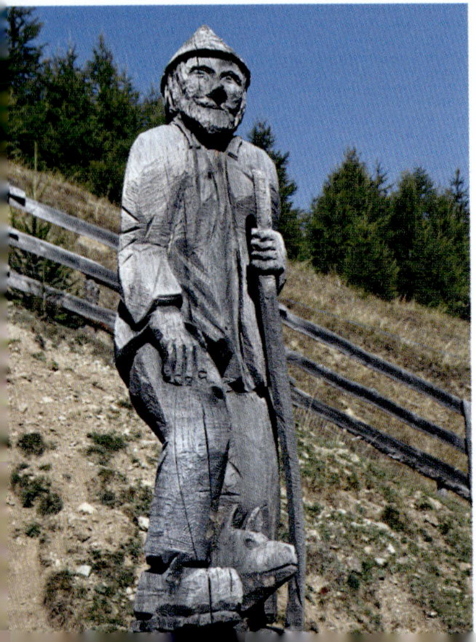

Endpunkt: Almhotel Glieshof, 1824 m, im inneren Matscher Tal. Im Sommer verkehren von dort Kleinbusse hinaus zum Parkplatz Golgabichl vor dem Dorf respektive zum Bahnhof in Mals.
Anforderungen: T2+. Zumeist gutmütige Wanderwege, streckenweise auch kleinere Naturpfade entlang der Flanken, für die elementare Trittsicherheit vorteilhaft ist. Beim Aufstieg zur Spitzigen Lun viel Wald, später vermehrt Almweiden und lichtbewaldete Hänge. Die Hauptanforderung ist konditioneller Natur.
Einkehr/Unterkunft: Planeil (siehe Tour 1). Gasthaus Weißkugel in Matsch (Tel. +39 0473 835068). Matscher Alm (nur Einkehr). Almhotel Glieshof am Endpunkt (Tel. +39 0473 842622, glieshof.it); in der Nähe Außerglieshof-Theiner (Tel. +39 0473 842637, ausserglieshof-theiner.com) sowie Thaneihof (Tel. +39 0473 842614, thaneihof.com).
Varianten: 1. Die Schleife via Matscher Alm kann mit einer guten Stunde Zeit-

ersparnis abgeschnitten werden, indem man von den Eisawiesen über Thanai direkt den Endpunkt ansteuert (siehe folgende Tour 3).
2. Denkbar wäre auch, nur bis Matsch zu wandern, dort zu übernachten und anderntags eventuell direkt auf die andere Talseite zu wechseln, um von den Runhöfen am Vinschger Höhenweg fortzusetzen. Der reizvolle Matscher Talschluss bliebe dann aber unentdeckt.

Karte: Tabacco, Blatt 043 »Vinschgauer Oberland« oder 044 »Vinschgau – Sesvenna«.

Von **Planeil** ❶ wandern wir zunächst ein kleines Stück ins Planeiltal hinein, bald über den Bach nach rechts und mit einer Aufwärtsschleife in den Bergwald, welcher sich an der Nordwestflanke des Hochjochs erstreckt. Nach einer Weile zweigt unsere Nr. 12A von der Forststraße ab ❷ und zieht als unbefestigter Waldweg schräg links hoch. Später gehen wir den Geländetrichter mit dem Tjettabach aus. Während sich der Baumbestand nun sukzessive lichtet, führt die Route bis zur Anhöhe mit dem Namen **Spitzige Lun** ❸, 2324 m, hinauf. Vom Kreuz ergibt sich ein großartiges Vinschgau-Panorama, mit Mals tief unten, ins Münstertal gegenüber und natürlich auf die Bergwelt der Ortler- und Sesvennagruppe!
Die mit der lokalen Nr. 13 bezeichnete Fortsetzung leitet nur leicht absteigend quer durch den Hang am Ochsenberg, unter dem Tartscher Kreuz entlang und über ein weiteres aussichtsreiches Eck ins Almgelände. Hier schert am **Großboden** ❹ der Vinschger Höhenweg vom Normalweg nach Matsch aus. Wir überschreiten sofort einen Weidezaun und achten bei der folgenden Abwärtstraverse gut auf die Farbmarkierung, denn der Pfad präsentiert sich hier zuweilen spärlicher. Auf rund 2000 Metern erfolgt die Einmündung in den befahrbaren Gondaweg, mit dem wir 20 Minuten später

Dreitausender-Parade über dem Matscher Talschluss.

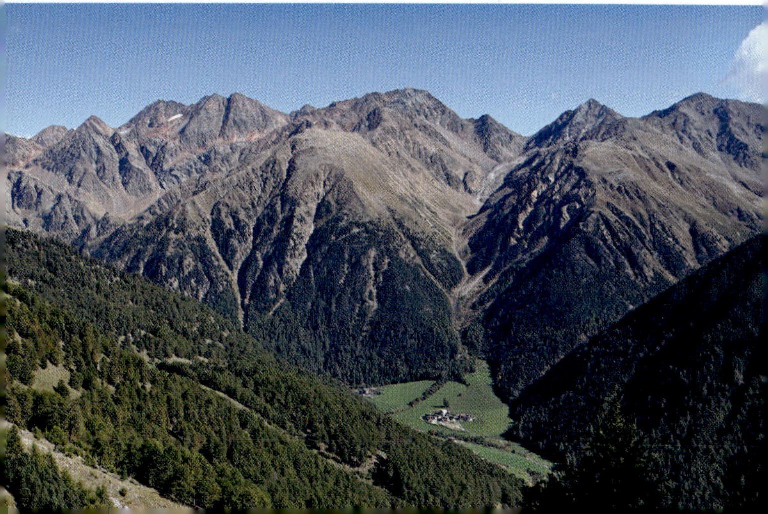

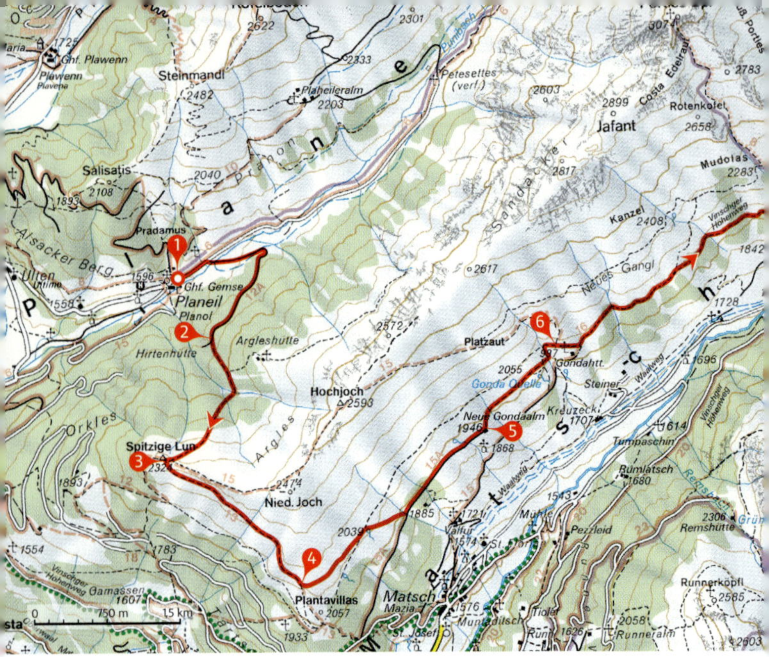

bei der **Neuen Gonda-Alm** ❺, 1964 m, eintreffen. Das Wirtschaftsgebäude wird außerhalb der Einfriedung passiert und die breite Trasse nun wieder von einem Naturpfad abgelöst. Waldabschnitte und Lichtungen mit trockenliebenden Gräsern und Sträuchern wechseln. Oberhalb der Alten Gondahütte wendet man sich deutlich nach oben, passiert einen Abzweig zum Hochjoch ❻ und erreicht nach weiteren Traversen sukzessive eine Höhe von gut 2200 Metern, um an einem abschüssigen Hangbereich vorbeizukommen. Danach wieder ein Stück abwärts und querend zu den idyllischen **Eisawiesen** ❼, ca. 2070 m, die auch unter dem Namen »Kalte Wiesen« geläufig sind.

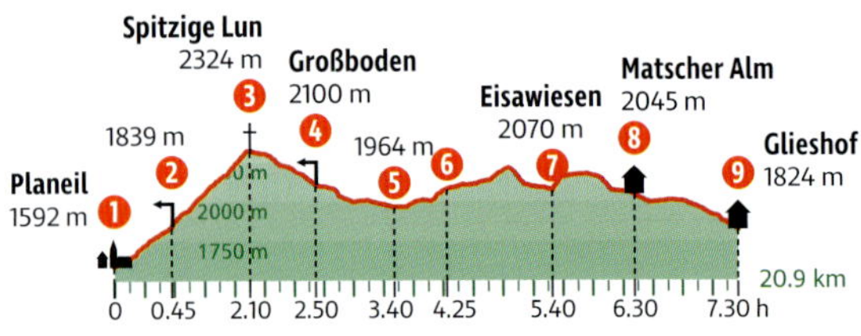

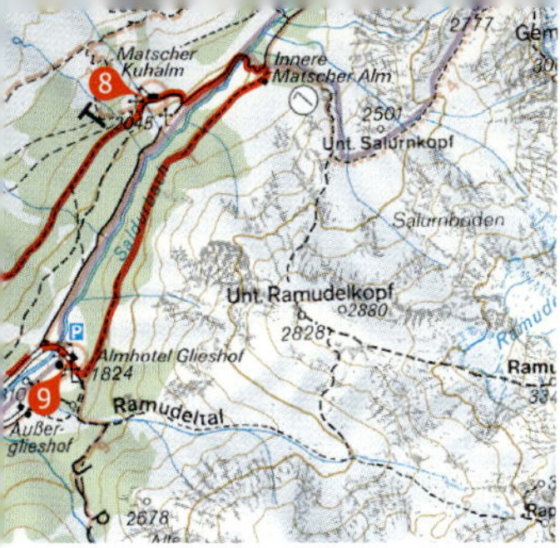

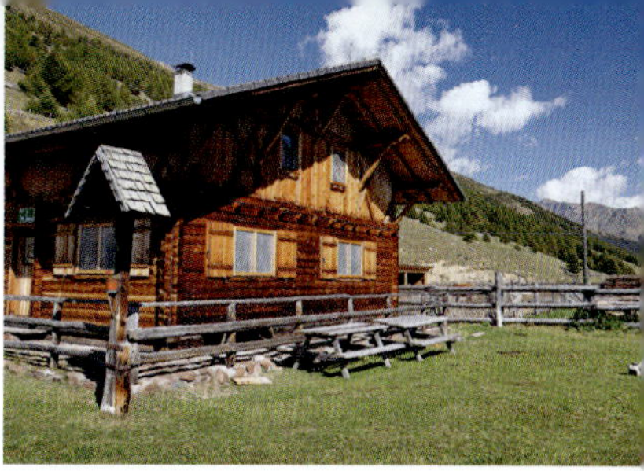

Neue Gonda-Alm.

Dort zweigt zuerst die Gipfelroute zur Portlesspitze ab und gleich anschließend die Fortsetzung des Vinschger Höhenwegs Richtung Matscher Alm. Noch einmal gilt es, gut 100 Höhenmeter zu gewinnen. Nachdem ein kleiner Hangrücken hinter uns liegt, senkt sich der Steig wieder und geht in einen breiteren Weg über, der fast horizontal zur Jausenstation auf der **Matscher Alm** 8, 2045 m, führt. Etwas unterhalb kommen wir in die Talsohle, überschreiten den Saldurbach aber erst weiter hinten bei der Inneren Matscher Alm. Auf dem sogenannten Herrensteig (Nr. 1) verbleiben anschließend noch mehr als zwei Kilometer talauswärts, ehe wir bei den **Glieshöfen** 9, 1824 m, eintreffen.

Im Schlussteil der Etappe können wir in der Matscher Alm einkehren.

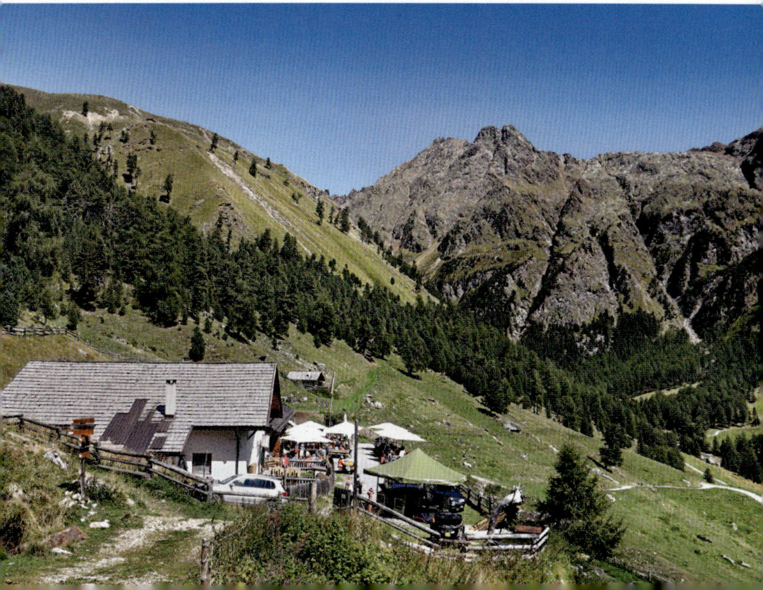

↗ 1250 m | ↘ 1020 m | 25.0 km

3 Planeil – Muntetschinig – Glieshof

8.00 h

Die ehemalige Originalroute quer durch die Höfelagen

Als der Vinschger Höhenweg in den 2000er-Jahren entworfen worden ist, legte man die Route für die Verbindung zwischen Planeil und Matscher Tal in großem Bogen um die Spitzige Lun herum. Insbesondere auf Malettes sowie im Teilstück zwischen Muntetschinig und Matsch ist sie nicht ohne Reiz, aber im Vergleich zum bereinigten höheren Übergang halt doch umständlicher. Dennoch mag es Gründe geben, weiterhin diese Alternative vorzuziehen, beispielsweise wenn eine Nächtigung im Ort Matsch erwogen wird oder die Berge vielleicht in dichten Wolken stecken. Entlang der Matscher Talflanke ist man dann wieder gemeinsam unterwegs, doch soll Richtung Etappenziel Glieshof bei dieser Gelegenheit noch die effektive Abkürzung detailliert aufgezeigt werden. Mit 25 Kilometern ab Planeil hat man eh genug zu tun ...

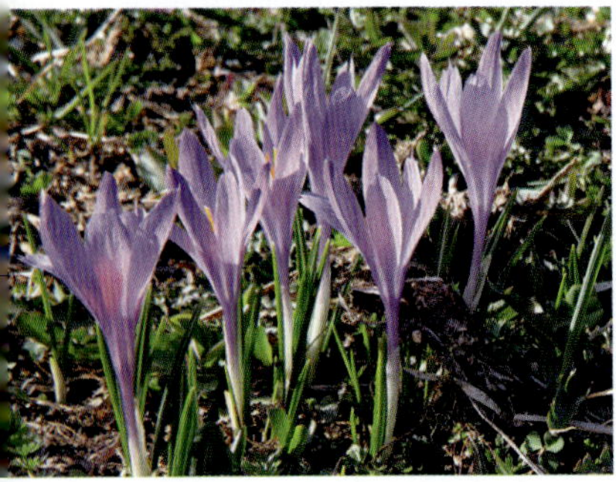

Ausgangspunkt: Planeil, 1592 m. Mit ÖPNV erreichbar vom Bahnhof Mals; Parkmöglichkeit am Ortseingang.
Endpunkt: Almhotel Glieshof, 1824 m, im inneren Matscher Tal. Im Sommer verkehren von dort Kleinbusse hinaus zum Parkplatz Golgabichl vor dem Dorf respektive zum Bahnhof in Mals.
Anforderungen: T2+. Häufig Wege in Fahrbahnbreite, hinter Muntetschinig sowie ab Neuer Gonda-Alm jedoch auch kleinere Steige, für die ein Grundmaß an Trittsicherheit vorteilhaft ist. Sehr lange Marschdistanz!
Einkehr/Unterkunft: Für Ausgangs- und Endpunkt siehe Tour 2. Bei Muntetschinig gibt es einen Hofschank, außerdem Nächtigungsmöglichkeiten im Gasthof Montecin, Lechtlhof und Fichtenhof. Bei Bedarf steht auch das Gasthaus Weißkugel (Tel. +39 0473 835068) in Matsch als Quartier zur Verfügung.
Karte: Tabacco, Blatt 043 »Vinschgauer Oberland« oder 044 »Vinschgau – Sesvenna«.

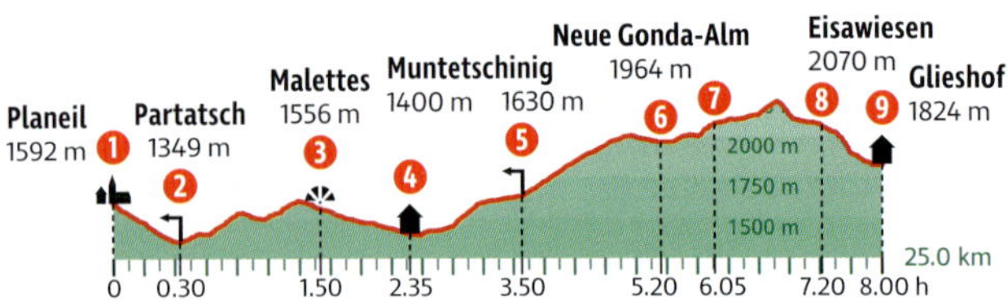

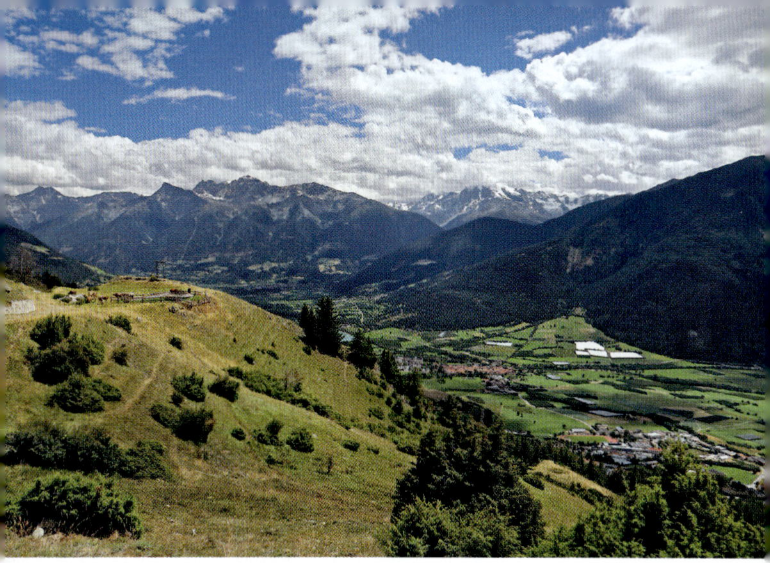

Bei Malettes genießen wir diesen Vinschgau-Blick.

Direkt bei **Planeil** ❶ geht es auf die andere Seite des Bachs und am Wasserkraftwerk vorbei abwärts. Wir befinden uns auf einem Forstweg, der gegen die Provinzstraße 103 hinunterzieht. Kurz vor dieser zweigen wir im Bereich der **Partatschwiesen** ❷ links auf einen ansteigenden Forstweg ab. Nach zwei ausholenden Serpentinen wird weiter oben die Route Nr. 16 (welche übrigens vom bei Tour 2 dargestellten Wegpunkt 2 quer durch den Hang kommt) aufgenommen. Zwischendurch einmal leicht abwärts und dann mit einer weiteren Kehre hinauf ins Wiesengelände von **Malettes**. Die baumbestandene Kuppe lassen wir rechts liegen, doch ist ungefähr dort, wo in der Tabacco-Karte **»Mitterhütt«** ❸, 1556 m, verzeichnet ist, ein

Ganz in Schnee und Eis: der alles überragende Ortler.

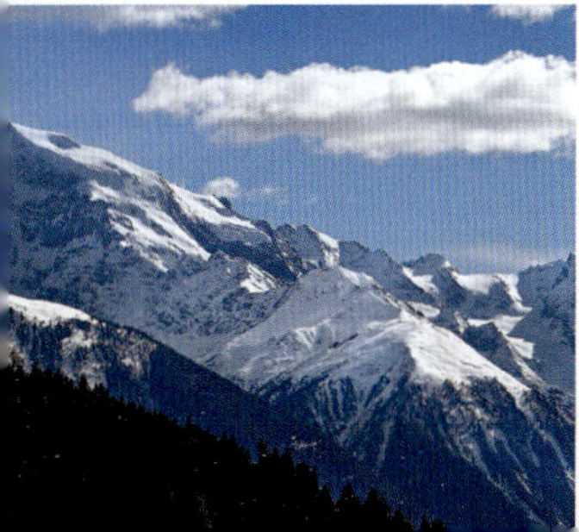

Im Matscher Talschluss befinden sich die Thanai- und Glieshöfe.

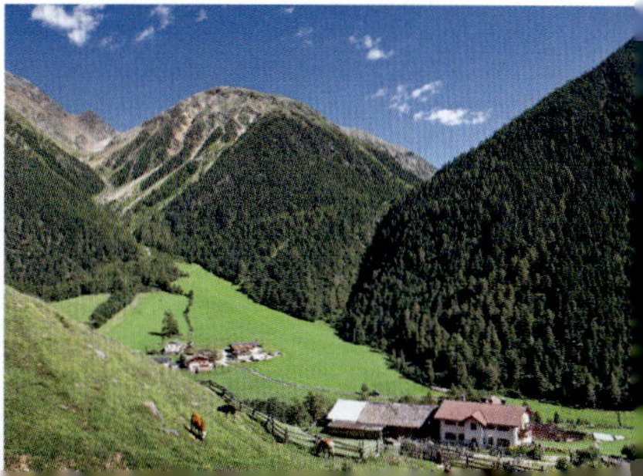

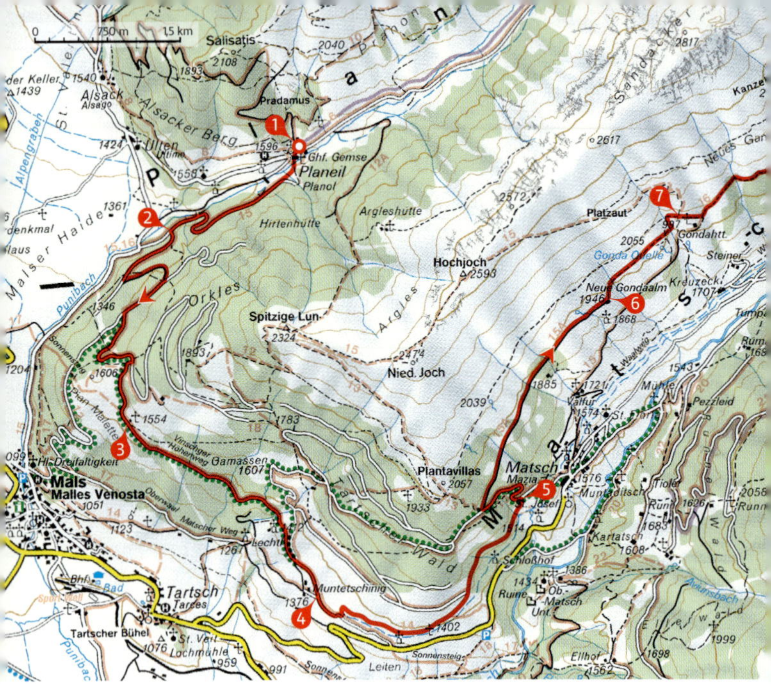

großzügiger Panorama-Rastplatz eingerichtet worden (und nebenan eine Schaukel!). Wir folgen der komfortablen Trasse mit leichtem Gefälle gen Südosten, passieren den Biohof Lechtl und kommen nach **Muntetschinig** ❹, wo sich knapp unterhalb unseres Routenverlaufs ein Hofschank, 1376 m, befindet. Ein kurzes Stück wird noch auf der Zufahrt zurückgelegt, ehe man links auf einen Naturweg abzweigt, der bald zum schmaleren Steig wird und deutlich ansteigt. Später geht es entlang des ehemaligen Ackerwaals wieder breiter trassiert und mit schöner Aussicht quer durch den Hang Richtung Matsch, noch vor dem Dorf jedoch spitzwinklig auf die ansteigende Forststraße (Gondaweg) ❺.

Im Feichtwald werden nun einige Schleifen vollzogen und – nach Abzweig der Route Nr. 13 zur Spitzigen Lun – eine weiterhin ansteigende Hangtraverse. Auf fast 2000 Metern nehmen wir den mittlerweile offiziellen Vinschger Höhenweg (von der Spitzigen Lun) auf und erreichen rund 20 Minuten später die **Neue Gonda-Alm** ❻, 1964 m. Wie in Kapitel 2 beschrieben wird das Wirtschaftsgebäude außerhalb der Einfriedung passiert und die breite Trasse nun wieder von einem Naturpfad abgelöst. Waldabschnitte und Lichtungen mit trockenliebenden Gräsern und Sträuchern wechseln. Ober-

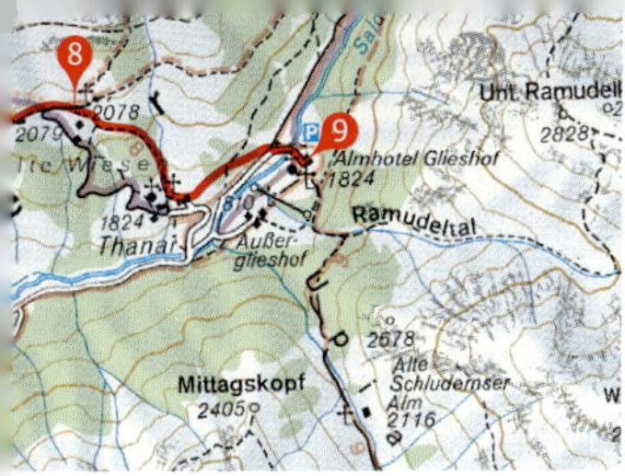

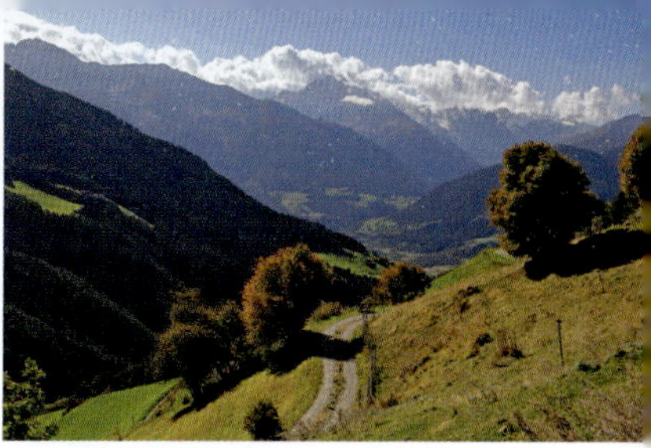

Bei Matsch schlängelt sich ein Feldweg durch den sonnigen Hang. Im Hintergrund die Bergwelt um den Ortler.

halb der Alten Gondahütte wendet man sich deutlich nach oben, passiert einen Abzweig zum Hochjoch 7 und erreicht nach weiteren Traversen sukzessive eine Höhe von gut 2200 Metern, um an einem abschüssigen Hangbereich vorbeizukommen. Danach wieder ein Stück abwärts und querend zu den idyllischen **Eisawiesen** 8, ca. 2070 m, die auch unter dem Namen »Kalte Wiesen« geläufig sind. Angesichts der bereits absolvierten Strecke wird man nun wohl ernsthaft erwägen, die finale Schleife über die Matscher Alm auszulassen und direkter zum Glieshof zu wandern. Dabei geht es von den Eisawiesen bergab bis kurz vor die Thanaihöfe, mit einer Hangtraverse ein Stück taleinwärts und schlussendlich auf die andere Seite des Saldurbachs, wo uns knapp oberhalb des Wanderparkplatzes (mit Bushalt) das Almhotel **Glieshof** 9, 1824 m, empfängt.

Am Morgen des zweiten Tages lassen wir das hübsche Planeil zurück.

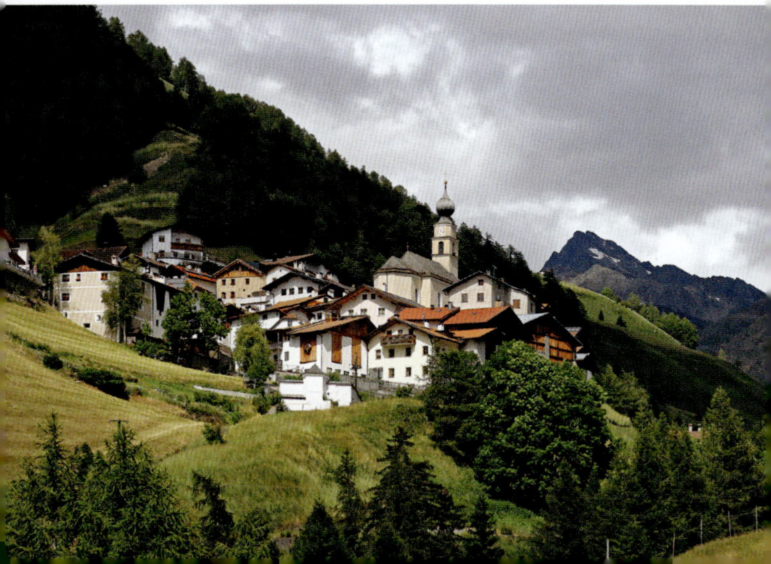

↗ 730 m | ↘ 1000 m | 21.9 km

4 Glieshof – Tanas (Gasthof Paflur)

6.00 h

Über dem mittleren Vinschgau

So weit wir am Vortag ins Matscher Tal hineingewandert sind, so weit geht es nun auf der anderen Seite wieder hinaus. Ein besonders genussvoller Abschnitt erwartet uns dann am Gschneir Waal, der zwar nicht mehr aktiv ist, aber dennoch ein Stück althergebrachter Vinschger Kultur vermittelt. Aus dem Bergwald ergeben sich auch immer wieder schöne Talblicke. Inzwischen sind wir an den sonnseitigen Hängen des Mittelvinschgau, der in etwa von Mals bis Schlanders gefasst wird, unterwegs und berühren noch einige herrlich gelegene Berghöfe, namentlich bei Obertels sowie Unter- und Oberfrinig. Beim Gasthaus Paflur besteht nach rund sechs Marschstunden eine ideale Übernachtungsmöglichkeit, als Balkonloge fast 700 Höhenmeter über der Talsohle der Etsch gelegen.

Ausgangspunkt: Almhotel Glieshof, 1824 m, im hinteren Matscher Tal. In der Sommersaison mit Kleinbus vom Bahnhof Mals über Matsch erreichbar.
Endpunkt: Gasthaus Paflur, 1550 m, knapp oberhalb des Bergdorfes Tanas. Von dort Busverbindung nach Laas im Vinschgau.
Anforderungen: T2. Meist gut ausgebaute Wegverläufe mit gemäßigten Steigungen, streckenweise sogar annähernd horizontal und nur wenige Steigpassagen, die etwas mehr Konzentration erfordern. Wieder einmal ist die Kondition das Hauptkriterium.
Einkehr/Unterkunft: Almhotel Glieshof und mehrere Bauernhöfe mit Beherber-

Unsere Route führt quer über die Matscher Höfelichtung am Gegenhang.

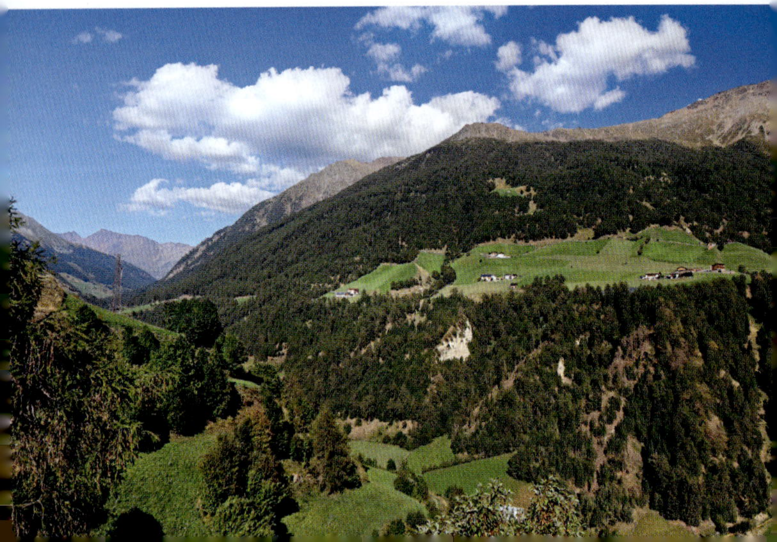

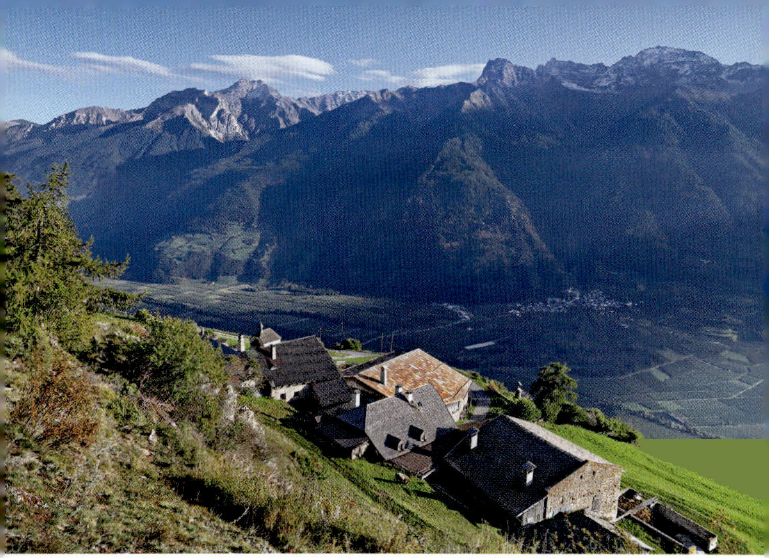

Der Hof Obertels mit Tschenglser Hochwand und Orgelspitze im Panorama.

gungsbetrieb in näherer Umgebung. Quartiere auch im Hahnenhof (Tel. +39 338 4948519, hahnen-hof.com) und Aviunshof (Tel. +39 344 1642422, aviunshof.it). Zwei Pensionen in Gschneir (Mairhof und Ortlerblick). Gasthof Paflur (Tel. +39 0473 739977, paflur.com) sowie zwei Pensionen in Tanas.

Karte: Tabacco, Blatt 044 »Vinschgau – Sesvenna«.

Vom Almhotel **Glieshof** ❶ geht es am Außer-Glieshof vorbei etwas bergab bis zu jener Stelle, wo die Talstraße den Saldurbach kreuzt. Nach rund einem Kilometer auf dem Asphaltband können wir bei P. 1703 wieder nach links auf einen Forstweg ausscheren. Dieser quert auf erklecklicher Distanz mit nur wenig Auf und Ab die schattseitigen Hänge über dem talauswärts zunehmend markanter eingeschnittenen Matscher Talgrund. Später trifft man wieder auf ein asphaltiertes Bergsträßchen, geht kurz abwärts zur nächsten Kehre und geradeaus weiter via Tiala und Unterrun zum **Hahnenhof** ❷, 1608 m (bei Tabacco »Hanhof«). Wenige Schritte entfernt bietet

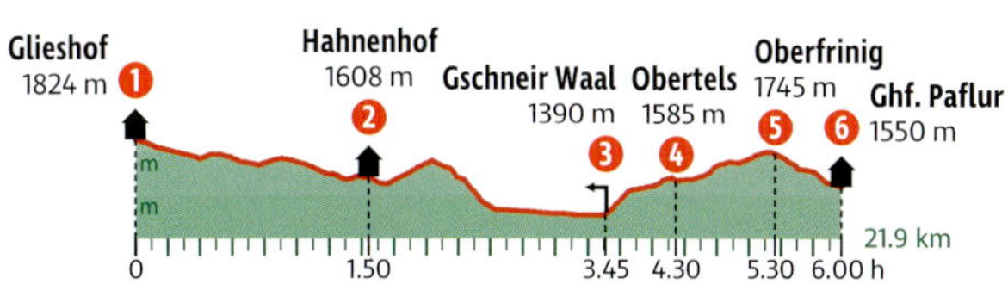

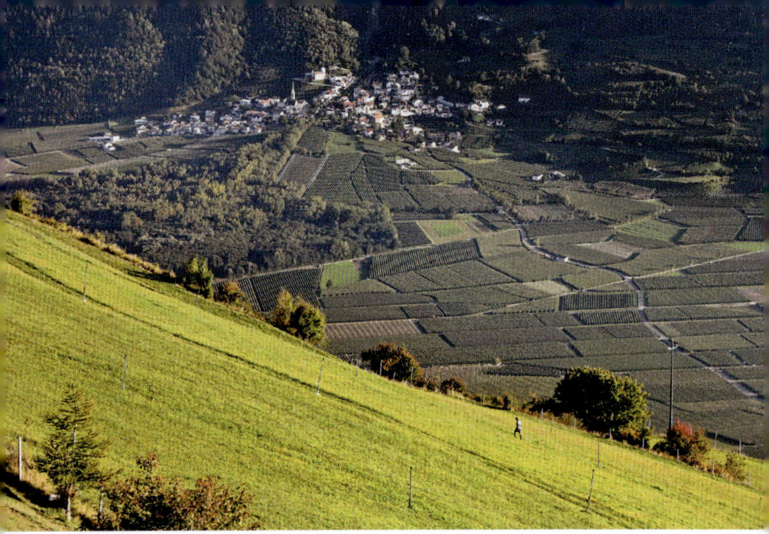

Tiefblick aus den Hanglagen um Gschneir auf die ausgedehnten Obstplantagen um Tschengls in der Talsohle.

auch der moderne **Aviunshof** Übernachtungsmöglichkeit. Gleich dahinter steigen wir scharf links zum Aviunsbach ab und beginnen aus dem Graben heraus die nächste Gegensteigung, bald auf breiter Trasse durch den Ellerwald. Um den Einschnitt des Flitterbachs auszugehen, sind ein paar Kurven nötig. Unsere Route senkt sich zur Straße zwischen Marseil- und Ellhof ab und kreuzt diese. Etwas tiefer leitet der Waldsteig in eine Traverse über, die sich auf dem schönen **Gschneir Waalweg** bequem fortsetzt. Gute drei Kilometer misst der nahezu horizontale Abschnitt, ehe wir uns knapp oberhalb des Weilers **Gschneir** ❸ wieder mehr bergwärts wenden.

Halblinks zieht die Route aber meist relativ sachte an. Im Bereich buschbesetzter Weidelichtungen erscheint sie mitunter etwas verwachsen, doch kommt man ohne nennenswerte Hindernisse bis **Obertels** ❹ voran. Der eigentliche Hof wird bergseitig umgangen. Meist auf Grasnarbe wandert es sich auf dem »Friniger Waldweg« (Nr. 26) nun recht bequem. Mit allmählichem Höhengewinn werden einige kleinere Geländeeinschnitte gequert, bevor wir zuerst **Unterfrinig**, 1715 m, und kurz darauf **Oberfrinig** ❺, 1745 m, erreichen. Das Anrainersträßchen wird hier (und etwas später nochmals) nur kurz begangen, denn unsere Route nutzt beim folgenden Abstieg überwiegend Waldwege abseits davon. Damit kommen wir in die Nähe von Panof und mit den letzten Schritten entlang der Bergstraße zum **Gasthof Paflur** ❻, 1550 m, der oberhalb von Tanas nur fünf Gehminuten vom markierten Vinschger Höhenweg entfernt liegt.

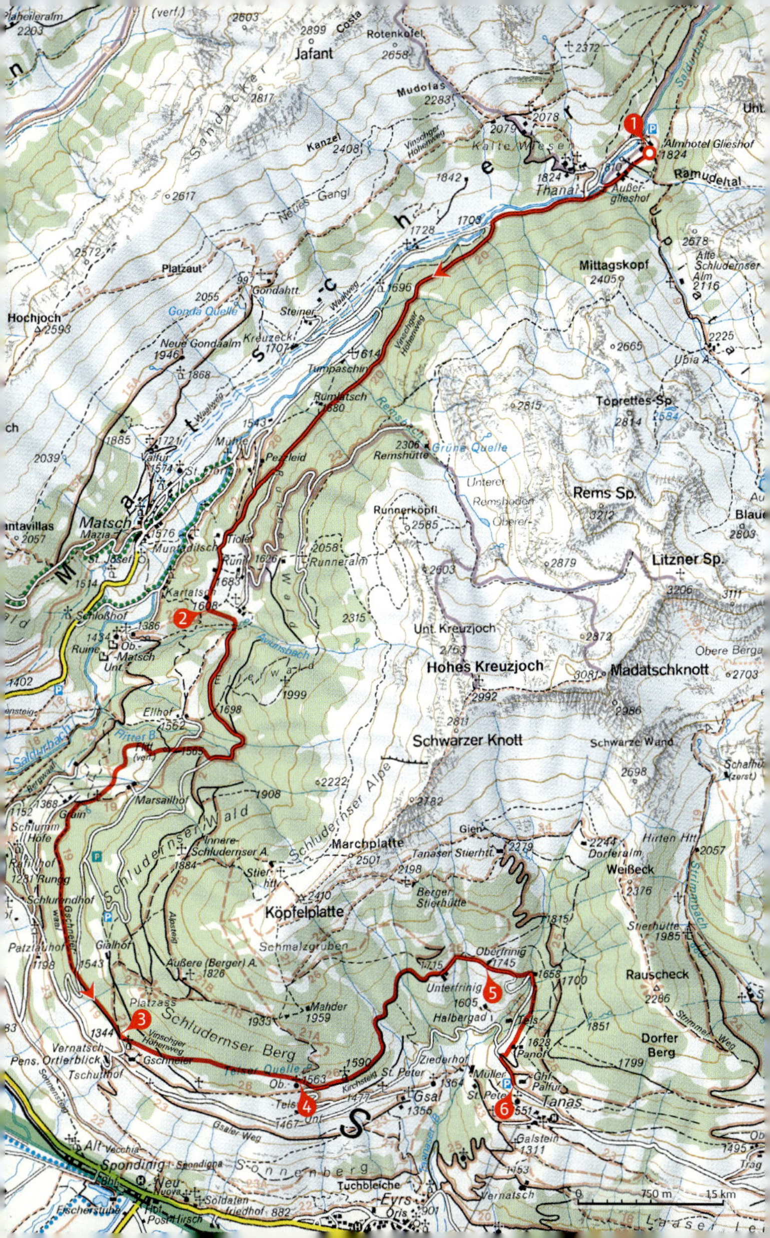

Jafant
Rotenkofel
Mudolas
Kanzel
Kalte Wiesen
Almhotel Glieshof
Ramudeltal
Außer-glieshof
Thanai
Neues Gangl
Platzaut
Gondahtt.
Gonda Quelle
Hochjoch
Steiner
Waalweg
Kreuzeck
Neue Gondaalm
Tumpaschin
Rümlatsch
Vinschger Höhenweg
Mittagskopf
Alte Schludernser Alm
Upia A.
Toprettes-Sp.
Remsbach
Grüne Quelle
Remshütte
Unterer Remsboden
Oberer
Rems Sp.
Mühle
Pezzleid
Valfur
Matsch
Mazia
St. Josef
Muntetschinig
Tiol
Runn
Runneralm
Runnerköpfl
Kartatsch
Schloßhof
Ruine
Ob.-Matsch
Unt.
Litzner Sp.
Unt. Kreuzjoch
Hohes Kreuzjoch
Madatschknott
Obere Berga
Schwarzer Knott
Schwarze Wand
Ellhof
Saldurbach
Ritter B.
Marsailhof
Schludernser Wald
Schludernser Alpe
Grain
Schlumm Höfe
Rafillhof
Rungg
Schlurendhof
Innere Schludernser A.
Stier htt.
Marchplatte
Tanaser Stierhtt.
Dorferalm
Weißeck
Hirten Htt.
Köpfelplatte
Berger Stierhütte
Schmalzgruben
Gialhof
Patzlauhof
Äußere (Berger) A.
Oberfrinig
Unterfrinig
Halbergad
Stierhütte
Rauscheck
Mahder
Platzass
Schludernser Berg
Dorfer Berg
Vernatsch
Pens. Ortlerblick
Gschneier
Tschuthof
Telser Quelle
Tels
Panof
Ziederhof
St. Peter
Gsal
Müller
Ghf. Palfur
Tanas
Kirchsteig
Gsaler Weg
Sonnenberg
Galstein
Spondinig
Spondigna
Neu
Nuova
Soldaten friedhof
Tuchbleiche
Eyrs
Oris
Fischerstube
Post Hirsch
0
750 m
1,5 km

↗ 1390 m | ↘ 1200 m | 25.1 km

5 Tanas (Gasthof Paflur) – St. Martin im Kofel

8.20 h

Höfewanderung par excellence am Sonnenberg

Hier haben wir sozusagen die Kernetappe am Sonnenberg vor uns und die anstrengendste überhaupt am gesamten Vinschger Höhenweg. Denn zwischen Paflur und der Seilbahn bei St. Martin im Kofel gibt es keine Möglichkeit zur Zwischennächtigung. Wer die erforderliche Ausdauer für rund acht stramme Marschstunden nicht aufbringt, sollte sich vorab also eine alternative Vorgehensweise überlegen und dabei auch die äußeren Bedingungen ins Kalkül ziehen. Denn bei Hitze fordert uns die Tour noch einmal mehr ab, obschon wir phasenweise in den Genuss von Schattenspendern kommen. Was sich auf der vorherigen Etappe schon angedeutet hat, findet hier in bestechender Weise Fortsetzung: Wir tauchen in die typische Landschaft am Sonnenberg ein, mit der einzigartigen botanischen Situation und den weitverstreuten, teilweise archaisch anmutenden Höfen. Wie Schwalbennester kleben sie an den Hängen, während drunten die stattlichen Vinschger Ortschaften ihre Siedlungsgebiete in der fruchtbaren Talsohle beanspruchen. Mit dem Gadriatal, dem Schlandrauner Tal und dem Trichter des Fallerbachs gilt es mehrere markante Einschnitte zu kreuzen. Nicht zuletzt wird uns aber die Bergkulisse begeistern, die in diesem Abschnitt vor allem von der mächtigen Orgelspitze (Laaser Spitze) dominiert wird.

Eng klammern sich die Höfe an den Steilhang bei St. Martin im Kofel.

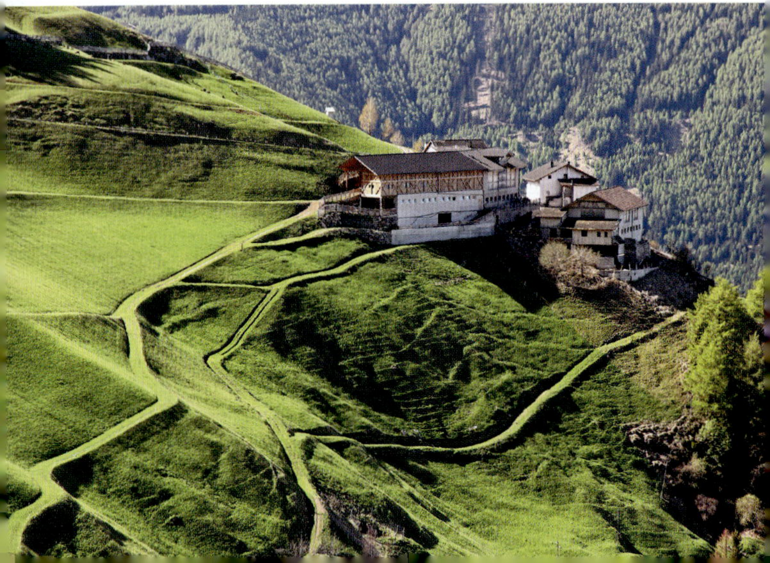

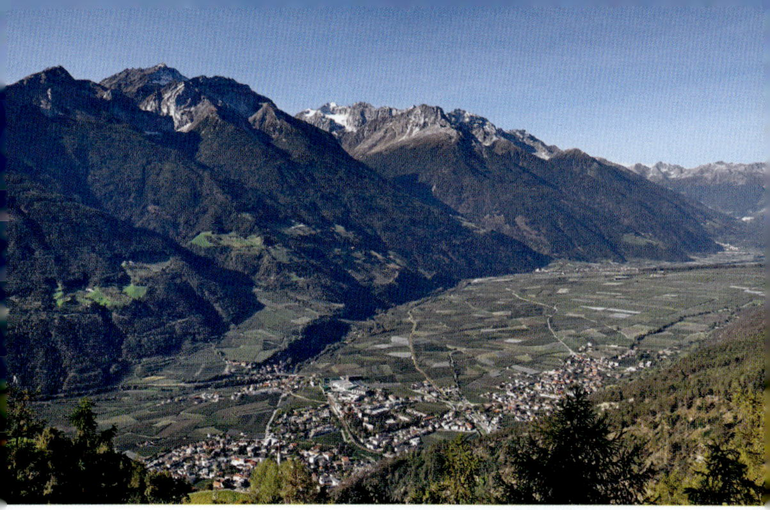

Wie ein aufgeschlagenes Buch liegt der Vinschgau bei Schlanders vor uns.

Ausgangspunkt: Gasthof Paflur, 1550 m, knapp oberhalb von Tanas. Busverbindung von Laas im Vinschgau über Allitz bis ins Dorf.
Endpunkt: St. Martin im Kofel, 1736 m, Bergstation der Seilbahn von Latsch. Letzte Talfahrt zwischen Juni und Oktober um 18.30 Uhr, im Winter um 18 Uhr.
Anforderungen: Maximal T3, meistens deutlich leichter. Wege unterschiedlicher Beschaffenheit, von kleineren Steigen (durchaus mal im Steilgelände) über Gras-, Wald- und Schotterwege bis hin zu asphaltierten Höfestraßen, normalerweise gut in Schuss; verwachsene Passagen sind selten. Manchmal etwas Trittsicherheit angezeigt, vor allem aber eine gute Kondition für die lange Strecke.
Einkehr/Unterkunft: Gasthof Paflur (siehe Tour 4). Jausenstation Egg, Oberkaser (inkl. Ferienwohnung, Tel. +39 0473 720125) und Restaurant in der Bergstation St. Martin. Übernachtungsmöglichkeit im Oberköbenhof (Tel. +39 339 1026306, oberkoeben.com). Ansonsten vielseitiges Angebot im Talort Latsch (Tourismusverein, Hauptplatz 14, Tel. +39

Talatsch über dem Einschnitt des Schlandrauner Tals.

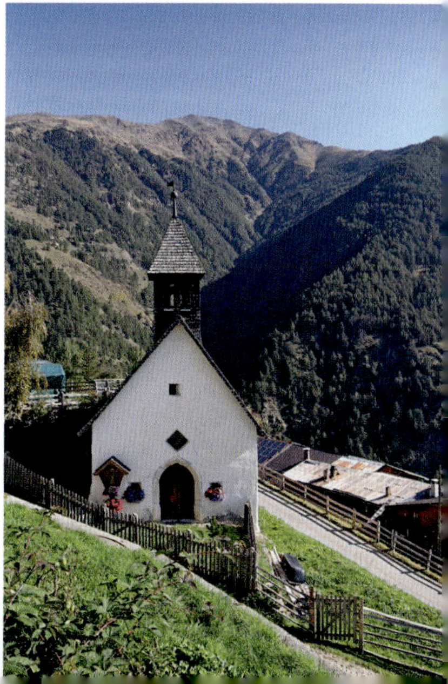

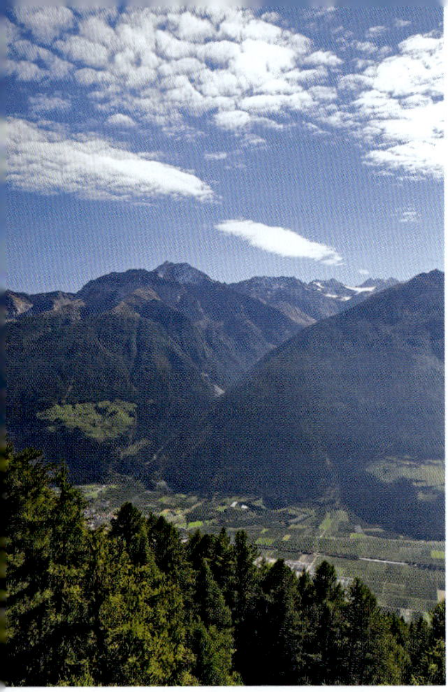

Auf dieser Etappe macht der Vinschger Höhenweg seinem Namen alle Ehre.

0473 623109, latsch-martell.it).
Variante: Falls die Etappe zu lang erscheint, kann man einen Talabstieg nach Schlanders erwägen, entweder von der Sonnenberger Höfestraße mit Nr. 15 oder aus dem Schlandrauner Tal mit Nr. 4. Anderntags leitet Route Nr. 7 wieder gegen Tappein hinauf.
Karte: Tabacco, Blatt 044 »Vinschgau – Sesvenna« und Blatt 04 »Schnalstal – Naturns«.

Vom Gasthof **Paflur** ❶ folgen wir dem Sträßchen wenige Minuten bergwärts, um mit dem Symbol des Vinschger Höhenwegs nach rechts auf einen Forstweg abzubiegen. Dieser quert Richtung Osten, taucht in Wald ein und wird dann auf einen kleineren Weg deutlicher bergauf verlassen. Weiter oben treffen wir erneut auf eine breite Trasse, verlieren ein paar Höhenmeter und zweigen dann nach links auf eine urwüchsige Hangtraverse ab. Dabei schwenkt man vom unmittelbaren Sonnenberg in die Flanke des Gadriatals ein und quert leicht abwärts bis auf die Zufahrt zum **Strimmhof** ❷. Dieser bleibt etwas höher unberührt, während wir in die andere Richtung abdrehen, nach einigen

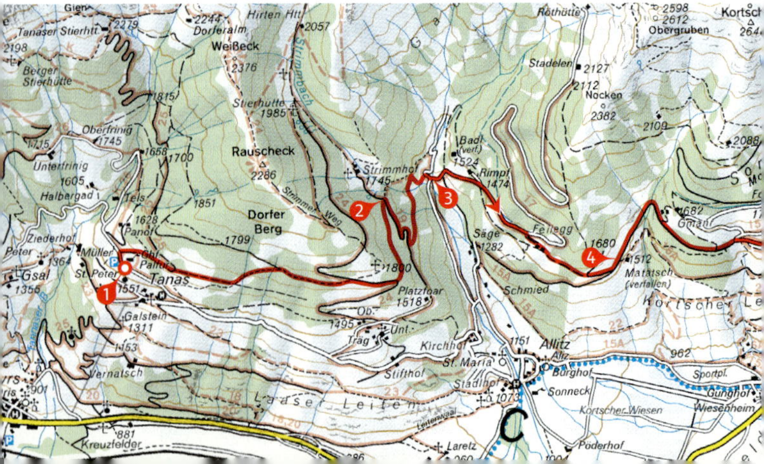

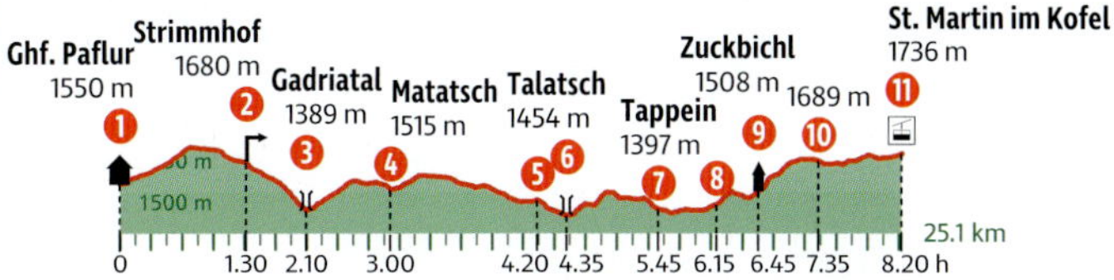

Serpentinen jedoch den Linksabzweig beachten. Anfangs ist es ein Grasweg, bald jedoch ein Steig, der sich durch dichteren Wald tiefer windet und zwischendurch die Wasserkaskaden des Strimmbachs tangiert. Drunten im **Gadriatal** ❸, 1389 m, wird dieser schließlich auf einer Brücke überschritten. Die Gegensteigung führt unweit der urigen Rimpfhöfe (um deren Erhaltung sich eine Initiative verdient gemacht hat) vorbei nach **Feilegg**, 1561 m. Hinter den Gebäuden schreiten wir an einem Wiesenmäuerchen entlang, kommen bald wieder auf einen breiteren Weg und mit etwas Gefälle nach **Matatsch (Madatsch)** ❹, 1515 m. Das Ausgehen des lichtbewaldeten Gmahrer Tals geschieht anschließend auf einem bequemen, leicht ansteigenden Grasweg, wobei sich unterhalb des gleichnamigen Hofes ein idyllischer Rastplatz befindet. Etwa einen Kilometer weiter stoßen wir auf die asphaltierte Höfestraße, der man nun eine ganze Weile über Waldenthal bis nach **Talatsch** ❺, 1454 m, folgt. Der Streckenfortschritt gelingt auf Hartbelag natürlich vergleichsweise zügig. Gemeinsam mit dem Mühlweg senkt sich unser Vinschger Höhenweg von Talatsch hinab ins wichtige **Schlandrauner Tal** ❻ und überquert sogleich den Bach auf einer Brücke.

Gleich im Anschluss muss auch das sekundäre Gampental ausgegangen werden, was eine etwas verschlungene Traverse nach sich zieht. Dieser Steigabschnitt wurde für die Weitwanderroute extra neu angelegt. Nach

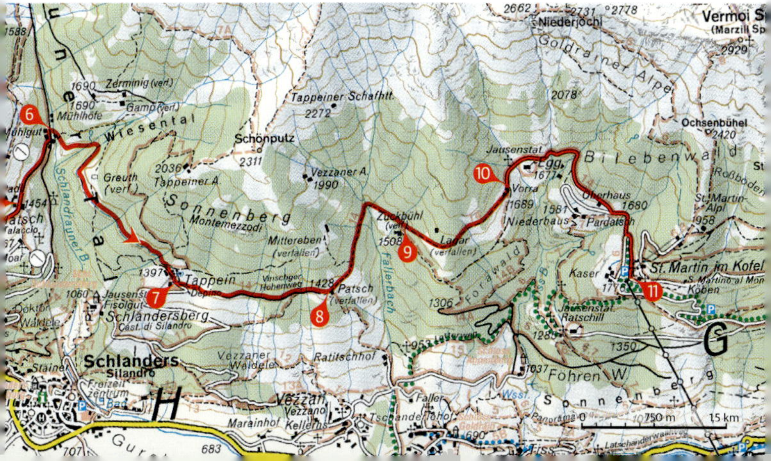

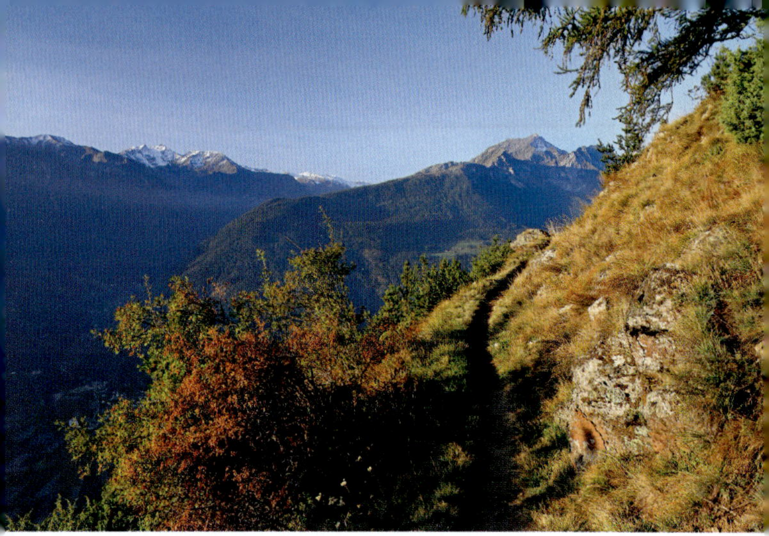

Schmaler Pfadverlauf vor Forra.

einem kräftigen zwischenzeitlichen Bergauf und Bergab wird die Verbindung zum aufgelassenen Tappeiner Waal hergestellt. Damit nähern wir uns **Tappein** 7, 1397 m, der nächsten Hofgruppe. Bei der ersten Straßenkehre wird die Zufahrt nach links verlassen. Auf einem Wirtschaftsweg kommen wir Richtung **Patsch** 8, 1428 m, voran. Links eindrehend noch etwas aufwärts, dann auf einen Steig abzweigend und zur Hängebrücke über den wilden Fallerbach, dessen Querung bei P. 1456 bis vor Kurzem noch ohne dieses aufwendige Hilfsmittel bewerkstelligt werden musste (die alte Pfadspur ist zu erkennen). Beim folgenden Gegenanstieg aus dem Tobel heraus kommen wir an den verfallenen Siedlungen von **Zuckbichl** 9, 1508 m, und Laggar vorbei – vermutlich im Mittelalter von Knappen gegründet, Anfang des 20. Jahrhunderts aber endgültig verlassen und heute nur noch Ruinen. Hier sind wir auf recht schmalem Steig am Steilhang unterwegs, ehe nach einer schönen Traverse bei **Forra** 10, 1689 m, für das letzte Stück wieder ein Sträßchen bereitsteht. Dieses leitet quer durch einen großen Hangkessel, via Egg (Jausenstation) auf die andere Seite und leicht aufwärts bis nach **St. Martin im Kofel** 11, 1736 m. Der Weiler ist durch eine moderne Seilbahn mit dem Talort Latsch verbunden.

Überraschende Begegnung am Wanderweg.

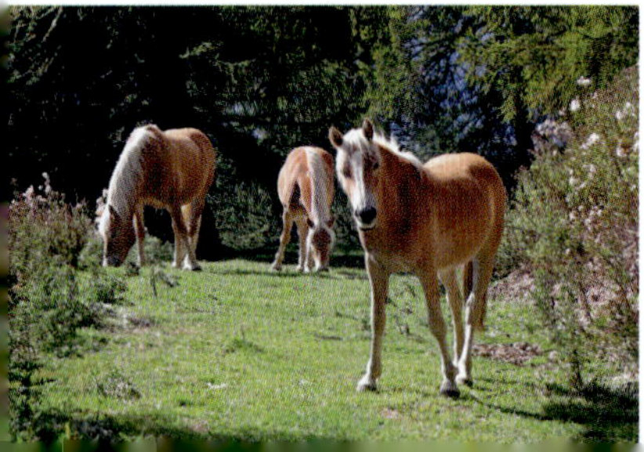

↗ 250 m | ↘ 1430 m | 12.5 km

4.00 h

St. Martin im Kofel – Staben

6

Schlussetappe über Trumsberg und den Schnalser Waal

Der letzte Abschnitt des Trekkings reicht nun schon bis in den Untervinschgau, womit nochmals neue Facetten dieser Südtiroler Großlandschaft aufgeschlagen werden. Die Etappe ist kürzer als die vorherigen, kann aber mit einem hohen Anteil an Naturwegen punkten und je nach Gusto mit einem kulturellen Leckerbissen zum Abschluss: Dort hat die Bergsteigerlegende Reinhold Messner auf Schloss Juval nicht nur seinen Privatansitz bezogen, sondern auch eines seiner Messner Mountain Museen eingerichtet. Schlicht eindrucksvoll ist allein schon die Lage der Burg (samt umgebener Höfegruppe) über der Mündungsschlucht des Schnalstals.

Ausgangspunkt: St. Martin im Kofel, 1736 m, erreichbar mit der Seilbahn von Latsch im Vinschgau (erste Bergfahrt um 7 Uhr).
Endpunkt: Staben, 554 m, im Untervinschgau westlich von Naturns. Haltepunkt der Vinschgerbahn, außerdem Busverkehr.
Anforderungen: T2–3. Anfangs Fahrweg, danach überwiegend Naturwege, die teils an recht steilen Flanken verlaufen, aber stets gut angelegt sind (etwas Trittsicherheit speziell am Trumsweg). Außer der Traverse Richtung Sonnenhof geht es hauptsächlich bergab, damit kürzer und weniger anstrengend als die anderen Etappen.
Einkehr/Unterkunft: Bei St. Martin im Kofel (siehe Tour 5). Hofschank Platztair. In Trumsberg der Hofschank Nieder-

Stolz thront Schloss Juval auf seinem Burgfelsen.

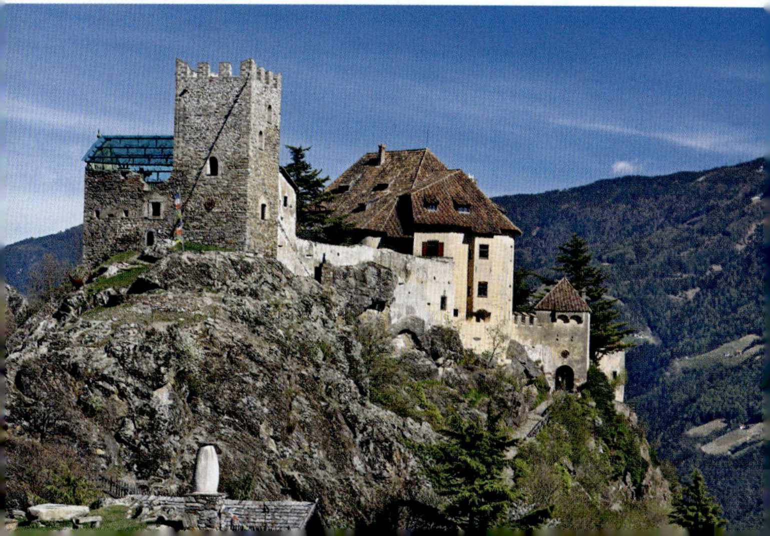

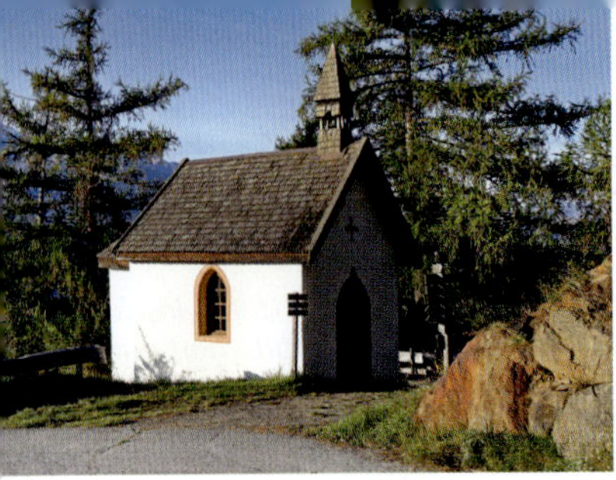

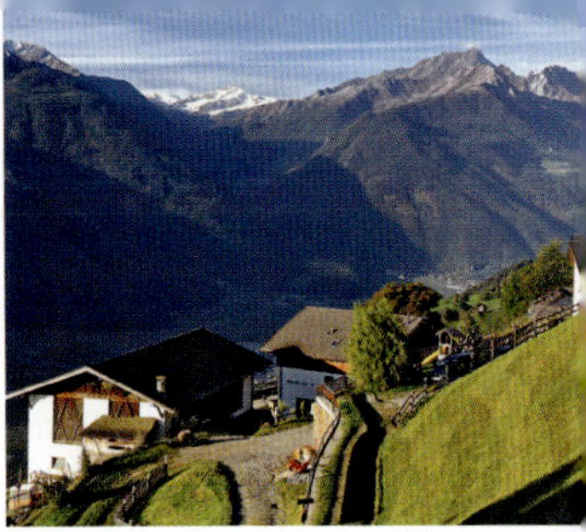

Kapellchen und Höfe am Trumsberg.

mair und Übernachtungsmöglichkeit im Flatschhof (Tel. +39 349 6199063, flatschhof.com). Hofschank Sonnenhof, Hofschank Schlossbauer und Schlosswirt Juval. Diverse Unterkünfte im Zielort Staben (z.B. Hotel Quellenhof, Schwarzer Adler, Brunnerhof, Bad Kochenmoos).

Variante: Zumal diese Etappe nicht tagfüllend ist, liegt gegen Ende sicher noch ein Abstecher nach Schloss Juval drin. Die sehenswerte Burg beherbergt das Messner Mountain Museum (geöffnet täglich außer Mi von 10 bis 17 Uhr).
Karte: Tabacco, Blatt 04 »Schnalstal – Naturns«.

In **St. Martin im Kofel** ❶ lassen wir Seilbahnstation und Bergkirchlein zurück und entfernen uns auf dem ostwärts führenden Fahrweg quer durch den Hang. Rasch geht es an den Köberhöfen vorbei und später etwas abkürzend zur Fortsetzung auf Route Nr. 2 unweit der Jausenstation **Platztair**, 1657 m ❷. Vom urigen Greithof leiten wir nun die Traverse des bewaldeten Vermoigrabens ein, welche im Bogen schräg abwärts vollzogen wird. An deren Ende trifft man bei einer hübschen Kapelle auf die Trumsberger Straße und folgt dieser bzw. einer Abkürzung leicht abwärts bis zum Hofschank **Niedermair** im Streuweiler **Trumsberg** ❸, ca. 1355 m. In bald wieder wilderem Ambiente setzt sich unsere Route bergab fort. Hinter einer Berg-

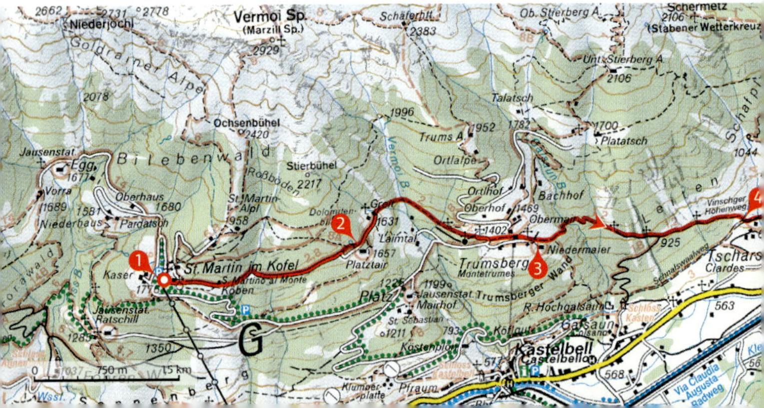

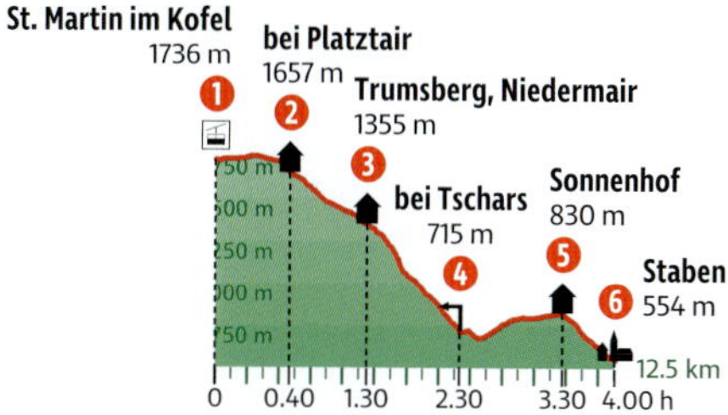

wiese legt sich jetzt nämlich der nächste Geländetrichter in den Weg, und zwar jener des Galsaunbachs. Der sogenannte Trumsweg ist hier als Kreuzweg mit Bildstöcken ausgestaltet und windet sich geschickt zwischen Felszonen tiefer. Auf etwa 1000 Metern wird die Trasse vorübergehend breiter, anschließend aber nochmals zum Steig. Wir wandern fast, aber nicht ganz bis in die Ortschaft **Tschars** hinunter, sondern wenden uns in der Nähe des Köflhofes mit Nr. 3 (Hinweis »Juval« beachten) nach links ❹. Inmitten der ausgedehnten Obstplantagen wird man neuerdings ein kleines Stück nach unten gelotst und nicht auf den Schnalser Waal (Nr. 3), sondern anschließend auf die Route Nr. 3B. Diese mündet nach einem Anstieg aber wieder in den Waalweg ein, weshalb der Schlenker etwas Verwirrung stiftet. Die wunderbare Strecke bis zum **Sonnenhof** ❺, 830 m, entlang dieses intakten Bewässerungskanals ist nochmals zum Genießen! Sie vollzieht sich zuerst durch Wald, später zunehmend offener und mit feinen Talblicken garniert. Beim Hofschank, oberhalb dessen sich Reinhold Messners **Schloss Juval** befindet, ist das Finale des Vinschger Höhenwegs mit dem Abstieg durch die unteren Hanglagen (Route Nr. 1) ausgewiesen. Nach einigen Kehren im lichten Gehölz trifft man im Zielort **Staben** ❻, 554 m, ein. Der Bahnhof befindet sich auf der anderen Seite der Etsch ein bisschen weiter östlich.

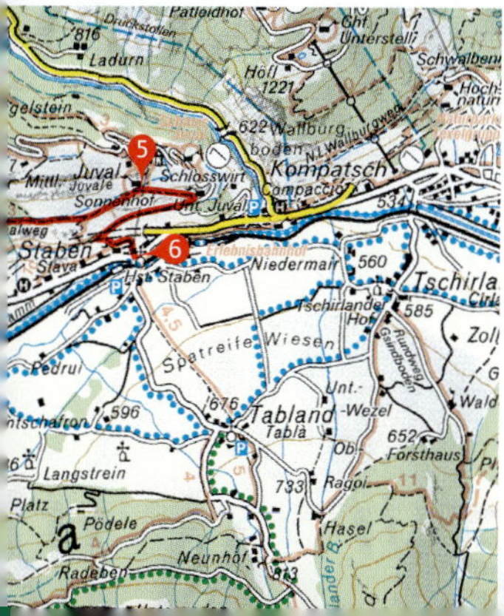

Die Zufallspitze erglüht mit den ersten Sonnenstrahlen.

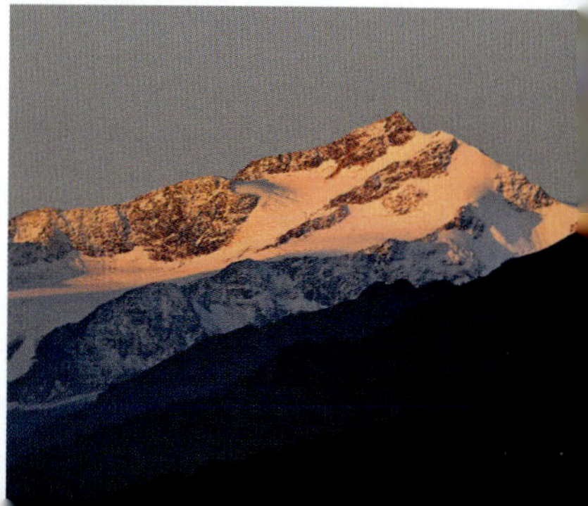

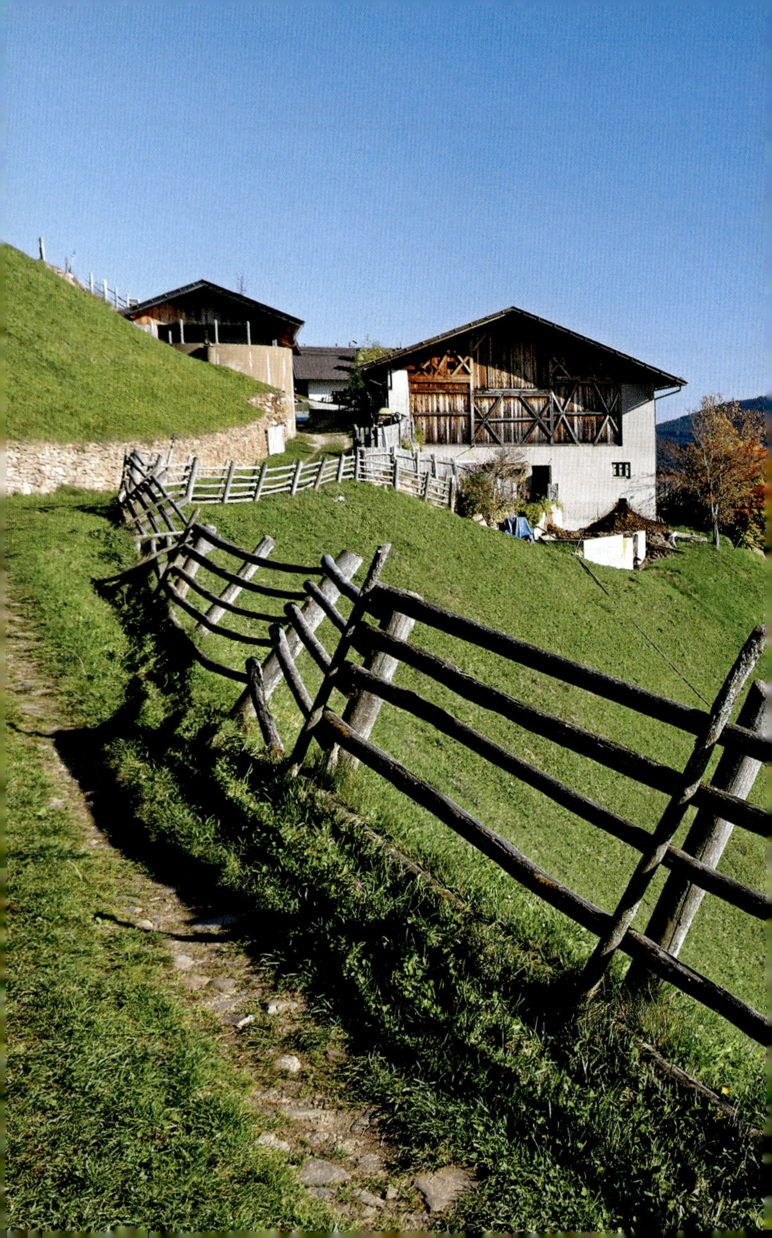

MERANER HÖHENWEG

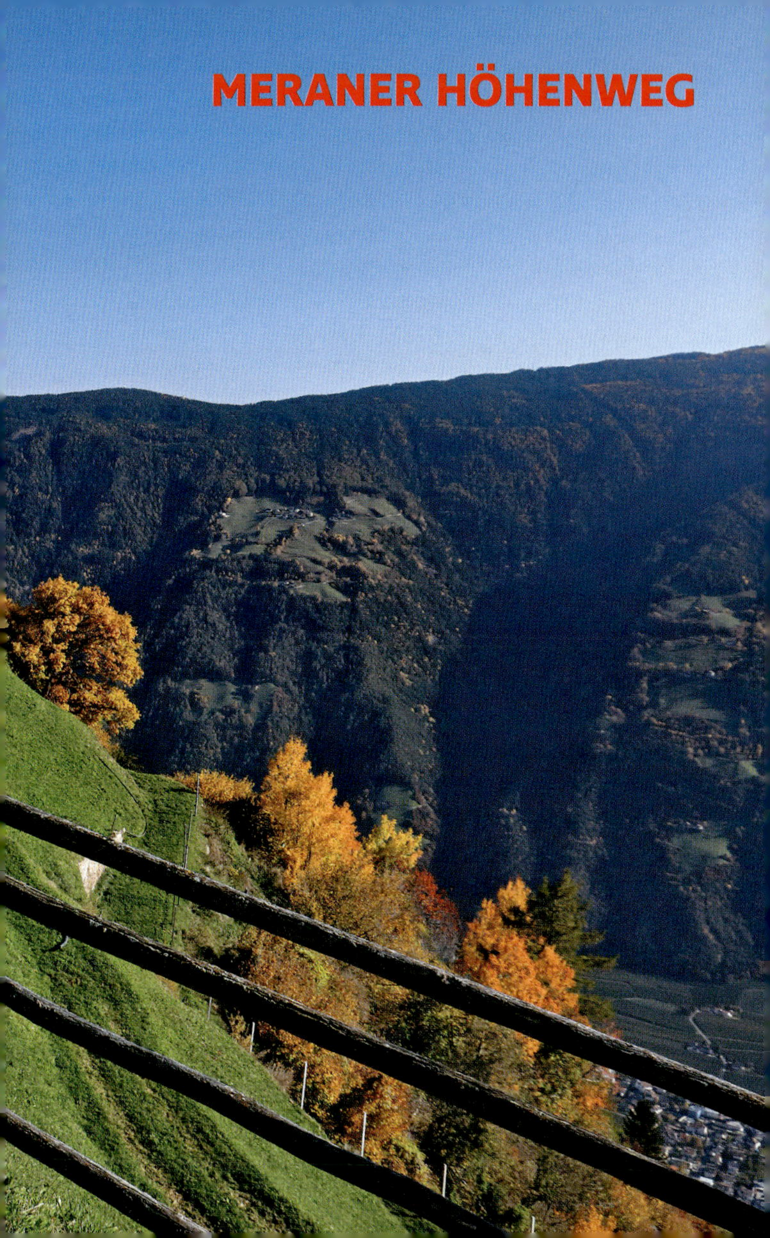

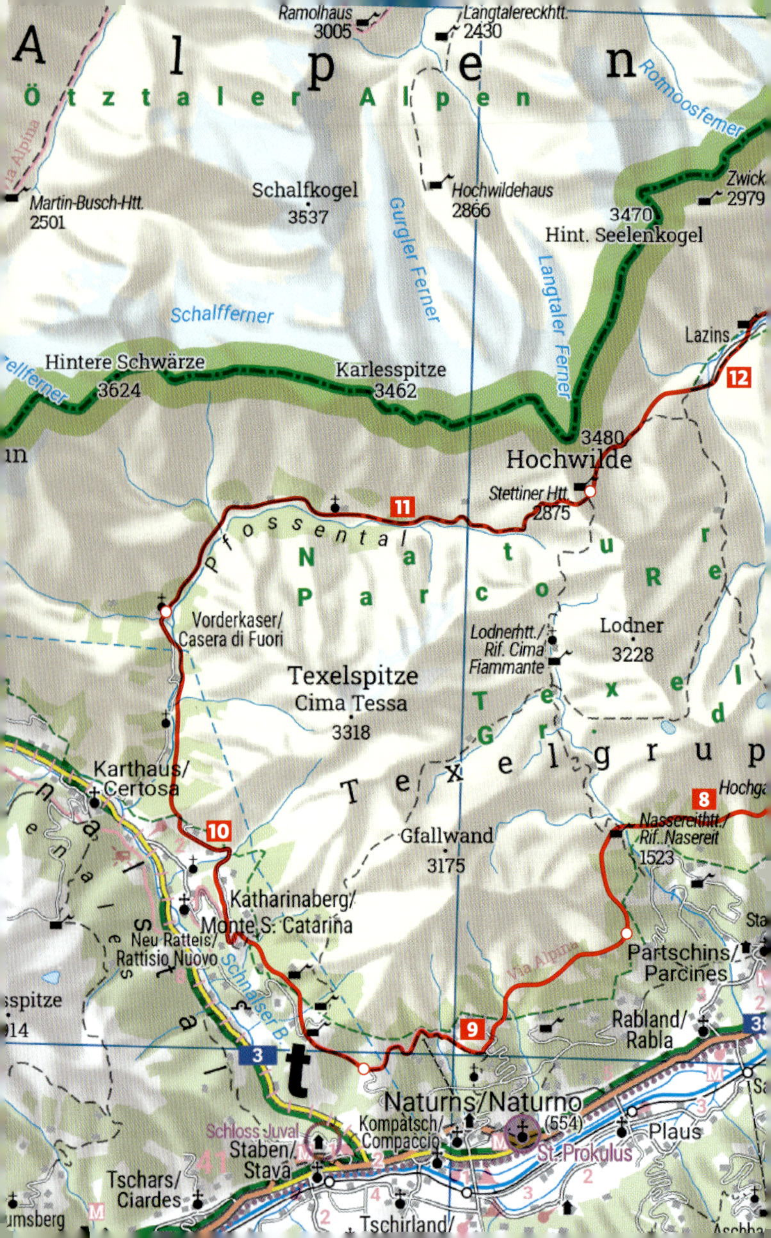

Alpen
Ötztaler Alpen
Ramolhaus
3005
Langtaleregghtt.
2430
Rotmoosferner
Via Alpina
Martin-Busch-Htt.
2501
Schalfkogel
3537
Gurgler Ferner
Hochwildehaus
2866
Zwick
2979
3470
Hint. Seelenkogel
Langtaler Ferner
Schalfferner
Lazins
12
Hintere Schwärze
3624
Karlesspitze
3462
3480
Hochwilde
Stettiner Htt.
2875
11
Pfossental
Naturpark Texelgruppe
Parco Naturale Gruppo di Tessa
Vorderkaser/
Casera di Fuori
Lodnerhtt./
Rif. Cima
Fiammante
Lodner
3228
Texelspitze
Cima Tessa
3318
Texelgrup
Karthaus/
Certosa
Hochga
8
10
Nassereithtt./
Rif. Nasereit
1523
Gfallwand
3175
Katharinaberg/
Monte S. Catarina
Neu Ratteis/
Rattisio Nuovo
Schnalser B.
Schnalstal
Via Alpina
Partschins/
Parcines
Rabland/
Rabla
9
3
Naturns/Naturno
(554)
Schloss Juval
Kompatsch/
Compaccio
Staben/
Stava
St. Prokulus
Plaus
Tschars/
Ciardes
Tschirland/

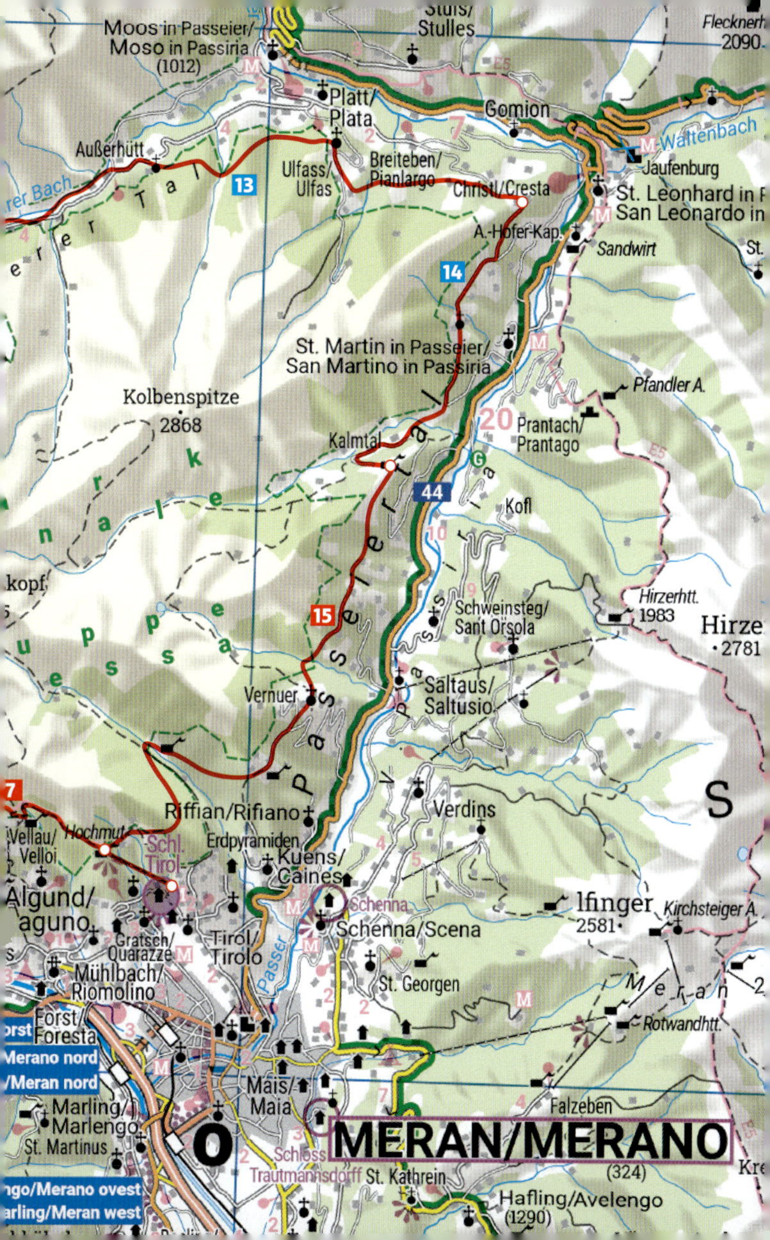

Moos in Passeier/
Moso in Passiria
(1012)
Stuls/
Stulles
Flecknerh.
2090
Platt/
Plata
Gomion
Waltenbach
Jaufenburg
St. Leonhard in P
San Leonardo in
Außerhütt
Ulfass/
Ulfas
Breiteben/
Pianlargo
Christl/Cresta
A.-Hofer-Kap.
Sandwirt
13
14
St. Martin in Passeier/
San Martino in Passiria
Pfandler A.
Kolbenspitze
2868
Kalmtal
Prantach/
Prantago
20
44
Kofl
Hirzerhtt.
1983
Hirzer
2781
Schweinsteg/
Sant Orsola
15
Saltaus/
Saltusio
Vernuer
Riffian/Rifiano
Verdins
Hochmut
Vellau/
Velloi
Schl.
Tirol
Erdpyramiden
Kuens/
Caines
Algund/
Lagundo
Schenna
Schenna/Scena
Ifinger
2581
Kirchsteiger A.
Gratsch/
Quarazze
Tirol/
Tirolo
Passer
Mühlbach/
Riomolino
St. Georgen
Rotwandhtt.
Forst/
Foresta
Merano nord
/Meran nord
Mais/
Maia
Marling/
Marlengo
St. Martinus
Falzeben
MERAN/MERANO
(324)
Schloss
Trautmannsdorff
St. Kathrein
Hafling/Avelengo
(1290)
Merano ovest
Marling/Meran west

Die komplette Umrundung der Texelgruppe

Fast vier Jahrzehnte ist es mittlerweile her, dass der Meraner Höhenweg aus der Taufe gehoben wurde: ein geschlossener und mit der einheitlichen Nummer 24 bezeichneter Ring um die Texelgruppe, dem Hausgebirge Merans. Als »Freundschaftsband von Hof zu Hof, von Gemeinde zu Gemeinde, von Tal zu Tal«, erklärte Helmut Ellmenreich, seinerzeit Vorsitzender der Alpenvereinssektion Meran, diese abwechslungsreiche Mehrtagesroute, die rasch Popularität gewann und heute längst als Klassiker gelten darf. Der zahlenmäßige Zulauf stellt jenen am Vinschger Höhenweg weit in den Schatten, obwohl es vor allem in landschaftlicher Hinsicht durchaus Gemeinsamkeiten gibt. Beim Meraner Höhenweg ist jedoch die touristische Infrastruktur viel ausgeprägter und dichter, das Etappenschema aufgrund der zahlreichen Nächtigungsmöglichkeiten ausgesprochen flexibel. Durchschnittlich wird die gut 90 Kilometer messende Runde in fünf bis sechs Tagen absolviert. Man kann sich aber auch mehr Zeit lassen, wie die nachfolgende neunteilige Gliederung der Tourenkapitel veranschaulicht. Diese Abschnitte sind also mit Absicht überschaubar gefasst und entsprechen in der Praxis meist keinen vollen Tagesleistungen.

Bei einer geschlossenen Rundtour ist auch der Einstieg in gewissem Rahmen flexibel. Als Ausgangspunkt geeignet wären die Ortschaften Pfelders im Hinterpasseier und Katharinaberg im Schnalstal, vor allem aber die Berggasthäuser Hochmuth und Giggelberg, welche per Seilbahn erreichbar sind.

Bild Seiten 52/53: Bei Hochforch an der Südlehne der Texelgruppe.
Unten: Die beliebte Leiteralm unterhalb der Mutspitze.

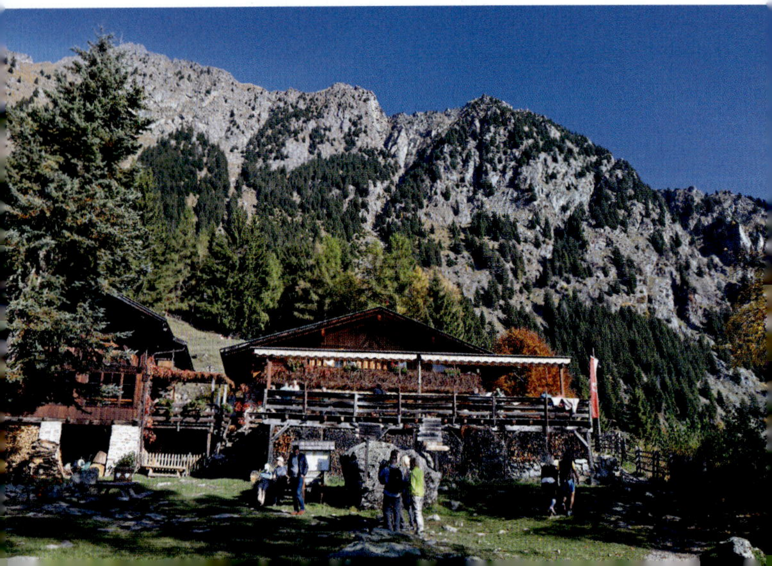

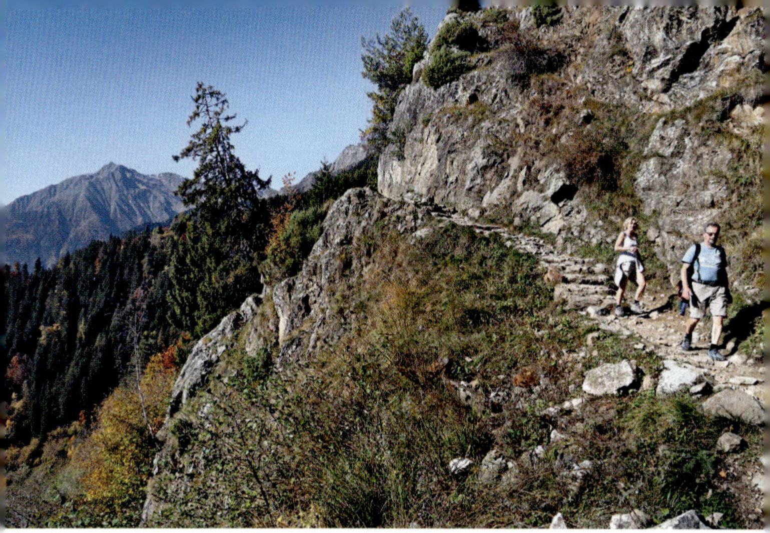

Unterwegs am spannenden Hans-Frieden-Felsenweg.

Die einzelnen Etappen können also auch in anderer Reihenfolge gelesen werden. Aufgrund der günstigen Verkehrsanbindung und dem Schnellzubringer in die Höhenwegetage hat sich der Start bei Hochmuth oberhalb von Dorf Tirol bewährt und wird daher auch in der vorliegenden Beschreibung gewählt. Wir nehmen dann den Meraner Höhenweg im allgemein bevorzugten Uhrzeigersinn auf, laufen zuerst die gesamte Südfront der Texelgruppe ab und dürfen uns derweil schon mal einem Panoramarausch der Extraklasse hingeben. Der Untere Vinschgau offenbart sich in voller Größe, mehr als 2000 Meter von der Sohle bis zu den höchsten Gipfeln. Über zahlreiche Höfe am Sonnenberg schwenken wir später ins Schnals- und Pfossental ein, wo sich der Horizont verengt und mit der Überschreitung des

Großartiger Blick ins Schnalstal.

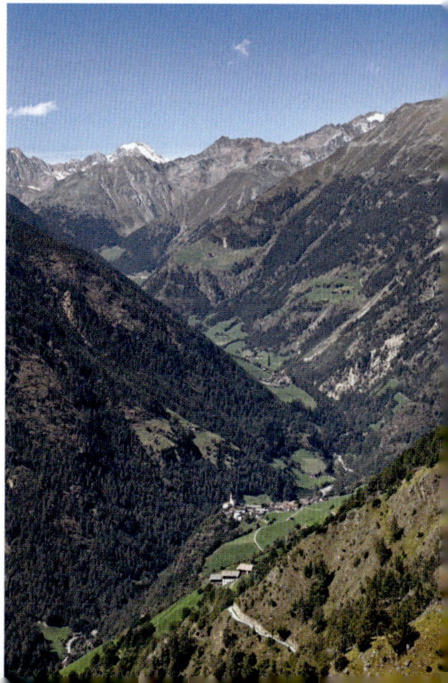

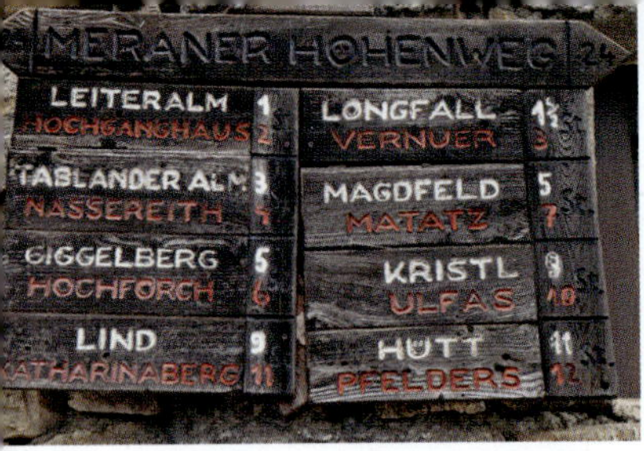

Rustikal gestaltete Übersichtstafel bei Hochmuth.

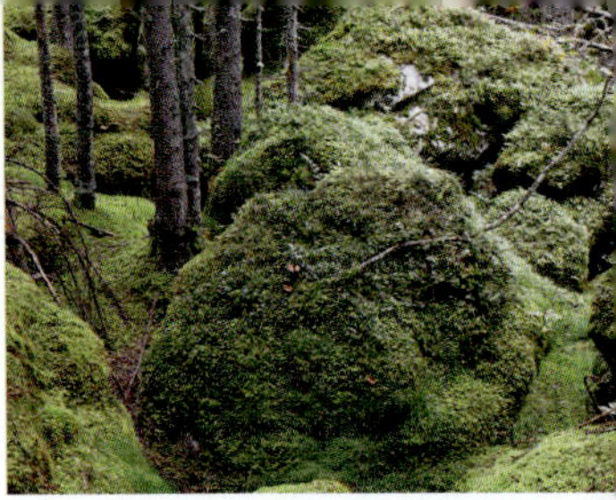

Im Bergwald ist alles mit Moos überwachsen.

immerhin 2895 Meter hohen Eisjöchls die »Königsetappe« bevorsteht. Sie bringt uns hinüber ins Pfelderer Tal, das inmitten steiler Berglehnen alpines Flair verströmt. Auf den letzten Abschnitten muten die Szenerien vielleicht etwas bescheidener an, doch sei jedem die Wohltat ans Herz gelegt, zwei oder drei weitere Tage unbeschwert zwischen einschichtigen Passeirer Höfen und Bergweilern unterwegs zu sein, um den Kreis über dem Talkessel von Meran letztlich komplett zu machen.

Bei diesem Trekking lernt man nicht nur die großartige Hochgebirgsnatur im Süden der Ötztaler Alpen kennen und schwelgt stets aufs Neue in herrlichsten Ausblicken, auch das arbeitsreiche Leben der Bergbauern, die dieser Landschaft seit zahllosen Generationen ihren Stempel aufdrücken, offenbart sich auf ganz unmittelbare Weise. Und gerade diese Symbiose zwischen Natur- und Kulturwanderung wird uns begeistern. Wer wäre nicht entzückt beim Anblick stolz am Steilhang klebender Höfe! Es gibt viele solch luftige Nester über dem Passeier, dem Vinschgau oder dem Schnalstal – jedes für sich ein kleines Reich. Sicher konnte vom Meraner Höhenweg auch manche auf entlegenem Gehöft ansässige Bergbauernfamilie profitieren, wie es beispielhaft ist für einen sanften, naturverträglichen Tourismus.

Wer noch keine Erfahrung mit alpinen Weitwanderwegen gesammelt hat, findet hier zweifelsohne einen idealen Einstieg. Die Impressionen sind ausgesprochen vielgestaltig, landschaftlich zum Teil hervorragend, ganz gleich ob in den trockenen Steppenhängen über dem Vinschgau, zwischen den Rodungsinseln im waldreichen Passeier oder in den Hochtälern am unmittelbaren Abfall des Alpenhauptkamms. Das Herz muss nur offen sein für all die Reize, die sich auf der Strecke ganz offenkundig oder auch im Verborgenen darbieten. Dabei weist der Weg als solcher keine außergewöhnlichen Hürden auf. Die wenigen ausgesetzten Passagen sind bestens abgesichert, und auch die Überschreitung des Eisjöchls ist bei normalen äußeren Bedingungen als unschwierig zu bezeichnen. Die Höhenlage schränkt dort allerdings die Tourensaison auf die Sommermonate ein, während im großen Rest prinzipiell vom Frühjahr bis zum Spätherbst gewandert werden kann.

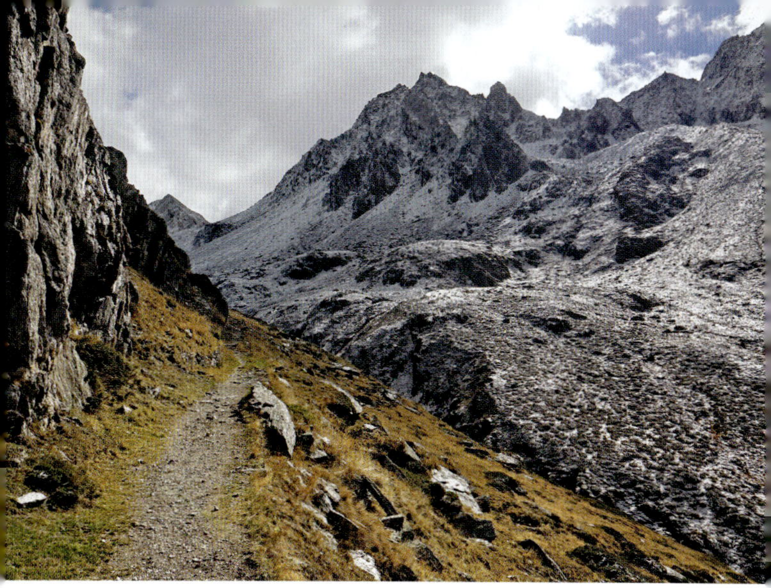

Impressionen aus dem inneren Pfossental: Ein guter Weg führt hinauf zum Eisjöchl (oben). Zuhinterst zieht die aus Marmor aufgebaute Hohe Weiße die Blicke auf sich (unten).

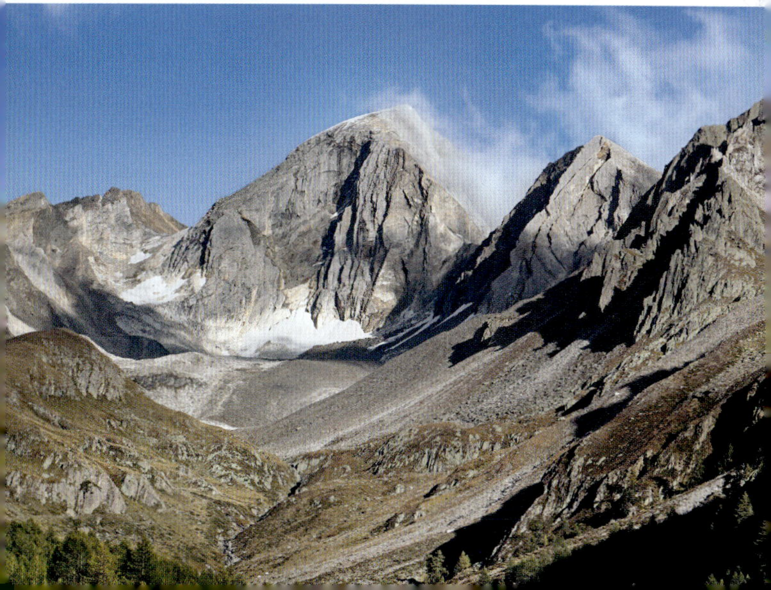

↗ 570 m | ↘ 100 m | 5.2 km

7 Hochmuth – Hochganghaus

2.15 h

Fulminanter Start am Hans-Frieden-Felsenweg

Nachdem wir mit der Hochmutherbahn luftig über dem Meraner Talkessel bergwärts geschwebt sind, beginnt der Meraner Höhenweg sofort mit einem Highlight, wenn die abschüssige, felsdurchsetzte Südflanke der Mutspitze traversiert wird. Immerhin befinden wir uns hier schon volle 1000 Höhenmeter über den Dächern Merans! Die Verbindung hinüber zur idyllisch gelegenen Leiteralm trägt auch den Namen Hans-Frieden-Felsenweg. Hernach tauchen wir häufiger in Waldareale ein und gewinnen bis zur großen Lichtung beim Hochganghaus sukzessive noch etwas an Höhe. Das Schutzhaus empfängt uns in modernem Stil, während nebenan noch die alte Hütte von einer anderen Zeit erzählt.

Ausgangspunkt: Bergstation der Seilbahn von Dorf Tirol zum Gasthof Hochmuth, 1362 m. Täglich von 7.30 bis 18 Uhr in Betrieb (Juli/August/September bis 19 Uhr). Vom Bahnhof Meran verkehren regelmäßig Busse nach Dorf Tirol.
Endpunkt: Hochganghaus, 1839 m.
Anforderungen: T2–3. Auf dem Hans-Frieden-Weg mitunter recht ausgesetztes Gelände, aber bestens trassiert und an einigen Stellen mit Sicherungen versehen. Im weiteren Verlauf meist Waldsteige, teils über Stock und Stein.
Einkehr/Unterkunft: Gasthof Hochmuth (Anfang Juni bis Ende Oktober, Tel. +39 333 2668484, hochmuth.it), nebenan der Berggasthof Oberhochmuthof (Tel. +39 334 3595431, oberhochmuthof.it), knapp oberhalb die Jausenstation Steinegg. Leiteralm (mittlerweile keine Übernachtung mehr möglich!). Hochganghaus (Tel. +39 0473 443310, hochganghaus.it).
Karte: Tabacco, Blatt 011 »Meran und Umgebung«.

Der Hans-Frieden-Weg quert steile Hänge.

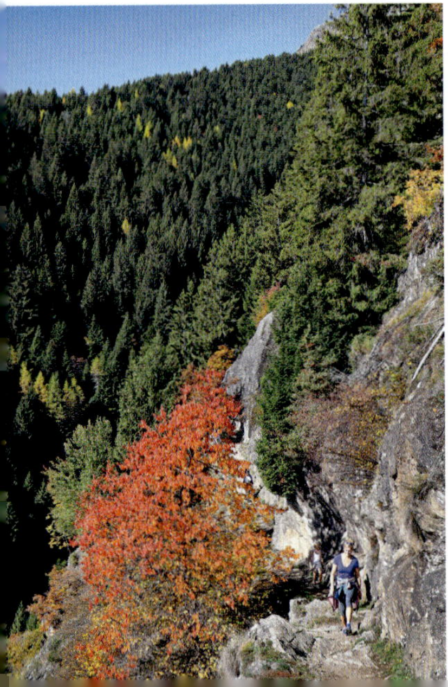

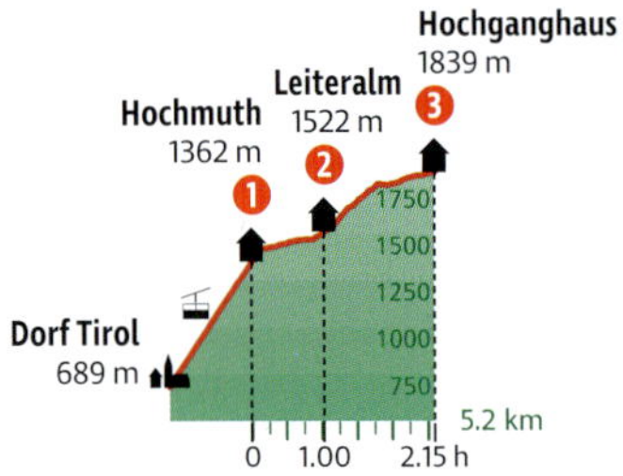

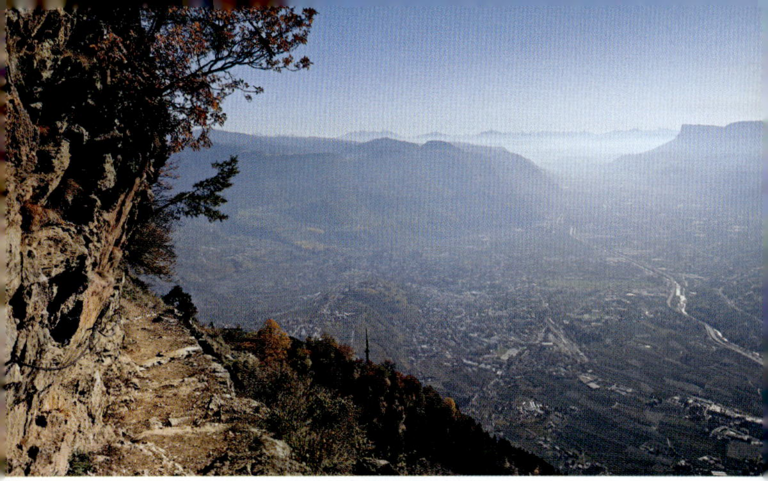

Währenddessen beeindruckt das große Etschtal-Panorama.

Von **Hochmuth** ❶ geht es zunächst treppenartig hinauf zum Gasthaus **Steinegg** und unmittelbar auf den spektakulären **Hans-Frieden-Felsenweg**, der die Steilflanken der Mutspitze schneidet und teilweise regelrecht aus den Felsschrofen herausgearbeitet wurde. Wo der Abgrund nebenan allzu respekteischend wirkt, befinden sich bergseitig manchmal Halteseile. Mit geringem Höhengewinn kommen wir bis in eine grabenartige Nische voran und wandern dann links hinaus ums Eck zur **Leiteralm** ❷, 1522 m, die inzwischen keine Betten mehr anbietet, wohl aber eine schmackhafte Jause. Unmittelbar dahinter taucht die Route in schattige Waldbereiche ein und passiert etwas höher den Abzweig zur Taufenscharte. Wir wandern durch wurzliges, von stattlichen Blöcken durchsetztes Gelände und um einen Hangrücken herum in das verzweigte Rinnensystem des Töllgrabens, wo uns auch eine kleine Hängebrücke erwartet. Nachdem ein letzter Bogen ausgegangen ist, empfängt uns das neue **Hochganghaus** ❸, 1839 m, auf einem Wiesenplateau am Fuße der Spronser Rötelspitze.

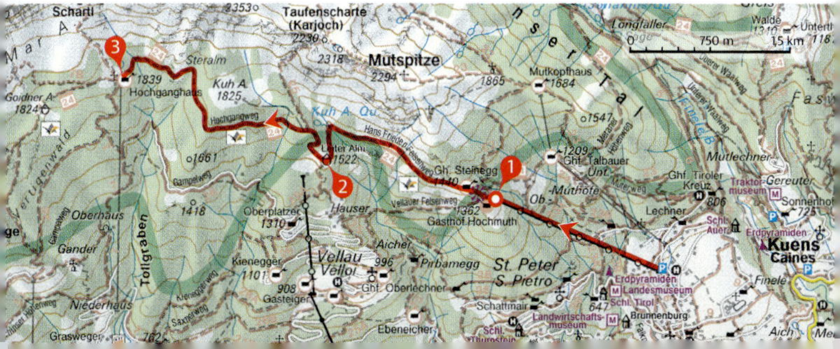

↗ 360 m | ↘ 630 m | 8.2 km

8 Hochganghaus – Giggelberg

3.00 h

Die Kreuzung des Zieltals

Wer zeitig bei Hochmuth aufgebrochen ist, kann den nachfolgend beschriebenen Abschnitt gleich zu einer tagfüllenden Etappe anhängen und entweder in der Nasereithütte oder im aussichtsreichen Bergnest Giggelberg (das seit dem 16. Jahrhundert nachweisbar ist) Quartier beziehen. Zu den schönsten Plätzen an der Südlehne der Texelgruppe zählt das Wetterkreuz an der Hohen Wiege, das wir binnen einer knappen Stunde ab Hochganghaus erreichen. Bald dahinter empfängt uns die als Einkehrstation, aber auch noch traditionell bewirtschaftete Tablander Alm und später die erwähnte Schutzhütte Nasereit im Zieltal. Kenner wissen um die landschaftliche Schatzkammer eine Etage höher, wo die Lodnerhütte von einem Kranz großartiger Dreitausender umgeben ist. Aber das ist eine andere Geschichte, die vom Meraner Höhenweg unberührt bleibt …

Ausgangspunkt: Hochganghaus, 1839 m.
Endpunkt: Gasthof Giggelberg, 1565 m, nur wenige Gehminuten von der Texelbahn entfernt.
Anforderungen: T2–3. Die zu querenden Waldhänge sind streckenweise relativ abschüssig, deshalb ist auf den vorherrschenden Naturwegen mitunter elementare Trittsicherheit vorteilhaft. Größere Hindernisse tauchen aber nicht auf.
Einkehr/Unterkunft: Hochganghaus (siehe Tour 7). Tablander Alm (Jausenstation). Schutzhütte Nasereit (Tel. +39 0473 968222, nasereit.com). Gasthof Giggelberg (Tel. +39 338 5998953, giggelberg.com).
Karte: Tabacco, Blatt 011 »Meran und Umgebung«.

Typische Impression aus der Südflanke der Texelgruppe.

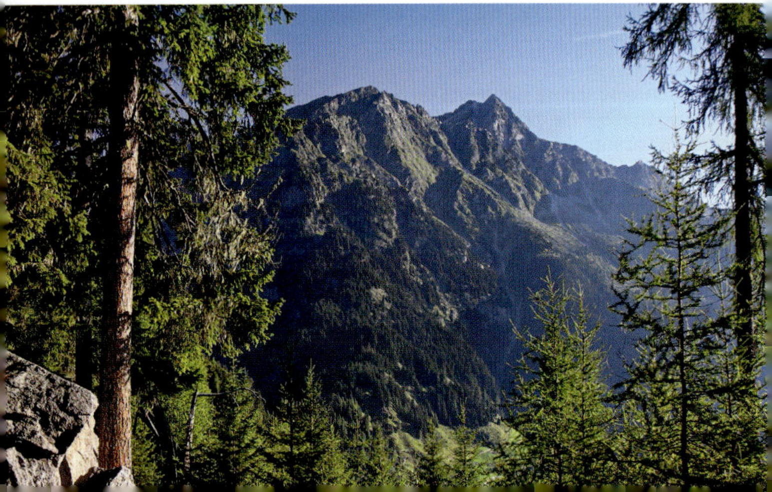

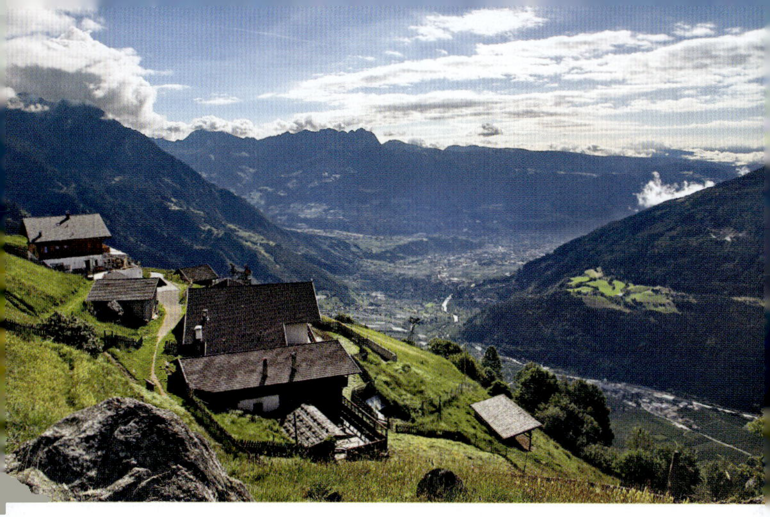

Giggelberg besitzt eine herrliche Perspektive ins Meraner Becken.

Vom **Hochganghaus** ❶ orientieren wir uns horizontal in westliche Richtung, wo sich der Weg in einem Waldstück bald gabelt. Nach oben leitet hier der Franz-Huber-Steig, eine anspruchsvollere Verbindung zur Lodnerhütte, während wir auf dem Meraner Höhenweg leicht abwärts querend die Lichtung der **Goidner Alm** ❷, 1824 m, ansteuern. Man verliert noch ein bisschen an Höhe und lässt derweil Nr. 24B talwärts abziehen, bevor sich die Route mit kurzen Steilstücken einer herrlichen Aussichtskanzel nähert: An der **Hohen Wiege** ❸, 1809 m, grüßt ein Wetterkreuz über den Vinschgau. Um die Geländerippe herum geht es kurzzeitig etwas ausgesetzt am Hang entlang, dann aber problemlos mit leichtem Gefäl-

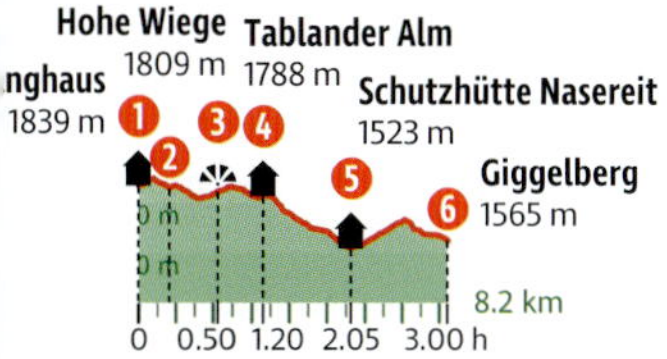

Ganz schön frech, die Ziegen!

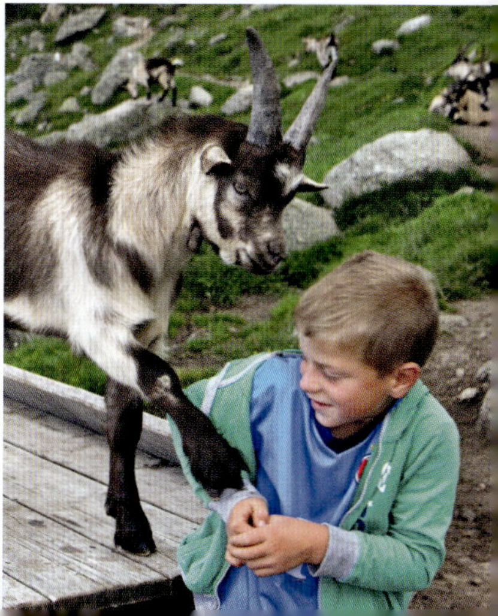

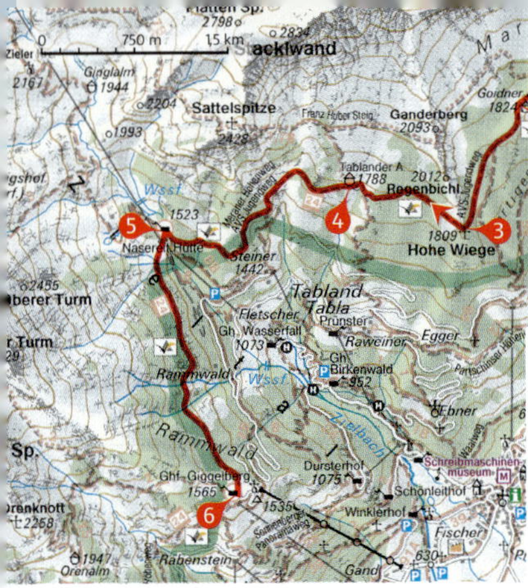

le weiter. Hinter einem Graben empfängt uns die einladende **Tablander Alm** ❹, 1788 m. Im Anschluss führt der Weg sachte und – bis auf kurze ebene Passagen – recht beständig tiefer, geriert sich mit seinen steinigen Stufen dabei häufig auch ein bisschen holprig. Zwischendurch zweigt Nr. 24A ab, ehe nach einem etwas verwinkelten Abschnitt gutmütig auslaufend die **Schutzhütte Nasereit** ❺, 1523 m, im Zieltal erreicht ist. Sie ist aus einem alten Schwaighof hervorgegangen, wurde vor einigen Jahren allerdings vollkommen neu errichtet. Die gut ausgebaute Verbindung Richtung Giggelberg verläuft an der gegenüberliegenden Seite des unteren Zieltals und beinhaltet zunächst noch eine merkliche Steigung. Später geht die Traverse in leichtes Gefälle über und leitet auf die Wiesen um **Giggelberg** ❻, 1565 m, hinaus. Das Gasthaus dort bietet gute Unterkunft.

Auf der Tablander Alm kann zwischendurch eingekehrt werden.

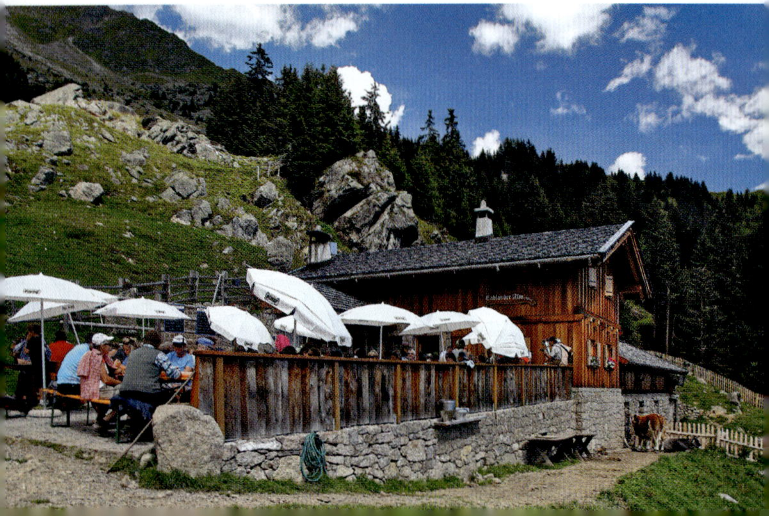

↗ 470 m | ↘ 570 m | 8.3 km

3.00 h

Giggelberg – Linthof 9

Durch die »Schlucht der 1000 Stufen«

Die Schindelbachrunse hinter Giggelberg ist ein kleiner Vorgeschmack auf jene tiefe Kerbe, welche der Lahnbach auf dem Abschnitt zwischen Hochforch und Pirch geschaffen hat. Dieses Hindernis – eines der bemerkenswertesten am gesamten Meraner Höhenweg, das Wegeunterhalter immer wieder vor Herausforderungen stellt – wird auch als »Schlucht der 1000 Stufen« bezeichnet. Ob es tatsächlich so viele sind, darf bezweifelt werden, doch der Abstieg in den markanten Geländeeinschnitt und vor allem der folgende Gegenanstieg haben es durchaus in sich. Umso gemütlicher erscheint hernach die Traverse am meist offenen Naturnser Sonnenberg, wo zahlreiche Berghöfe verstreut liegen. Pirch, Lint und Patleid haben sich hier zu stattlichen Berggasthöfen entwickelt. Wunderbar, dieses Flair fast 1000 Meter über dem Tal der Etsch bis in die Nacht hinein auskosten zu können …

Ausgangspunkt: Gasthof Giggelberg, 1565 m, erreichbar auch mit der Texelbahn, die wenige Gehminuten unterhalb andockt (siehe Variante).
Endpunkt: Linthof, 1464 m, am Naturnser Sonnenberg. Bei Bedarf kann man auch auf den unterhalb gelegenen Patleidhof, 1386 m, ausweichen. Abstiegsmöglichkeit zur Seilbahn Unterstell.
Anforderungen: T3. Querung teils abschüssiger Flanken, vor allem in der Schlucht des Lahnbachs ist Trittsicherheit angezeigt (zahllose steile Stufen, mit Kettengeländer, Leiter und Hängebrücke aufwendig ausgebaut). Nach Unwettern kann es hier potenziell zu Problemen kommen.

Herbst am Meraner Höhenweg.

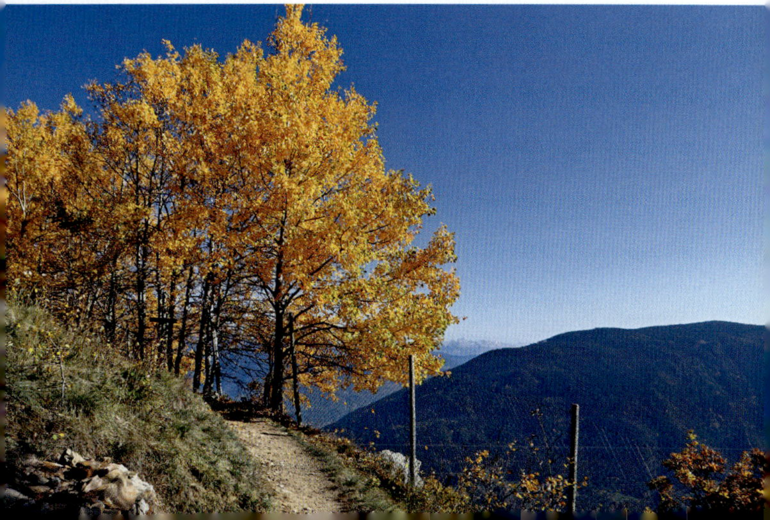

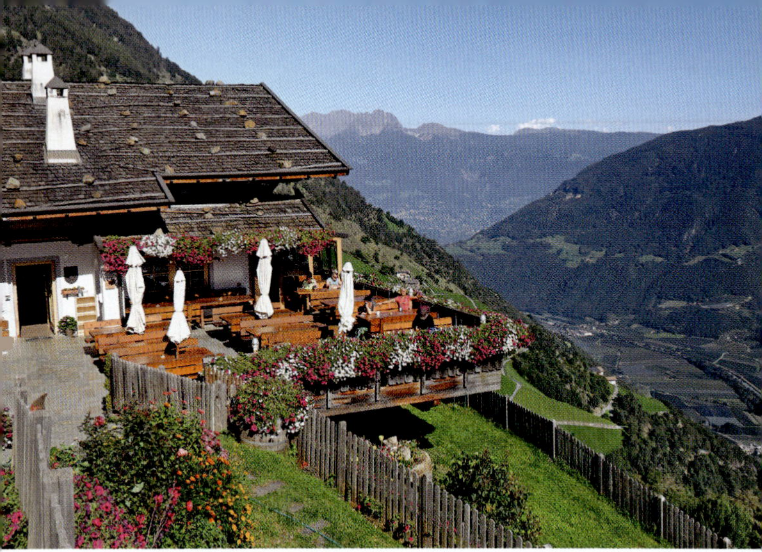

Besonders schön hat sich der Pirchhof herausgeputzt.

Ab Pirch deutlich leichtere Wanderwege.
Einkehr/Unterkunft: Gasthof Giggelberg (siehe Tour 8). Pirchhof (Tel. +39 0473 667812, pirchhof.com). Jausenstation Galmein. Linthof (Tel. +39 349 3786678, linthof.com). Eventuell Patleidhof (Tel. +39 0473 667767, patleidhof.it).
Variante: Mit der Texelbahn, deren Talstation sich zwischen Partschins und Rabland befindet, ließe sich auch sehr gut in den Meraner Höhenweg einsteigen. In der Hauptsaison zwischen 8 und 19 Uhr in Betrieb, Do und So schon ab 7 Uhr, in der Nebensaison bis 18 Uhr. Kostenfreie Parkmöglichkeit für mehrere Tage beim nahen Friedhof, Busverbindung vom Bahnhof Rabland.
Karte: Tabacco, Blatt 011 »Meran und Umgebung« oder Blatt 04 »Schnalstal – Naturns«.

Von **Giggelberg** ❶ begeben wir uns westwärts auf den reizvollen Flankenweg und zur Querung des Schindelbachgrabens. Anschließend in ähnlicher Manier leicht fallend weiter bis zum Anschluss an die Zufahrt nach **Hochforch** ❷, 1553 m. Der in älteren Karten noch verzeichnete Hofschank besteht hier allerdings nicht mehr. Die Hangquerung setzt sich dahinter wieder auf einem Naturweg fort und leitet zum Einstieg in die »Schlucht der 1000 Stufen«, sprich den tiefen Lahnbachgraben, der ein doppeltes Rinnensystem ausbildet. Nach einem Kehrenabstieg in den ersten Graben geht es mittels Leiter und

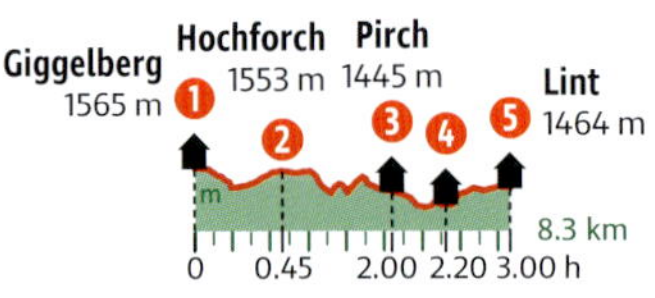

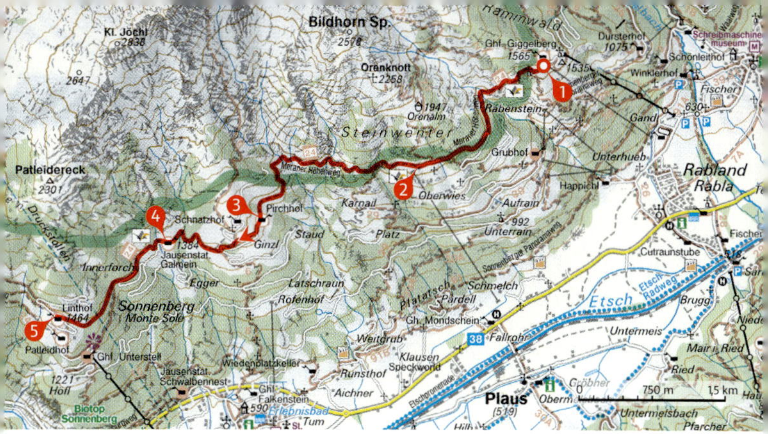

steilen Stufen ein Stück höher, anschließend nochmals abwärts zur Hängebrücke, welche uns das Haupthindernis heutzutage sehr komfortabel überwinden lässt. Dahinter allerdings ziemlich steil gestuft und damit anstrengend aus der Schlucht heraus, hernach links querend in freies Gelände und zum hübschen **Pirchhof** ❸, 1445 m, am Schnatzer Egg. Übrigens ein sehr empfehlenswertes Quartier, auch wegen der vorhandenen Schlafkapazitäten.

Von Pirch folgen wir der Höfestraße abwärts bis zum Rechtsabzweig nach Grub, passieren den Bauernhof und kommen im Anschluss an eine Wiesentraverse über die Hängebrücke am Kirchbach nach **Galmein** ❹, 1384 m, wo eingekehrt werden kann. Wir ignorieren das Sträßchen und nehmen den oberhalb verlaufenden Steig hinüber nach **Innerforch** (hier wurde die Jausenstation leider aufgegeben). Im Zuge eines leichten Auf und Ab kreuzt unsere Route die große Röhre der Druckleitung zum Naturnser Kraftwerk und trifft über die aussichtsreichen Wiesen am Patleidegg schließlich beim stattlichen **Linthof** ❺, 1464 m, ein.

Hängebrücke in der »Schlucht der 1000 Stufen«.

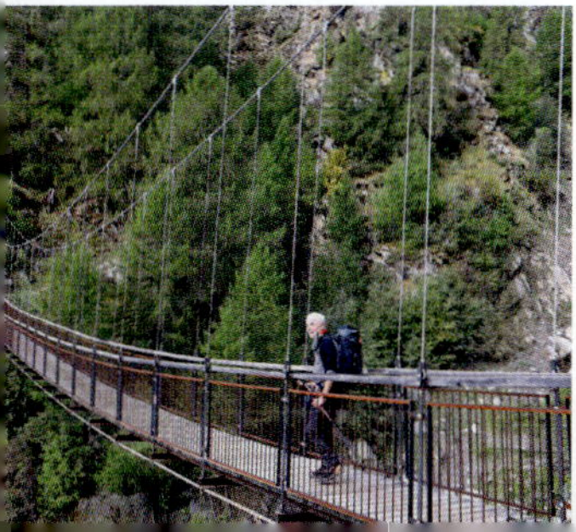

Feiner Rastplatz kurz vor Lint mit Blick zum Hasenöhrl.

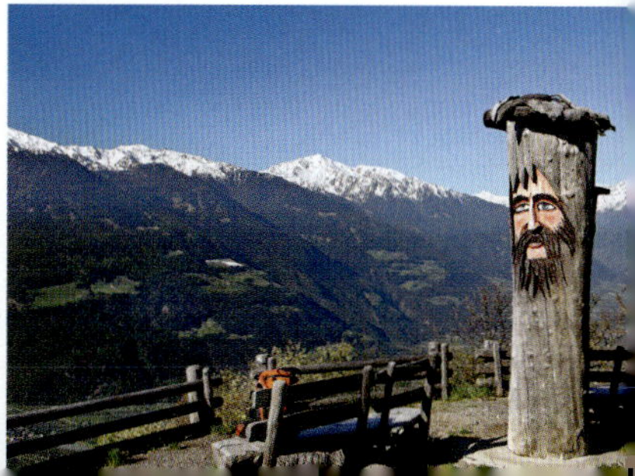

↗ 800 m | ↘ 570 m | 12.6 km

10 Linthof – Vorderkaser (Gasthof Jägerrast)

4.15 h

Vom Naturnser Sonnenberg ins Pfossental

Dieser Abschnitt ist quasi das Schnalser Teilstück des Meraner Höhenwegs, denn wir entfernen uns nun vom eigentlichen Vinschgau und queren hoch über der Schnalser Schlucht von Hof zu Hof taleinwärts. Im Hintergrund grüßt schon der eine oder andere Dreitausender am Alpenhauptkamm. Später schwenken wir ins Pfossental ein (das wiederum ein Seitental des Schnalstals darstellt) und fühlen uns bald von einer engeren alpinen Aura gefangen genommen: gleichsam die Anlaufstrecke für die folgende Überschreitung des Eisjöchls. Bei Vorderkaser bietet der Gasthof Jägerrast gute Unterkunft – im innersten Talabschnitt findet man bis zum Eishof drei weitere Nächtigungsmöglichkeiten (siehe Tour 11).

Ausgangspunkt: Linthof, 1464 m, am Naturnser Sonnenberg. Von Naturns verkehrt eine Seilbahn nach Unterstell, 1282 m, anschließend zu Fuß ca. 30 Min.
Endpunkt: Vorderkaser/Gasthof Jägerrast, 1693 m, im Pfossental, auf öffentlicher Straße erreichbar (mit Parkmöglichkeit, aber ohne Linienbusanbindung, lediglich mittwochs fährt ein spezieller Wanderbus).
Anforderungen: T2–3. Ordentlich ausgebaute Verbindungswege von Hof zu Hof, wobei die Anrainerstraßen weitgehend vermieden werden. Mitunter Querung recht steiler Hanglagen, deshalb elementare Trittsicherheit vorteilhaft.
Einkehr/Unterkunft: Linthof (siehe Tour 9). Hofschank Wald. Jausenstation Kopf-

Bezaubernde Landschaft im Bereich der Höfe am Sonnenberg.

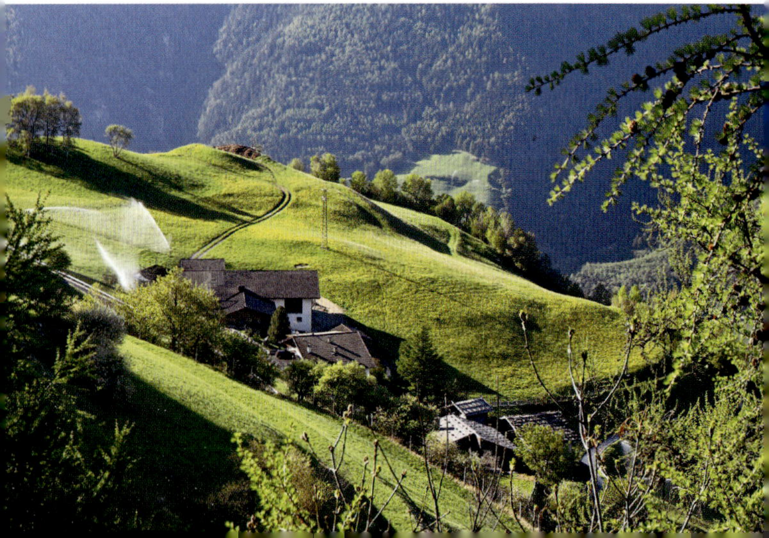

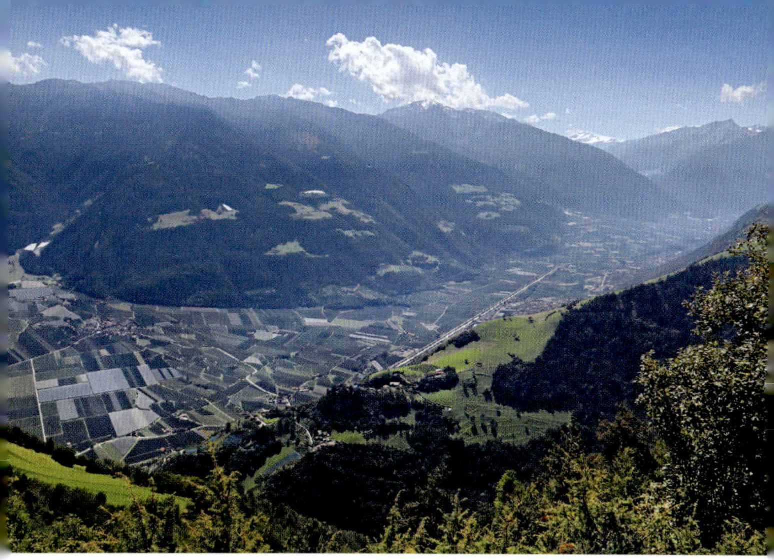

Allmählich verabschieden wir uns vom großen Vinschgau-Panorama.

ron (zuletzt geschlossen). Eventuell Untervernatschhof (Übernachtungsmöglichkeit etwas oberhalb des Meraner Höhenwegs, Tel. +39 0473 679241). Montfert (Tel. +39 0473 679236, montferthof.it). Nassreidhof (Tel. +39 0473 679233, nassreidhof.it). Gasthof Jägerrast (Tel. +39 0473 679230, jaegerrast.com).
Variante: Von Unterperfl lässt sich rasch das fotogen auf einer Geländenase gelegene Katharinaberg erreichen (Übernachtungsmöglichkeit im Gasthof Schnalsburg, Hotel Am Fels und Residence Am Wegkreuz möglich). Insofern eignet sich das Bergdorf auch für den generellen Einstieg in den Meraner Höhenweg.
Karte: Tabacco, Blatt 04 »Schnalstal – Naturns«.

Beim **Linthof** ❶ beginnen wir kurz auf der Straße, wenden uns dann links in den Hang und wandern auf einem reizvollen Naturweg hoch über der Schnalser Schlucht etwas

Zwischen Lint und Innerunterstell gilt es einen felsdurchsetzten Hang zu queren.

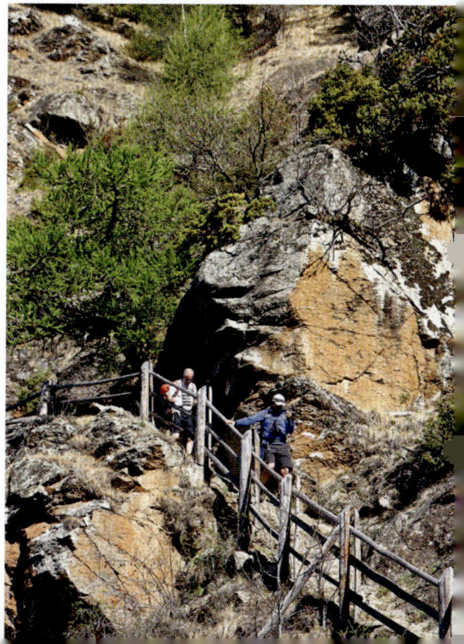

abwärts und wieder ansteigend nach **Innerunterstell**, 1470 m. Hier wird Urlaub auf dem Bauernhof angeboten. Wieder verlassen wir alsbald die Höfestraße und kommen zum Hofschank **Wald** ❷, 1505 m, voran (hübsche Kapelle). Nur zehn Gehminuten weiter und ein bisschen tiefer gelegen empfängt uns **Kopfron** ❸, 1436 m, wo die Jausenstation zuletzt allerdings geschlossen war. Nach einem Straßenstück biegen wir abermals nach links auf einen Hangweg ab und gelangen hinüber zum Wandhof. Die anschließende Passage führt mehrheitlich abwärts bis in einen Grabeneinschnitt, dem man markant nach links aufwärts nach **Unterperfl** ❹, 1409 m, entsteigt. Nun nähern wir uns **Katharinaberg**, bleiben schließlich aber mit Nr. 24 oberhalb am Hang, wo eine bequeme, fast horizontale Traverse erfolgt. Die Nr. 10 leitet indes ins Dorf (aus dem man weiter nördlich mit Nr. 28 den Meraner Höhenweg erneut aufnehmen kann).

Allmählich steigt unsere Route wieder an und stößt kurz vor der Querung eines Grabens auf die Straße zwischen Montfert und Untervernatsch. Beide Höfe bieten Zimmer. Hinter **Montfert** ❺, 1476 m, rücken wir vom Asphaltband ab und landen auf einem schmalen Hangsteig. Bis zu einem ausgeprägten Geländeeck ❻, wo wir scharf rechts ins Pfossental einschwenken, ist die eine oder andere leicht ausgesetzte Stelle dabei. Unmittelbar hinter der Verzweigung weist ein Schild darauf hin, dass im Pfossental kein Mobilfunknetz zur Verfügung steht, und erinnert uns unweigerlich daran, dass wir im 21. Jahrhundert unterwegs sind. Man hätte es fast vergessen können … Am bewaldeten

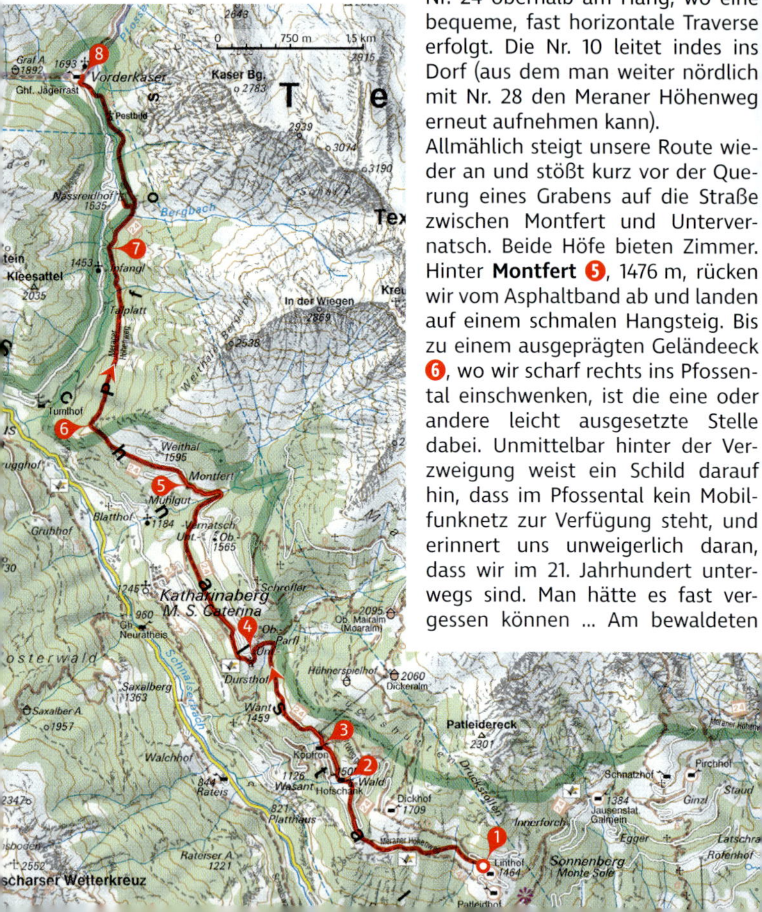

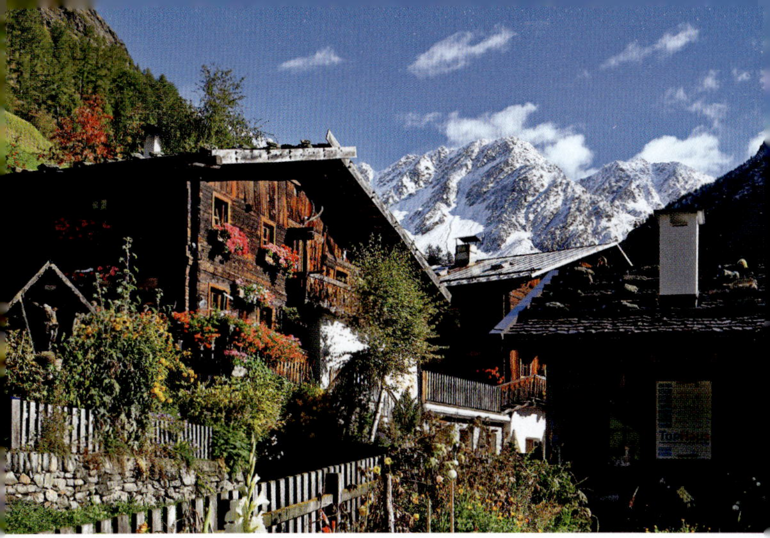

Vorderkaser, ein Kleinod im Pfossental.

Talhang geht es etwas holprig dahin, zunächst mehrheitlich abwärts. Eine Geröllreiße ist mit Vorsicht zu queren. Bei **Infangl** ❼ tangieren wir die Talstraße, bleiben jedoch rechts davon, steigen zwischendurch mal relativ steil an und lassen derweil den **Nassreidhof** (Übernachtungsmöglichkeit) unterhalb liegen. Auf Viehsteigen kommt man weiter taleinwärts voran, wechselt kurz vor Ende auf die andere Seite des Pfossentalbachs und erreicht **Vorderkaser** ❽, 1693 m, mit dem gemütlichen **Gasthof Jägerrast**.

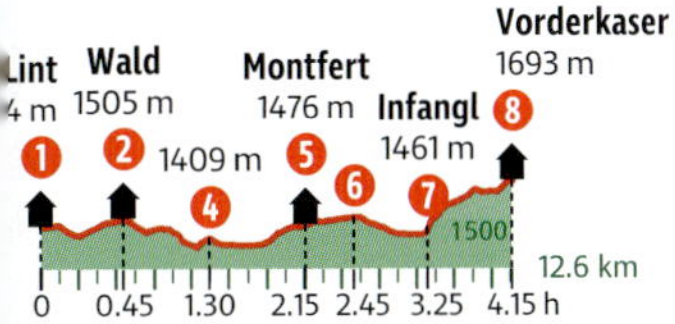

Im Pfossental kommen wir den Gipfeln des Alpenhauptkamms näher.

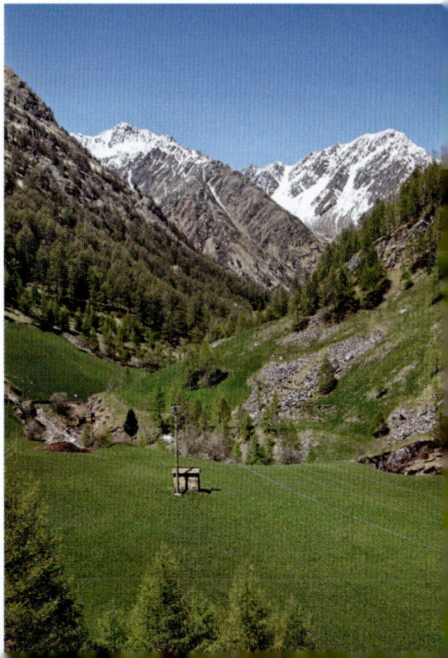

↗ 1240 m | ↘ 60 m | 11.9 km

11 Vorderkaser (Gasthof Jägerrast) – Stettiner Hütte

4.15 h

Zum Scheitelpunkt am Eisjöchl

Fast immer bleibt der Meraner Höhenweg in seinem Verlauf unterhalb der 2000-Meter-Linie, doch fällt eine Ausnahme buchstäblich aus dem Rahmen: Am Eisjöchl, dem Übergang vom Pfossental ins Pfelderer Tal, fehlt gar bis zur 3000-Meter-Marke nicht mehr allzu viel. Sonderliche Bedenken sollte deswegen aber niemand hegen, denn die Route ist beidseits gut ausgebaut, wirkt in ihrer Art gleichsam wie ein traditioneller Saumweg, obschon einst das Militär für die Anlage verantwortlich zeichnete. Ernsthafte Probleme kann es höchstens geben, wenn man zu früh im Jahr hier aufschlägt und noch auf ausgedehnte Schneefelder trifft oder im Herbst von den Folgen eines Wettersturzes erwischt wird. Und natürlich ist der stattliche Höhenunterschied konditionell ins Kalkül zu ziehen – gute vier Stunden lang geht es ab Vorderkaser fast nur bergauf, wenn auch in moderater Weise. Immerhin steht gleich jenseits des Eisjöchls die Stettiner Hütte inzwischen wieder als vollwertiger Stützpunkt zur Verfügung. Sie war 2014 von einer Lawine schwer beschädigt worden, was jahrelang nur eine provisorische Bewirtschaftung erlaubte, doch seitdem 2022 der modern gestaltete Neubau eingeweiht wurde, sollte eine Nächtigung an dieser außergewöhnlichen Stelle des Meraner Höhenwegs auf jeden Fall erwogen werden. Erfah-

Voller Erwartung beschreiten wir den Almweg hinein ins Pfossental.

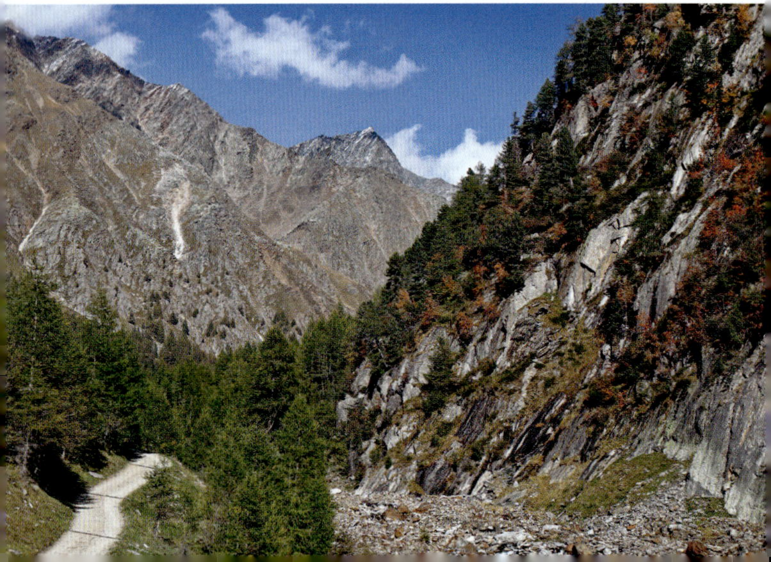

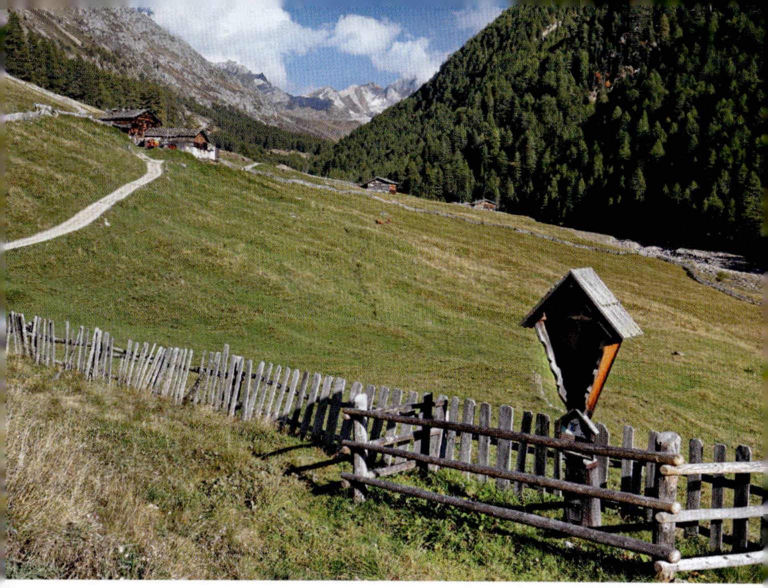

/or der Mitterkaseralm weitet sich die Szenerie.

'ene Bergsteiger können von dort mit der dunkelfelsigen Hochwilde und der ɪus hellem Marmorgestein aufgebauten Hohen Weiße zwei stolze Dreitau-ɪender erklimmen. Über diese hochalpinen Impressionen sei aber nicht ver-ɡessen, dass man weiter unten im Pfossental zunächst in idyllischen Alm-ɡründen unterwegs ist. Erst hinter dem Eishof, der bis Ende des 19. Jahrhun-ɗerts noch ganzjährig bewohnt war und damals den höchsten Siedlungs-ɔlatz Südtirols darstellte, wird die Szenerie sukzessive strenger.

\usgangspunkt: Vorderkaser, 1693 m, im ?fossental mit dem Gasthof Jägerrast. ʼufahrt aus dem Schnalstal, Parkplatz ür Nächtigungsgäste kostenfrei. Kein Li-ıienverkehr, aber im Sommer mittwochs Nanderbus von Naturns (Anmeldung am /ortag, Tel +39 0473 666077).
:ndpunkt: Stettiner Hütte, 2875 m.
\nforderungen: T2+. Wandertechnisch 'elativ leichter Aufstieg, der allerdings in ;tattliche Höhen führt. Der Weg ist gut ıusgebaut, niemals steil oder gar aus-ȷesetzt, im oberen Teil herrscht natur-ȷemäß steiniger Untergrund. Über weite ;trecken streng genommen eher »blau«, bei Schneelage allerdings erschwert passierbar. Daher nur von etwa Mitte/Ende Juni bis zum Einschneien im Herbst empfehlenswert.
Einkehr/Unterkunft: Gasthof Jägerrast (Tel. +39 0473 679230, jaegerrast.com). Mitterkaseralm (Tel. +39 335 7818419, mitterkaseralm.it). Rableidalm (Tel. +39 0473 420631 oder +39 335 366766, rableidalm.com). Eishof (Tel. +39 0473 420524, eishof.com). Stettiner Hütte (Anfang Juli bis Ende September, Tel. +39 347 8742805, stettinerhuette.com).
Karte: Tabacco, Blatt 04 »Schnalstal – Naturns«.

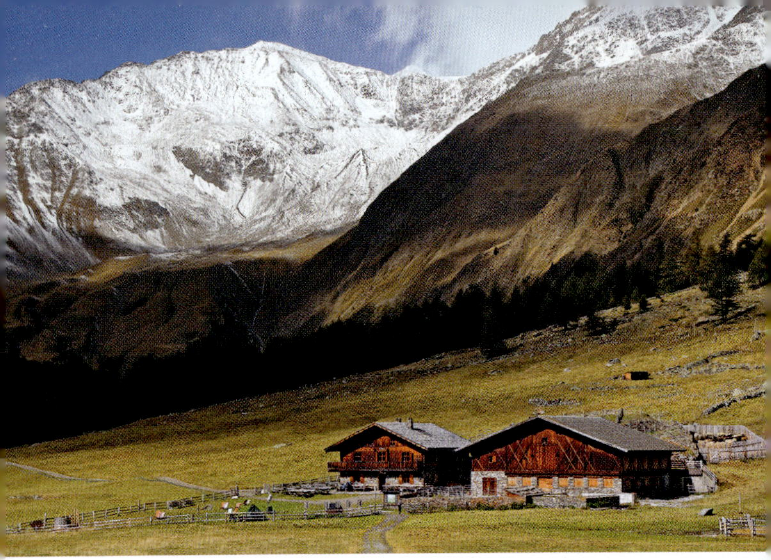

Beim Eishof hat der Herbst Einzug gehalten – die stille Jahreszeit beginnt.

Ab **Vorderkaser** ❶ geht es auf dem abgeschrankten Schotterweg taleinwärts, im engeren vorderen Abschnitt durchaus spürbar ansteigend. Nach einer Weile setzen die Info-Tafeln des Almerlebnisweges als lehrreiche Begleitung ein. Im Bereich der großen Biegung wird das innere Pfossental offener, der Weg flacht öfters ab und führt Richtung **Mitterkaser** ❷, 1959 m. Schon kurze Zeit später kommen wir an der ebenfalls bewirtschafteten **Rableidalm** ❸, 2004 m, vorbei. Man setzt die Wanderung durch eine letzte Waldparzelle fort und überschreitet eine ganz seichte Schwelle zu jenem Hochtalboden, wo uns im Angesicht von Hoher Weiße und Co. der **Eishof** ❹, 2073 m, empfängt.

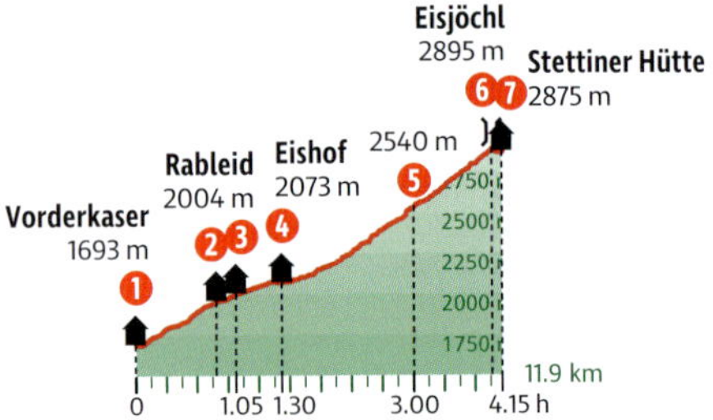

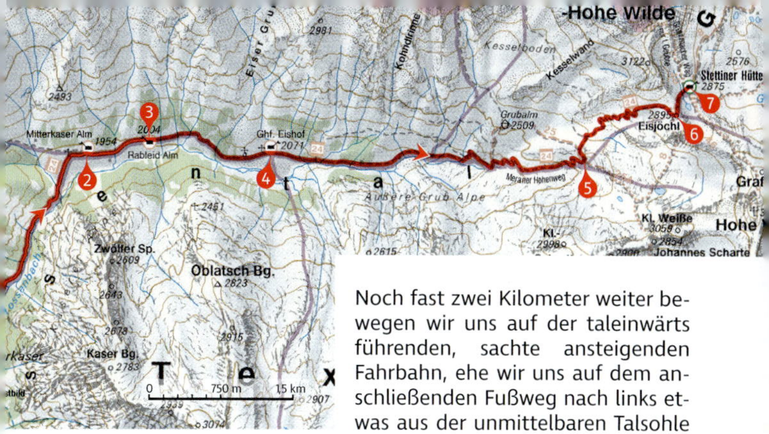

Noch fast zwei Kilometer weiter bewegen wir uns auf der taleinwärts führenden, sachte ansteigenden Fahrbahn, ehe wir uns auf dem anschließenden Fußweg nach links etwas aus der unmittelbaren Talsohle entfernen. Zwischendurch werden immer wieder mal Kehren absolviert, sodass die Steigung stets gemäßigt bleibt. Nach Abzweig einer Route zur Lodnerhütte (über die anspruchsvolle Johannesscharte) 5, ca. 2540 m, geht es über eine Art Plateau, dann folgen weitere Schleifen der ehemaligen, in den 1920er-Jahren angelegten Militärtrasse. In bereits ziemlich karger Umgebung nähern wir uns dem metrischen Höhepunkt des gesamten Meraner Höhenwegs, dem **Eisjöchl** 6, 2895 m. Ein paar felsdurchsetzte Stellen sind nicht schwierig. Gleich dahinter thront die **Stettiner Hütte** 7, 2875 m, hoch über dem Pfelderer Talschluss.

Von Dreitausendern umkränzt, wird der Horizont im Pfossental enger.

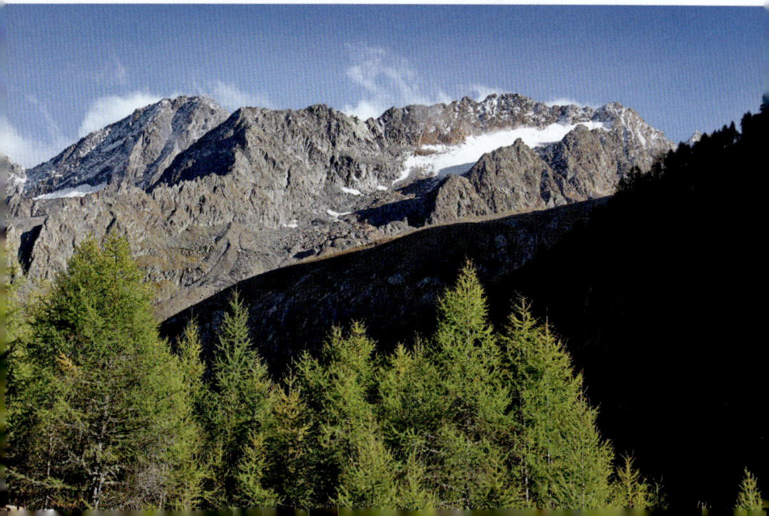

↗ 30 m | ↘ 1280 m | 10.1 km

3.00 h

12 Stettiner Hütte – Pfelders

Durch die Hintertür ins Passeier

So weit wir aus dem Pfossental aufgestiegen sind, um übers Eisjöchl zu kommen, so weit geht es nun ins Pfelderer Tal wieder hinab. Es hängt gleichsam zwischen himmelhohen Flanken – besonders imposant der Abbruch des Ötztaler Hauptkamms. Damit tauchen wir in die Welt des Passeier ein und dürfen uns auf neue Aspekte und Perspektiven des Meraner Höhenwegs freuen. Einen Tagesanbruch auf der Stettiner Hütte zu erleben, ist gewiss ein nachhaltig wirkendes Erlebnis. 1000 Meter tiefer umgibt uns am Almboden von Lazins wieder vermehrt die Lieblichkeit. Dass man in Pfelders einen echten Talort berührt, mag mancher Purist bedauern. Andererseits besteht hier (oder auch schon in Zeppichl) die Möglichkeit, sich auch mal ganz komfortabel einzuquartieren, und gegebenenfalls den Proviant für die folgenden Tage aufzustocken.

Ausgangspunkt: Stettiner Hütte, 2875 m.
Endpunkt: Pfelders, 1628 m, im gleichnamigen Tal, das zum Hinterpasseier gehört. Busverbindung von Meran über St. Leonhard in Passeier.

Anforderungen: T2–3. Ähnliche Weganlage wie beim Aufstieg aus dem Pfossental, phasenweise ein bisschen steiler und holpriger als dort, mit elementarer Trittsicherheit aber kein Problem. Praktisch ausschließlich bergab und dem-

Willkommene Einkehr beim Lazinser Hof.

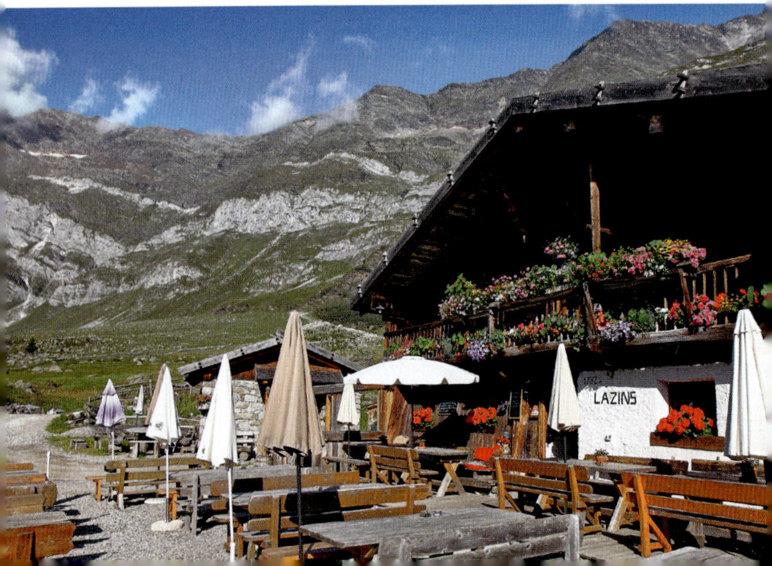

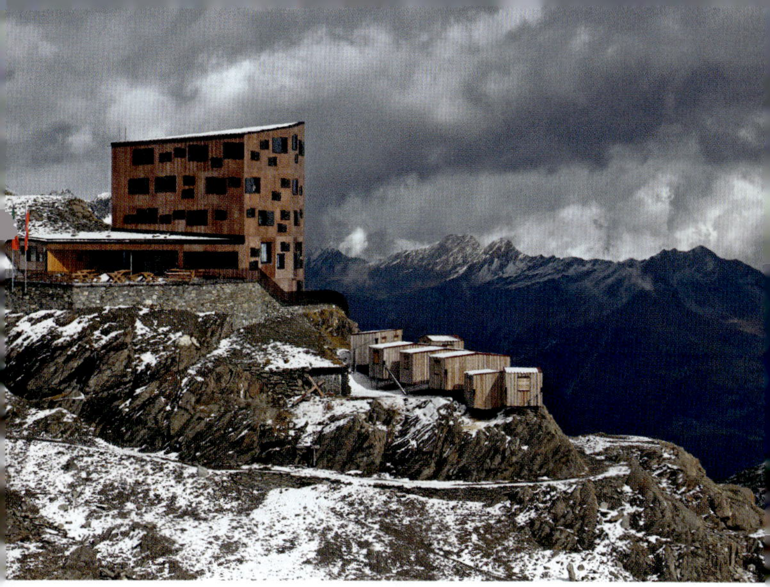

Unverwechselbare Architektur: die neue Stettiner Hütte.

entsprechend weniger mühsam. Wer den gesamten Übergang aus dem Pfossental an einem Tag durchzieht, braucht eine tadellose Kondition (in diesem Fall vorteilhaft vom Quartier Eishof startend).
Einkehr/Unterkunft: Stettiner Hütte (siehe Tour 11). Lazinser Alm und Lazinser Hof (jeweils nur Einkehr). Diverse Gastbetriebe mit Übernachtungsmöglichkeit stehen im Weiler Zeppichl sowie im Zielort Pfelders zur Verfügung (Infos: Tel. +39 0473 656188, pfelders.info).
Karte: Tabacco, Blatt 039 »Passeiertal«.

Von der **Stettiner Hütte** ❶ leitet die steinige, aber recht breit angelegte Trasse nordostwärts hinab. Auf knapp 2600 Metern ❷ schert eine Verbindung zur Zwickauer Hütte aus, die den Namen »Pfelderer Höhenweg« trägt und gestandenen Bergwanderern als Variante durchaus offensteht. Mit dem Hauptweg geht es für uns an einer flachen Schwelle rechts haltend weiter und über die folgenden Hangpartien stetig tiefer. Nach einigen engeren Kehren gewahren wir »Am Goager« eine Verzweigung ❸. Hier ist die frühere Originalroute nach rechts aufgrund

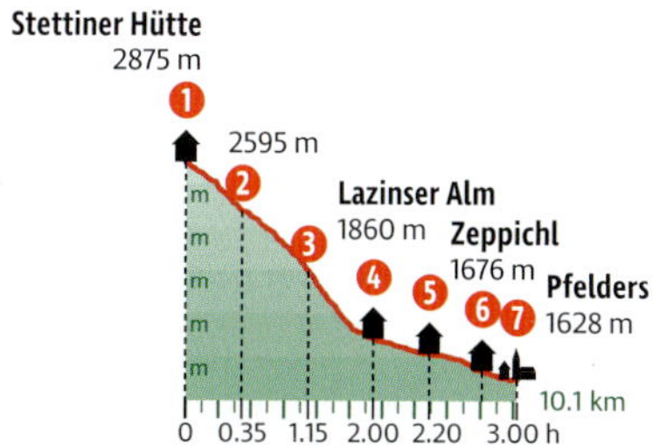

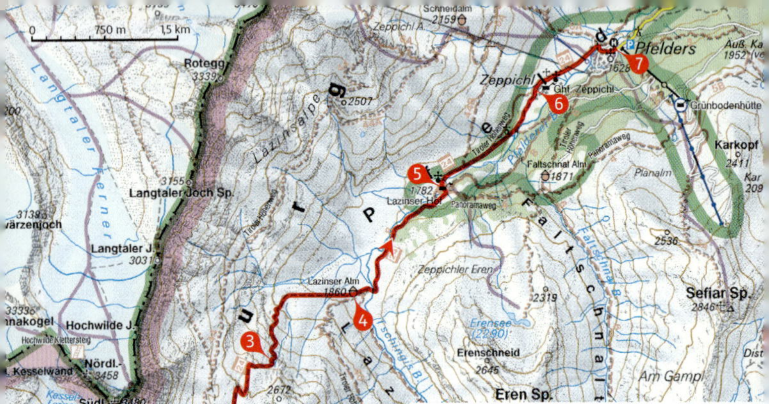
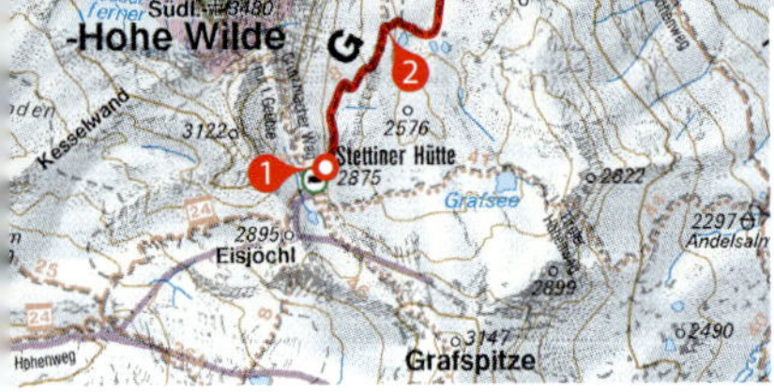

eines Felssturzes gesperrt und letztlich sogar komplett aufgelassen worden, nachdem die zunächst eingerichtete provisorische Umleitung inzwischen vollen Ausbauzustand erreicht hat. Das Gelände wird hier aber relativ steil, weshalb die Serpentinen mit Umsicht begangen werden sollten. Weiter unten läuft die Route auf harmlose Weideböden aus und steuert nach rechts die bewirtschaftete **Lazinser Alm** ❹, 1860 m, an. Eine Einkehrmöglichkeit besteht auch beim **Lazinser Hof** ❺, 1772 m. Dafür zweigen wir vom Fahrweg ab und gehen kurz davor über die Brücke. Im weiteren Verlauf bleibt man am besten links vom Pfelderer Bach, wandert durch Wiesengelände und Waldparzellen und kommt zunächst zum Weiler **Zeppichl** ❻, 1676 m. Eine Viertelstunde später ist entlang des Sträßchens auch der Zielort **Pfelders** ❼, 1628 m, erreicht. Ein gutes Dutzend Gasthäuser und Pensionen gibt es dort.

Die Hohe Weiße lässt sich von Erfahrenen über ihre Nordseite besteigen.

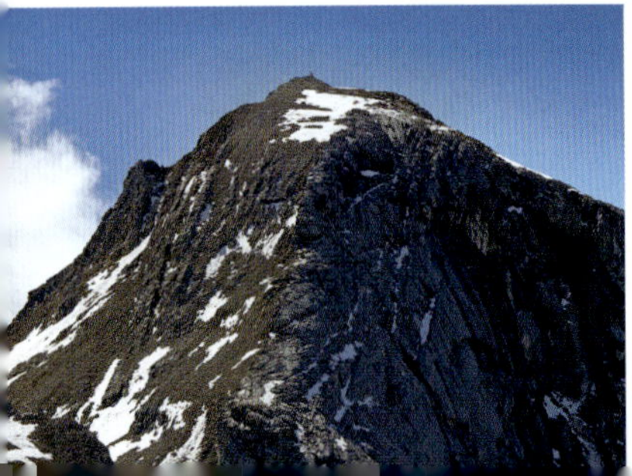

Unsere Blicke eilen voraus ins Pfelderer Tal, doch der Abstieg ist noch lang.

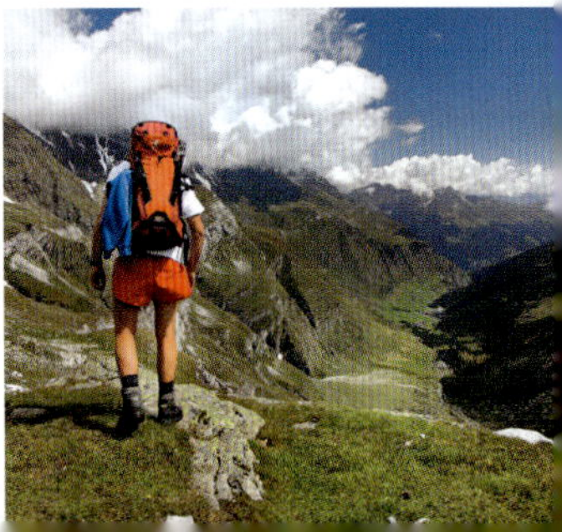

↗ 350 m | ↘ 850 m | 13.9 km

4.00 h

Pfelders – Christl 13

Durchs waldreiche Hinterpasseier

Im Pfelderer Tal kann der Meraner Höhenweg kaum effektiv in die Höhe ausweichen und bleibt zumindest bis Außerhütt in der Nähe der Talstraße. Dieser erste Teil könnte also bei Bedarf auch per Bus zurückgelegt werden. Anschließend entfernt man sich in die Bergwälder, geht das Farmazontal aus und gelangt zum Streuweiler Ulfas. Schöner Blick hinüber nach Stuls, als »Sonnenbalkon des Passeiertals« geadelt, und den darüber aufragenden Jaufenkamm mit der Hohen Kreuzspitze! Ein anheimelndes Fleckchen finden wir auch in Christl, wo im Unterchristlhof Quartier bezogen werden könnte. Ausdauernde werden eher noch bis Matatz oder sogar bis Magdfeld weiterlaufen …

Ausgangspunkt: Pfelders, 1628 m, im gleichnamigen Tal des Hinterpasseier. Busverbindung von Meran mit Umsteigen in St. Leonhard.
Endpunkt: Christl, 1129 m, Bergweiler im Hinterpasseier (ohne Busanschluss).
Anforderungen: T2. Wege unterschiedlicher Beschaffenheit, von asphaltierten Straßen bis zu einigen schmal gepfadeten Abschnitten, die bei Nässe erhöhte Vorsicht verlangen, i.d.R. jedoch ziemlich leicht zu begehen.
Einkehr/Unterkunft: Café Bergkristall. Gasthof Innerhütt (Tel. +39 0473 646818, innerhuett.com). Hofschank Micheler in Ulfas. Gasthof Christl (Tel. +39 0473 656246, christlhof.it).
Karte: Tabacco, Blatt 039 »Passeiertal«.

Blick hinüber nach Stuls, auf seinem Sonnenbalkon unterhalb von Hochwart und Hoher Kreuzspitze.

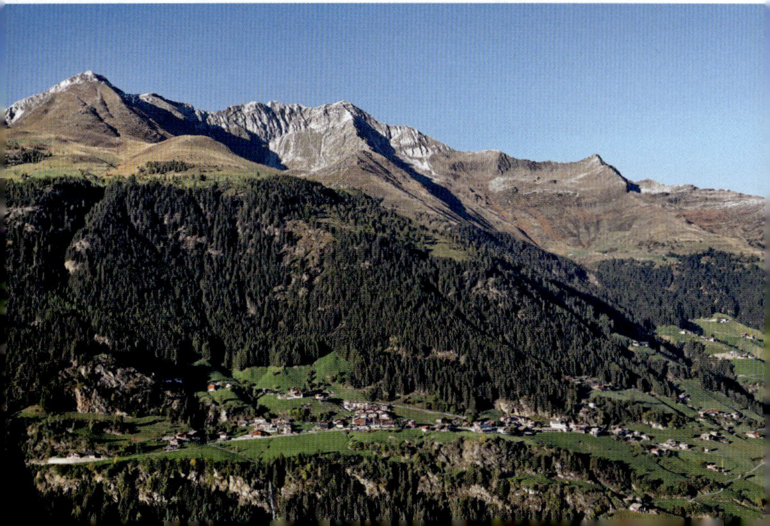

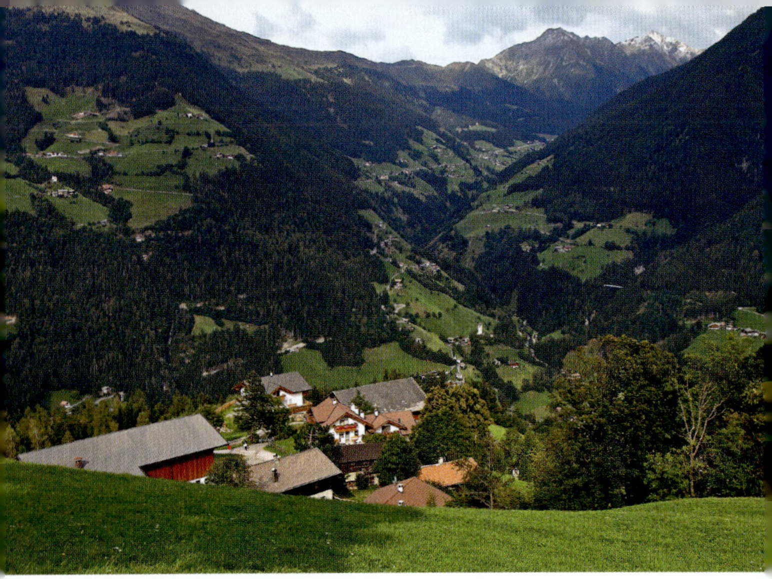

Der Weiler Christl bietet eine schöne Aussicht ins Waltental, welches zum Jaufenpass aufschließt.

Am unteren Ortsrand von **Pfelders** ❶, nahe dem großen Parkplatz, wechseln wir auf die linke Bachseite und wandern durch die Wiesen Richtung Unterstein. Auf der Zufahrt wieder zur Hauptstraße hin, wo bei Eschbaum zwei weitere Male der Bach überschritten wird. Dann folgt man einem kleineren Weg talauswärts und kommt nach abermaligem Seitenwechsel zum **Café Bergkristall** ❷, 1566 m. Wenige Schritte weiter beginnt eine Rodelbahn, an der es hinunter nach

Zu Beginn der Etappe am Pfelderer Bach.

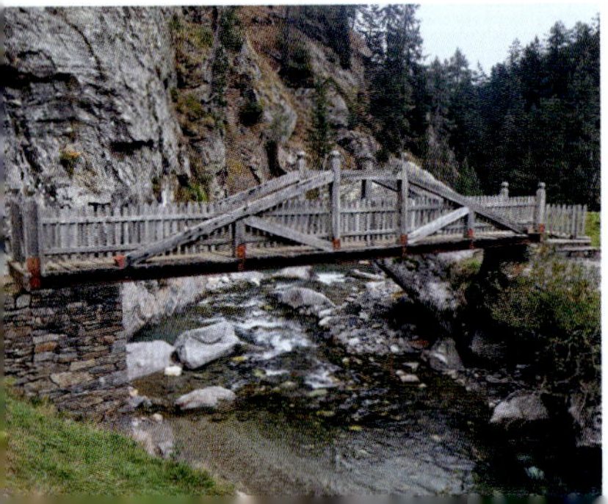

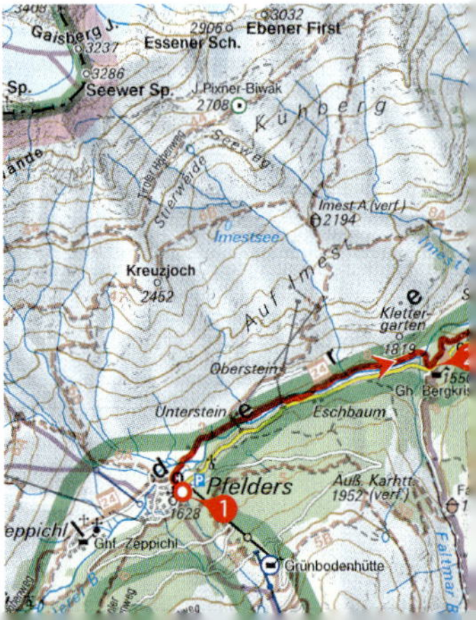

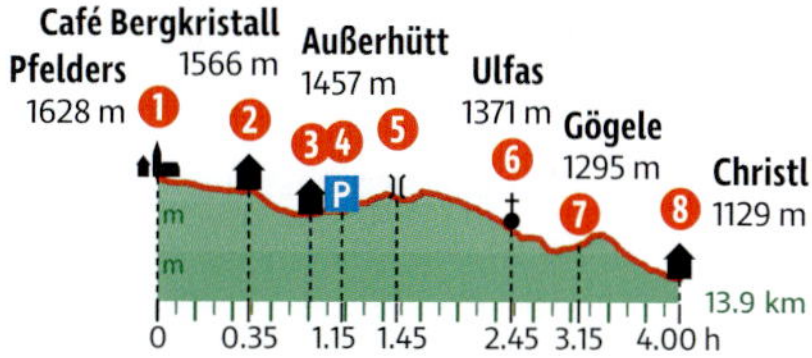

Sefnar geht. Als Nächstes erreichen wir dann **Innerhütt** ❸, 1444 m, mit dem Gasthaus an der Talstraße. In Kürze nach links ausweichend gelangt man rasch nach **Außerhütt** ❹, 1457 m, und biegt dort auf die rechts abzweigende Forststraße ab. Sie wird bald nach links auf einen Waldsteig verlassen. Die anschließende Traverse bringt uns ins **Farmazontal** ❺, wo der gleichnamige Bach gekreuzt wird. Auf der anderen Seite am Hang ein Stück weit auswärts zum Anschluss an eine Forststraße, die den Tassachwald durchzieht. Der befestigte Untergrund lässt uns hier wieder schneller vorankommen. Wir nähern uns der Streusiedlung **Ulfas** und gehen meist entlang der Straße bis zur kleinen Kapelle ❻, 1371 m, dann abkürzend an einem Hofschank vorbei, etwas unterhalb in einer Straßenkehre nach rechts und damit in den bewaldeten Einschnitt des Saldernbachs hinein. Hier nach kurzer Gegensteigung nochmals deutlich abwärts bis zum Bach und jenseits wieder bergauf. Nach diesem manchmal etwas holprigen und vielleicht auch feuchten Steigabschnitt nähern wir uns **Gögele** ❼, 1295 m, orientieren uns beim Hof nach rechts, gewinnen noch einige Höhenmeter und wandern dann direkt oberhalb ausgedehnter Hangwiesen entlang. Über Glauben und Grasl kommt man schließlich auf die Bergstraße, welche uns nach **Christl** ❽, 1129 m, bringt. Der Gasthof (Unterchristlhof) befindet sich am unteren Rand des ruhigen Weilers.

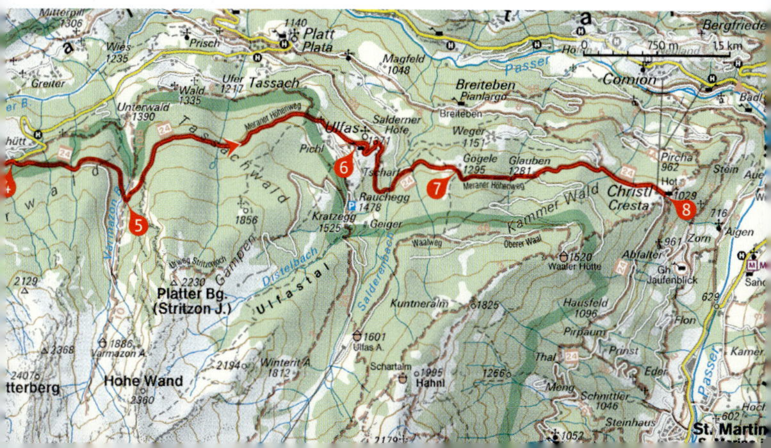

↗ 520 m | ↘ 500 m | 8.4 km

14 Christl – Magdfeld

2.45 h

Höfetraverse vom inneren ins äußere Passeier

Christl liegt topografisch interessant am Auslauf eines weit abstreichenden Bergrückens, der letztlich in der mächtigen Kolbenspitze kulminiert. Interessant auch deshalb, weil man hier die markante Biegung des Passeiertals mitvollzieht und nun in südliche Richtung eindreht. Über Matatz nach Magdfeld sind wir weiterhin im Horizont der Streuhöfe unterwegs, durchschnittlich etwa 500 Höhenmeter über der Talsohle der Passer. Gegenüber erstreckt sich der lange Westkamm der Sarntaler Alpen mit seinen diversen kurzen Zweiggraten: ein imposantes Relief.

Ausgangspunkt: Christl, 1129 m, Bergweiler im Passeier (ohne Busanschluss; Zufahrt von St. Martin über Flon oder von St. Leonhard über Breiteben).
Endpunkt: Magdfeld, 1148 m, ebenfalls eine Häusergruppe am Hang, weiter vorn über dem Passeiertal. Die Zufahrt zweigt beim Schildhof ab.
Anforderungen: T2. Es wechseln Abschnitte auf Steigen und verkehrsarmen Bergstraßen. Das Auf und Ab summiert sich spürbar; es sind zumindest auch mittelsteile Passagen dabei, doch normalerweise ohne besondere Hindernisse.
Einkehr/Unterkunft: Gasthof Christl (siehe Tour 13). Valtelehof (oberhalb des Höhenwegs, Tel. +39 346 8232645, valtelehof.com) und Krusterhof (Tel. +39 0473 641335, krusterhof.com), beide im Weiler Matatz. Gasthaus Magdfeld (Tel. +39 338 4865021 oder +39 348 7652424, gasthaus-magdfeld.com). Etwa 15 Min. weiter die Hofschenke Alpenland (Tel. +39 335 5632580 oder +39 348 7768296, Übernachtung auf Anfrage).
Karte: Tabacco, Blatt 039 »Passeiertal«.

Von **Christl** ❶ folgen wir der Christler Straße südwärts leicht bergab am Lockengeier vorbei, bei der Gabelung rechts haltend Richtung **Hausfeld**, 1096 m. Die Verbindung zum Thalhof verläuft nun auf einem urwüchsigen Steig inklusive Rinnenquerungen. Dahinter nimmt man das nächste Sträßchen auf, wandert weiter zum Eggerhof und mit einer Gegensteigung Richtung **Matatz**. Wer dort zum Valtelehof möchte, muss sich rechts aufwärts wenden, ansonsten liegt der ebenfalls als Gasthaus geführte **Krusterhof** ❷, 1050 m, fast unmittelbar an unserer Route. Eine kurze Abwärtspassage auf Steig leitet zum Weiherhof und zu einem weiteren Straßenabschnitt quer durch die Hänge. Beim Au-

Die Eggerhöfe liegen kurz vor Matatz.

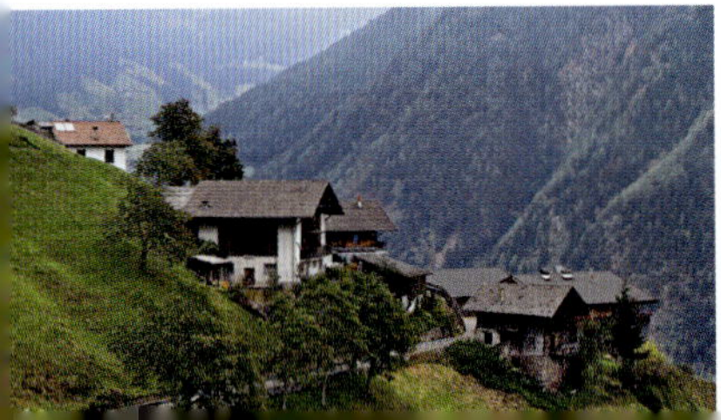

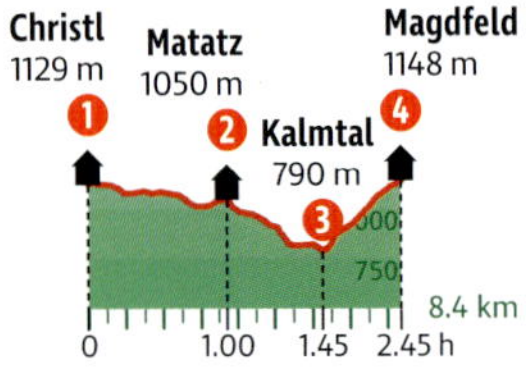

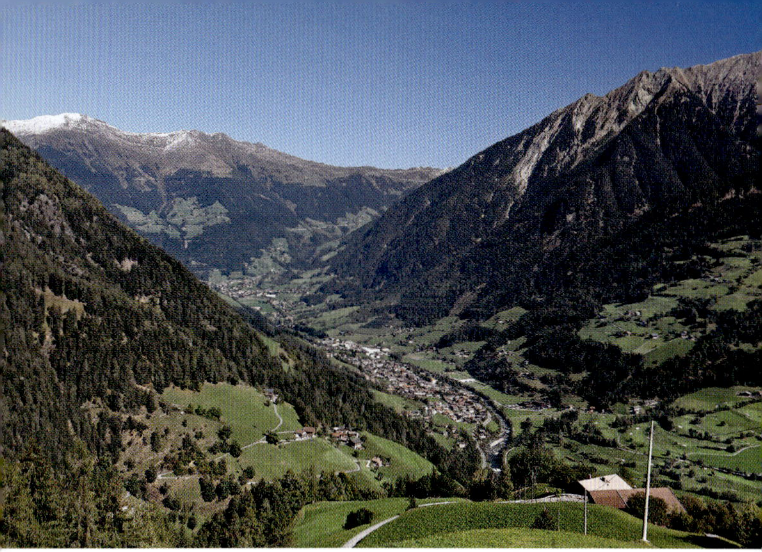

So blickt man von Magdfeld ins Passeiertal; unten der Talort St. Martin.

ßeraicherhof übernimmt wieder ein Steig, der mit einer Wiesentraverse beginnt und sich danach recht steil in einen Graben absenkt. Aus diesem heraus gelangen wir zu den **Gruberhöfen**, 839 m, und biegen ins größere **Kalmtal** ❸ ein, wo man bis zum Bach nochmals etwas an Höhe einbüßt. Mit rund 790 Metern handelt es sich um den tiefsten Punkt am gesamten Meraner Höhenweg. Dies bedeutet Richtung Magdfeld eine erkleckliche, rund einstündige Gegensteigung: zunächst auf steilem Waldsteig zum Bacherhof, dann vorerst immer noch abseits der Bergstraße und schließlich auf dieser hinauf zum Ziel. In **Magdfeld** ❹, 1148 m, befindet sich ein Gasthaus, nicht weit entfernt mit der »Hofschenke Alpenland« eine ganz urige Unterkunft ohne Straßenanschluss.

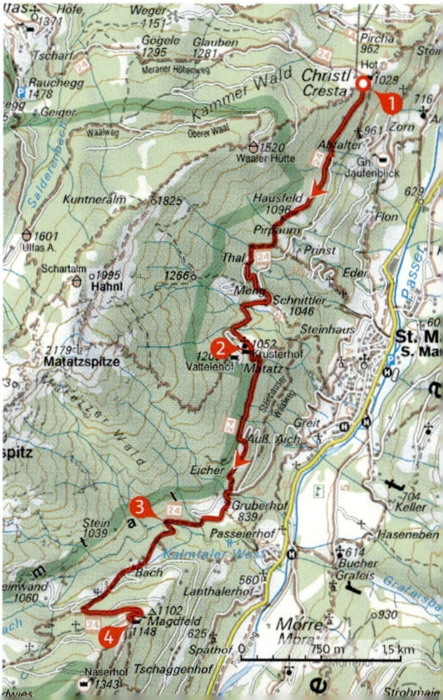

↗ 940 m | ↘ 730 m | 14.3 km

15 Magdfeld – Hochmuth

5.00 h

Der Rundenschluss über Vernuer, Gfeis und den Spronser Taleinschnitt

An den Flanken des Vorder- respektive Außerpasseier wartet nochmals ein ordentliches Auf und Ab, wobei mit Saltauser und Spronser Tal zwei größere Taleinschnitte der östlichen Texelgruppe ausgegangen werden müssen, ehe wir im Bereich der Muthöfe oberhalb von Dorf Tirol den Ring zur Vollendung bringen. Alpine Wahrzeichen des Meraner Landes wie Ifinger oder Laugenspitze stehen im Panorama, am Schluss öffnet sich wieder das Etschtal vor einem lichtdurchfluteten südlichen Horizont. Eine großartige Runde, fürwahr!

Ausgangspunkt: Gasthof Magdfeld, 1148 m. Zufahrt vom Schildhof hinter St. Martin in Passeier, ohne Busanschluss.
Endpunkt: Hochmuth, 1357 m, Gasthof und Bergstation der Seilbahn von Dorf Tirol, die zwischen 7.30 und 18 Uhr in Betrieb ist (im Juli/August/September bis 19 Uhr).
Anforderungen: T3 und leichter. Bis Gfeis Wechsel von Straßenabschnitten und Steigen, danach fast nur noch Naturwege mit einem kräftigen Bergauf aus dem Spronser Tal heraus. Richtung Talbauer oft schmal gepfadet, einige Ketten, Trittsicherheit erforderlich. In Summe recht stattliche Höhenunterschiede.
Einkehr/Unterkunft: Gasthof Magdfeld und Hofschenke Alpenland (siehe Tour 14). Gasthaus Brunner (Tel. +39 0473 241036) in Vernuer. Unterthurnerhof (Tel. +39 0473 428246, unterthurnerhof.com) in Gfeis, etwas oberhalb der Gast-

Beim Talbauer trennt uns nur noch eine letzte Gegensteigung vom Rundenschluss.

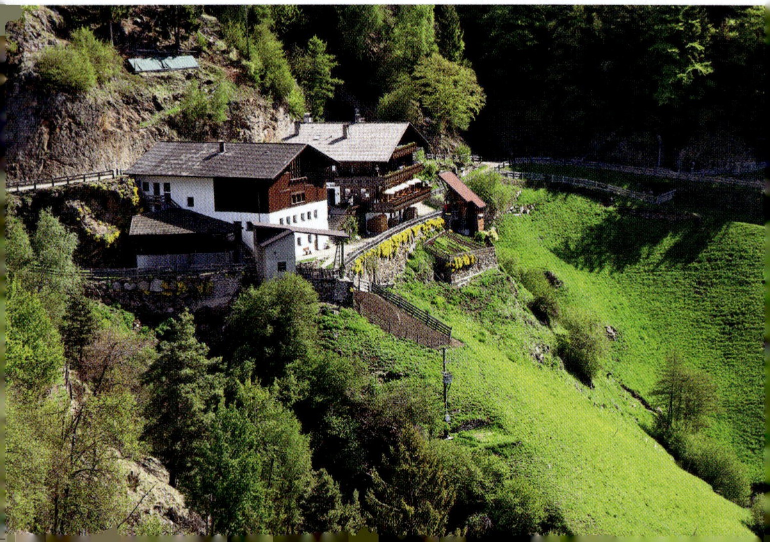

hof Walde (Tel. +39 0473 241198, gasthof-walde.com). Gasthaus Longfall (nur Einkehr). Gasthof Talbauer (Tel. +39 0473 229950, talbauer.it). Gasthof Hochmuth (Tel. +39 333 2668484, hochmuth.it).
Variante: Aus dem Spronser Tal kann man am Ende auf dem Fahrweg Richtung Dorf Tirol abkürzen, falls es nicht stört, dass der offizielle Rundkurs damit nicht ganz komplett ist.
Karte: Tabacco, Blatt 011 »Meran und Umgebung«.

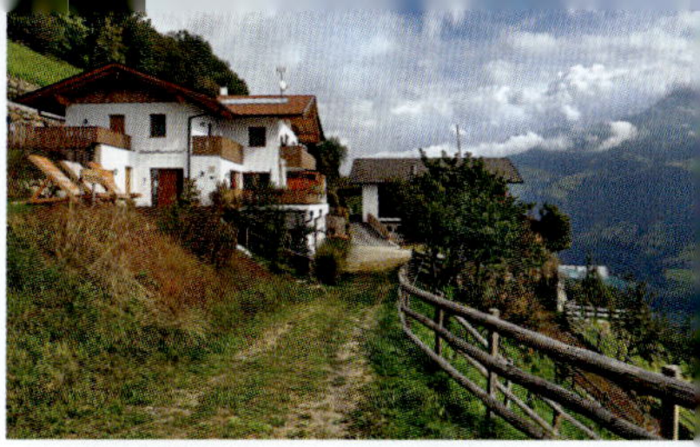

Bietet Wanderern auch Unterkunft: der Unterthurnerhof in Gfeis.

Ab **Magdfeld** ❶ beginnt die Etappe mit einer teils schmal gepfadeten Hangtraverse, die uns an der **Hofschenke Alpenland** (kurzer Abstecher nach oben) vorbeiführt. Wirtin Rosina betreibt hier eine Ziegenzucht. Die steilen Flanken in diesem Bereich tragen den Flurnamen Wiedner Berg. In der Nähe des Schafflerhofes stoßen wir auf ein Sträßchen und halten uns bei dessen Gabelung rechts aufwärts Richtung Gand und **Gstear** ❷, 1040 m. Dort setzt sich der Meraner Höhenweg wieder auf einem Naturpfad fort, anfangs noch etwas ansteigend. Es gilt nun den Einschnitt des Saltauser Tals auszugehen, wobei einige abschüssige Stellen mit Kettensicherungen versehen sind. Jenseits der Bachbrücke wird es ten-

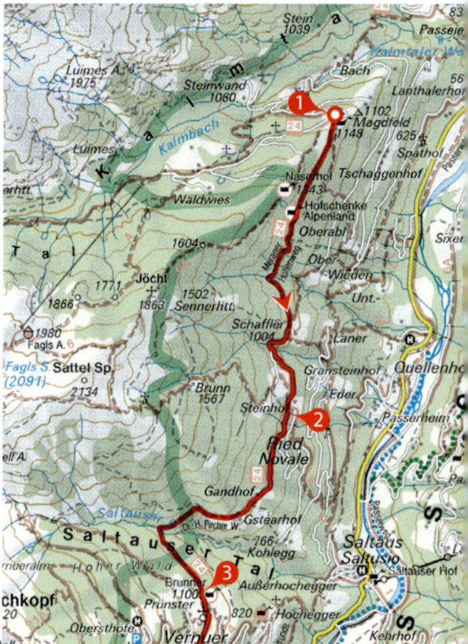

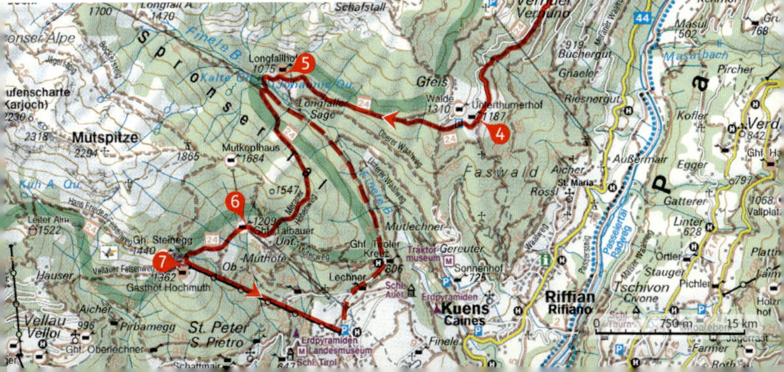

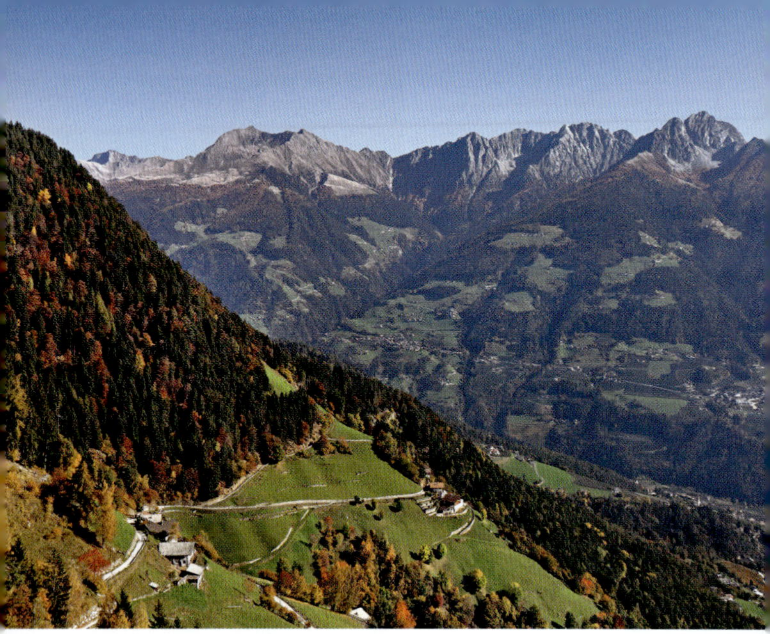

Im Panorama steht der Sarner Westkamm mit Hirzer und Ifinger.

denziell leichter. Wir gelangen auf einen breiten Waldweg und in Kürze zum **Gasthaus Brunner** ❸, 1095 m, im Streuweiler **Vernuer**. Weiter vorn an der Zufahrtstraße befindet sich eine Bushaltestelle, die während der Saison mehrmals täglich bedient wird. In der Kehre orientieren wir uns nach rechts aufwärts und wechseln wenige Minuten später auf einen Steig (der Teerstraße folgt nur, wer zum Gasthof Walde möchte). Die Traverse ist in der Tabacco-Karte ungenau dargestellt, denn sie führt nicht direkt zum Zeisolthof, sondern etwas höher zurück auf ein Sträßchen und damit zum **Unterthurnerhof** ❹, 1187 m, (früher »Bergrast«) im Höfeweiler **Gfeis**.

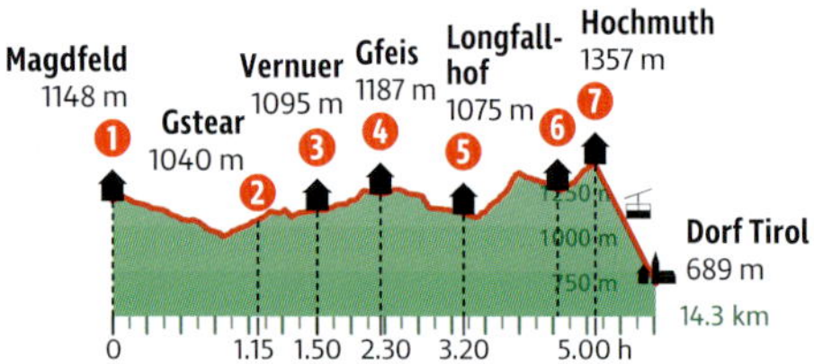

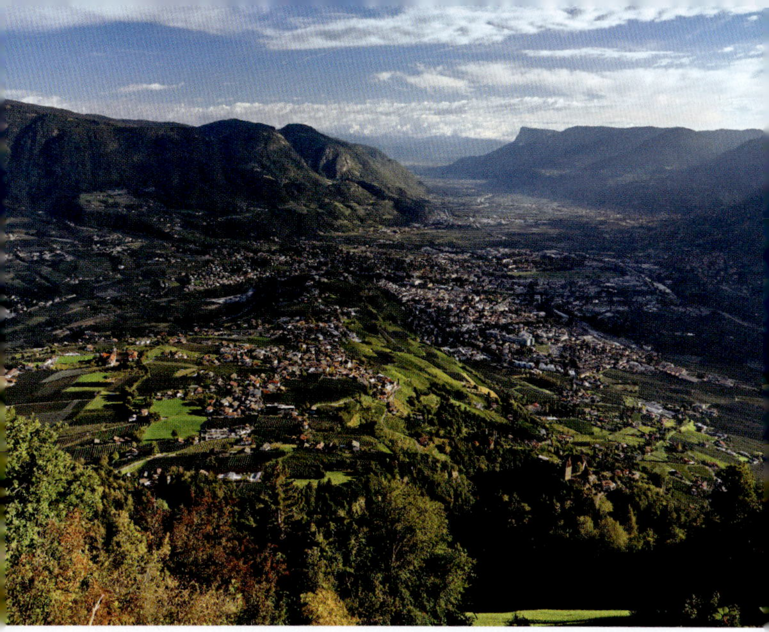

Die Umgebung Merans mit dem Etschtal aus der Vogelperspektive.

Anschließend erfolgt eine kurze Wiesenquerung zu einem Waldsteig, der sich gegen das Spronser Tal absenkt. Ein Zugang vom Gasthof Wald mündet bald von oben her ein. Nach einem Abzweig zum Kuenser Waalweg gewinnt man zwischenzeitlich nochmals ein paar Höhenmeter und trifft dann beim **Longfallhof** 5, 1075 m, ein. Hier gibt es keine Übernachtungsmöglichkeit, aber allemal ein gutes Essen. Ein Stück weiter überschreiten wir den Spronser Bach, wenden uns ganz kurz talauswärts und sofort nach rechts an einem steilen Waldhang empor. Diese Gegensteigung erweist sich als anstrengend und relativ langwierig, die Schattlage sorgt häufig für feuchte Bedingungen, aber Stufen und einige Ketten erleichtern wiederum die Begehbarkeit. Wir erreichen eine Höhe von gut 1300 Metern und ziehen anschließend um den Südhang am Mutkopf herum. Man tritt aus dem Wald in offenes Wiesengelände hinaus und wandert dort wieder leicht abwärts zum **Talbauer** 6, 1209 m, der sich im Reich der Muthöfe als stattliches Gasthaus präsentiert. Was bleibt, ist der finale halbstündige Anstieg auf Fahrwegen und Abkürzungen bis zum bereits vom Beginn des Trekkings bekannten Gasthof **Hochmuth** 7, 1357 m, mit seiner phänomenalen Perspektive auf die Kurstadt Meran samt Umgebung. Die Seilbahn bringt uns schließlich knieschonend 700 Meter tiefer nach **Dorf Tirol**.

SARNTALER HUFEISENTOUR

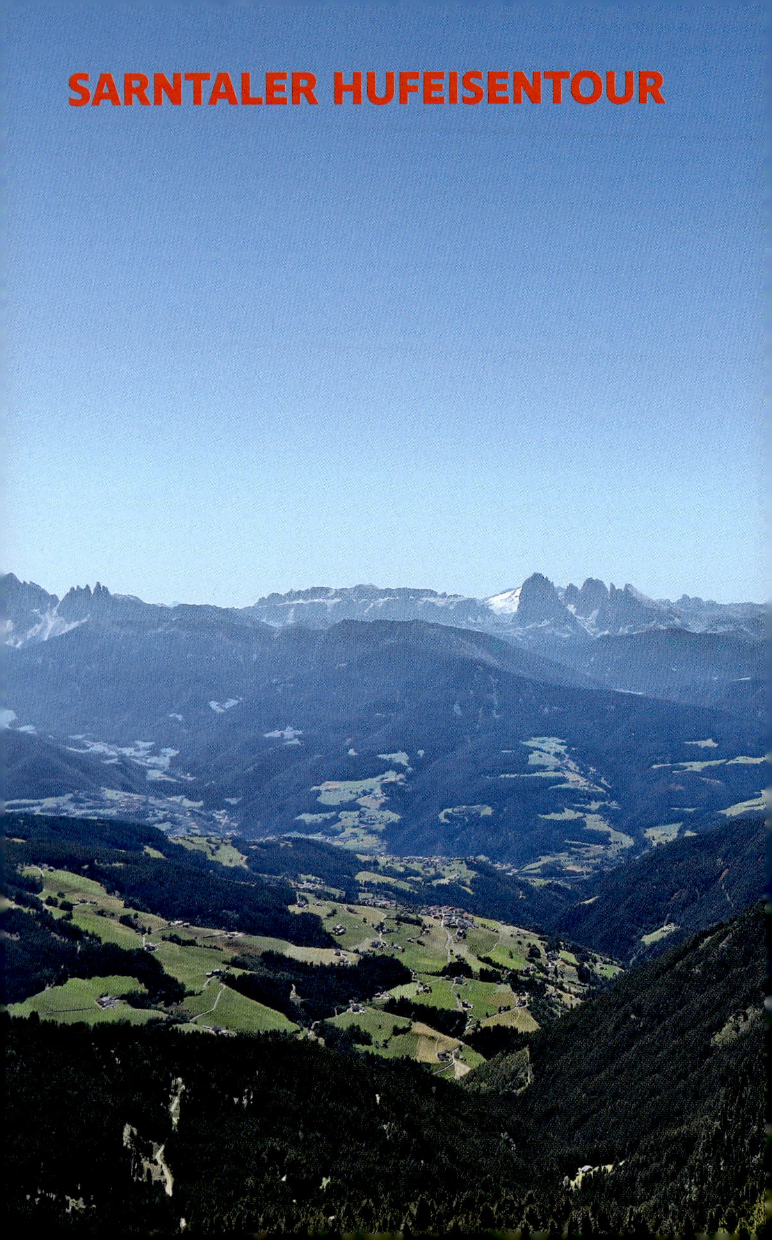

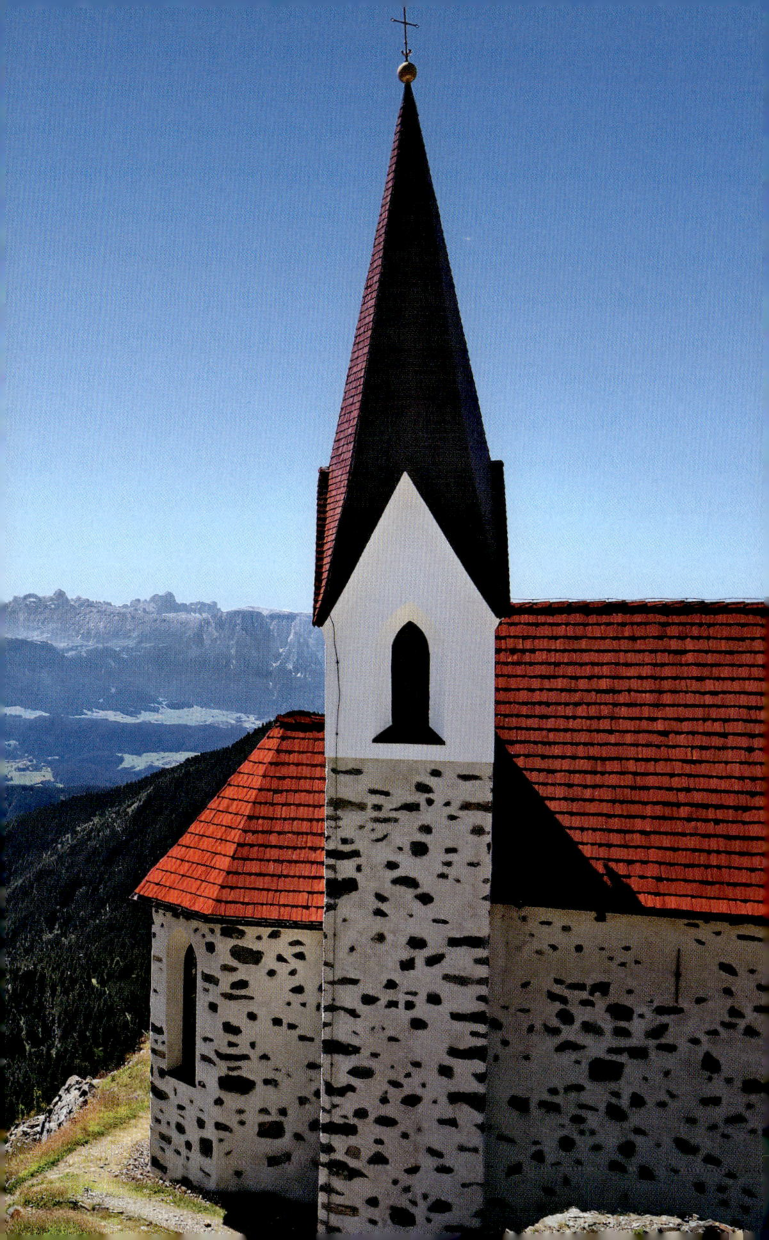

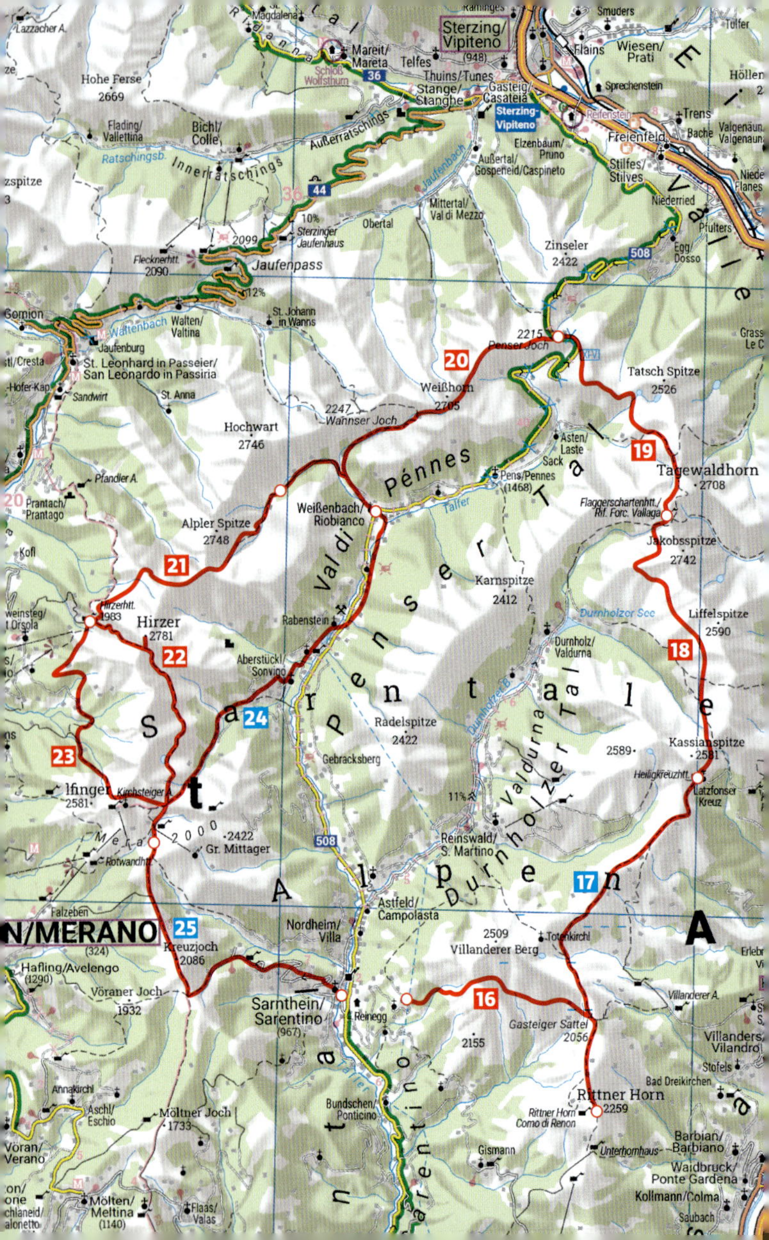

Sterzing/
Vipiteno
Mareit/
Mareta
Telfes
Thuins/Tunes
Stange/
Stanghe
Gasteig/
Casateia
Schloß
Wolfsthurn
Sterzing-
Vipiteno
Reifenstein
Trens
Freienfeld
Flains
Wiesen/
Prati
Smuders
Sprechenstein
Elzenbaum/
Pruno
Außertal/
Gospeneid/Caspineto
Stilfes/
Stilves
Niederried
Pfulters
Egg/
Dosso
Hohe Ferse
2669
Flading/
Vallettina
Bichl/
Colle
Außerratschings
Innerratschings
Ratschingsb.
Jaufenbach
Mittertal/
Val di Mezzo
Obertal
Sterzinger
Jaufenhaus
2099
Flecknerhtt.
2090
Jaufenpass
10%
12%
Zinseler
2422
508
36
44
Gomion
Waltenbach
Walten/
Valtina
St. Johann
in Wanns
Jaufenburg
St. Leonhard in Passeier/
San Leonardo in Passiria
Sandwirt
St. Anna
2215
Penser Joch
20
Weißhorn
2705
2247
Wannser Joch
Hochwart
2746
Tatsch Spitze
2526
19
Tagewaldhorn
2708
Asten/
Laste
Sack
Pénnes
Pens/Pennes
(1468)
Talfer
Flaggerschartenhtt./
Rif. Forc. Vallaga
Jakobsspitze
2742
Pfandler A.
Prantach/
Prantago
Alpler Spitze
2748
Weißenbach/
Riobianco
Val di
21
Kofl
Hirzerhtt.
1983
Hirzer
2781
22
Karnspitze
2412
Durnholzer See
Liffelspitze
2590
Rabenstein
Aberstückl/
Sonvigo
Durnholz/
Valdurna
18
S
a
r
n
t
a
l
e
24
Radelspitze
2422
Durnholzer B.
Valdurna
Durnholzer Tal
23
Gebracksberg
2589
Kassianspitze
2581
Heiligkreuzhtt.
Latzfonser
Kreuz
Ifinger
2581
Kirchsteiger A.
11%
Meran 2000
2422
Gr. Mittager
Rotwandhtt.
508
Reinswald/
S. Martino
Durnholzer
Falzeben
17
Astfeld/
Campolasta
Alpen
N/MERANO
25
Nordheim/
Villa
2509
Villanderer Berg
Totenkirchl
A
Kreuzjoch
2086
(324)
Hafling/Avelengo
(1290)
Vöraner Joch
1932
Sarnthein/
Sarentino
(967)
Reinegg
16
Gasteiger Sattel
2056
Villanderer A.
2155
Villanders/
Vilandro
Stofels
Bad Dreikirchen
Annakirchl
Aschl/
Eschio
Möltner Joch
1733
Bundschen/
Ponticino
Rittner Horn
2259
Rittner Horn
Corno di Renon
Vöran/
Verano
Gismann
Unterhornhaus
Barbian/
Barbiano
Waldbruck/
Ponte Gardena
Kollmann/Colma
Mölten/
Meltina
(1140)
Flaas/
Valas
Saubach
Sarentino

Ein großer Bogen im sanften Herzen Südtirols

Eher unscheinbar nimmt sich diese Bergwelt aus, behäbige Formen und gedeckte Farben; Spektakuläres scheint kaum geboten. Doch wer sich die Lage der Sarntaler Alpen im Herzen Südtirols vergegenwärtigt, kann sich leicht ausmalen, dass diese Berge einen großen Trumpf besitzen: Sie erweisen sich nämlich als vortreffliche Aussichtslogen, eingerahmt von wuchtigen Dolomitbastionen und firnglänzenden Gletscherbergen am Horizont. Ein weiterer Vorzug sind ihre stillen Rückzugsräume, die man in berühmteren Gebieten schon länger suchen müsste. Und wer wandertechnisch nicht auf Höchstleistungen getrimmt ist, wird gerade auch ihr sanftes Gepräge zu schätzen wissen, denn allzu große Hindernisse sind auf dieser Durchquerung nicht zu erwarten. Meistens regiert die Beschaulichkeit. Mit der Durchquerung ist die mittlerweile klassische Hufeisentour angesprochen, die so weit es geht der natürlichen Topografie der Sarntaler Alpen folgt. Getrennt durch das namengebende Tal, gliedern sich diese in zwei ausschweifende, dominante Kammzüge. Wer sich eine ganze Woche Zeit nimmt, die Gegend zu erkunden, wird jedenfalls in einer weithin ursprünglichen Landschaft schwelgen und so manches verborgene Kleinod entdecken.

Erster Anlaufpunkt ist normalerweise der Gipfel des Rittner Horns, von dessen prachtvollem Panorama schon die Altvorderen schwärmten und deshalb Ende des 19. Jahrhunderts ein Schutzhaus dort oben bauten. Di-

Vorhergehende Doppelseite: Große Dolomitenschau vom Latzfonser Kreuz.
Unten: Der Almbalkon im Hirzergebiet mit der gleichnamigen Hütte.

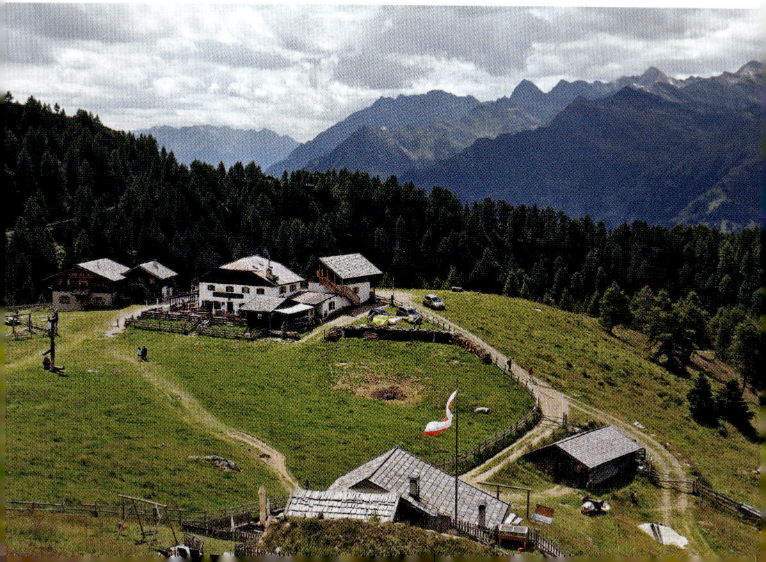

verse Zugänge führen zu diesem besonderen Standort, wobei die in sich geschlossene Hufeisentour vom Talort Sarnthein aus gewiss nicht der einfachsten Möglichkeit folgt, dafür aber bereits ein Plus an Erlebniswert aufweist. Auf dem Weg nach Norden wird das Ambiente sukzessive ein wenig alpiner, ohne freilich mit bombastischen Nahimpressionen wie in den Dolomiten aufzuwarten. Die Landschaft strahlt getragene Ruhe aus. Und die Lage unserer Stützpunkte bleibt auch nach dem Rittner Horn attraktiv, wie Latzfonser Kreuz und Flaggersee beweisen. Die vierte Etappe endet dann am Straßenpass des Penser Jochs, wo ein gediegenes Gasthaus Unterkunft bietet. Zwischendrin steht weitgehend unbeschwertes Höhenwandern auf dem Menüplan, denn das Auf und Ab hält sich in Grenzen, sodass umso mehr Muße für die Würdigung der Umgebung bleibt.
Die Wende nach Süden wird mit einem Übergang eingeleitet, der ganz nah am wohl formschönsten Sarntaler Gipfel vorbeiführt, dem Weißhorn. Von seiner hohen Schulter (namens Gerölljoch) steigen wir durchs einsame Oberbergtal ab und müssen uns vor Weißenbach entweder für die alpinere Fortsetzung am Sarner Westkamm entscheiden oder für die Variante, die den kniffligeren Bereichen dort ausweicht. Ehedem wurde der Kurs via Aberstückl und Durraalm (inklusive einer sechs Kilometer langen Talstrecke vorab) ja als Hauptroute entworfen, doch für passionierte Bergwanderer blieb dieses Vorgehen immer ein wenig unbefriedigend. Deshalb wird heutzutage offiziell der Übergang zur passeiertalseitig gelegenen Hirzerhütte gewagt, wohl wissend, dass im Bereich um Alplerspitze und Pfandlspitze die Anforderungen ein Stück höher als gewohnt liegen. Von Belang ist dafür auch die Bewirtschaftung der Ebenbergalm, wobei diesbezüglich unbedingt aktuelle Erkundigungen eingeholt werden sollten.
Über den Hirzer zum Kratzberger See oder außen herum über die Oswaldscharte am Ifinger lassen sich spannende Wanderstunden absolvieren, ehe auf der Kirchsteiger Alm und bei der Meraner Hütte wieder alle vereint sind. Leider ist diese Umgebung durch ein Skigebiet spürbar in Mitleidenschaft gezogen – Beweis und gleichzeitig Mahnung, dass man Idyllen im Zuge unsensibler Erschließung auch verlieren kann. Auf dem Höhenrücken des Tschögglbergs sind wir am letzten Tag nochmals vor weitem Horizont unterwegs, ehe die Sarntaler Hufeisentour mit dem Abstieg nach Sarnthein ihren Ausklang findet.
Wer eine moderate Etappeneinteilung mit durchschnittlich vier bis fünf Stunden täglich wählt (allzu viel Spielraum besteht für Normalwanderer ohnehin kaum), benötigt für die Runde insgesamt acht Tage. Der eine oder andere Gipfel könnte dabei eingestreut werden. Die anspruchsvollsten Passagen erwarten uns im Abstieg vom Gerölljoch, beim Übergang zur Hirzerhütte und von dort hinauf zum Hirzer. Mit einer Portion Trittsicherheit sollten diese – und der große Rest sowieso – freilich beherrschbar sein. Die Berghütten sind ungefähr von Anfang/Mitte Juni bis in den Oktober hinein bewirtschaftet, womit die Saison prinzipiell definiert wäre. Man eru

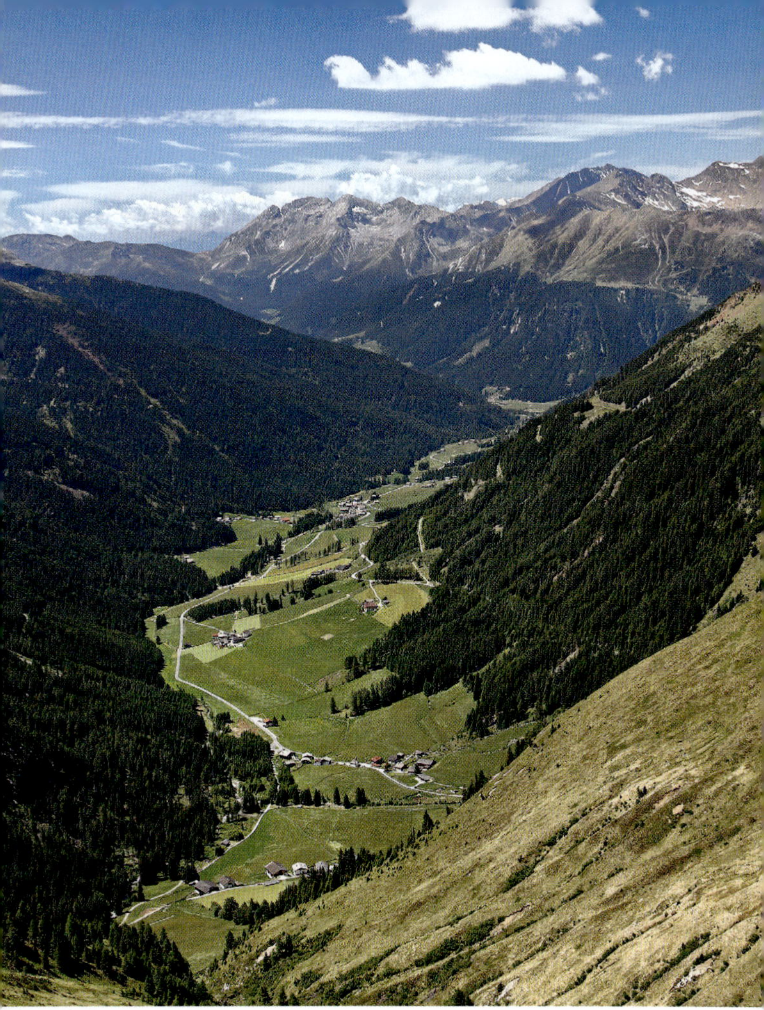

Blick ins innere Sarntal bei Pens.

iere allerdings auch immer die aktuellen Verhältnisse, welche vor allem zu Beginn des Sommers noch suboptimal sein können, ebenso nach herbstlichen Neuschneefällen. Passt alles zusammen, zählt das Sarntaler Hufeisen zweifellos zu den erlebnisreichsten leichteren Touren von Hütte zu Hütte!

↗ 1150 m | ↘ 380 m | 11.2 km

16 Sarnthein (Riedelsberg) – Rittner-Horn-Haus

5.20 h

Der offizielle Zustieg zum »Belvedere«

Das Rittner Horn, seit 1893 gekrönt von einem Schutzhaus, zählt bestimmt zu den besten Aussichtslogen Südtirols. Es handelt sich um die südlichste nennenswerte Gipfelwölbung am Sarner Ostkamm, nicht wirklich profiliert wie ein Horn, vielmehr sehr ausladend. Der Prachtblick speziell in die Dolomiten ist einfach legendär, vor allem zum Abend hin im Licht der tiefstehenden Sonne oft auch sehr stimmungsvoll. Die Hütte am Rittner Horn wird vielfüßig von ganz unterschiedlichen Seiten angesteuert, eisacktalseitig von der Gasserhütte oder dem Huberkreuz, von der südlich gelegenen Rittner Hochfläche (Ausgangspunkt Pemmern) oder anstrengender aus dem Sarntal. Wir halten uns hier an die offizielle Routenführung der Hufeisentour, genehmigen uns aber nach Möglichkeit – um die Einstiegsetappe nicht zu happig ausfallen zu lassen – vom Talort Sarnthein aus einen Wanderbus-Shuttle hinauf nach Riedelsberg. Dann gilt es in stetigem Bergauf die Sarner Scharte zu erklimmen (zumindest fast, denn als »Scharte« wird kurioserweise der Gipfelaufbau neben der eigentlichen Lücke bezeichnet) und somit den Übergang auf die Hochweiden zu bewerkstelligen, welche sich meilenweit am sanft gewellten Ostkamm der Sarntaler Alpen erstrecken. Bis hinüber zum Rittner Horn zieht es sich noch länger, als man vielleicht denkt.

Schloss Rainegg oberhalb von Sarnthein.

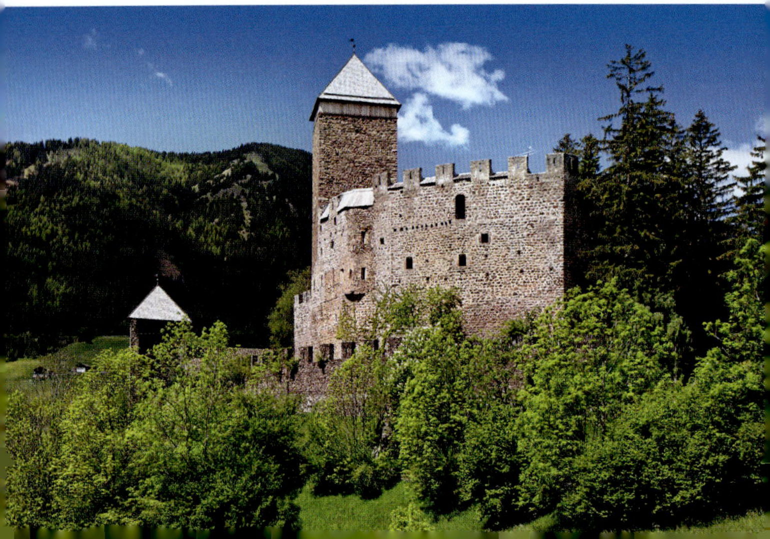

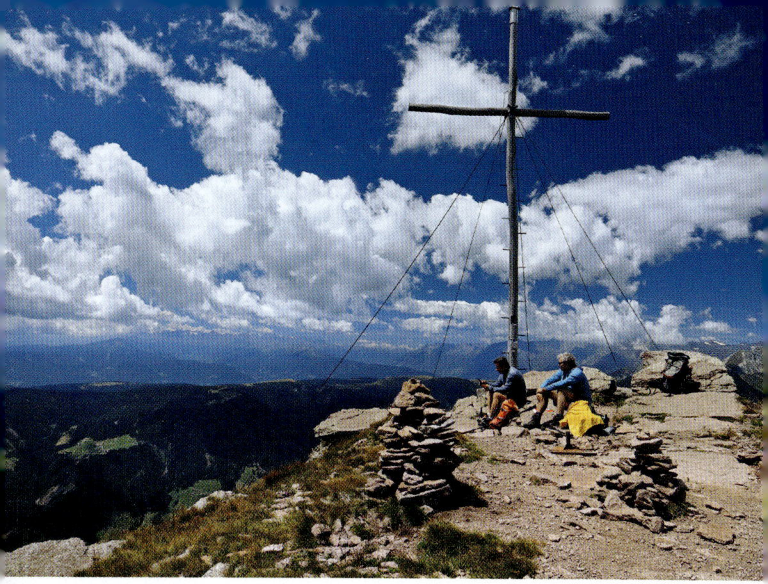

Eine Gipfelrast auf der Sarner Scharte sollte allemal drinliegen.

Ausgangspunkt: Sarnthein, 967 m, Hauptort im Sarntal. Parkplatz und Busbahnhof nahe dem Ortszentrum (regelmäßige Verbindung von Bozen). Weiter mit dem Wanderbus Richtung Riedelsberg hinauf (Haltestelle, ca. 1490 m, knapp unterhalb des Riedlhofs, Parkmöglichkeit direkt beim Hof). Dieser Kleinbus (8 Plätze) verkehrt in der Saison täglich ab Sarnthein um 9.15 Uhr bergwärts und um 16.30 Uhr talwärts (nähere Infos unter www.sarntal.com).
Endpunkt: Rittner-Horn-Haus, 2259 m.
Anforderungen: Mindestens T2–3. Bergauf zur Sarner Scharte recht urwüchsiger, teils holpriger Steig; elementare Trittsicherheit angezeigt. Auf der anderen Seite zunächst steindurchsetztes

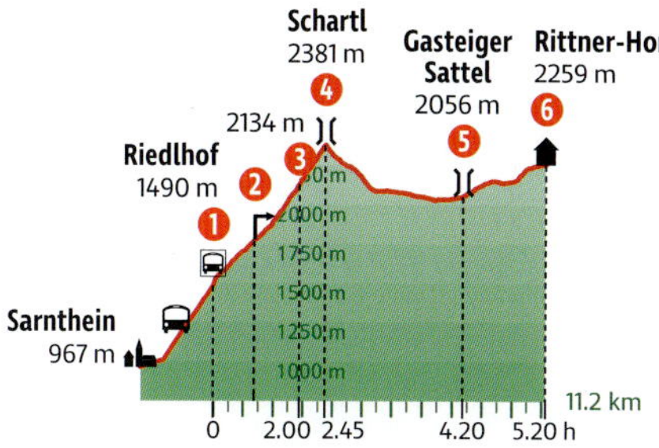

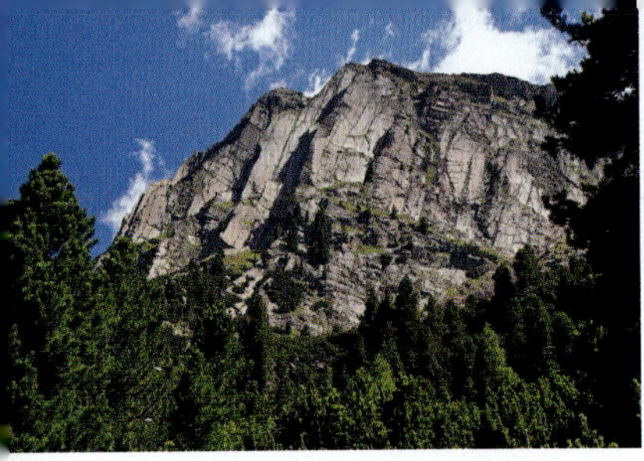

Eindrucksvolle Porphyrwände an der Sarner Scharte.

Rasengelände, später bequemer und auf befestigter Trasse hinauf zum Rittner Horn. Aufgrund der Höhenmeter relativ anstrengende Auftaktetappe, mehr noch, wenn man drunten in Sarnthein startet (plus 530 Höhenmeter!).
Einkehr/Unterkunft: Jausenstation Tengler (zuletzt geschlossen). Rittner-Horn-Haus (Ende Mai bis Ende Oktober, Tel. +39 0471 1550602 oder +39 348 0353635, schutzhaus-rittner-horn).
Varianten: 1. Der komplette Aufstieg ab

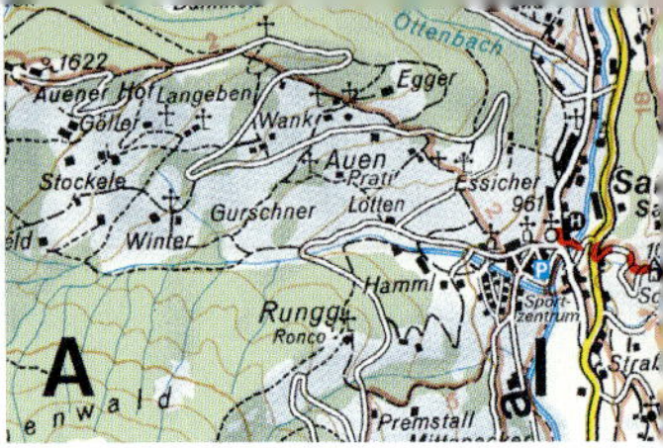

Sarnthein führt mit der Nr. 3 markiert links an Schloss Rainegg vorbei und bei Talgrub links haltend zum Riedlhof. Dafür sind 1.30 Std. zusätzlich einzuplanen.
2. Ein kurzer, lohnender Abstecher führt binnen 15 Minuten über ein paar felsdurchsetzte Stellen und einen abflachenden Grashang zum Gipfel der Sarner Scharte, 2460 m.
3. Ein bequemer Zugang (T1–2) zum Rittner Horn geht von Pemmern, 1538 m, aus (Zufahrt von Bozen über Klobenstein). Auf Weg Nr. 1 über das Unterhornhaus 2.30 Std., bei Nutzung der Seilbahn auf die Schwarzseespitze gar nur die Hälfte.
Karte: Tabacco, Blatt 040 »Sarntaler Alpen«.

Abendliches Alpenglühen in den Dolomiten: Hinter dem Schlernmassiv ragen die Spitzen der Rosengartengruppe empor.

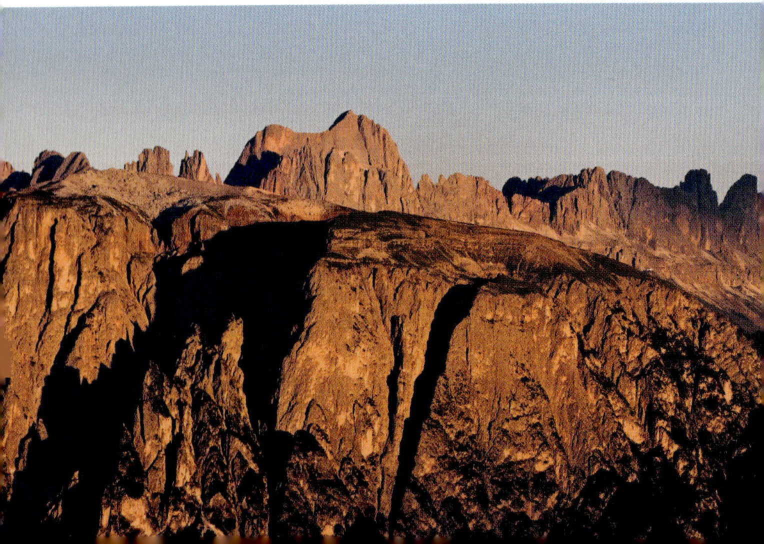

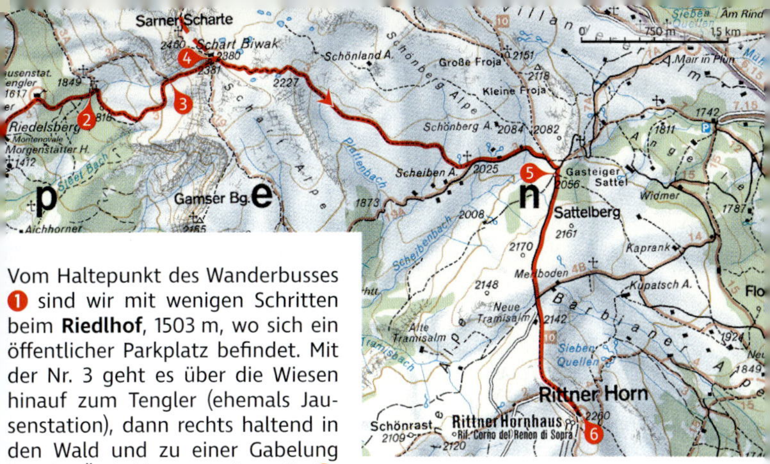

Vom Haltepunkt des Wanderbusses **1** sind wir mit wenigen Schritten beim **Riedlhof**, 1503 m, wo sich ein öffentlicher Parkplatz befindet. Mit der Nr. 3 geht es über die Wiesen hinauf zum Tengler (ehemals Jausenstation), dann rechts haltend in den Wald und zu einer Gabelung bei der Örtlichkeit »Riedler Pill« **2**. Prinzipiell sind beide Fortsetzungen möglich, wir bevorzugen aber rechter Hand die als Hufeisentour signalisierte Nr. 3 anstatt der Nr. 3A. Der Steig schlängelt sich durch eine urwüchsige Szenerie aus Lärchen, Zirben, Latschen und Strauchwerk – der Untergrund ist oft recht holprig. Eine gute Gehstunde später vereinigen sich beide Varianten im mittlerweile schon offenen Gelände wieder **3**. Ein ausgiebiger Zickzack im Angesicht der rötlichen Felsabbrüche an der Sarner Scharte leitet nun hinauf bis ins **Schartl** **4**, 2381 m, Standort einer Biwakhütte, die allerdings nur zwei Personen notdürftige Schlafgelegenheit bietet. Ohne allzu großen Mehraufwand lässt sich hier der höchste Punkt der **Sarner Scharte**, 2460 m, mitnehmen – die Aussicht vom Gipfelkreuz lohnt eine längere Rast an diesem Fleck!

Der Abstieg führt vom Schartl nach wie vor mit Nr. 3 über die blockdurchsetzte Südostabdachung des Villanderer Berges. Weiter unten quert man zu einem Weidezaun, wandert an diesem entlang und gewinnt über Hochweiden Anschluss zu einem befestigten Weg inmitten von Almhütten bzw. Schupfen. Dieser bringt uns mit einigen Kurven zum wichtigen Kreuzungspunkt am **Gasteiger Sattel** **5**, 2056 m. Jetzt auf dem breiten Weg Nr. 1 südwärts hinauf zu einer vorgelagerten Anhöhe, in der folgenden Senke über das Mäuerchen wechselnd zum nächsten kleinen Aufschwung und schließlich auf dem von einem riesigen Sendemast besetzten Gipfelplateau nur noch geringfügig ansteigend bis zum **Rittner-Horn-Haus** **6**, 2259 m.

Am höchsten Punkt des Rittner Horns steht ein Schutzhaus.

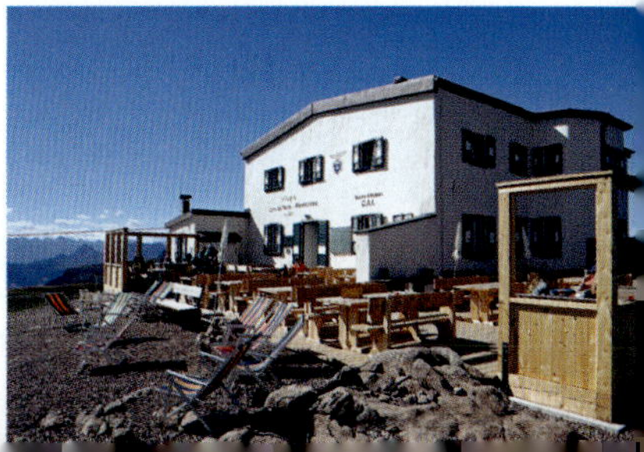

↗ 500 m | ↘ 450 m | 12.5 km

17 Rittner-Horn-Haus – Schutzhaus Latzfonser Kreuz

4.00 h

Über die Böden der Villanderer und Jocherer Alm

Weitläufige Almgebiete prägen diesen Teil der Sarntaler Alpen, sodass die Wanderung gleichsam in unbeschwertem Fluss verläuft, frei von strengeren Zügen. Erst zum Ende der Etappe nimmt die Landschaft eine etwas »alpinere« Note an. Hindernisse sind daher kaum zu erwarten, es sei denn man wertet einige potenzielle Sumpfpassagen als solche. Je nach Untergrund und vorherigen Wetterverhältnissen können bestimmte Bergwiesen speziell auf der Villanderer Alm unangenehm durchfeuchtet sein. Das hat die Touristiker wohl dazu bewogen, eine alternative (aber umständlichere) Routenführung über den Totenrücken und die Stöfflhütte zu legen. Immerhin kommt man dabei noch an sehenswerten Plätzen vorbei. Der Zielpunkt beim Latzfonser Kreuz ist dann auf jeden Fall eine Besonderheit. Schon seit über 300 Jahren beheimatet dieser aussichtsreiche Fleck hoch über dem Eisacktal sommers den sogenannten »Schwarzen Herrgott«. Als Schutzpatron gegen allfällige Wetterunbill wurde das Kruzifix ehedem zunächst im Freien aufgestellt, bald schon seinerseits jedoch von einem schmucken, gemauerten Bergkirchlein behütet, das fortan zum beliebten Pilgerziel avancierte. Da war es nur folgerichtig, dass nebenan auch ein Wirtshaus entstand, in dem Wanderer heutzutage Quartier beziehen können. Für die Hufeisentour ein essenzieller Stützpunkt!

Interessantes Panorama Richtung Ötztaler Alpen, wo das helle Gestein an Lodner und Hoher Weiße auffällt, rechts davon die Hochwilde.

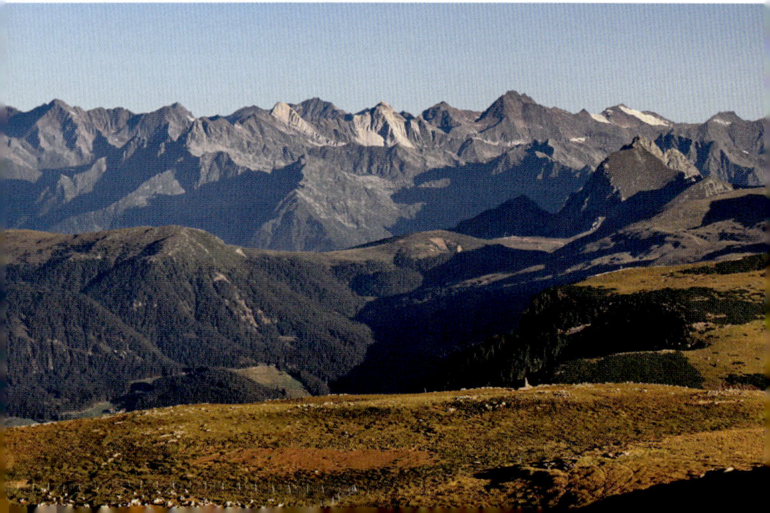

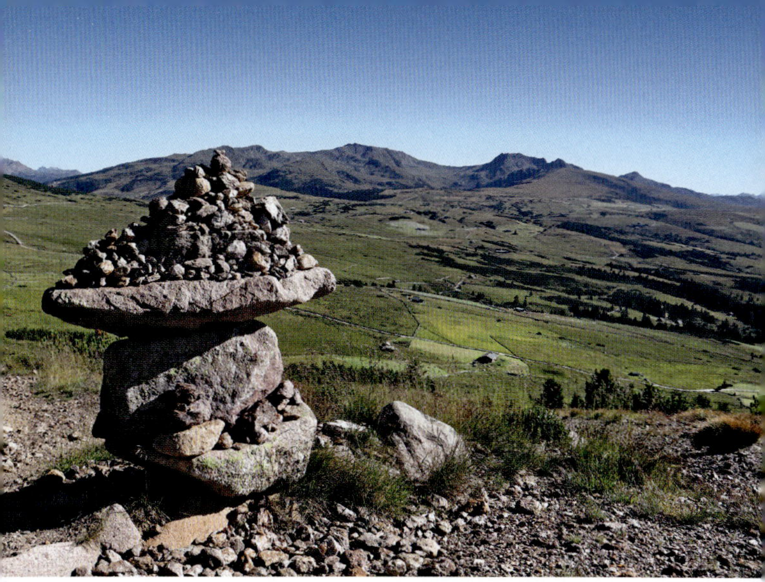

Vor uns liegt die Villanderer Alm hingebreitet.

Ausgangspunkt: Rittner-Horn-Haus, 2259 m.
Endpunkt: Schutzhaus Latzfonser Kreuz, 2311 m.
Anforderungen: T2. Leichte Bergwanderwege in meist harmlosem Wiesengelände und ohne besonders steile Abschnitte. Im Bereich der Villanderer Alm können je nach Witterung feuchte, matschige Bereiche auftreten (stellenweise sind Bohlen verlegt); in diesem Fall empfiehlt sich die Variante.
Einkehr/Unterkunft: Rittner-Horn-Haus (siehe Tour 16). Eventuell Stöfflhütte (Tel. +39 338 7319464, stoefflhuette.it). Schutzhaus Latzfonser Kreuz (Anfang Juni bis Mitte/Ende Oktober, Tel. +39 0472 545017 oder +39 334 1145608, latzfonserkreuz.com).
Varianten: 1. Nahe dem Rittner Bildstock weist die Hufeisen-Markierung heutzutage links gegen den Villanderer Berg hinauf. Bei der Ochsenlucke biegt man dann in die Mulde mit dem Totensee ab und quert hinüber zum Kirchlein am Toten, 2186 m. Die Fortsetzung leitet über den Totenrücken und durch Latschen hinab zum Prackfieder Jöchl, ehe man über den dort ansetzenden Wirtschaftsweg wieder Anschluss an die beschriebene direkte Route (Wegpunkt 4) erhält. Dieser Schlenker verlangt rund

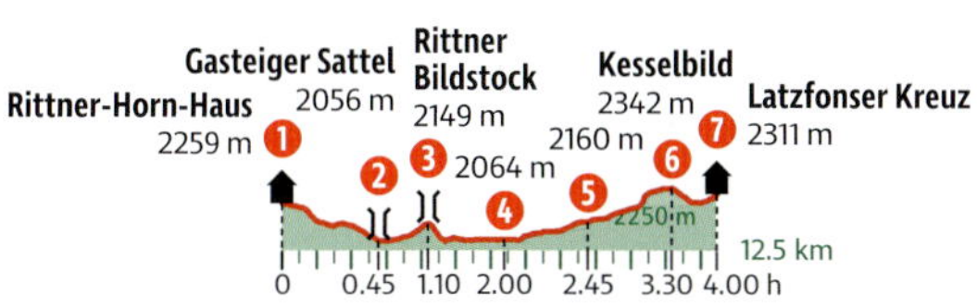

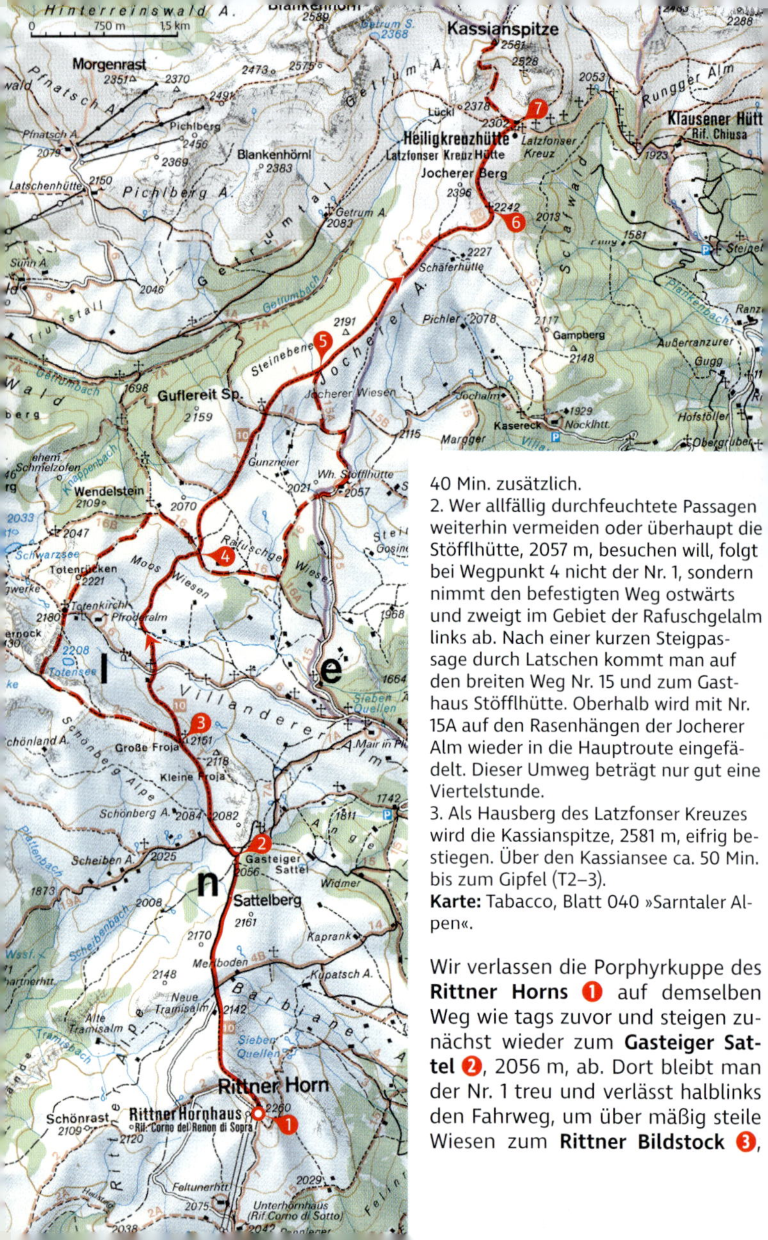

40 Min. zusätzlich.

2. Wer allfällig durchfeuchtete Passagen weiterhin vermeiden oder überhaupt die Stöfflhütte, 2057 m, besuchen will, folgt bei Wegpunkt 4 nicht der Nr. 1, sondern nimmt den befestigten Weg ostwärts und zweigt im Gebiet der Rafuschgelalm links ab. Nach einer kurzen Steigpassage durch Latschen kommt man auf den breiten Weg Nr. 15 und zum Gasthaus Stöfflhütte. Oberhalb wird mit Nr. 15A auf den Rasenhängen der Jocherer Alm wieder in die Hauptroute eingefädelt. Dieser Umweg beträgt nur gut eine Viertelstunde.

3. Als Hausberg des Latzfonser Kreuzes wird die Kassianspitze, 2581 m, eifrig bestiegen. Über den Kassiansee ca. 50 Min. bis zum Gipfel (T2–3).

Karte: Tabacco, Blatt 040 »Sarntaler Alpen«.

Wir verlassen die Porphyrkuppe des **Rittner Horns** ❶ auf demselben Weg wie tags zuvor und steigen zunächst wieder zum **Gasteiger Sattel** ❷, 2056 m, ab. Dort bleibt man der Nr. 1 treu und verlässt halblinks den Fahrweg, um über mäßig steile Wiesen zum **Rittner Bildstock** ❸,

2149 m, hinaufzuwandern. Die Hinweise »Zum Toten« ignorierend, überschreiten wir die Geländekante und gelangen in eine – eventuell feuchte – Senke beim Köber Leger. Kurz darauf wird der Fahrweg zur Pfroder Alm gekreuzt; darüber erkennt man das Totenkirchl am gleichnamigen Rücken (siehe Variante). Unsere Route Nr. 1 durchquert weiterhin die Mooswiesen der Villanderer Alm in Grundrichtung Norden, manchmal mit Bohlen bestückt, doch lässt sich nicht unbedingt davon ausgehen, dass alle sumpfigen Stellen trockenen Fußes passiert werden können. Nach einer Weile kreuzt man erneut einen befestigten Weg 4, der für die oben erwähnten Varianten von Bedeutung ist, setzen aber nach Möglichkeit geradeaus fort (ansonsten nach rechts Richtung Stöfflhütte). Es geht jetzt teilweise durch Latschenfelder dahin und allmählich etwas ansteigend via Scholer Bild zum sanften Höhenrücken der Jocherer Alm, wo die Umgehungsroute wieder einmündet 5. Nordostwärts steuern wir auf den nicht besonders ausgeprägten Jocherer Berg zu und weichen dem Kammaufbau schließlich ostseitig über das **Kesselbild** 6, 2342 m, aus. Es gesellt sich auch ein Zugang vom Parkplatz bei der Untergruber Hütte dazu. Hinter dem Geländeeck gewahren wir bereits das **Latzfonser Kreuz**, vollziehen noch einen Abwärtsbogen sowie eine letzte Gegensteigung und treffen damit beim auffälligen Bergkirchlein und dem Schutzhaus 7, 2311 m, ein.

Die Hütte am Latzfonser Kreuz erfreut sich großer Beliebtheit.

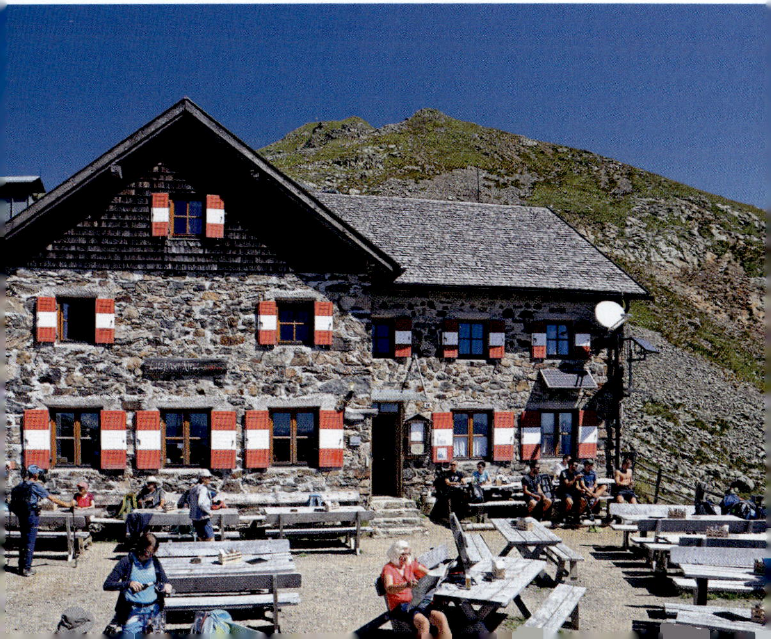

↗ 750 m | ↘ 580 m | 10.5 km

18 Schutzhaus Latzfonser Kreuz – Marburger Hütte

4.15 h

In der Durnholzer Bergwelt

Auf dem Weiterweg nordwärts kommen nun allmählich vermehrt steinige Passagen ins Spiel, während die begleitenden Gipfel an Kontur gewinnen, ohne jedoch allzu markante Merkmale aufzuweisen. Zwischen Fortschellscharte und Flaggerscharte sind wir auf einem Flankenweg über dem inneren Durnholzer Tal unterwegs, stets deutlich oberhalb der Waldgrenze und daher mit ungehinderter Aussicht. Das häufige, wenn auch kleinräumige Auf und Ab summiert sich mit der Zeit und dürfte Ungeübte bereits einigermaßen beanspruchen. Mit der Marburger Hütte, auch als Flaggerschartenhütte geläufig, finden wir am Ende eine gemütliche kleine Unterkunft traditionellen Stils – und mit dem Flaggersee nebenan ein echtes Kleinod!

Ausgangspunkt: Schutzhaus Latzfonser Kreuz, 2311 m. Zugänge bestehen von Latzfons via Kühhof (dort letzter Parkplatz) sowie von Reinswald (Seilbahn nach Pichlberg) über die Getrumalm.
Endpunkt: Marburger Hütte (Flaggerschartenhütte), 2481 m.
Anforderungen: T2–3. Typischer Flankensteig im Hochweidengelände, das mehr oder weniger stark von Steinen, gen Norden auch mal von regelrechten Blockfeldern durchsetzt ist. Daher nicht durchgängig leicht, etwas Trittsicherheit erforderlich, auch wenn selten Steilpassagen dabei sind (am ehesten noch beim Tellerjoch).
Einkehr/Unterkunft: Schutzhaus Latzfonser Kreuz (siehe Tour 17). Marburger Hütte (Mitte Juni bis Ende September/Anfang Oktober, Tel. +39 347 8284867, forcellavallaga.it).
Variante: Vom Tellerjoch kann mit rela-

Ziel dieser Etappe ist die kleine Marburger Hütte am Flaggersee.

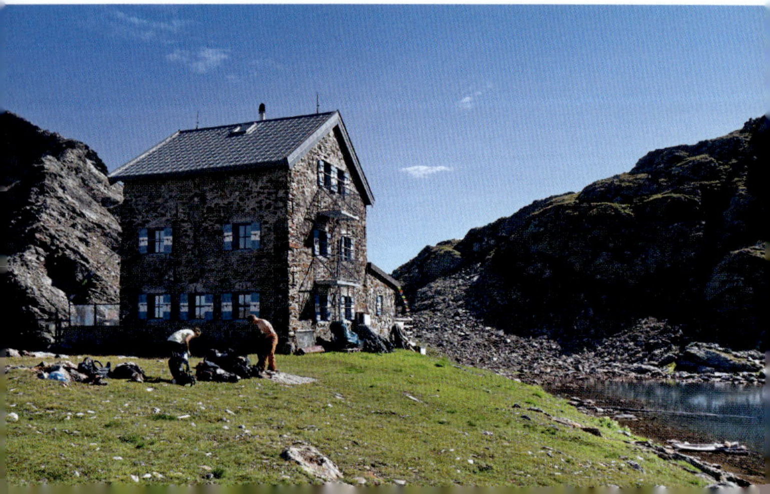

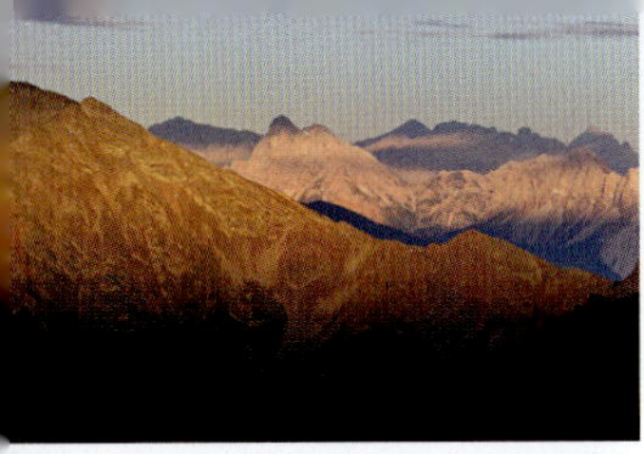

Wer auf der Hütte übernachtet, kann das stimmungsvolle letzte Licht einfangen.

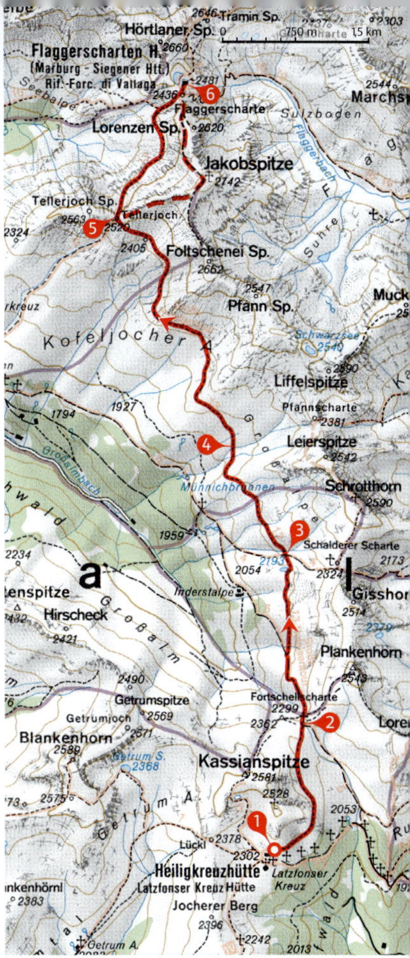

tiv wenig Mehrauswand die Jakobspitze, 2742 m, der höchste Berg am Sarner Ostkamm, überschritten werden. Das Gelände ist felsdurchsetzt und teils abschüssig, mithin ein bisschen anspruchsvoller als auf der Traverse (mindestens T3).
Karte: Tabacco, Blatt 040 »Sarntaler Alpen«.

Vom **Latzfonser Kreuz** ❶ geht es teilweise abschüssig um den Hang des Ritzlar herum, mit etwas Höhenverlust in eine Hangmulde und wieder aufwärts zur **Fortschellscharte** ❷, 2299 m, die den Übergang auf die Sarntaler Seite vermittelt. In nördlicher Richtung büßt man erst einmal an Höhe ein und achtet dann auf den Abzweig von Route Nr. 13, welche hangparallel verbleibt, während die Nr. 5 talwärts leitet. Binnen der nächsten zweieinhalb bis drei Marschstunden sind etliche nicht sehr prägnante Geländestrukturen auszugehen. Nach einem leichten Bergauf wird der Weg zur Schalderer Scharte gekreuzt ❸,

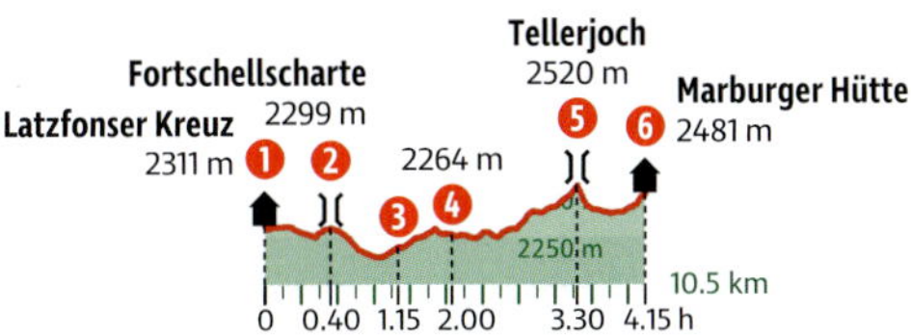

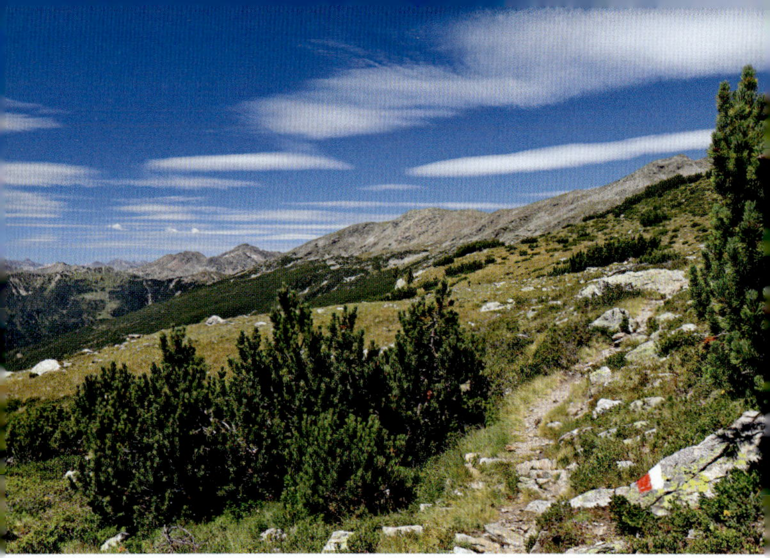

Idyllisch schlängelt sich unser Höhenweg durch die Flanken.

rund anderthalb Kilometer dahinter in einer Hangmulde auch jener zur Pfannscharte 4. In ähnlicher Manier geht es stetig weiter gen Norden, das heißt in Hangbuchten immer wieder mal mit etwas Höhenverlust, sonst aber meist horizontal bzw. sukzessive aufwärts. Zum **Tellerjoch** 5, 2520 m, hin fällt das Bergauf deutlicher aus und wird auch mal von Blockgestein durchsetzt; die Wegspur ist also von wechselnder Beschaffenheit. Der jenseitige, relativ steile Abstieg wird von einer längeren Traverse nach rechts abgelöst, womit wir nun die Blockflanke der Jakobspitze durchqueren. Nach einer Weile stoßen wir auf den von Durnholz heraufkommenden Hüttenweg Nr. 16, gewinnen den Einschnitt der **Flaggerscharte**, 2436 m, und bewältigen die letzten Meter bis zur **Marburger Hütte** 6, 2481 m, am Flaggersee.

Steinbrechpolster.

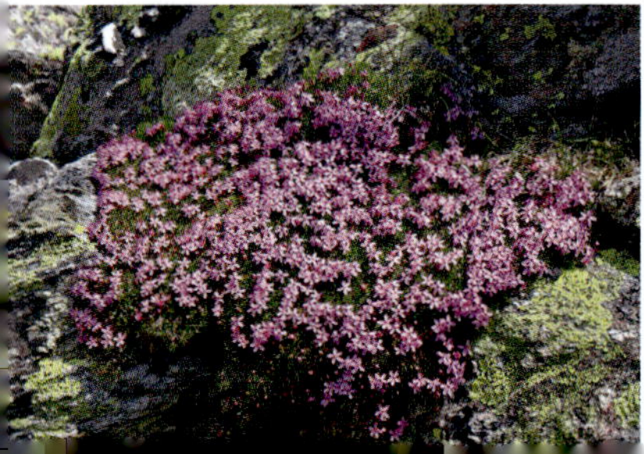

Alpenrosen.

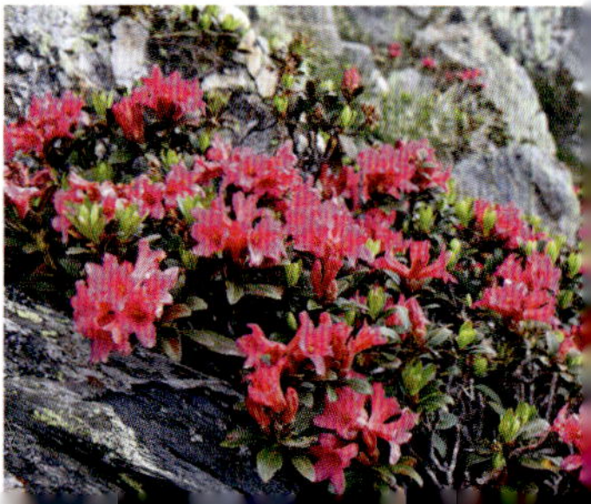

↗ 530 m | ↘ 800 m | 9.8 km

3.45 h

Marburger Hütte – Penser Joch (Alpenrosenhof)

19

Zum nördlichen Wendepunkt

Der Höhenweg von der Marburger Hütte zum Penser Joch gestaltet sich im Prinzip ähnlich wie die vorhergehende Etappe, vielleicht ein bisschen weniger anstrengend. Wieder geht es quer durch die Flanken über den Seitenästen des hinteren Sarntals, namentlich über dem Tramintal. Später stößt man sogar mal in den Kammbereich vor und erhascht auch Ausblicke in die Sterzinger Gegend. Ausdauernde können zusätzlich die Tatschspitze einbauen. Am Penser Joch werden wir dann vermutlich mit regem Ausflugsverkehr konfrontiert (es handelt sich kaum verwunderlich um eine beliebte Motorradstrecke), doch abends kehrt auch beim Alpenrosenhof auf der Scheitelhöhe allmählich Ruhe ein. An dieser Stelle stoßen die beiden großen Kammzüge der Sarntaler Alpen aneinander und erlauben uns ein geschmeidiges Übersetzen.

Ausgangspunkt: Marburger Hütte (Flaggerschartenhütte), 2481 m. Kürzester Talzugang von Durnholz über Weg Nr. 16.
Endpunkt: Alpenrosenhof, 2215 m, am Penser Joch (Straßenpass zwischen Sarntal und Sterzing). In der Sommersaison verkehrt Di, Do und Sa jeweils um 10.20 und 16.25 Uhr ein Wanderbus nach Sarnthein (nähere Infos unter sarntal.com).
Anforderungen: T2–3. Die meiste Zeit recht ausgeglichener Routenverlauf im Hochweidengelände, an der Hörtlaner Scharte alpiner, aber bei guten Verhältnissen und mit elementarer Trittsicher-

Auch dieses Teilstück der Hufeisentour bietet herrliches Höhenwandern.

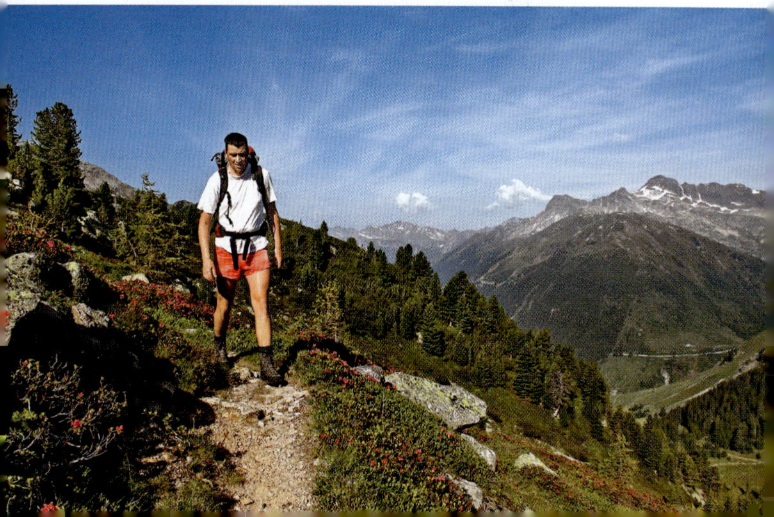

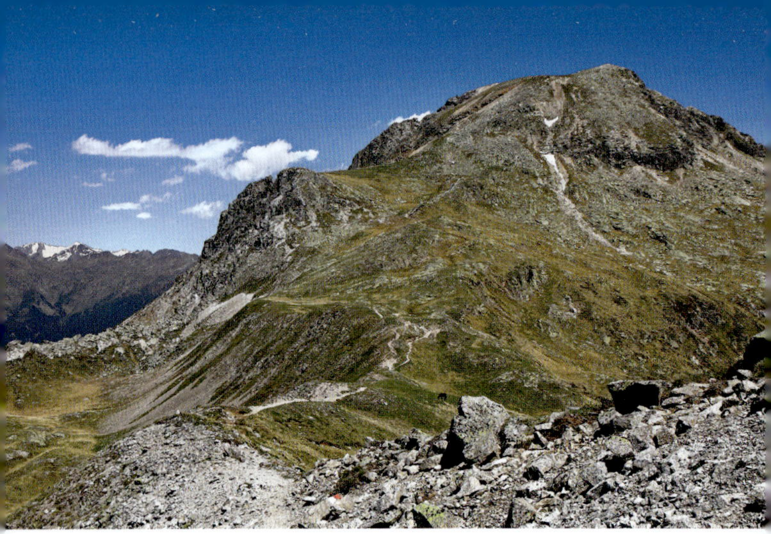

Mächtig bäumt sich die Tatschspitze vor uns auf. Eine Besteigung ist nicht schwierig und lässt sich durchaus in die Etappe einbinden.

heit ebenfalls kaum problematisch.
Einkehr/Unterkunft: Marburger Hütte (siehe Tour 18). Alpenrosenhof (Ende Mai bis Mitte Oktober, Tel. +39 335 6547582, penserjoch.com).
Varianten: 1. Zu Beginn auf der Südseite der Hörtlaner Scharte verbleibend mit etwas Zwischenabstieg nach rechts bis unter das schneidige Tagewaldhorn, 2708 m, dann steil empor und zuletzt über den Ostgrat auf den Gipfel. Überschreitungsmöglichkeit entlang des Nordwestgrates zur Traminer Scharte und unterhalb wieder in den normalen Höhenweg einbiegend. Schwierigkeit T4 (schwarz)!
2. Ab Wegpunkt 5 kann weiter rechts in gut 1 Std. zur Tatschspitze, 2526 m, aufgestiegen werden. In der Westflanke legen sich keine besonderen Hürden in den Weg. Retour bleibt man gleich am Verbindungskamm Richtung Niedereck. Zusätzlicher Zeitbedarf für diesen Abstecher ca. 1.30 Std.
3. Gegen Ende der Etappe vom Wegpunkt 6 hinauf zum Astenberg, 2367 m, den man schließlich nordwärts am kupierten Geländerücken überschreitet und damit ohne Straßenberührung zum Alpenrosenhof kommt.
Karte: Tabacco, Blatt 040 »Sarntaler Alpen«.

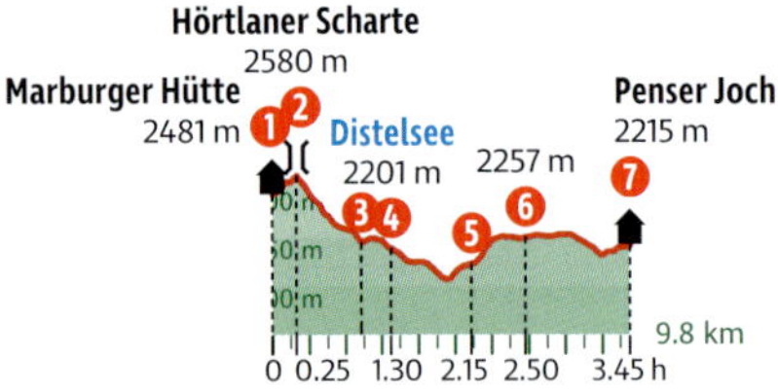

Von der **Marburger Hütte** ❶ gewinnen wir mit schönen Rückblicken auf den Flaggersee erste Höhenmeter. An einem Felsriegel schaltet sich eine gesicherte Abstiegspassage

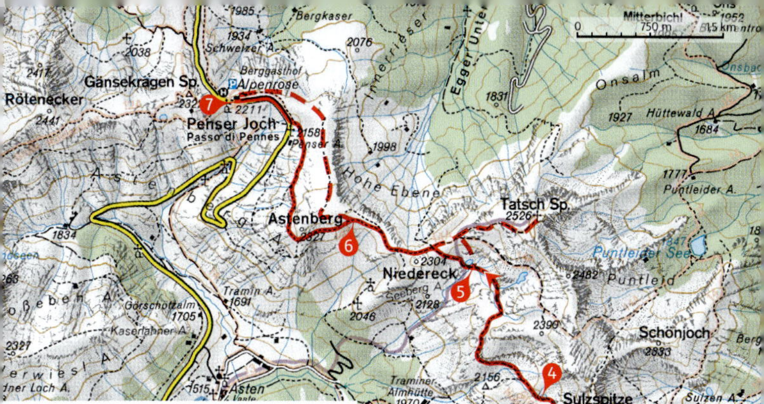

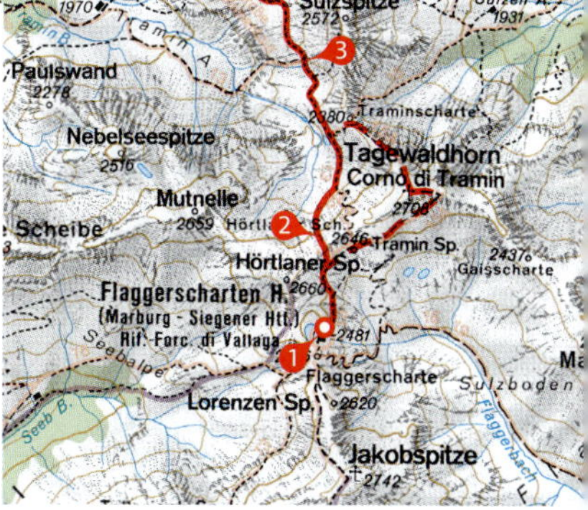

ein, bevor einige Kehren zur **Hörtlaner Scharte** ❷, ca. 2580 m, hinaufführen. Drüben auf gutem Steig – anfangs noch geröllbedeckt – abwärts, auf den Hochböden rechts haltend unter die Traminer Scharte, wo ein kleiner See tangiert wird. Etwas tiefer leitet die bisher gültige Nr. 13 ins Tramintal hinunter ❸, während wir mit Nr. 13A eine kurze Gegensteigung vor uns haben und danach zum **Distelsee** ❹, 2201 m, gelangen. Dieser befindet sich auf einem zwischen Sulzspitze und Tramintal eingelagerten Geländebalkon, der für uns den vorteilhaften Kurs vermittelt. Man vollzieht einen lang gezogenen Linksbogen und gerät um die Hochplatzen herum vorübergehend in steilere Hänge, ehe die längste Gegensteigung der Etappe eingeleitet wird. Man schwenkt nach rechts in den Kessel der Seebergalm ein, passiert einen Abzweig zur Tatschspitze ❺ und setzt den Aufstieg zur Kammhöhe am Niedereck fort. Hier gibt es nochmals eine Verbindung zur Tatschspitze. Das **Niedereck** wird nicht direkt überschritten, sondern etwas brüchig und abschüssig nordseitig traversiert. Anschließend halten wir oberhalb steiler Grashänge auf den Astenberg zu und haben nun zwei Möglichkeiten zur Auswahl ❻. Entweder überschreiten wir die Bergkuppe (siehe Variante) oder wir queren mit der offiziellen Routenführung in großem Bogen von der Süd- auf die Westseite und steigen dann nordwärts zur **Penser-Joch-Alm**, 2158 m, ab. Entlang der Passstraße verbleibt zuletzt eine Viertelstunde bis zum **Penser Joch** respektive zum **Alpenrosenhof** ❼, 2215 m.

↗ 720 m | ↘ 1150 m | 13.8 km

20 Penser Joch (Alpenrosenhof) – Ebenbergalm (bzw. Weißenbach)

5.15 h

Auf Tuchfühlung mit dem »Matterhorn des Sarntals«

Wenn wir am gesamten Sarner Ostkamm zwischen Rittner Horn und Penser Joch ständig eine Höhe von mehr als 2000 Metern halten konnten, so ist dies auf der folgenden Etappe nicht mehr der Fall. Zwar knackt man Richtung Gerölljoch sogar noch die 2500-Meter-Marke und hat hier mit dem Sarner (Penser) Weißhorn den wohl formschönsten, zuweilen mit dem Matterhorn assoziierten Gipfel der gesamten Gebirgsgruppe zum Greifen nah, büßt dahinter im Oberbergtal jedoch mindestens 1000 Höhenmeter ein oder muss eventuell sogar ganz bis in den Talort Weißenbach hinunter. Das schroffere Gepräge, insbesondere um Hochwart und Alplerspitze verhindert hier eine durchgängige Verbindung in der Höhe. Gleichwohl ist die Umgebung des Oberbergtals von herzerfrischender Schönheit. Wer im Anschluss auf der offiziellen Route zur Hirzerhütte weiterwandern möchte, findet mittlerweile in der Ebenbergalm eine vorteilhafte Übernachtungsmöglichkeit. Hoffentlich kann sie von den Bewirtschaftern in Zukunft aufrecht erhalten werden ...

Ausgangspunkt: Alpenrosenhof, 2215 m, am Penser Joch (Straßenpass zwischen Sterzing und Sarntal). In der Sommersaison Di, Do und Sa jeweils um 9.30 und 15.30 Uhr Wanderbus von Sarnthein bis zum Penser Joch.
Endpunkt: Ebenbergalm, 1785 m, im Unterbergtal.

Beim Abstieg ins Oberbergtal wird es sukzessive lieblicher.

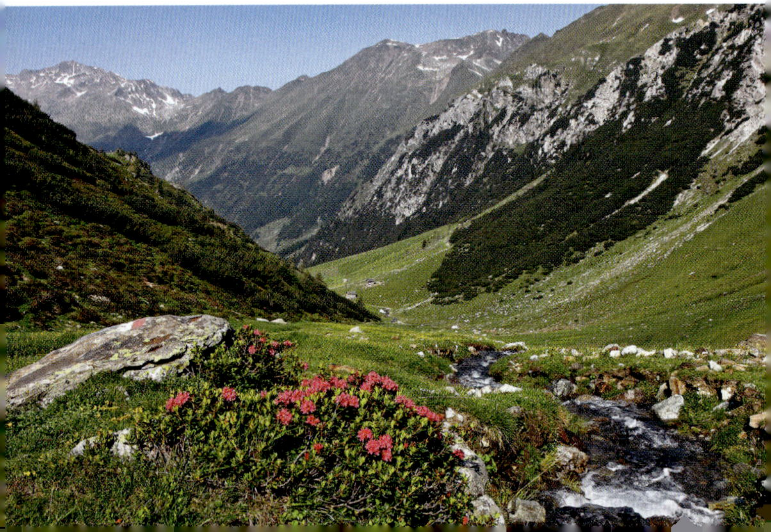

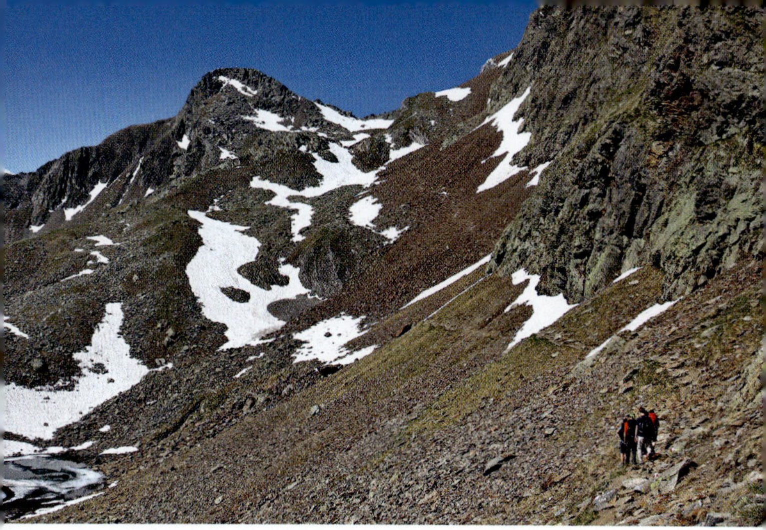

Beim Aufstieg zum Gerölljoch ist der Name Programm.

Anforderungen: T3 (Westseite des Geröllјochs, sonst leichter). Zwischen Penser Joch und Geröllјoch gut angelegter Höhenweg (nur bei Schneefeldern im Frühsommer eventuell problematisch). Jenseits auf knapp 200 Höhenmetern sehr steiles Gelände (Trittsicherheit nötig, für Unerfahrene eventuell heikel), hinunter ins Oberbergtal aber sukzessive wieder leichter. Ab Wegpunkt 4 nur noch breite Güterwege.

Einkehr/Unterkunft: Alpenrosenhof (siehe Tour 19). Ebenbergalm (Mitte Juni bis Mitte/Ende September, allerdings unbedingt vorher wegen Nächtigungsmöglichkeit erkundigen: Tel. +39 320 0771195). Ansonsten in Weißenbach das Hotel Murrerhof (Tel. +39 0471 1390022, murrerhof.com), Ferienwohnungen im Freissingerhof und Winkhof. Weiter südlich im Sarntal kann auf das Hotel Feldrand (Tel. +39 0471 627101, feldrand.com), den Gasthof Rabenstein (Tel. +39 0471 627347, hotel-sarntal.it) sowie das Hotel Alpenrose (Tel. +39 0471 620033, alpenrose-sarntal.it) ausgewichen werden.

Variante: 1. Am Geröllјoch bietet sich eine Besteigung des nahen Sarner Weißhorns, 2705 m, an – allerdings nur für absolut Trittsichere. Es sind einige teils gesicherte Kletterstellen (I. Grad, T4–5) zu bewältigen. Im Rechts-links-Verlauf zum Gipfelgrat, steht man nach knapp 30 Min. am höchsten Punkt.

2. Falls in der Ebenbergalm kein Quartier zur Verfügung steht oder tags darauf mit Tour 24 (via Aberstückl) fortgesetzt werden soll, wandert man am Ende an den Winkhöfen vorbei talauswärts nach Weißenbach, 1335 m.

Karte: Tabacco, Blatt 040 »Sarntaler Alpen«.

Mit dem markanten Sarner Weißhorn als Richtungszeiger nehmen wir gegenüber vom **Alpenrosenhof** am **Penser Joch** ❶ Route Nr. 12A auf. Unter dem Gänsekragen entlang geht es zum Jochsee, zum folgenden Geländeeck und merklich ansteigend in die Südflanke der Röthenspitze. Die Tra-

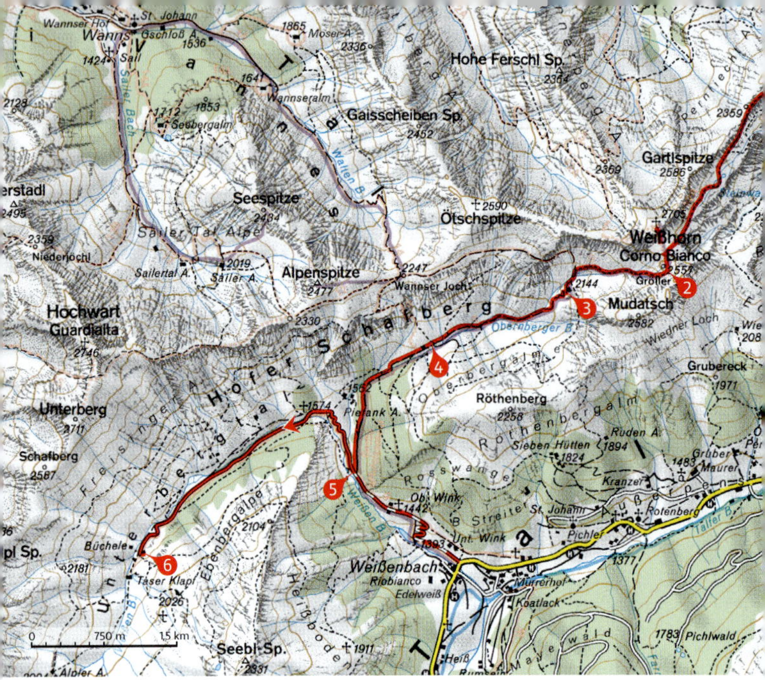

verse wird noch eine Weile fortgesetzt, bei P. 2359 kurz die Kammhöhe tangierend. Wir wandern knapp oberhalb der Steinwandseen entlang (eine andere Spur berührt diese auch unmittelbar) und geraten allmählich in schuttreicheres Gelände. Durch eine Karmulde gewinnt man schließlich den Scheitelpunkt der Etappe am **Gerölljoch** (auch Gröllerjoch) 2, 2557 m, direkt zu Füßen des Weißhorns.

Drüben fällt der Hang ziemlich steil ab. Unser Steig ist schuttbedeckt, aber

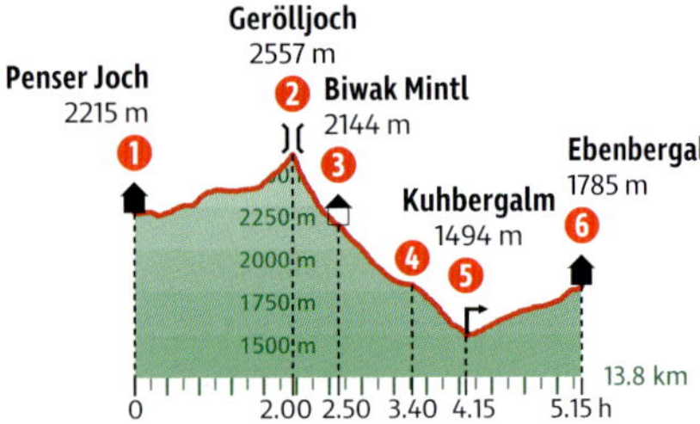

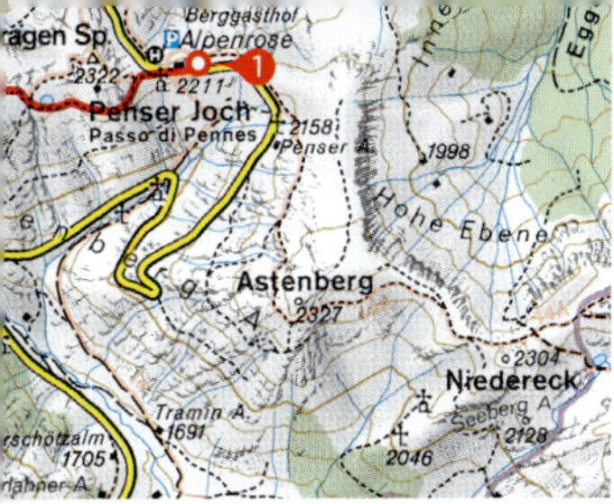

im Grunde geschickt angelegt, sodass mit entsprechender Vorsicht keine allzu kniffligen Stellen auftreten sollten. Auf den obersten Böden im Oberbergtal liegt das Gröbste ohnehin hinter uns. Weiter vorn passieren wir einen Abzweig zum Wannser Joch und kurz darauf die **Biwakhütte »Mintl«** ❸, 2144 m, bei Tabacco als Oberbergalm eingetragen. In einer nochmals steileren Hangpartie leiten etliche Schleifen bequem tiefer, ehe die Route neben dem Oberbergbach auf sanfte Wiesenböden ausläuft. Wir passieren die **Oberberghütten** ❹ und sind nun auf einem Güterweg unterwegs. Später macht eine Schleife auf einem abzweigenden Steig nur begrenzt Sinn, zumal diese eh wieder einmündet. Man dreht links ein und stößt im unteren Talbereich, auf den Böden der **Kuhbergalm** ❺, 1494 m, auf einen anderen Fahrweg, der einerseits talaus nach Weißenbach führt, andererseits mit einem Bogen ins Unterbergtal hinein: genereller Richtungsentscheid für die Fortsetzung am nächsten Tag. Zur **Ebenbergalm** ❻, 1785 m, biegen wir also scharf nach rechts ein und wandern wieder mäßig steil aufwärts, abschnittsweise sogar flach, zuletzt mit einigen Schleifen bis zum Tagesziel.

Zu den profiliertesten Gipfeln der Sarntaler Alpen zählt das Weißhorn. Unter den Steilschrofen entlang zieht der Höhenweg zum Gerölljoch.

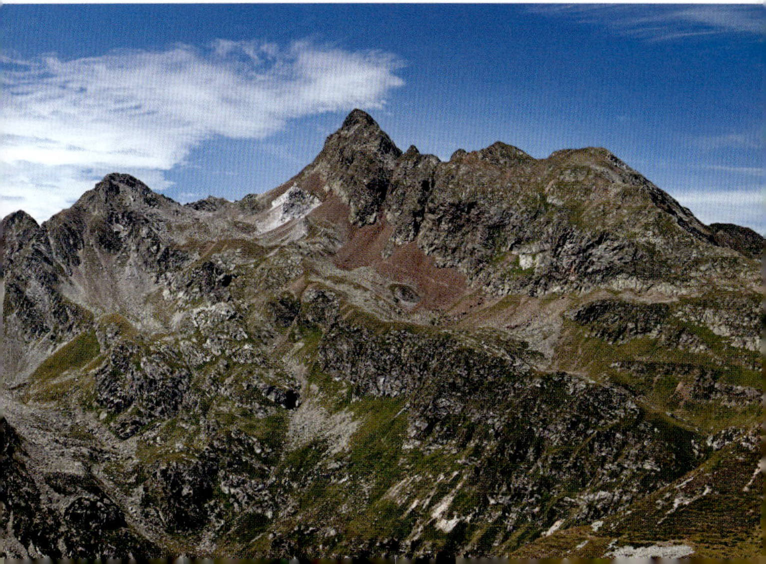

↗ 940 m | ↘ 740 m | 10.4 km

21 Ebenbergalm (bzw. Weißenbach) – Hirzerhütte

5.00 h

Etwas anspruchsvollerer Übergang ins Hirzergebiet

Seitdem die Hirzerhütte offiziell in die Sarntaler Hufeisentour einbezogen ist, hat dieses Trekking an Anspruch, aber auch an Erlebniswert dazugewonnen. Wir erhalten nun auch Eindrücke aus der Bergwelt des Passeiertals, mustern beispielsweise die Texelgruppe gegenüber und lernen vor allem den herrlichen Almbalkon im Hirzergebiet näher kennen. Der Übergang dorthin wie auch der nachfolgende zur Meraner Hütte gestalten sich zweifellos spannender als die ursprünglich vorgeschlagene Strecke durchs Sagbachtal, die immer irgendwie als Notlösung erschien (siehe Tour 24). Doch wer zuvor das Gerölljoch anstandslos gemeistert hat, braucht eigentlich keine übertriebenen Befürchtungen zu hegen. Eine gewisse Standfestigkeit ist freilich vonnöten, denn der alpine Charakter wird auf den Höhen um Alplerspitze und Pfandlspitze allemal schon spürbar.

Ausgangspunkt: Ebenbergalm, 1785 m, im Unterbergtal. Zugang von Weißenbach im Sarntal mit Nr. 27 (durchgängiger Fahrweg) in 1.30 Std.
Endpunkt: Hirzerhütte, 1983 m, auf der Tallner Alm über dem Passeiertal. Binnen 15 Minuten kann die Hirzerbahn (Bergstation Klammeben) erreicht werden, um damit talwärts nach Saltaus zu schweben.
Anforderungen: T3. Bis Alpler Alm breiter Wirtschaftsweg, anschließend zum Teil spärlich ausgetretener Steig oder gar nur Pfadspuren bis in den Kammbereich. Übergang zum Grünangerjoch mitunter etwas ausgesetzt, eine Stelle sowie eine weitere beim Abstieg sind

Die Ebenbergalm ist als Stützpunkt sehr nützlich.

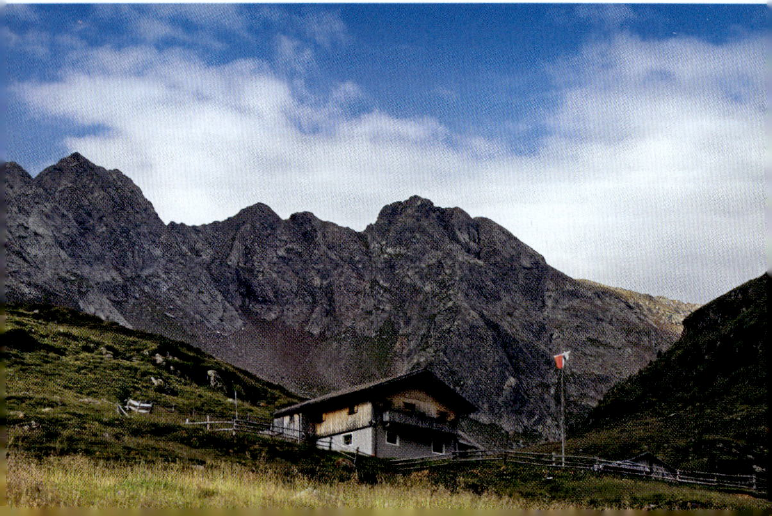

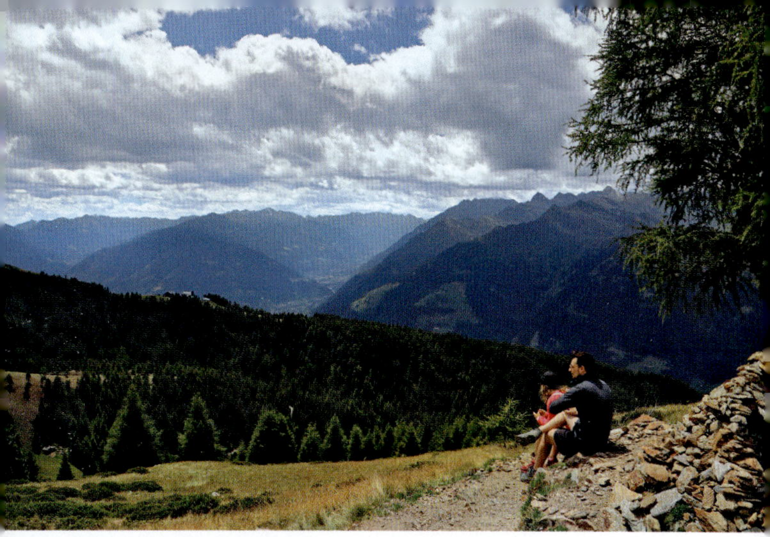

Siesta mit Aussicht am Almenweg im Hirzergebiet (Meraner Land).

gesichert. Am Almenweg besteht komfortabler Verlauf. Insgesamt solide Trittsicherheit und grundlegendes Orientierungsvermögen nötig.
Einkehr/Unterkunft: Ebenbergalm (siehe Tour 20). Hirzerhütte (Anfang Juni bis Mitte/Ende Oktober, Tel. +39 330 515900, hirzerhuette.com). In unmittelbarer Nähe Tallner-Alm-Kaser (Tel. +39 347 3258251) sowie Reseggeralm (Tel. +39 349 0746722); ein Stück weiter der Gasthof Klammeben (Tel. +39 0473 949422), ebenfalls mit Nächtigungsmöglichkeiten.
Karte: Tabacco, Blatt 040 »Sarntaler Alpen« oder Blatt 039 »Passeiertal«.

Von der **Ebenbergalm** ❶ nehmen wir wieder den Almwirtschaftsweg auf, passieren beim Taser Klapf einen Abzweig zur Seeblspitze und kommen zügig in den Talhintergrund voran. Dort mit einigen Schleifen hinauf zur **Alpler Alm** ❷, 2094 m. Die Fortsetzung auf einem Steig holt zunächst rechts aus und nutzt dann in Südrichtung eine kleine grasige Hangterrasse. Erst gegen den gut 2500 Meter hohen Kammsattel ❸ zwischen Grubenkopf und Alplerspitze kommt im aufsteilenden Gelände vermehrt Schutt ins Spiel – der Ausstieg erfolgt am Rande einer Plattenzone. Während die rot-weiße Markierung nun zu P. 2654, einem Kopf im Südgrat der Alplerspitze, hinaufzieht

Aufschwung zum Südgrat der Alplerspitze, im höchsten Teil der Tour.

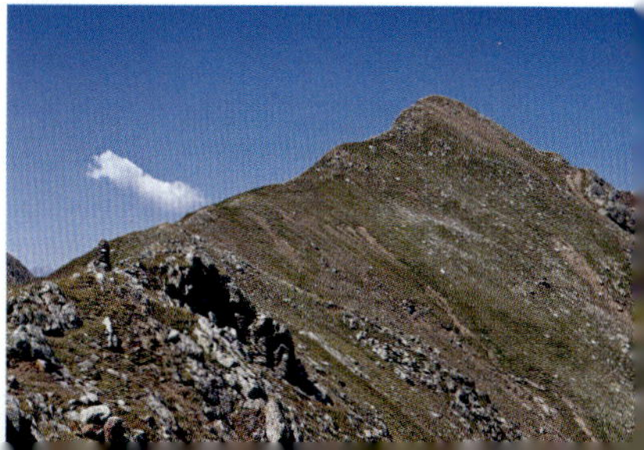

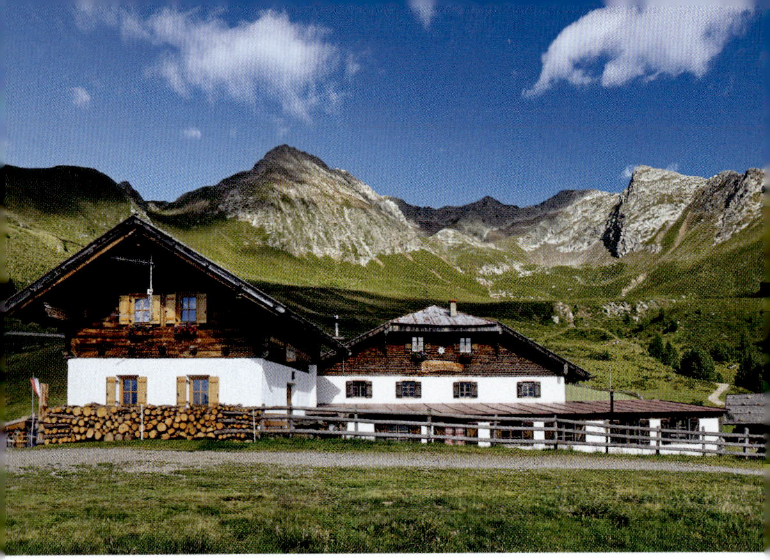

Die Hirzerhütte gegen ihren Hausberg, der am nächsten Tag überschritten werden könnte.

und jenseits wieder bergab, gibt es auch die Möglichkeit, vorher auszuscheren und die abschüssige Flanke entlang Schutt- und Grasbändern zu queren. Man achte dabei auf schwache grüne Punkte. Mit der geschickten Abkürzung gelangen wir hinüber zum südwestwärts abstreichenden Gratrücken, folgen diesem über einige ausgesetzte Stellen zum **Grubenjoch**, 2433 m (Abzweig einer Route ins Fartleistal), und gewinnen mit 100 Metern Gegensteigung die **Pfandlspitze** 4, 2538 m. Die Markierung Nr. 2B leitet gratnah weiter Richtung **Grünangerjoch** 5, 2428 m, wobei eine Kuppe links passiert wird und kurz vor dem Joch eine plattige Felspassage mit Kette überrascht. Dann rechtsseitig über Schutt abwärts auf die Karböden, allmählich deutlich nach links eindrehen und kurzzeitig nochmals steiler bergab (eine Stelle mit Sicherungen). Wir fädeln in den **Almenweg** 6 ein

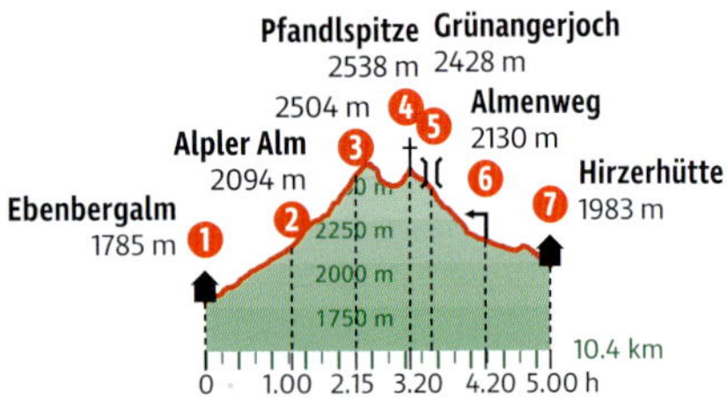

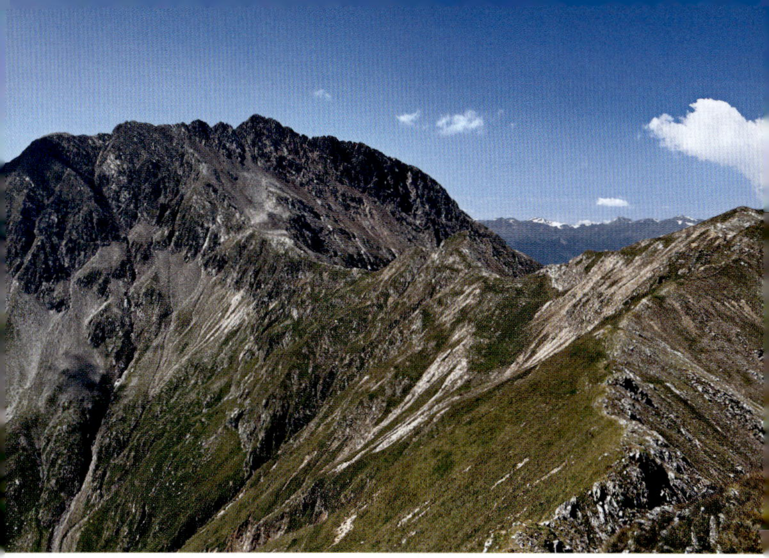

Im Angesicht der Hirzer-Nordseite folgen wir dem Grat bis ins Grünangerjoch.

und haben nun das lockere Finale der Etappe vor uns. Um ein markantes Eck herum kommen wir zunächst zum bewirtschafteten **Tallner-Alm-Kaser**, 2017 m. Etwas unterhalb empfängt uns auf einem großen Geländeabsatz die **Hirzerhütte** ❼, 1983 m.

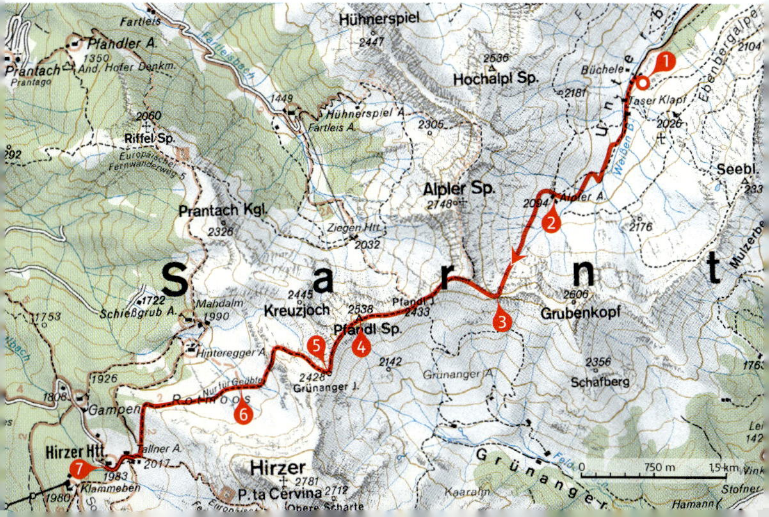

↗ 1020 m | ↘ 1060 m | 11.2 km

22 Hirzerhütte – Hirzer – Meraner Hütte

5.45 h

Der Gebirgsjägersteig mit dem höchsten Gipfel der Sarntaler Alpen

Über den Gebirgsjägersteig, gleichzeitig ein Teilstück des beliebten E5 (= Europäischer Fernwanderweg Nr. 5), gelingt wieder ein Wechsel von der Passeirer zurück auf die Sarner Seite. Umso bemerkenswerter, dass dabei auch der höchste Gipfel der gesamten Sarntaler Alpen »mitgenommen« werden kann. Am Hirzer ergibt sich bei klarem Wetter ein geradezu gigantisches Panorama, in dem kaum etwas fehlt, was in Südtirol Rang und Namen besitzt. Auf der Fortsetzung bezaubert obendrein der sagenumwitterte Kratzbergsee, an dem man beinahe die Zeit vergessen könnte. Ein Erwachen in unserer modernen Welt steht dann womöglich jenseits des Missensteiner Jochs bevor, denn das heutzutage von Liften zerschnittene Areal der Kirchsteiger Alm, mit dem seelenlosen Namen »Meran 2000« bedacht, präsentiert sich als Zugeständnis an den Zeitgeist und das Bestreben, Profit aus der Berglandschaft zu schlagen. Immerhin finden wir hier komfortable Quartiere vor der finalen Etappe der Hufeisentour.

Ausgangspunkt: Hirzerhütte, 1983 m. Locker erreichbar mit der Hirzerbahn von Saltaus im Passeiertal und in 10 Minuten von der Bergstation Klammeben.
Endpunkt: Meraner Hütte, 1937 m, auf der Kirchsteiger Alm (Seilbahngebiet »Meran 2000«).
Anforderungen: T3. Im Bereich der Hirzerscharte und des Gipfels abschüssiges Schutt- und Felsgelände; Trittsicher-

Zu den schönsten Fleckchen weit und breit zählt der Kratzbergsee.

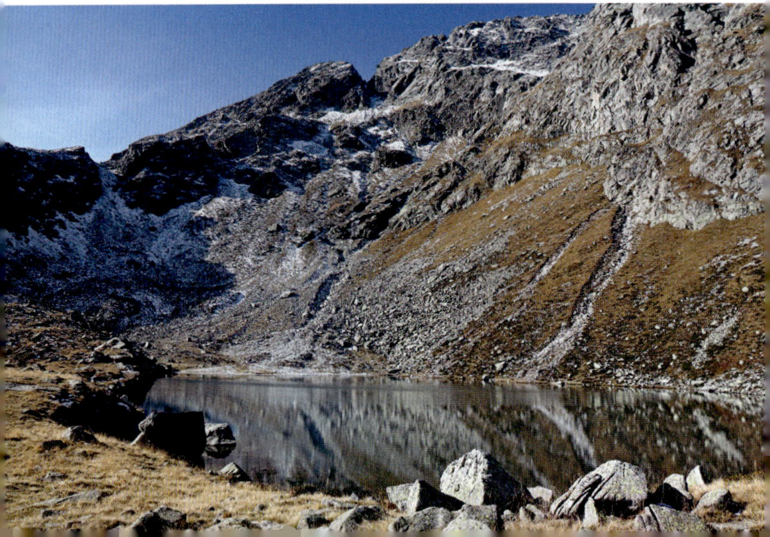

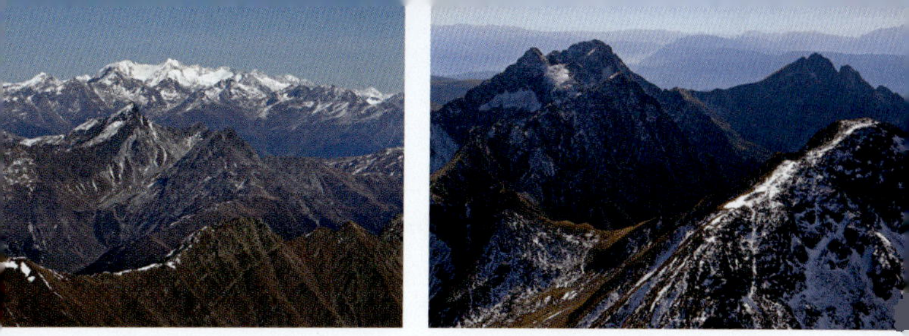

Gipfelperspektive nordostwärts Richtung Zillertaler Alpen (links) und gen Süden auf Plattenspitzen und Ifinger (rechts).

heit wichtig, bei Schneefeldern wegen erhöhter Gefahren abzuraten! Ins Gebiet der Anteranalm läuft die Route gutmütig aus, später aber noch einige leicht abschüssige Hangtraversen. Auch konditionell besteht ein gewisser Anspruch.
Einkehr/Unterkunft: Hirzerhütte, Reseggeralm und Tallner Alm (siehe Tour 21). Kirchsteiger Alm (Tel. +39 0473 221887 oder +39 320 3311286, kirchsteigeralm.com) und Meraner Hütte (Anfang Juni bis Anfang November, Tel. +39 0473 279405 oder +39 328 4346659).
Karte: Tabacco, Blatt 040 »Sarntaler Alpen« oder Blatt 011 »Meran und Umgebung«.

Von der **Hirzerhütte ❶** geht es wieder kurz zur Tallner Alm und auf dem Gebirgsjägersteig (Nr. 4 bzw. 7) weiter ins Kar des Sauerlochs hinauf. Man bewegt sich an der linken (nördlichen) Seite und kommt aus dem Almgelände auf zunehmend kargerem Untergrund voran. Bis in den Sommer hinein ist nach oben hin sogar mit Schneeresten zu rechnen. Das Gelände steilt beträchtlich auf und mündet in die **Hirzerscharte ❷**, 2678 m, in Karten oft als Obere Scharte bezeichnet. Dort drehen wir nach links ein, nehmen den Zugang von der Sarntaler Ostseite auf und bewältigen den Schlussanstieg auf erdig-schuttbedeckter Steigspur, wobei man etwas nach rechts ausholt, um den höchsten Punkt des **Hirzers ❸**, 2781 m, zuletzt über die Schrofenstufen am Ostgrat zu gewinnen.
Nach dem Gipfelabstecher rückt man noch deutlich vor der Hirzerscharte in die mürbe Flanke ab, wo der Abstieg nach anfänglichem Zickzack allmählich leichter in den Kessel der **Anteranalm** ausläuft. Hier geht es

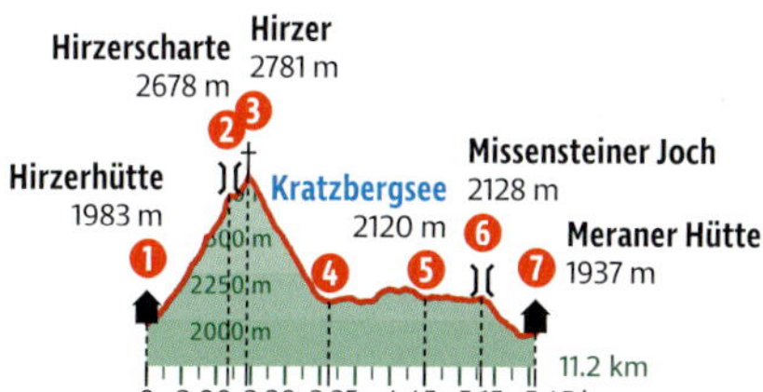

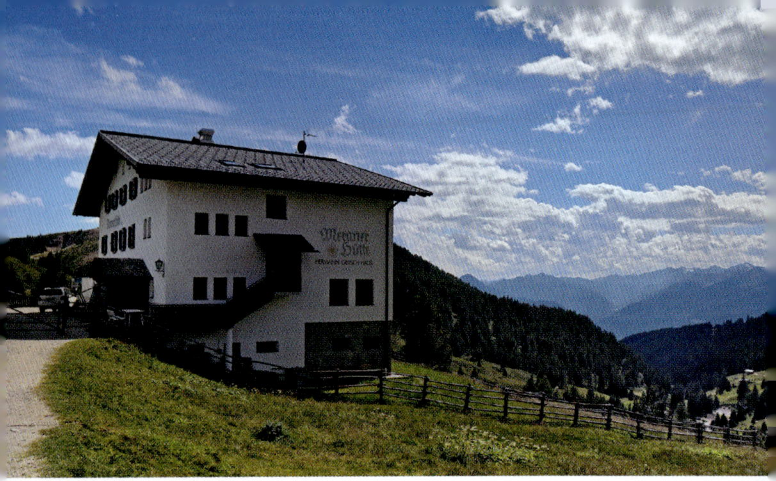

Auf der Meraner Hütte beziehen wir das letzte Quartier der Hufeisentour.

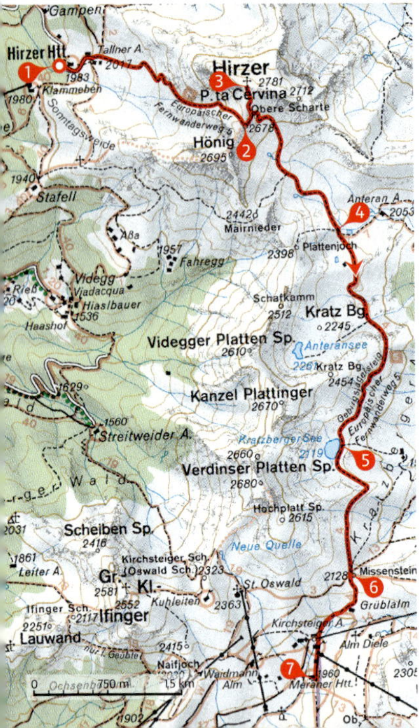

über Hochweiden dahin. Im Bereich mehrerer kleiner Lacken gabelt sich der Weg ❹: Nr. 7 schweift nach links ab, Nr. 4 zieht als Gebirgsjägersteig in leichtem Auf und Ab mehr geradeaus weiter. Über eine Schuttflanke zu einem Geländeeck, hinter dem die Route etwas steilere, von einigen Rinnen durchbrochene Flanken schneidet. Mit dem **Kratzbergsee** ❺, 2120 m, gewahren wir in der Karmulde unterhalb der Plattenspitzen ein ganz besonderes Juwel. In ähnlicher Manier geht es um einen weiteren Geländerücken herum und fast horizontal zum **Missensteiner Joch** ❻, 2128 m: Übergang ins erschlossene Gebiet von Meran 2000. Nun auf teilweise gepflasterter Trasse inmitten der Matten hinab zum Gasthaus **Kirchsteiger Alm**, 1945 m, wo man ebenso nächtigen kann wie in der unweit gelegenen **Meraner Hütte** ❼, 1937 m, des Südtiroler Alpenvereins.

↗ 1000 m | ↘ 1040 m | 14.1 km

5.30 h

Hirzerhütte – Oswaldscharte – Meraner Hütte

23

Variante auf der Seite des Meraner Landes

Als Alternative zum Hirzer-Übergang soll hier noch die insgesamt etwas leichtere Route »außen herum« vorgestellt werden. Sie beginnt mit einer aussichtsreichen Hangquerung zur Stafellalm, fällt Richtung Videgg ein gutes Stück ab und muss später von der Streitweider Alm einen beträchtlichen Gegenanstieg bis zur Oswaldscharte absolvieren. Hier steht sie ganz im Zeichen des granitenen Ifinger. Jenseits treten wir wiederum ins Ski- und Seilbahngebiet Meran 2000 ein.

Ausgangspunkt: Hirzerhütte, 1983 m. Am einfachsten erreichbar mit der Hirzerbahn von Saltaus im Passeiertal und einem 10-minütigen Marsch von der Bergstation Klammeben.
Endpunkt: Meraner Hütte, 1937 m, auf der Kirchsteiger Alm (Seilbahngebiet »Meran 2000«).
Anforderungen: T2+. Allgemein gute Bergwege, auch hinauf zur Oswaldscharte effektiv nicht besonders steil, aber recht langwierig (fast noch »blau«). Abschnitte im Almgelände und Wald wechseln ab. Konditionell ähnlich wie die Hirzer-Route einzustufen.
Einkehr/Unterkunft: Hirzerhütte und Gasthof Klammeben (siehe Tour 21). Stafellhütte (Tel. +39 0473 949413 oder +39 338 8038580, unterkirnhof.com). Hiaslbauer, Berggasthof Videgg und Haashof (alle drei mit Übernachtungsmöglichkeit im Weiler Videgg). Streitweider Alm und Restaurant Kuhleitenhütte (beide nur Einkehr). Kirchsteiger Alm (Tel. +39 0473 221887 oder +39 320 3311286, kirchsteigeralm.com) und Meraner Hütte (An-

Diese Routenvariante steht im Zeichen des Ifinger.

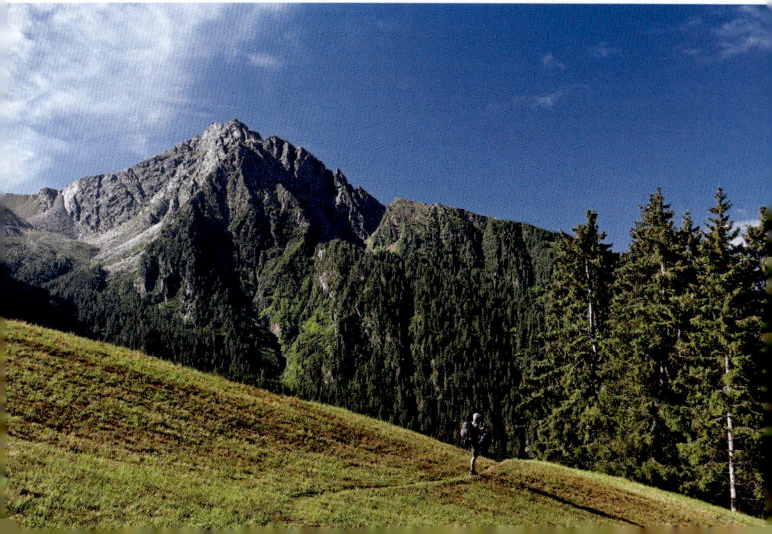

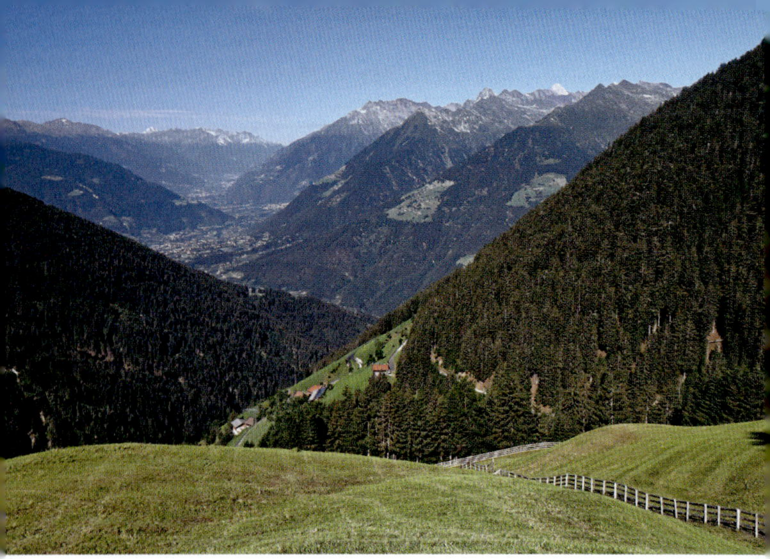

Herrlicher Blick aus der Umgebung von Videgg in den Vinschgau.

fang Juni bis Anfang November, Tel. +39 0473 279405 oder +39 328 4346659).
Varianten: 1. Zu Beginn der Etappe kann auch länger über den Almenweg und die Assenhütte nach Videgg gewandert werden.
2. Von der Oswaldscharte ließe sich der Große Ifinger, 2581 m, oder zumindest der leichter erreichbare Kleine Ifinger, 2552 m, mitnehmen. Bewertung T5 (zuoberst klettersteigartig) bzw. T3.
Karte: Tabacco, Blatt 040 »Sarntaler Alpen« oder Blatt 011 »Meran und Umgebung«.

Von der **Hirzerhütte** ❶ zunächst rasch hinüber nach **Klammeben** (Hirzerbahn), anschließend auf angenehmem Flankenweg (Nr. 40) nahezu horizontal südwärts nach **Stafell** ❷, im Jahr 2019 zur beliebtesten Almhütte Südtirols gewählt. Wir folgen ein Stück weit dem Fahrweg am Bergrücken abwärts und achten dann auf den scharfen Linksabzweig des Waldsteiges

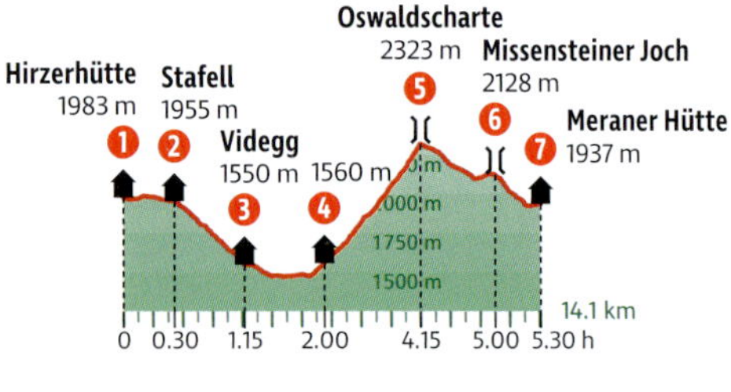

nach **Videgg** 3, ca. 1550 m. Dorthin verliert man einiges an Höhe, zuletzt im Bereich einer Weide. Der hübsche Bergweiler beheimatet übrigens drei Gasthäuser, eignet sich also auch als Etappenziel. Auf einem Fahrweg geht es noch etwas abwärts, um die Runse des Rötenbachs zu kreuzen. Am Gegenhang scheren wir mit Nr. 40 links aus, ehe uns die Nr. 19 zur Lichtung der **Streitweider Alm** 4, 1560 m, bringt. Vielleicht mag sich jemand vor der längsten Steigung des Tages stärken. Die Route hinauf zur Oswaldscharte ist gut trassiert, im lichtbewaldeten Bereich regelrecht komfortabel. Zwischen 1900 und 2000 Metern gelangen wir aus dem Wald heraus auf den Rossboden und gewinnen durch das zwischen Ifinger-Massiv und Verdinser Plattenspitzen eingelagerte Kar schließlich die **Oswaldscharte** 5, 2323 m, wo man auf den breiten Weg zur knapp oberhalb gelegenen Kuhleitenhütte trifft. Wir wenden uns allerdings abwärts, vollziehen eine Kehre und zweigen in der Nähe des Oswaldkirchls und eines Skilifts ohne Bezeichnung links ab. Dies ist die Verbindung zum **Missensteiner Joch** 6, 2128 m. Nach Kreuzen einer Reiße trifft man dort wieder auf die Originalwege der Hufeisentour (vgl. Kapitel 22 und 24). Auf teilweise gepflasterter Trasse inmitten der Matten hinab zum Gasthaus **Kirchsteiger Alm**, 1945 m, wo man ebenso nächtigen kann wie in der unweit gelegenen **Meraner Hütte** 7, 1937 m, des Südtiroler Alpenvereins.

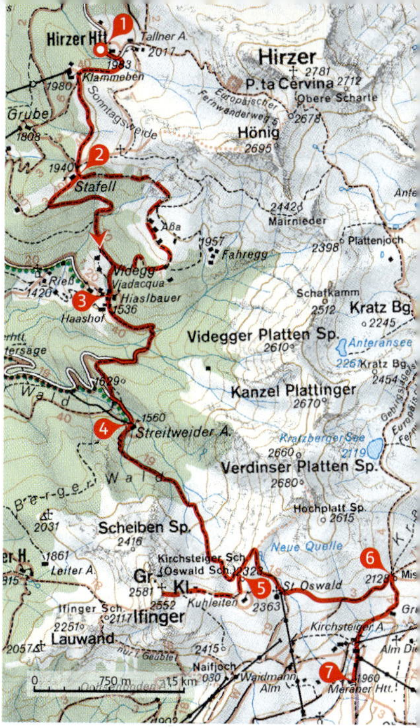

Klammeben gegen die Texelgruppe.

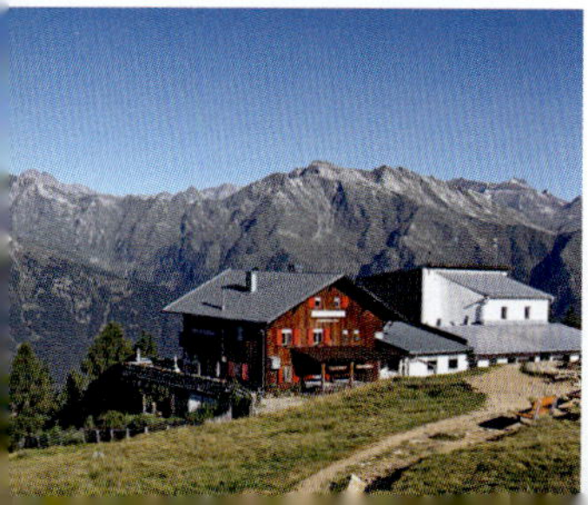

Raststation: die Streitweider Alm.

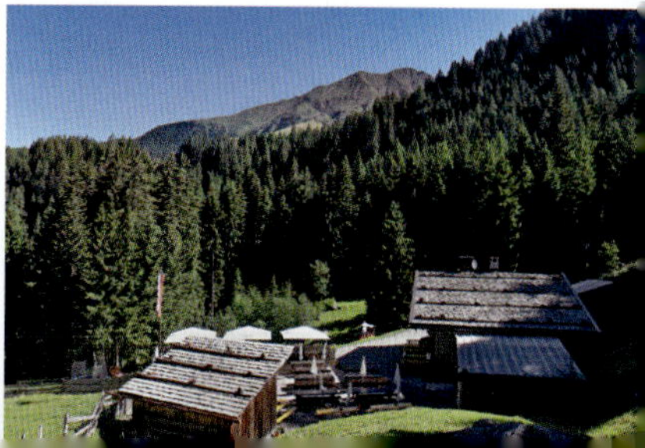

↗ 1150 m | ↘ 550 m | 16.3 km

24 Weißenbach – Aberstückl – Meraner Hütte

5.15 h

Auf die leichte Tour durchs Sagbachtal

Wer auf bergsteigerische Herausforderungen, wie sie bei den Touren 22 und 23 zumindest ansatzweise auftreten, nicht sonderlich erpicht ist, eine praktikable Alternative für zweifelhaftes Wetter sucht oder überhaupt einen Tag einsparen möchte, kann auf die ursprüngliche Routenführung des Sarntaler Hufeisens zurückgreifen. Diese kommt zwischen Weißenbach und Aberstückl ohne einen längeren Talabschnitt nicht aus – immerhin meist deutlich abseits der Durchgangsstraße. Natürlich ist auch der Bus eine Option. Vom Bergdorf Aberstückl begeben wir uns dann auf dem von der Grundschule Aberstückl gestalteten »Sagenweg« ins Sagbachtal hinein, können in der Durralm einkehren und überwinden hindernislos das Missensteiner Joch hinüber zur Kirchsteiger Alm. Nebenbemerkung: Für die vorherige Übernachtung können alle genannten Hotels zwischen Weißenbach und Aberstückl in Erwägung gezogen werden.

Ausgangspunkt: Weißenbach, 1335 m, im hinteren Sarntal. Linienbusverbindung mit Bozen.
Endpunkt: Meraner Hütte, 1937 m, auf der Kirchsteiger Alm (Meran 2000).
Anforderungen: T2. Häufig Fahrwege und Straßen, zwischendurch Abschnitte auf normalen Wanderwegen, längerfris-

In der Umgebung von Aberstückl; im Hintergrund der Gipfelstock von Villanderer Berg und Sarner Scharte.

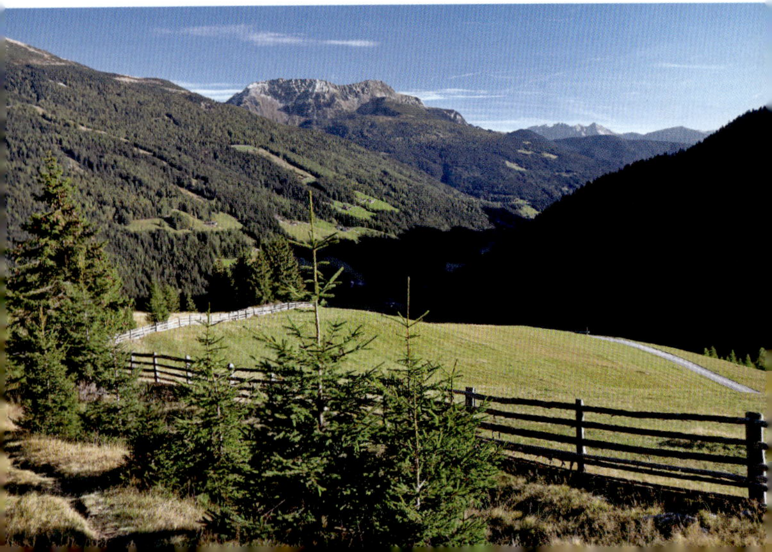

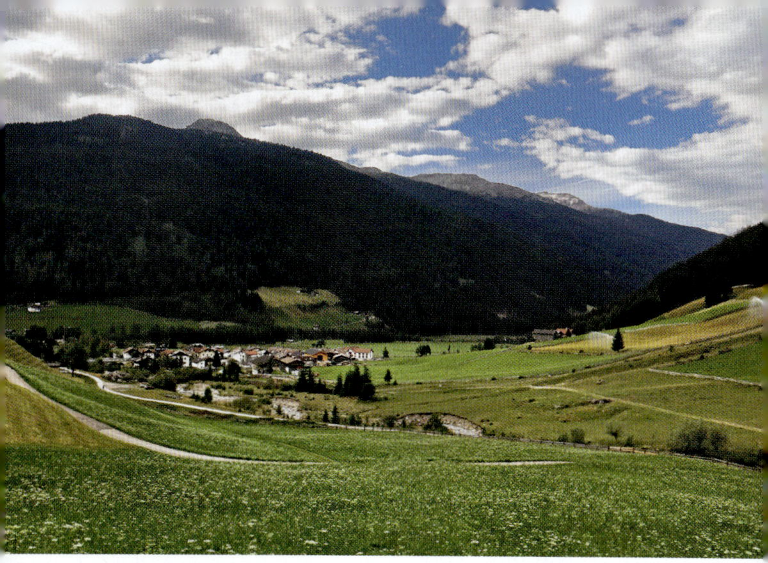

Weißenbach im hinteren Sarntal.

tig jedoch nur zwischen Kaserwiesalm und Kirchsteiger Alm. Die Aufstiegsmeter summieren sich im Sagbachtal; wer anfangs auch den Abschnitt im Haupttal zu Fuß absolviert, benötigt auf jeden Fall gewisse Ausdauer.

Einkehr/Unterkunft: Hotel Murrerhof (Tel. +39 0471 1390022, murrerhof.com) in Weißenbach. Hotel Feldrand (Tel. +39 0471 627101, feldrand.com) und Gasthof Rabenstein (Tel. +39 0471 627347, hotel-sarntal.it) bei Muls, ggf. Hotel Alpenrose (Tel. +39 0471 620033, alpenrose-sarntal.it) nahe dem Abzweig Aberstückl. Durralm (nur Einkehr). Kirchsteiger Alm (Tel. +39 0473 221887 oder +39 320 3311286, kirchsteigeralm.com) und Meraner Hütte (Anfang Juni bis Anfang November, Tel. +39 0473 279405 oder +39 328 4346659).

Varianten: Durch eine Busfahrt von Weißenbach bis zur Abzweigung Aberstückl spart man sich gut 6 km Wegstrecke im Talbereich. Die Gehzeit verringert sich damit um rund 1.30 Std.

Karte: Tabacco, Blatt 040 »Sarntaler Alpen«.

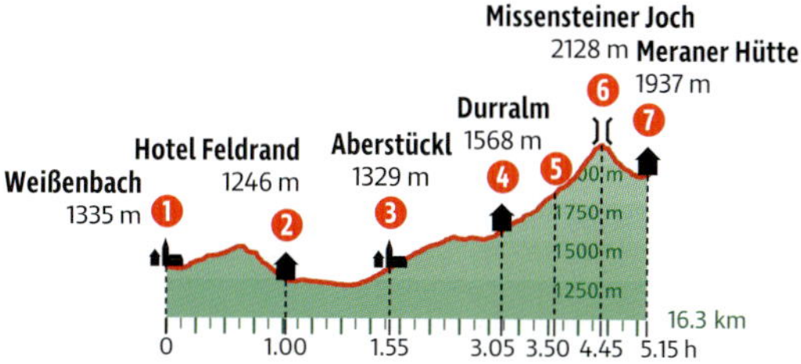

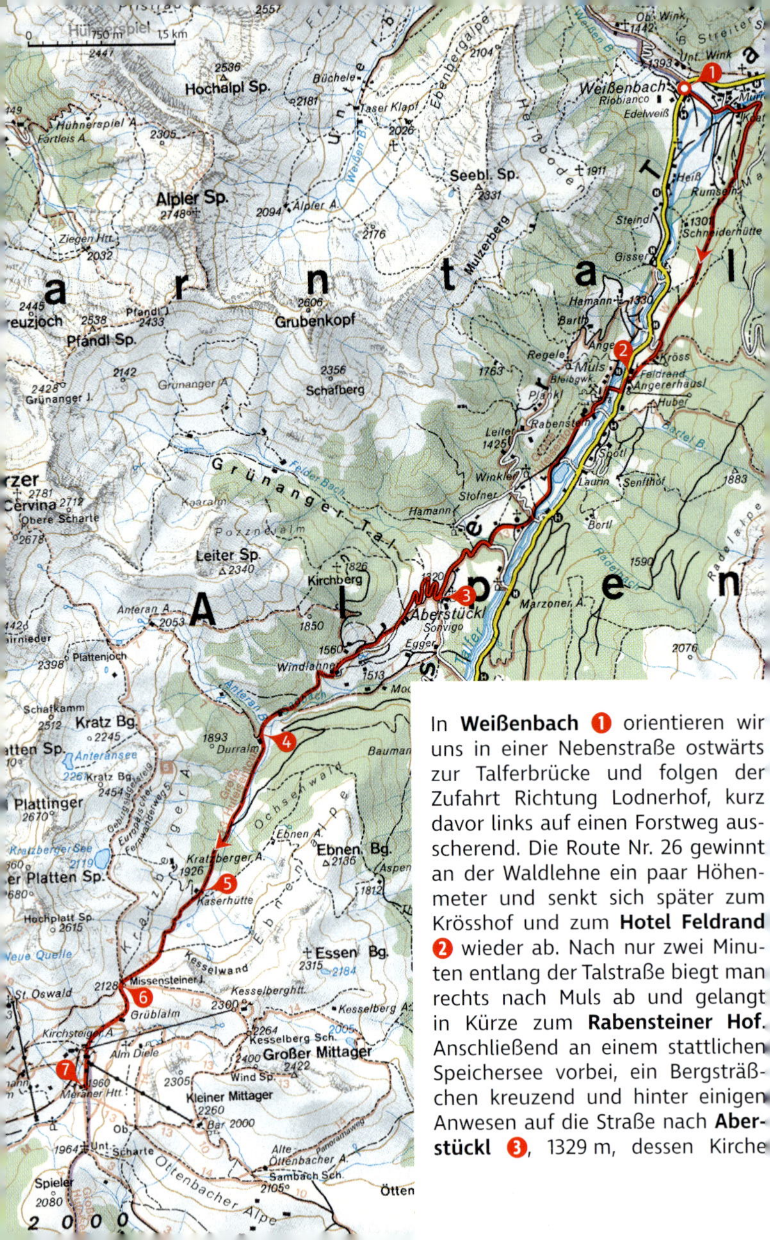

In **Weißenbach** ❶ orientieren wir uns in einer Nebenstraße ostwärts zur Talferbrücke und folgen der Zufahrt Richtung Lodnerhof, kurz davor links auf einen Forstweg ausscherend. Die Route Nr. 26 gewinnt an der Waldlehne ein paar Höhenmeter und senkt sich später zum Krösshof und zum **Hotel Feldrand** ❷ wieder ab. Nach nur zwei Minuten entlang der Talstraße biegt man rechts nach Muls ab und gelangt in Kürze zum **Rabensteiner Hof**. Anschließend an einem stattlichen Speichersee vorbei, ein Bergsträßchen kreuzend und hinter einigen Anwesen auf die Straße nach **Aberstückl** ❸, 1329 m, dessen Kirche man nach gut 20 Minuten im Bergauf erreicht. Wir folgen dem kurvenreichen Sträßchen noch eine Weile, bis die Zufahrt zum Wippingerhof abzweigt. Gleich dahinter gelangen wir auf den interessanten »Sagenweg«. Recht kühn nimmt sich die Querung eines wilden Tobels aus – das einzige nennenswerte Hindernis auf dieser Etappe. Achtung: Nach einem Murgang war diese Stelle jüngst unpassierbar; man wurde über die Wiesen unterhalb umgeleitet und konnte den Graben auf einem Forstweg überqueren. So oder so bringt uns die Fortsetzung weiter ins Sagbachtal hinein und in Bälde zur neu errichteten **Durralm** 4, 1568 m. Nach einem Zwischenstück auf Waldsteig leitet der Güterweg taleinwärts zur **Kaserwiesalm** 5, 1817 m. Gleich dahinter verlässt man geradeaus die breite Trasse, überschreitet einen aus tiefen Reißen gespeisten, verästelten Bach nach links und vollzieht ein paar Kehren, um schließlich vollends bis ins **Missensteiner Joch** 6, 2128 m, anzusteigen. Aus dem Sarntal herauf ist dies übrigens stets die Route Nr. 13. Der Schlussabschnitt verläuft dann identisch mit den beiden zuvor beschriebenen Kapiteln: hinunter in den Kessel der **Kirchsteiger Alm**, wo uns das gleichnamige Almgasthaus und fünf Gehminuten weiter die **Meraner Hütte** 7, 1937 m, erwarten.

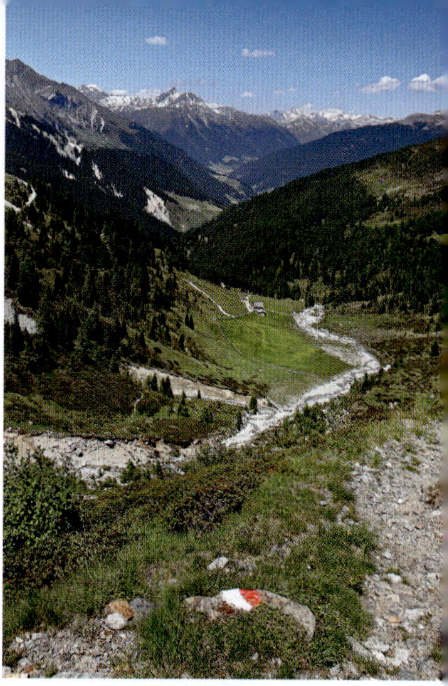

Durchs Sagbachtal führte ehedem der Standardkurs der Hufeisentour.

Herbst in den Sarntaler Bergen.

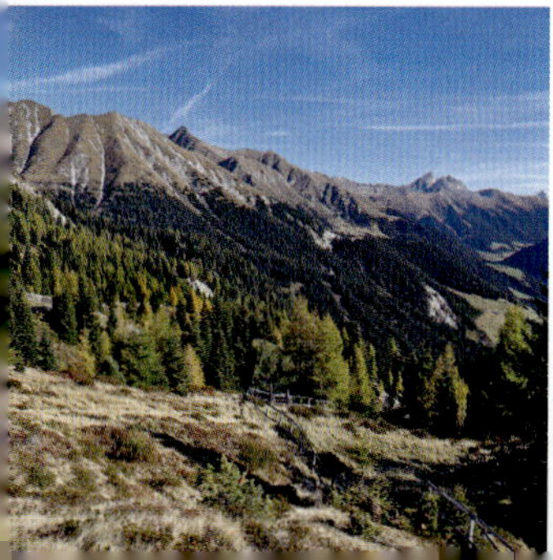

Die Kaserwiesalm.

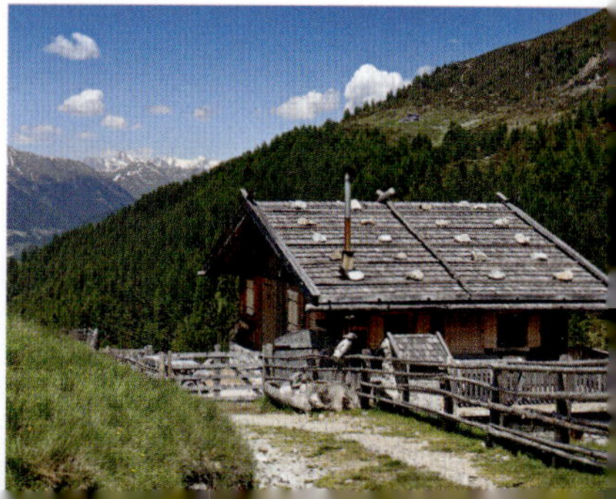

25 Meraner Hütte – Sarnthein

3.30 h

Gemütlicher Ausklang am Tschögglberg

Als Tschögglberg wird der sanfte südliche Teil des großen Sarner Westkamms bezeichnet, also vom Bereich Meran 2000 ausgehend bis gegen Bozen hinaus. Eine Gegend voller Liebreiz! Auf dem offiziellen Sarntaler Hufeisen wandern wir den Tschögglberg aber bei Weitem nicht mehr zur Gänze ab, sondern nur über die ersten aussichtsreichen Kuppen hinweg, um uns dann talwärts Richtung Sarnthein zu orientieren. Dort findet die rund einwöchige Tour durchs sanfte Herz Südtirols ihr gebührendes Ende.

Ausgangspunkt: Meraner Hütte, 1937 m.
Endpunkt: Sarnthein, 967 m, Hauptort des Sarntals. Linienbusverbindung mit Bozen. Von der Sarner Skihütte verkehrt sommers täglich um 16.30 Uhr ein Wanderbus hinunter nach Sarnthein.
Anforderungen: Zumindest T2, am Höhenrücken oft nur T1. Sehr bequemer, völlig harmloser Höhenweg in leichtem Auf und Ab. Beim Talabstieg auf Wald- und später Wiesenwegen mit teils schmaler Trittspur wird es phasenweise steiler.
Einkehr/Unterkunft: Meraner Hütte und Kirchsteiger Alm (siehe Tour 22–24). Auener Alm (nur Einkehr). Sarner Skihütte (Tel. +39 333 9392929, sarner-skihuette.com). Gastbetriebe im Talort Sarnthein.
Varianten: 1. Von der Meraner Hütte besteht über die Wege Nr. 3 und 2A eine etwas kürzere Verbindung zur Sarner Skihütte. Dabei wird das Öttenbacher Tal gekreuzt.
2. Wer sich zum Abschluss einen vollen Tag Zeit nehmen möchte, kann beim Auener Jöchl am Kammrücken bleiben, die Hohe Reisch, 2001 m, mit den berühmten Stoanernen Mandln überschreiten und via Möltner Kaser, Schermoos, Langfenn und die wunderschönen Lärchenhaine am Salten Kurs auf Jenesien (oberhalb von Bozen) nehmen. Gehzeit ab Meraner Hütte ca. 6 Std.
Karte: Tabacco, Blatt 040 »Sarntaler Alpen«.

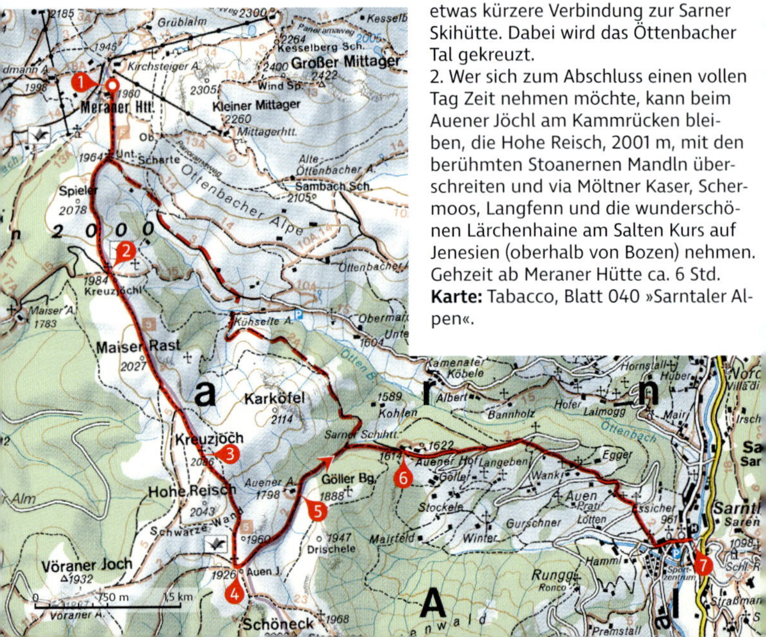

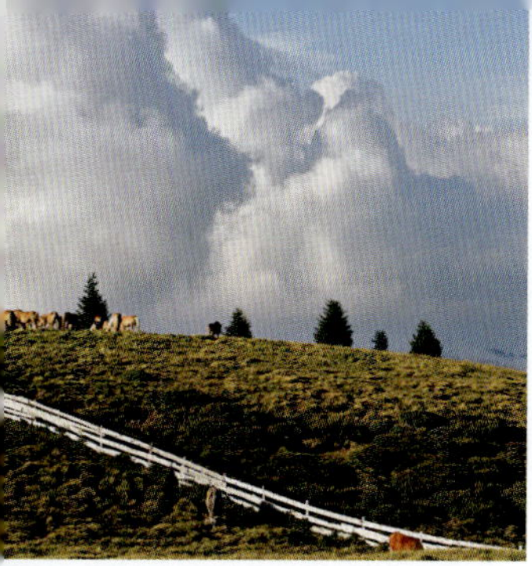

Wolkenstimmung über den Hochweiden am Auener Jöchl.

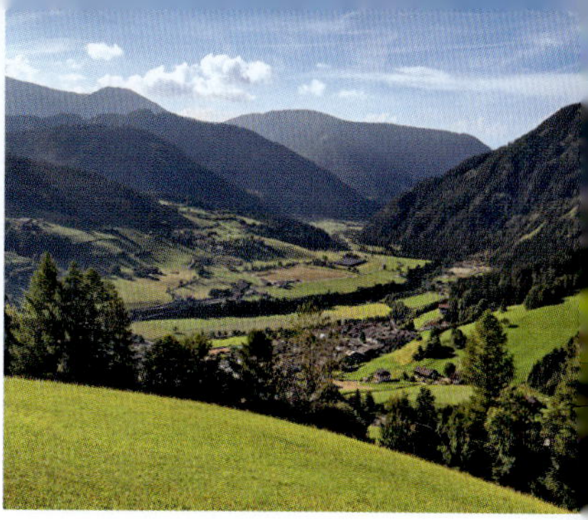

Über die Hangwiesen hinab nach Sarnthein schließt sich der Kreis.

Von der **Meraner Hütte** ❶ südwärts zum ersten Sattel, dort rechts haltend gegen den Spieler hinauf, allerdings nicht direkt über die Kuppe, sondern erst zum **Kreuzjöchl** ❷, 1984 m, hin auf die Scheitellinie des sehr weitläufigen Bergrückens. Wir setzen geradeaus fort, passieren die wenig herausgehobene Maiser Rast und gewinnen beim Aussichts- und Rastpunkt am **Kreuzjoch** ❸, 2086 m, die maximale Höhe dieser Etappe. Jenseits deutlich abwärts zum **Auener Jöchl** ❹, 1926 m, wo man sich aus dem E5 und der lokalen Nr. 4 ausklinkt und linker Hand mit Nr. 2 breit trassiert zur **Auener Alm** ❺, 1798 m, absteigt. Mit teilweiser Abkürzung der Zufahrt geht es rasch weiter zur nächsten Einkehrstation, der **Sarner Skihütte** ❻, 1614 m, die übrigens auch mit Privatfahrzeugen erreichbar ist. Die Bergstraße wird anschließend nur kurzzeitig begangen – auf die entsprechenden Wegweiser achtend nutzen wir zunächst Waldsteige und weiter unten manchmal recht steile Wiesenpfade, wobei die Schleifen der Bergstraße noch mehrfach gekreuzt werden. An diversen Streuhöfen vorbei hinein nach **Sarnthein** ❼, 967 m, wo sich beim großen Parkplatz jenseits der Talfer auch die Busstation befindet.

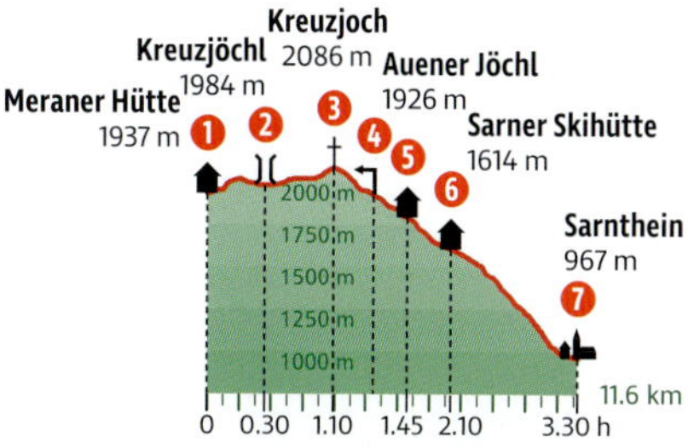

KESCHTNWEG

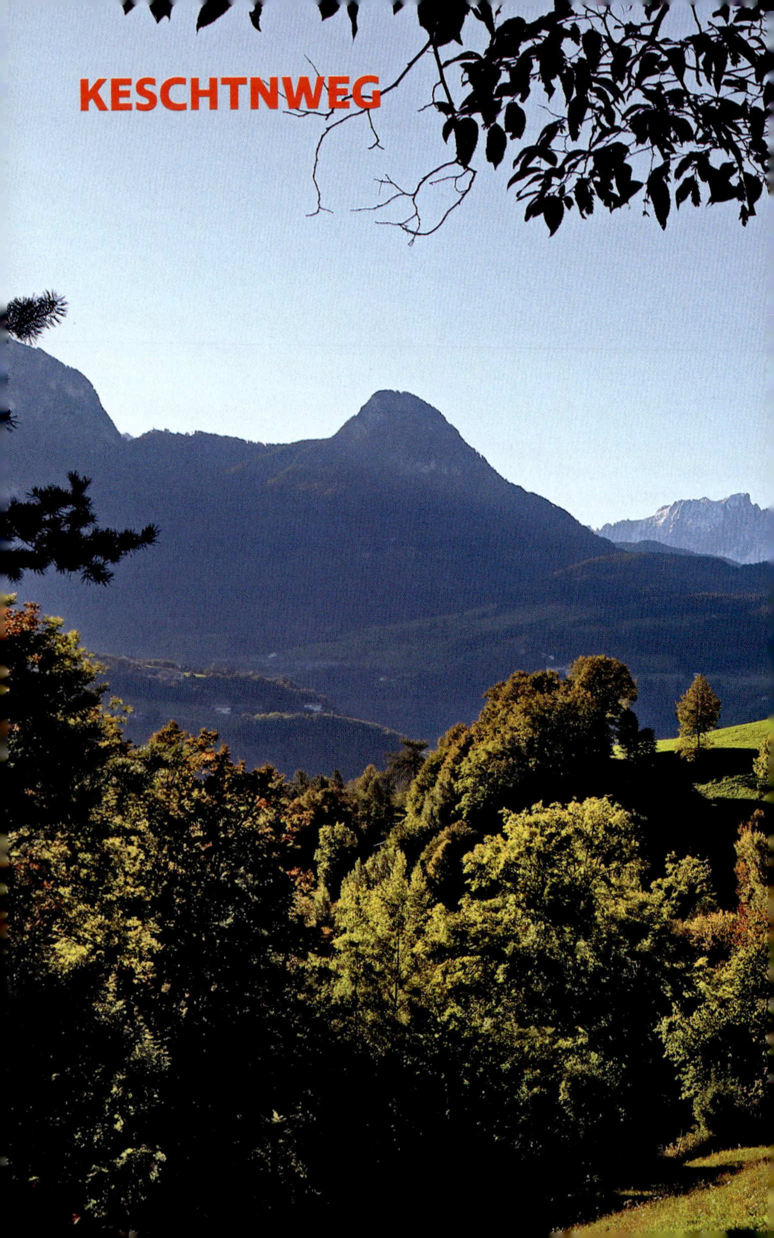

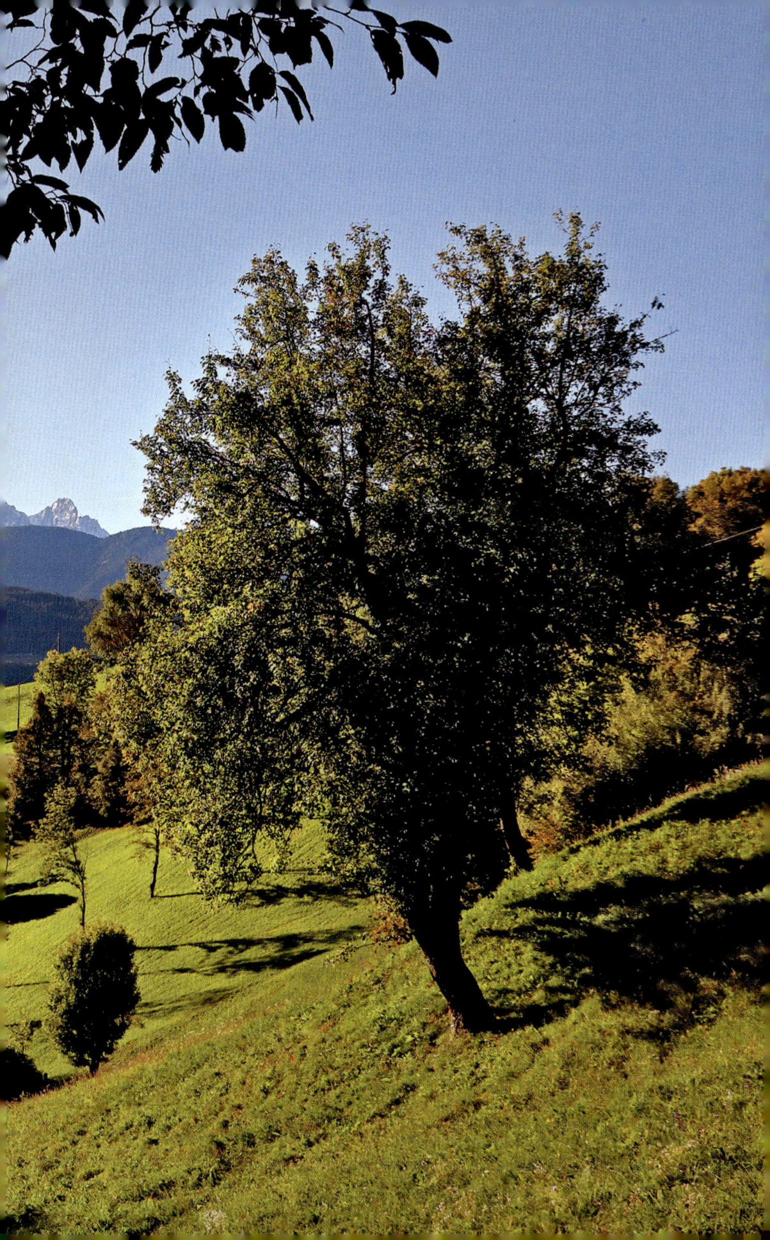

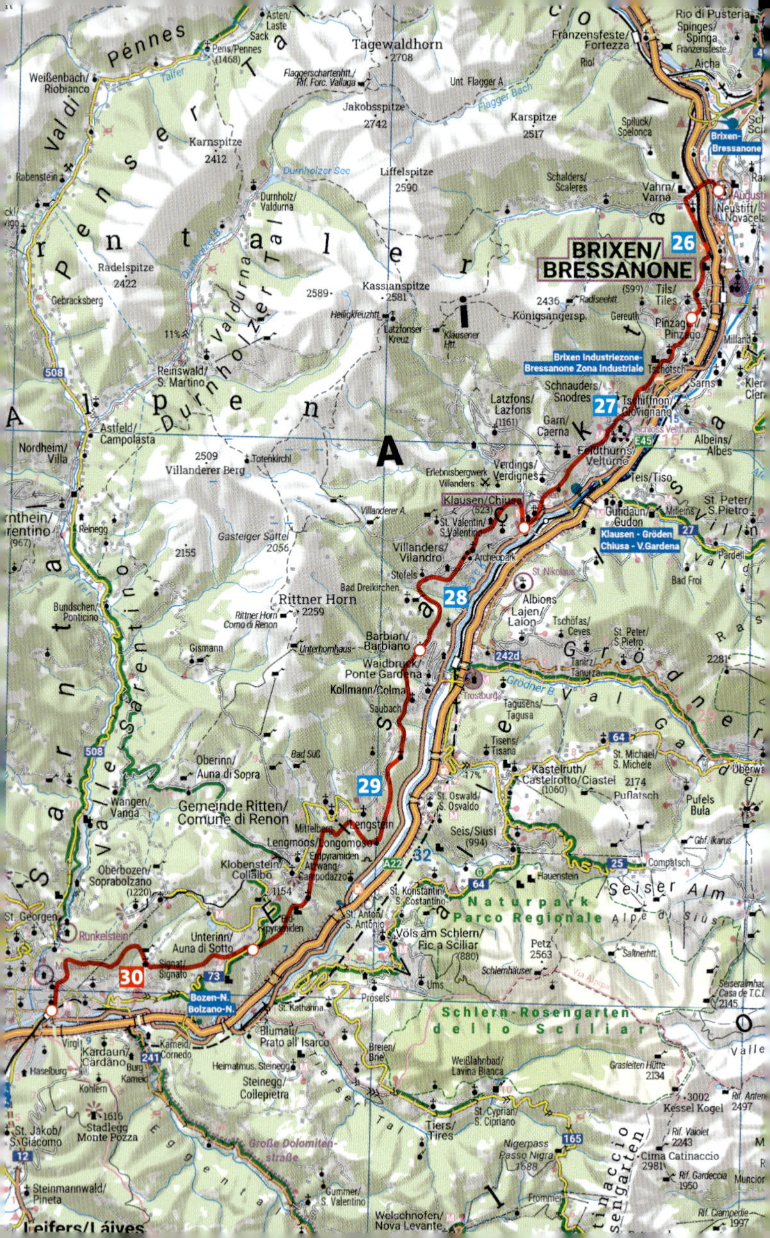

BRIXEN/
BRESSANONE
Brixen-Bressanone
Brixen Industriezone-Bressanone Zona Industriale
Klausen/Chiusa
Klausen - Gröden
Chiusa - V.Gardena
Bozen-N.
Bolzano-N.
26
27
28
29
30
32
Franzensfeste/
Fortezza
Rio di Pusteria
Spinges/
Spinga
Aicha
Vahrn/
Varna
Neustift/
Novacella
Tils/
Tiles
Pinzagen/
Pinzago
Schnauders/
Snodres
Latzfons/
Lazfons
Garn/
Caerna
Tschiffnon/
Giovignano
Feldthurns/
Velturno
Verdings/
Verdignes
Albeins/
Albes
Teis/Tiso
Gufidaun/
Gudon
St. Peter/
S.Pietro
Villanders/
Vilandro
Albions
Lajen/
Laion
Barbian/
Barbiano
Waidbruck/
Ponte Gardena
Kollmann/Colma
Trostburg
Tagusens/
Tagusa
Kastelruth/
Castelrotto/Ciastel
St. Michael/
S. Michele
Pufels
Bula
St. Oswald/
S. Osvaldo
Seis/Siusi
Compatsch
Seiser Alm
Alpe di Siusi
Naturpark
Parco Regionale
Schlern-Rosengarten
dello Sciliar
Völs am Schlern/
Fiè a Sciliar
St. Konstantin/
S. Costantino
St. Anton/
S. Antonio
Ums
Prösels
St. Katharina
Blumau/
Prato all'Isarco
Breien/
Brie
Weißlahnbad/
Lavina Bianca
Steinegg/
Collepietra
Tiers/
Tires
St. Cyprian/
S. Cipriano
Nigerpass
Passo Nigra
Welschnofen/
Nova Levante
Kardaun/
Cardano
Kohlern
Stadlegg
Monte Pozza
St. Jakob/
S. Giacomo
Steinmannwald/
Pineta
Leifers/Laives
Große Dolomitenstraße
Gemeinde Ritten/
Comune di Renon
Klobenstein/
Collalbo
Oberbozen/
Soprabolzano
Unterinn/
Auna di Sotto
Oberinn/
Auna di Sopra
Lengmoos/Longomoso
Lengstein
Signat/
Signato
Runkelstein
St. Georgen
Wangen/
Vanga
Rittner Horn
Corno di Renon
Gasteiger Sattel
Villanderer Berg
Astfeld/
Campolasta
Nordheim/
Villa
Reinswald/
S. Martino
Durnholz/
Valdurna
Pens/Pennes
Weißenbach/
Riobianco
Rabenstein
Radelspitze
Karnspitze
Jakobsspitze
Tagewaldhorn
Liffelspitze
Kassianspitze
Königsangersp.
Karspitze
Sarntaler Alpen
Val di Pennes
Valle Sarentino
Penser Tal
Durnholzer Tal
Valdurna
Eisacktal
Grödner Tal
Val Gardena
Tierser Tal
Eggental
Cima Catinaccio
Kessel Kogel
Petz

Eisacktaler Mittelgebirgswanderung zwischen Brixen und Bozen

Es sind die traditionellen, in Teilen des Eisacktals durchaus landschaftsprägenden Kastanienbestände, die der gut 60 Kilometer Weitwanderung zwischen dem Brixner und dem Bozner Talkessel ihren Namen verliehen haben. Auf gut südtirolerisch heißt es dann »Keschtnweg«, was schon auf den Genussfaktor dieser Unternehmung hindeuten mag. Ins echte Hochgebirge steigt sie nicht hinauf, sondern bleibt die ganze Zeit in den unteren Hanglagen auf der orografisch rechten Seite des Eisacktals, sprich an der Abdachung der Sarntaler Alpen. Die 1000-Meter-Linie wird überhaupt nur einmal knapp angekratzt. Insofern haben wir es hier mit einem Trekking der etwas anderen Art zu tun. Alpine Erfahrung ist kaum notwendig, obschon das Relief die eine oder andere kleine Hürde in den Weg legt, meist in Form von Grabeneinschnitten, die es immer wieder zu queren gilt. Elementare Trittsicherheit kann mitunter nicht schaden; die weitaus meiste Zeit gestaltet sich die Tour aber wirklich denkbar leicht und unkompliziert. Mit einem eigenen Logo versehen und in der Regel zuverlässig ausgeschildert, gelingt am Keschtnweg auch die Orientierung (trotz vieler Weggabelungen) ohne größere Probleme.

Vom Ambiente her ist der Waldanteil in dieser Höhenstufe naturgemäß wesentlich. Vor allem aber drücken die zahlreichen verstreuten Höfe und

Vorhergehende Doppelseite: Typisches Landschaftsgepräge am Eisacktaler Keschtnweg.
Unten: Alte Kapelle bei Tötschling.

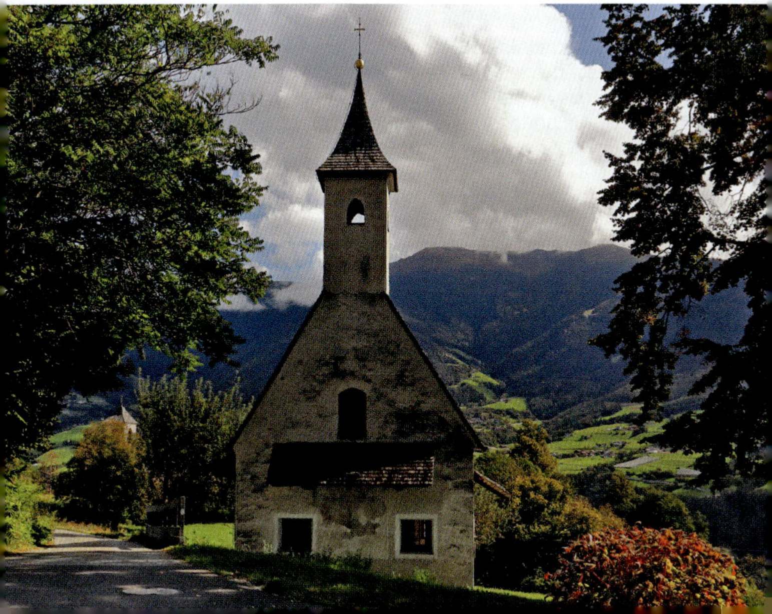

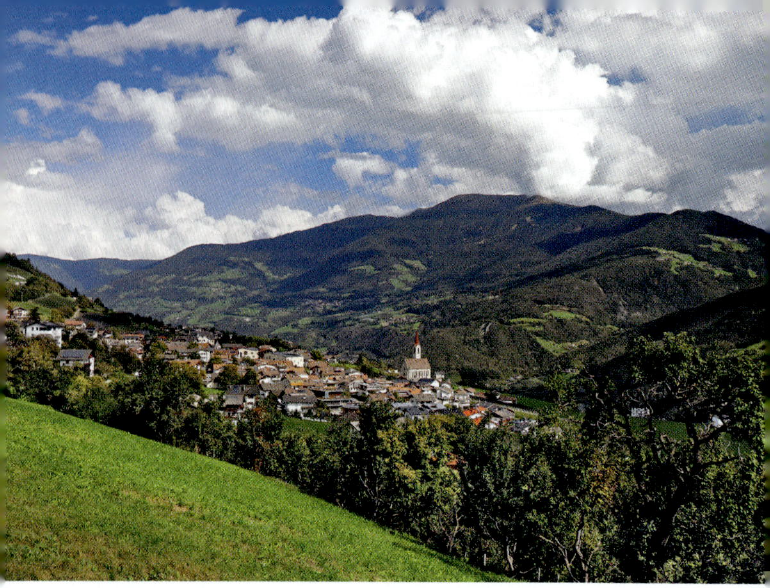

Feldthurns gehört zu den stattlicheren Dörfern am Keschtnweg.

Weiler der Landschaft ihren Stempel auf. Sie stellen gerade in Tiroler Landen ein ganz charakteristisches Merkmal dar. Zwischendurch werden am Keschtnweg auch einige stattlichere Ortschaften berührt: Vahrn gleich zu Beginn; das in der Talsohle gelegene, historisch bedeutsame Klausen; Feldthurns, Villanders und Barbian auf den Hangterrassen des mittleren Teils; schließlich noch das zum Ritten gehörende Unterinn. Aussichtsmäßig stehen vor allem die Massive der Westlichen Dolomiten jenseits des Eisacktals im Fokus. Ihre Profile bilden zweifellos einige der schönsten Kulissen Südtirols.

Die Namensgeber ...

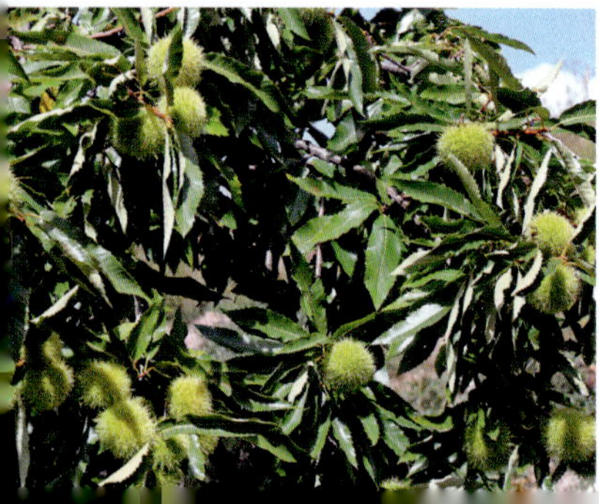

Innenansicht von Kloster Säben.

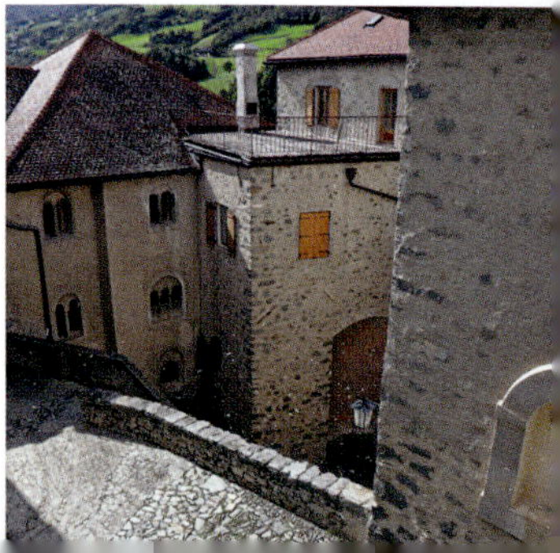

Die aufsummierte Gesamtgehzeit zwischen Kloster Neustift als nördlichem Ausgangspunkt und Bozen als Zielort kann überschlägig mit rund 20 Stunden angegeben werden. Wie man diese etappenweise aufteilt, ist in recht hohem Maße flexibel, denn Nächtigungsmöglichkeiten gibt es an vielen Stellen, nicht nur in den bereits erwähnten Ortschaften, sondern auch in zahlreichen Gasthäusern bzw. Bauernhöfen in Einzellage. Der Keschtnweg lässt sich somit sehr gut auf die individuellen Bedürfnisse maßschneidern. Vier bis fünf Wandertage sollten der Normalfall sein.
Ein Vorteil, der vielen Hochgebirgs-Trekkings von Hütte zu Hütte fehlt, ist die lange Saison am Keschtnweg. Unter günstigen Umständen ist sogar eine ganzjährige Begehbarkeit gegeben. Die Wintermonate dürften in der Praxis zwar unüblich sein, aber gerade im Frühjahr, sobald die Natur zu neuem Leben erwacht, und im fortgeschrittenen Herbst, zur genussvollen Törggelenzeit, kann eine uneingeschränkte Empfehlung ausgesprochen werden – viel mehr als für den Hochsommer, wenn es regelmäßig zu heiß ist und man als Wanderer lieber höhere Gefilde aufsuchen sollte. Eine Nordföhnlage mit frischer, klarer Luft erweist sich nach persönlicher Erfahrung des Verfassers nicht als schlechtester Umstand, die Tour anzupacken. Häufig mündet eine solche ja in anschließendes Hochdruckwetter, sodass gute Chancen bestehen, die Tage am Keschtnweg in herrlicher Pracht zu erleben.

Die Route ist mit eigenem Logo meist gut ausgeschildert.

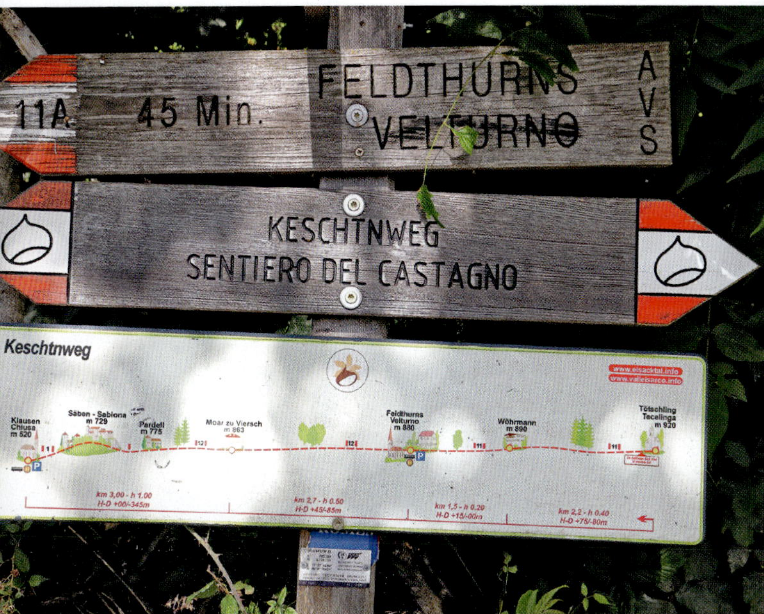

↗ 520 m | ↘ 300 m | 8.6 km

26 Kloster Neustift – Pinzagen

2.45 h

Im Eisacktal bei Brixen

Mit Start beim geschichtsträchtigen Kloster Neustift setzt unsere Tour sogleich ein kulturhistorisches Ausrufezeichen. Nachdem das nahe Brixen als Bischofsstadt bereits seit dem Frühmittelalter enorme Bedeutung besaß, wurde hier um 1142 das erste Chorherrenstift der Augustiner auf Tiroler Boden gegründet, damals noch »in wilder Einsamkeit«, wie ein Chronist vermerkt, aber nicht ohne Grund unweit jener Stelle, wo das Pustertal von der Nord-Süd-Achse durchs Eisacktal abzweigt. Bei Interesse ließe sich eine Besichtigung der stattlichen Klosteranlage unserer Wanderung voranstellen. Einige etwas umständliche Schleifen über Vahrn sind zu absolvieren, ehe der Keschtnweg seine Grundrichtung gen Süden aufnimmt und sich allmählich, aber letztlich doch merklich aus der Talsohle entfernt. Bäuerliche Streusiedlungen inmitten der Hangwälder prägen den Verlauf. Nach knapp drei Gehstunden kann im idyllischen Pinzagen die erste Zwischenstation eingelegt werden.

Ausgangspunkt: Kloster Neustift, ca. 590 m, am Eisack nördlich von Brixen. Kostenfreie Parkplätze und Haltestelle einer Citybus-Linie von Brixen (gegenüber vom Brückenwirt).
Endpunkt: Pinzagen, 806 m, am Berghang oberhalb von Brixen (an der Buslinie nach Tils).
Anforderungen: T2 maximal. Wald-, Feld- und Wiesenwege unterschiedlicher Beschaffenheit, meist komfortabel angelegt. Allfällige Steilstücke sind nie

Kloster Neustift steht am Anfang des Keschtnweges.

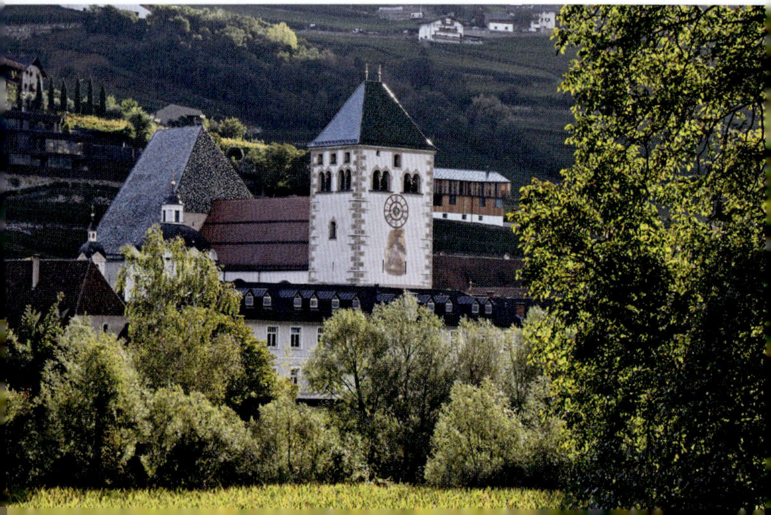

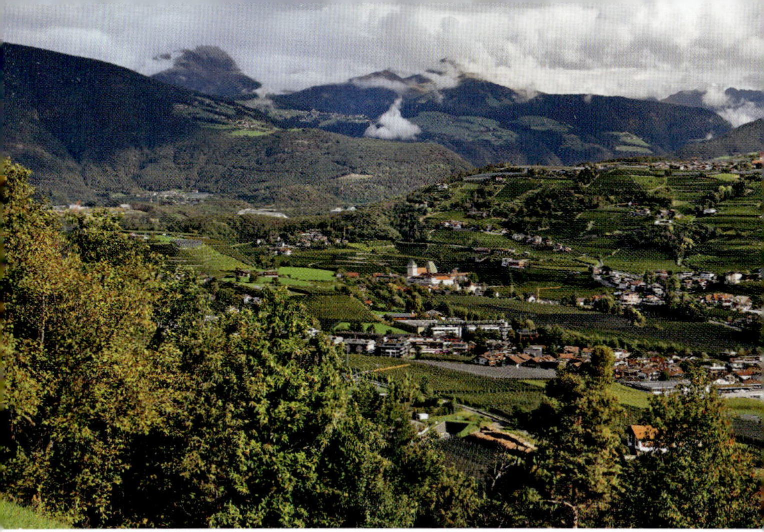

Das Eisacktal nördlich von Brixen.

besonders lang, allerdings kommt doch einiges an Auf und Ab zusammen.
Einkehr/Unterkunft: Hotel Brückenwirt in Neustift (Tel. +39 0472 836692, hotel-brueckenwirt.com). Diverse Möglichkeiten in Vahrn. Burgerhof Meßner (Buschenschank und Weingut). Alpenrose's Restaurant & Residence (Tel. +39 0472 694947, alpenroses.com), Ferienwohnungen im Stadlerhof und Sigmundhof sowie Buschenschank Huberhof in Pinzagen.
Variante: Mitunter wird auch der Vahrner See als Ausgangspunkt des Keschtnweges propagiert (ca. 3 km nördlich von Vahrn, ohne Busanschluss).
Karte: Tabacco, Blatt 030 »Brixen – Villnössertal«.

Vom Parkplatz beim **Kloster Neustift** ❶ umgehend über die Eisackbrücke hinweg und zunächst Richtung Norden. Unser Weg steigt oberhalb des Punterhofes leicht an, dreht dann links zu einer Obstplantage ab und führt nochmals links

Halb verwunschen wirkt das Kirchlein St. Cyrillus.

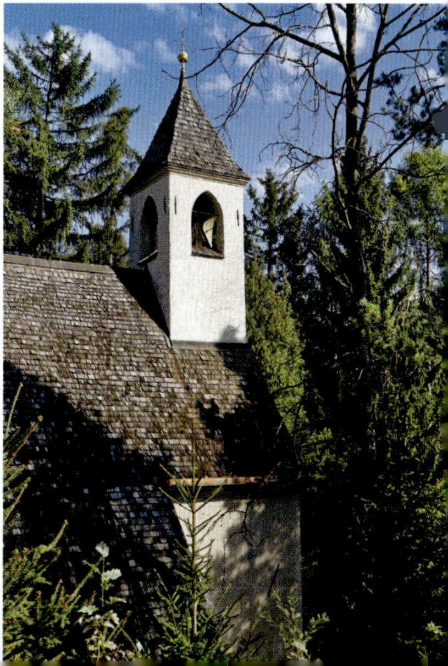

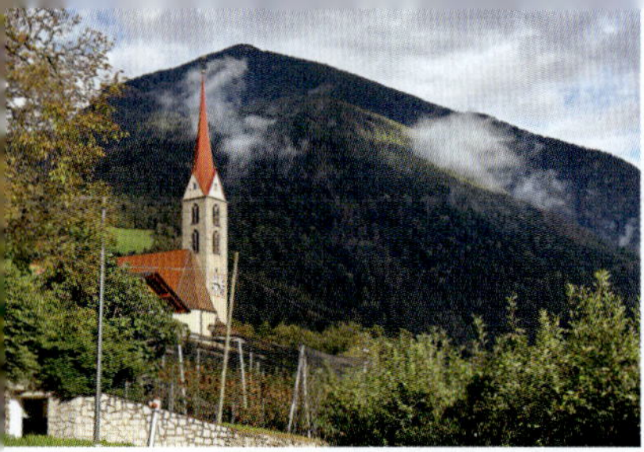

Bald kommen wir auch durch Vahrn.

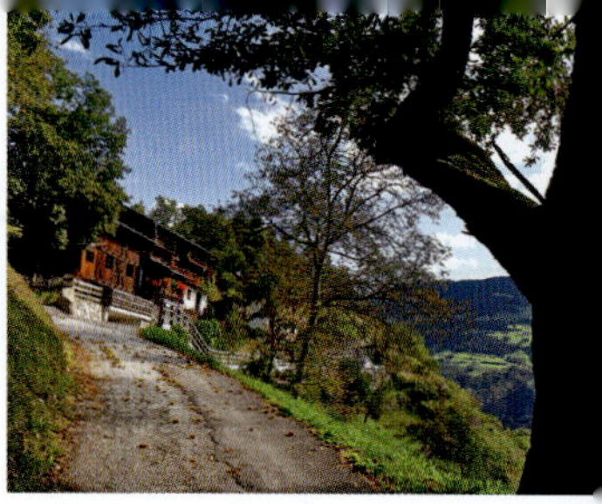

Beim Zimmermannhof kurz vor Pinzagen.

haltend an einem Hof vorbei. Anschließend bringt uns eine Brücke auf die andere Seite von Autobahn und Brenner-Staatsstraße. Gleich dahinter wählen wir den rechts abzweigenden Feldweg hinein nach Vahrn. Anstelle des kürzesten Ortsdurchgangs leitet unsere Route im Rasittenweg ein bisschen aufwärts, wechselt über den Spilucker Bach vorübergehend nach rechts und nimmt beim Abzweig zum Vahrner See entgegengesetzt Kurs durchs Oberdorf – via Kastanienweg und Dorfstraße ins Zentrum von **Vahrn** ❷, 646 m. Von dort durch die Salernstraße unterhalb der Kirche südwärts aus den Siedlungen heraus. In einer Rechtskehre begeben wir uns geradeaus auf einen Naturweg, welcher sich später bergauf wendet und um einen Wiesenhang zum **Burgerhof** ❸, 744 m, leitet. Wieder etwas absteigend, bleibt der Oberebner knapp rechts. In einem bewaldeten Grabeneinschnitt erneut aufwärts und nach einem Linksknick zur Wiesentraverse beim Ederhof. Man kreuzt den nächsten Graben und steigt in Schleifen (Kreuzweg) zum auf einer Geländekuppe postierten Kirchlein **St. Cyrillus** ❹, 827 m, hinauf. Beim Zimmermannhof landen wir danach auf einem Sträßchen, das den Tiller Bach überquert und nach **Pinzagen** ❺, 806 m, führt.

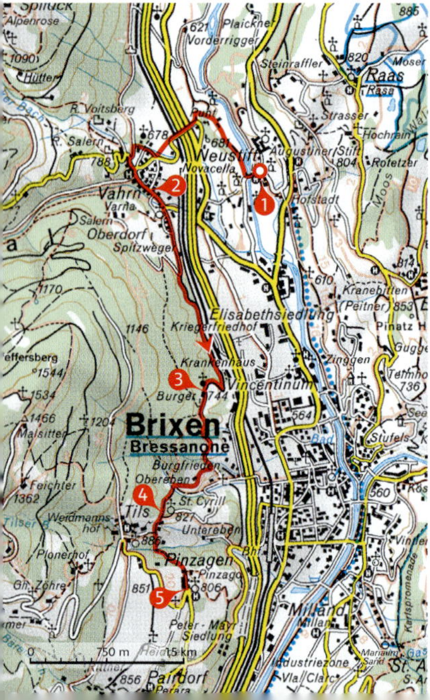

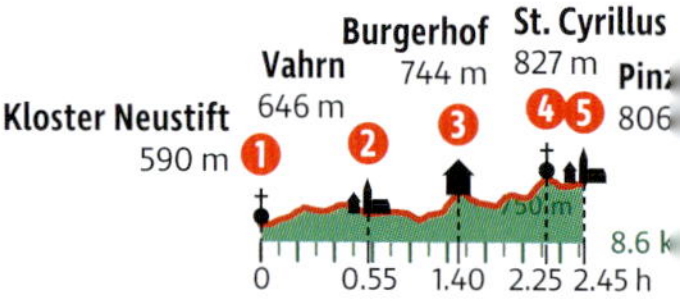

↗ 400 m | ↘ 680 m | 12.3 km

3.30 h

Pinzagen – Klausen 27

Über Feldthurns zum Kloster Säben

Mit entsprechender Ausdauer kann man von Pinzagen noch am selben Tag fortsetzen, um die folgenden Höfelagen rund 300 bis 400 Meter oberhalb des Eisack abzulaufen. Die nächste größere Ortschaft mit Infrastruktur ist Feldthurns, ein stattliches, sonnenverwöhntes Hangdorf, das für seine reichen Kastanienbestände in der Umgebung bekannt ist. Wahrscheinlich ist dieser bevorzugte Siedlungsplatz sogar schon sehr alt, darauf deuten jedenfalls archäologische Befunde, die bis in die Frühgeschichte zurück datieren. Abwechslungsreich bleibt es auch auf dem Weiterweg über den Törggelehof Moar zu Viersch und den schmucken Weiler Pardell. Beim finalen Abstieg nach Klausen kommen wir noch am beherrschenden Kloster Säben vorbei: ebenfalls ein steinzeitlicher Siedlungsplatz, der auch für das bischöfliche Brixen lange Zeit bedeutungsvoll war, vom Benediktinerorden aber erst Ende des 17. Jahrhunderts mit dem eindrucksvollen Bau eingenommen wurde. Erst vor Kurzem verließen die letzten Nonnen den sogenannten »Heiligen Berg« – die Zukunft ist nun ungewiss.

Ausgangspunkt: Pinzagen, 806 m, am Hang oberhalb von Brixen. Erreichbar mit der Buslinie nach Tils.
Endpunkt: Klausen, 523 m, im Eisacktal. Regelmäßige Bus- und Bahnverbindungen zwischen Bozen und Brixen.

Anforderungen: T2. Abwechselnd naturbelassene und befestigte bzw. gar asphaltierte Wege. Halbtagespensum, das mit dem vorherigen Abschnitt zusammengelegt werden könnte (in diesem Fall gute Ausdauer erforderlich).

Idyllische Balkonlage über dem Eisack: der Weiler Tötschling.

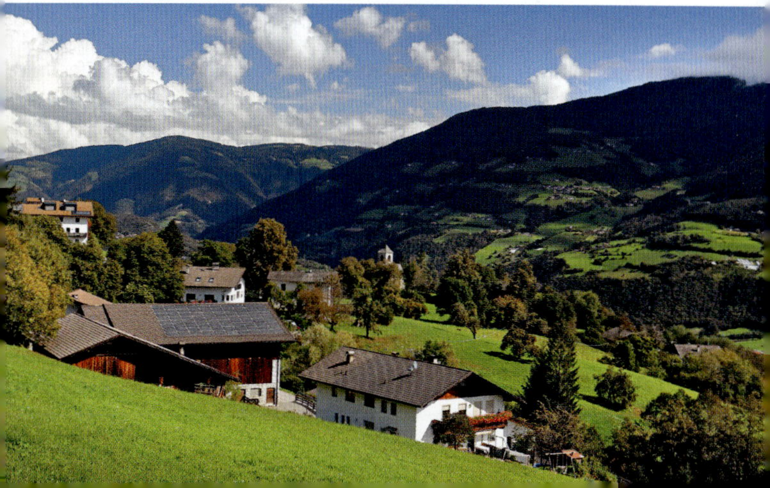

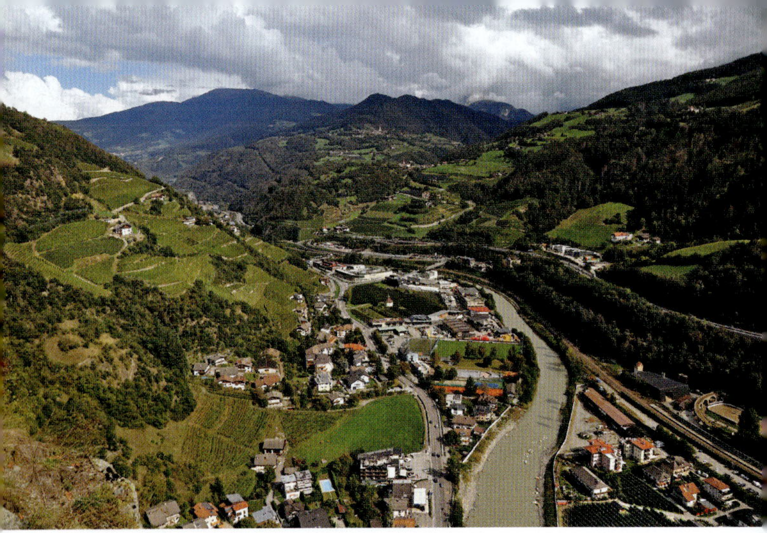

So blickt man von Kloster Säben ins Eisacktal.

Einkehr/Unterkunft: Saderhof (Hofschank und Zimmer, Tel. +39 338 3853650, saderhof.it). Gfaderhof in Tötschling (Tel. +39 0472 852506, gfaderhof.it). Gasthof Wöhrmaurer (Tel. +39 329 4175789, woehrmaurer.com). Diverse Unterkünfte und Restaurants in Feldthurns (Tourist-Info, Silvius-Magnago-Platz 3, Tel. +39 0472 855290, klausen.it). Buschenschank Moar zu Viersch. Gasthaus Huber und Obergostnerhof in Pardell (Tel. +39 0472 855548, gasser.bz.it). Vielseitiges Angebot in Klausen (Tourismusgenossenschaft, Marktplatz 1, Tel. +39 0472 847424, www.klausen.it).
Karte: Tabacco, Blatt 030 »Brixen – Villnössertal«.

Kurz hinter **Pinzagen** ❶ verlassen wir die Straße nach Tils auf einen Feldweg und kommen mit mehreren Richtungswechseln in meist offenem Gelände zum etwas höher gelegenen **Saderhof**, 901 m, voran. Nach Kreuzen des Bärenbachs ist der Streuweiler **Tötschling** ❷, 920 m, unser nächstes Ziel. Hier rücken wir vom Sträßchen nach oben ab und durchwandern einen Kiefernwald auf schönem Naturweg. Nachdem auch der Wehrgaben ausgegangen ist, liegt die Hofgruppe **Wöhrmann** ❸, 890 m, mit dem Gasthof Wöhrmaurer vor uns. Die Hangtraverse setzt sich ähnlich fort, beim Mühlbachgraben geht es zwischendurch etwas tiefer weiter. In einer heiteren Wiesenumgebung nähern wir uns jetzt **Feldthurns** ❹, 857 m, kommen von oben her ins Ortszentrum und folgen der Dorfstraße mit Anschluss in den Säbener Weg, vorbei an einem Buschenschank. Dann aber nicht nach Pedratz, sondern rechts aufwärts schwenkend zu einem Fahrweg, der sich Richtung Weinbrennerhof absenkt. Wir kreuzen den Lottergraben und gelangen nach einer weiteren Wiesentraverse zum Buschenschank **»Moar zu**

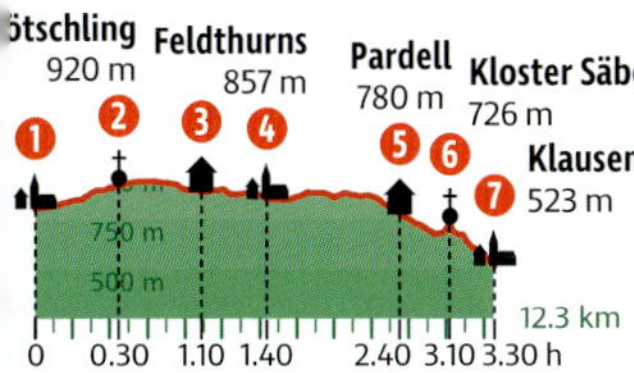

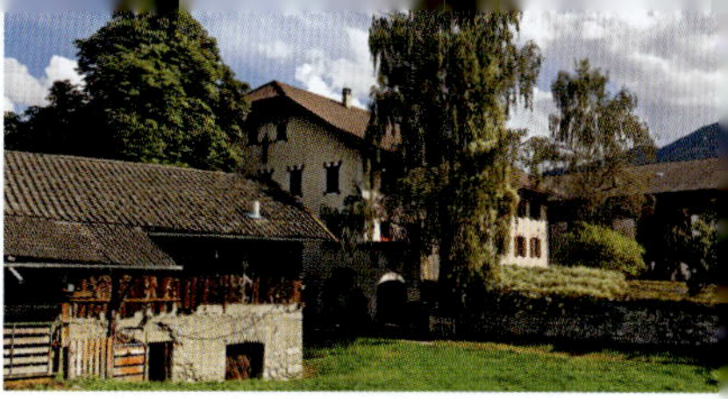

Der stattliche Hof Mair zu Viersch.

Viersch«. Beim stattlichen Gut nicht der Straße folgen, sondern dem schön gewundenen Wanderweg hinab zum Weiler **Pardell** ❺, ca. 780 m, wo der Gasthof Huber zur Einkehr bittet. In den Weinbergen und Obstplantagen geht es abwärts bis in den Sattel vor dem Klosterberg, wo Nr. 1 Richtung Klausen ausschert. Wir nehmen freilich noch den kleinen gepflasterten Gegenanstieg in Kauf, um uns auch rund ums imposante **Kloster Säben** ❻ näher umzusehen. Etwas unterhalb befindet sich die Liebfrauenkirche – von Touristen noch mehr besucht als die eigentliche Klosteranlage selbst. Nicht mehr weit ist es schließlich hinab in den Zielort **Klausen** ❼, 523 m, zuletzt durch eine enge Gasse in die Altstadt (Tinneplatz).

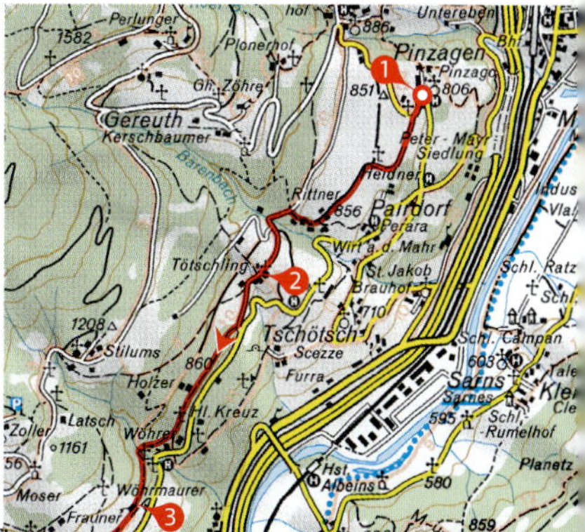

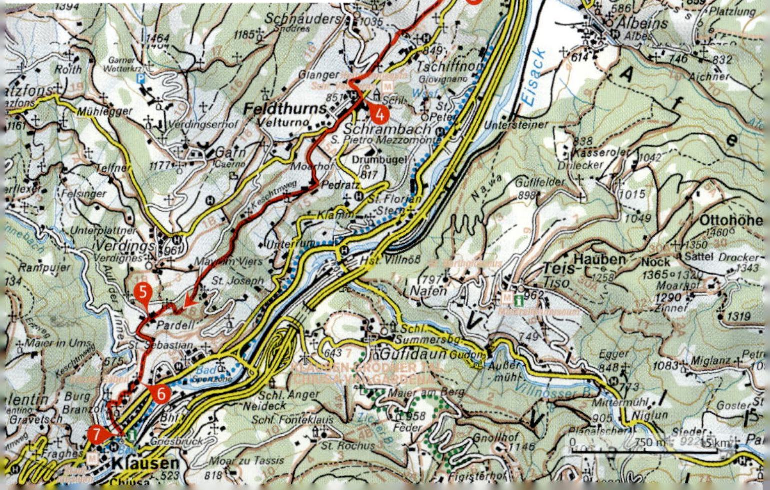

↗ 650 m | ↘ 350 m | 9.9 km

28 Klausen – Barbian

3.20 h

Fortsetzung der Hangwanderung über Villanders

Nachdem wir bei Klausen vorübergehend ins Eisacktal absteigen mussten, führt der Keschtnweg hernach wieder an den orografisch rechtsseitigen Hängen entlang. Wie gewohnt durchwandern wir eine anheimelnde Kulturlandschaft, in der die Kastanien einen festen Bestandteil bilden. Neben den charakteristischen bäuerlichen Streusiedlungen haben auch einige größere Dörfer Platz und wirken wie Balkonlogen vor großem Dolomitenpanorama. Auf dieser Etappe sind es Villanders und Barbian, wo wir einen Zwischenstopp einlegen.

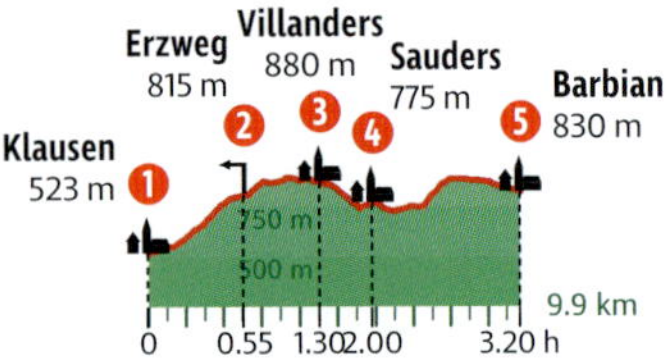

Ausgangspunkt: Klausen, 523 m, im mittleren Eisacktal. Gebührenpflichtige Parkplätze im Zentrum, gratis auf P3 in der Pucherstraße. Bus- und Bahnverbindungen zwischen Bozen und Brixen.
Endpunkt: Barbian, 830 m, Hangdorf oberhalb von Waidbruck mit Busanschluss von dort.
Anforderungen: T2. Teils steilere Auf-

Das Eisacktal bei Klausen mit einigen Gipfeln der Dolomiten im Hintergrund.

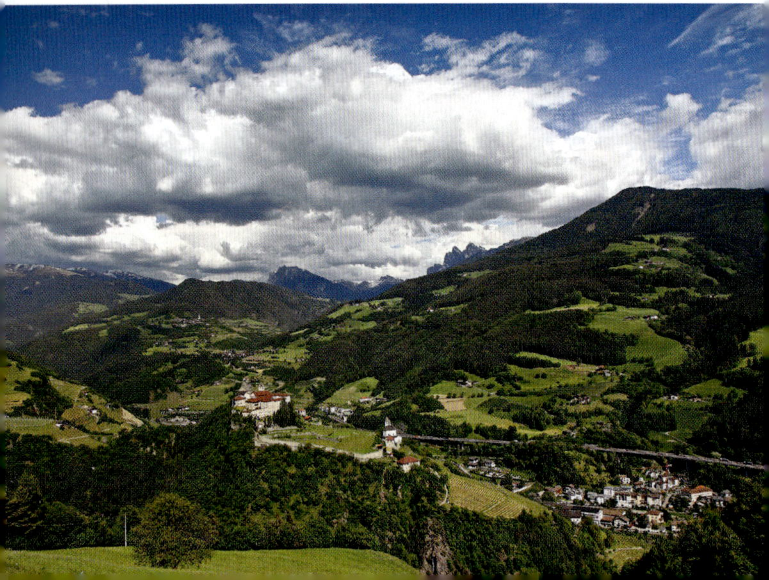

stiege ab Klausen sowie aus der Zargenschlucht, sonst meist gemäßigter Verlauf. Es wechseln Naturpfade, Karrenwege sowie Höfe- und Ortsstraßen; elementare Trittsicherheit vorteilhaft.
Einkehr/Unterkunft: Diverse Gastbetriebe in Villanders (Tourist Info, Franz-von-Defregger-Gasse 11, Tel. +39 0472 843121, klausen.it), Sauders (Buschenschänken Larmhof und Winklerhof) sowie Barbian (Tourismusverein, Dorf 9, Tel. +39 0471 654411, barbian.it).
Karte: Tabacco, Blatt 030 »Brixen – Villnössertal« und 034 »Bozen – Ritten«.

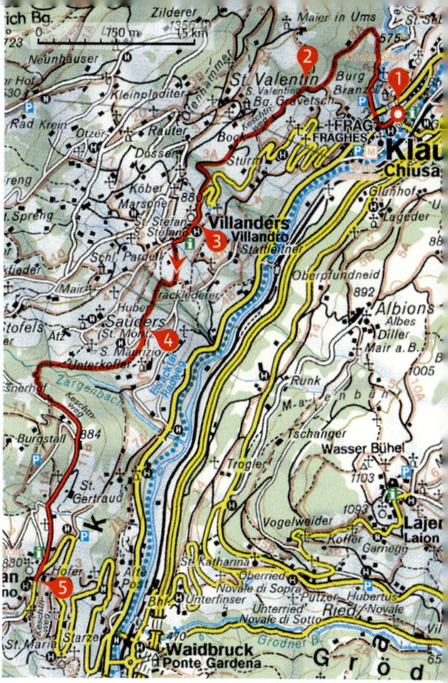

In **Klausen** ❶ geht es aus der Altstadt über den Tinnebach hinweg und der Bezeichnung »Keschtnweg« folgend rechts hoch in die Pucherstraße. Das Bergsträßchen leitet zum Muttnerhof und mit tollem Blick auf Kloster Säben recht steil weiter durch die Obstplantagen in die bewaldeten Berghänge. Wir passieren den Abzweig des **Erzweges** ❷ und kommen auf schönen Wegen ins Gebiet von **St. Valentin** voran. Einen Graben ausgehend hinüber nach **Villanders** ❸, 880 m. In der ausgedehnten Ortschaft ein gutes Stück bergab (durch die J.-Schguanin-Straße), dann den Mühlbachgraben kreuzend in die Fraktion **Sauders** ❹, ca. 775 m, und weiter zur Bergstraße. Geringfügig tiefer schlagen wir die Zufahrt zum Torgglhof ein und wandern auf etwas verschlungenem Weg in den markanten Einschnitt des Zargenbachs. Hinter der Brücke muss ein kehrenreicher Aufstieg Richtung Kreuzhöfe absolviert werden. Wir stoßen auf das Anrainersträßchen (Rosengartenstraße), gehen an mehreren Anwesen vorbei und nähern uns damit dem größeren Dorf **Barbian** ❺, 830 m.

Burg Branzoll direkt oberhalb von Klausen.

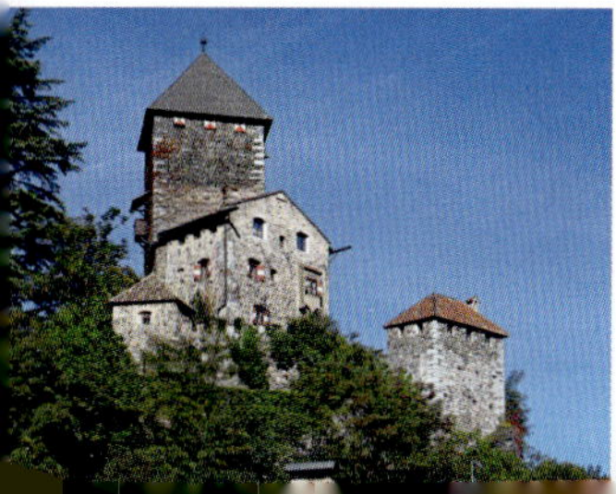

Jenseits des Eisacktals baut sich wuchtig der Schlern auf.

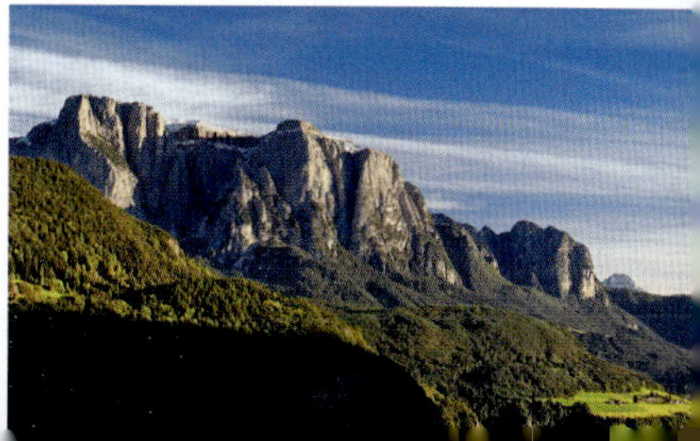

↗ 900 m | ↘ 820 m | 19.3 km

6.00 h

29 Barbian – Unterinn

An den Flanken der Rittner Hochfläche

Auf dem längsten Abschnitt des Keschtnweges (der freilich im Bereich Lengstein, eventuell auch in Leitach unterbrochen werden kann) kommen wir allmählich Richtung Ritten voran. Dieser klangvolle Name steht in Südtirol gleichsam Parade für eine erholsame, mittelgebirgstypische Ferienlandschaft. Schon im 19. Jahrhundert begab man sich hierher zur »Sommerfrische«, um dem stickigen Bozner Talkessel für die heißesten Wochen des Jahres zu entfliehen und im gesunden Klima auf der Rittner Hochfläche aufzutanken. Was früher im Wesentlichen nur den Wohlhabenden vergönnt war, erfährt seinen heutigen Ausdruck natürlich im allgemeinen Tourismus, der in dieser Gegend stark verankert ist. Ganz so gemütlich, wie man vielleicht annehmen mag, verläuft der Keschtnweg hier aber nicht, denn die mehrfach zertalten Abhänge zum Eisacktal hin bewirken durchaus einiges Auf und Ab. Im Fokus steht wiederum ein liebreizendes Flair typischer Streuhöfe, die sich ein paar hundert Meter oberhalb der Talsohle eingerichtet haben.

Ausgangspunkt: Barbian, 830 m. Per Bus erreichbar vom Bahnhof Waidbruck.
Endpunkt: Unterinn, 909 m. Direkte Busverbindung mit Bozen.

Faszinierende Erdpyramiden bei Unterinn.

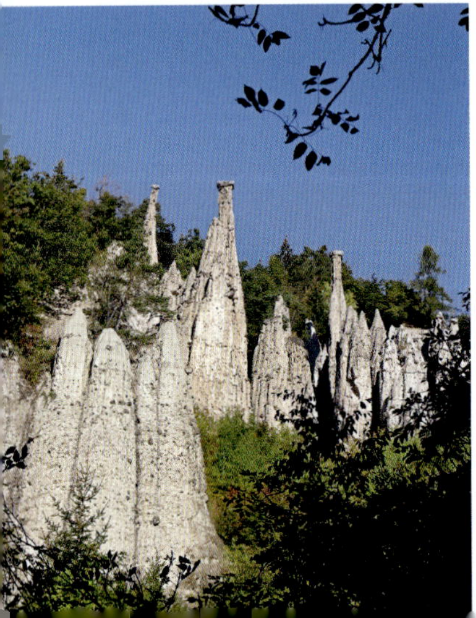

Anforderungen: T2. Anfangs ein längerer Straßenabschnitt (inklusive Hängebrücke), danach abwechslungsreicher Verlauf von Naturwegen (teils Wald, teils Wiesen, manchmal in recht steilen Hängen) und kürzeren Passagen auf Straßen. Als Tagesmarsch Ausdauer erforderlich, stellenweise auch mal elementare Trittsicherheit.
Einkehr/Unterkunft: Hotels und Pensionen unmittelbar in Barbian. In der Fraktion Saubach befinden sich Saubacherhof (Tel. +39 0471 654344, saubacherhof.com), Pennhof (Tel. +39 0471 654498, pennhof.com) sowie Gaserhof und Tschörlerhof mit Ferienwohnungen. Zunerhof (tagsüber Restaurant, Tel. +39 0471 349006, zunerhof.com). Rielingerhof in Leitach (Buschenschank und Ferienwohnungen, Tel. +39 0471 356274, rielinger.it). Gasthof Wunder (Tel. +39 0471 1800140, wunder.bz.it), Pirbamer (Tel. +39 0471 359014, pirbamer.it) und Gasthof Fleier (Tel. +39 0471 359047, fleier.it), alle drei in Unterinn.
Karte: Tabacco, Blatt 034 »Bozen – Ritten«.

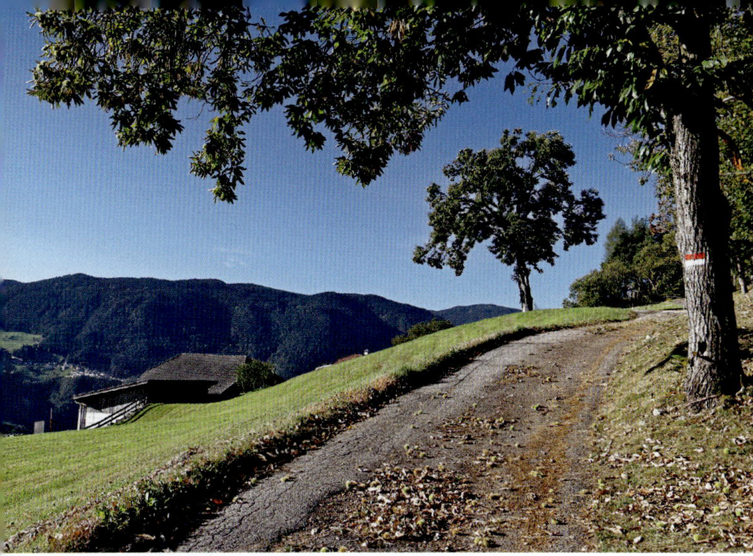

Immer wieder säumen Kastanienbäume unseren Weg.

Wir verlassen **Barbian** ❶ südwärts auf der Hangstraße, die sich dem Einschnitt des Ganderbachs nähert, und überwinden diesen auf der langen »Panoramabrücke«, die den inneren Winkel abschneidet. Drüben führt die Straße weiter nach **Saubach** ❷ mit der Kirche St. Ingenuin. Rund eine Viertelstunde später wird der Rosenbach gekreuzt, womit wir in den Streuweiler Rotwand kommen, der schon zu Lengstein gehört. Wo die Zufahrt zum Pirchnerhof abzweigt, folgen wir dieser ganz kurz und nehmen dann den Waldsteig hinauf nach **St. Verena** ❸, 889 m. In der Nähe befinden sich auch interessante prähistorische Schalensteine. Wir überschreiten den Porphyrhügel und treffen beim Penzlhof abermals auf die Straße. Wo diese nach 500 Metern eine Aufwärtskurve vollzieht, scheren wir links aus und wandern über Wiesenwege und ruhigen Anrainersträßchen etwas abwärts zum Weidacherhof. Nach einem weiteren Wiesenabschnitt besteht beim Gasthof Zuner nicht nur Einkehrmöglichkeit, auch das exponierte Kirchlein

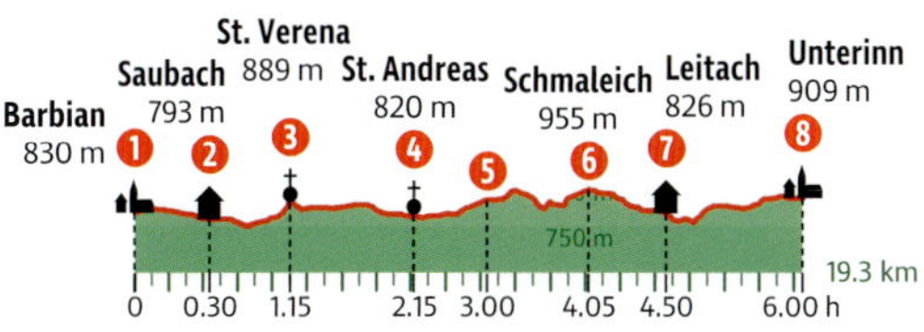

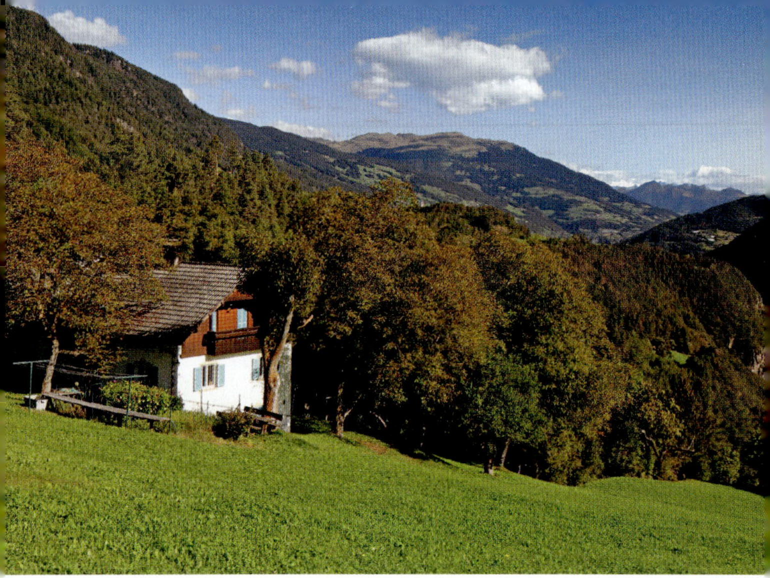

Auch die vielen Höfe in Einzellage prägen den Keschtnweg.

St. Andreas 4, ca. 820 m, kann mit einem Abstecher rasch erreicht werden. Anschließend setzen wir zum Steidicherhof fort und drehen um den Hang in Nordrichtung ein. Allmählich leicht ansteigend gelangt man nun zum **Franknerhof** 5, 898 m, unterhalb von Lengstein.
Den Köblbachgraben ausgehend schließt sich nun eine Traverse am teils bewaldeten Hang an – leicht auf- und dann weiter abwärts –, um in die tiefe Runse des Finsterbachs einzutauchen. Gegenüber wird man nach einer Weile am Hof Joggum vorbeigeleitet und gelangt etwas ansteigend nach **Schmaleich** 6, ca. 955 m. Bald darauf lohnt sich ein kurzer Abstecher von der Straße zur **Unteren Atzwanger Aussicht**. Vom Rieserhof geht

St. Verena und St. Andreas besetzen herausgehobene Geländepunkte.

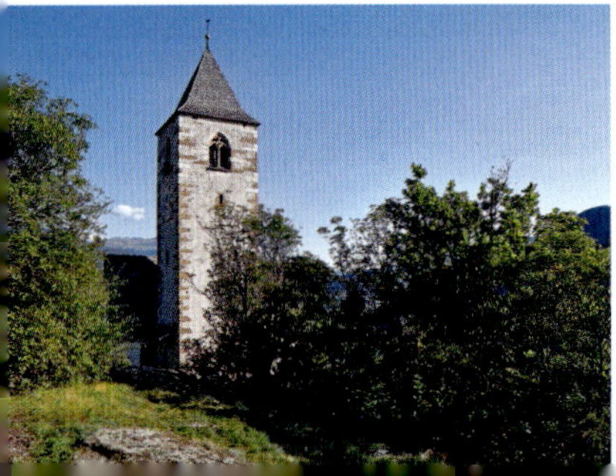

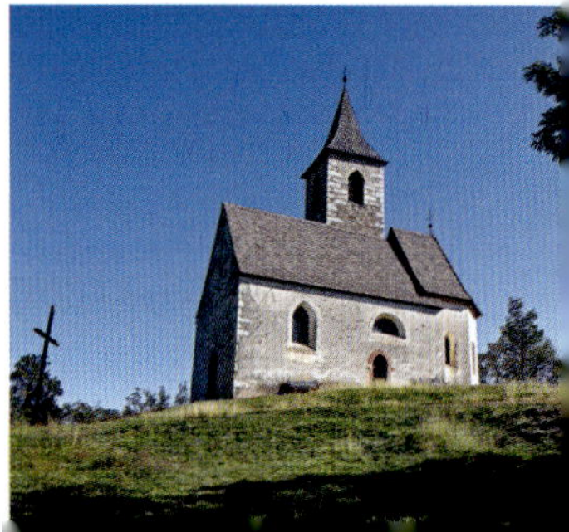

es nach Wiesentraverse quer durch einen weiteren Grabeneinschnitt nach **Leitach** 7, 826 m. Am unteren Rand des Höfeweilers biegen wir rechts ab und nehmen oberhalb der Ruine Stein Kurs auf den nächsten schluchtartigen Einschnitt. Die Gegensteigung leitet zum Tasenegger, wo aus lichten Kastanienhainen eine besonders schöne Aussicht besteht. Danach an zwei Höfen vorbei ins Gasterertal hinein. Oberhalb des Hauptweges gibt es dort Erdpyramiden zu entdecken (Stichweg zur Aussichtsplattform). Ansonsten am Keschtnweg weiter ins Siedlungsgebiet von **Unterinn** 8, 909 m, und bis zur Haltestelle Infopoint bzw. zur individuellen Unterkunft.

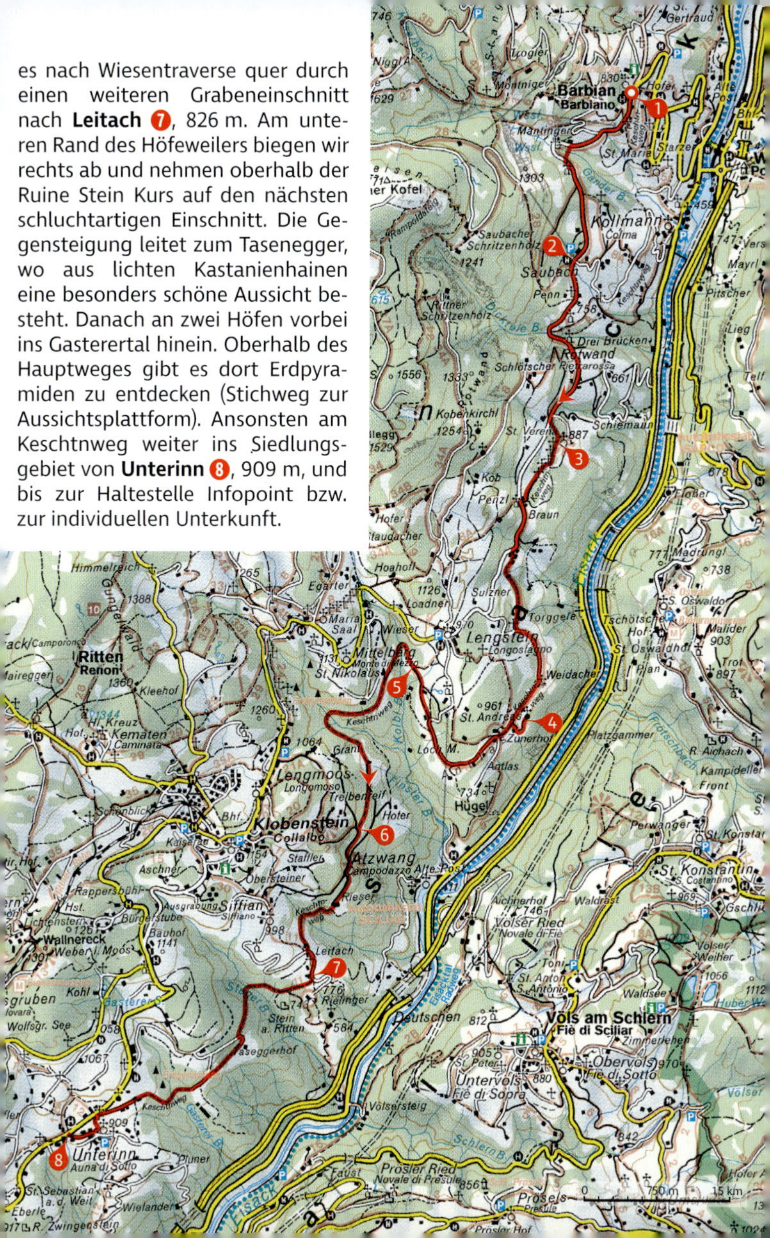

↗ 400 m | ↘ 1050 m | 12.3 km

30 Unterinn – Bozen

3.45 h

Bis hinunter in die Südtiroler Landeshauptstadt

Es ist nicht übertrieben zu behaupten, der gesamte Keschtnweg profitiere von einem milden Klima und der daraus resultierenden Lieblichkeit der Umgebung. Besonders offenkundig wird dies aber in seinem südlichsten Abschnitt, wenn wir uns vom Rittner Dorf Unterinn aus Richtung Bozner Talkessel aufmachen. Freilich wird zunächst noch geraume Zeit eine Höhe um die 900 Meter gehalten und dabei auch die eine oder andere urwüchsige Passage absolviert, ehe wirklich der finale Abstieg ansteht. Offiziell gilt Schloss Runkelstein, knapp drei Kilometer nördlich der Kernstadt im Tal der Talfer gelegen, als Endpunkt des Keschtnweges. Es erscheint mir aber pragmatischer, zuletzt direkteren Kurs Richtung Bahnhof einzuschlagen, vielleicht verbunden mit einem Gang durch Bozens hübsche Lauben. Das Flair dieser mediterran angehauchten Stadt einzusaugen, ist bestimmt ein gelungener Abschluss der Tour.

Ausgangspunkt: Unterinn, 909 m, am Ritten. Erreichbar mit dem Linienbus von Bozen.
Endpunkt: Bozen, 266 m, entweder beim Bahnhof oder beim unweit gelegenen Busbahnhof in der Rittner Straße.
Anforderungen: T2–3, meist leichter. Häufiger Naturwege, zwischendurch

In Unterinn brechen wir vis-à-vis dem Schlern zur letzten Etappe auf.

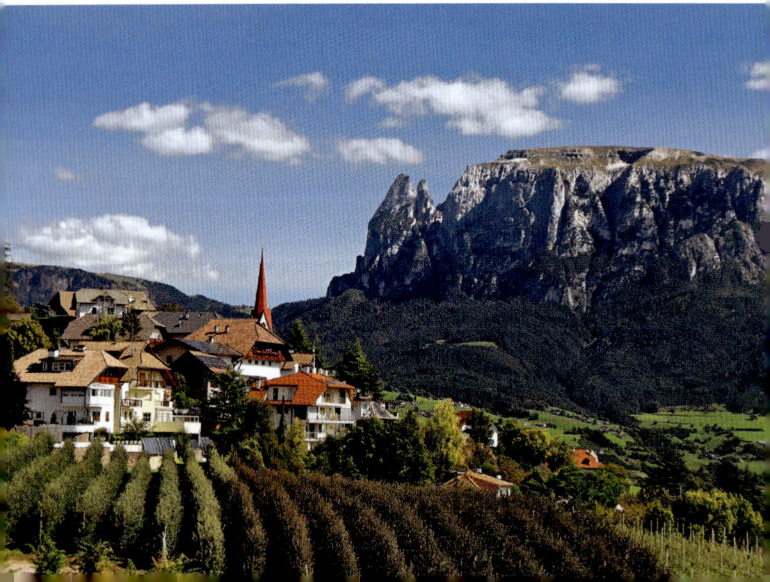

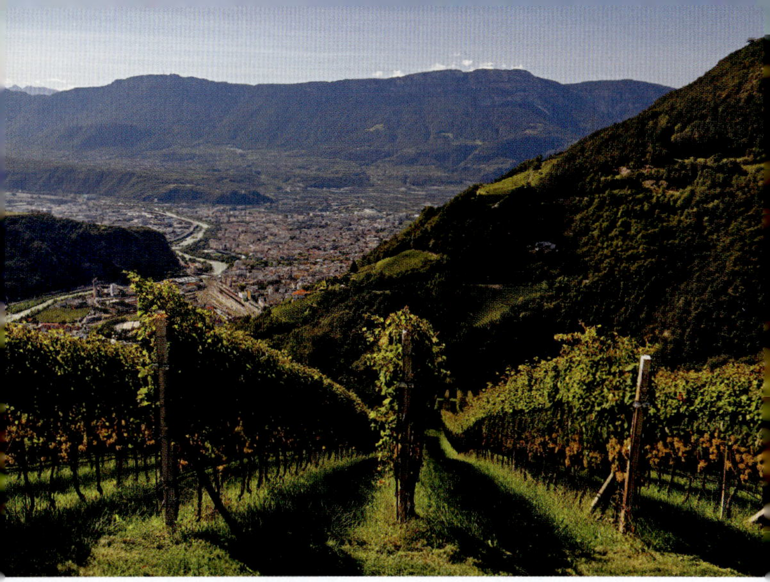

Aus den Weinbergen bei Signat hat man diese Perspektive in den Bozner Talkessel.

auch Höfestraßen. Bei der Traverse des Katzenbachtals einige Steilpassagen; der Schlussabstieg nach Bozen ist streckenweise etwas holprig. Zumindest elementare Trittsicherheit angezeigt.
Einkehr/Unterkunft: Partschonerhof (Jausenstation). Signaterhof (Tel. +39 0471 365353, signaterhof.it). Ebnicherhof (Tel. +39 333 2305850). Große Auswahl an Unterkünften und Restaurants in Bozen (Verkehrsamt, Südtiroler Str. 60 und Kornplatz 11, Tel. +39 0471 307000, bolzano-bozen.it).
Variante: Wer den Keschtnweg bei Schloss Runkelstein beenden möchte, zweigt bei Wegpunkt 6 rechts ab und gelangt nach einer Waldrandpassage oberhalb von St. Peter mit einigen Schleifen in die Talsohle respektive zu Parkplatz und Bushaltestelle am Fuß des Schlossbergs.
Karte: Tabacco, Blatt 034 »Bozen – Ritten«.

Im unteren Ortsbereich von **Unterinn** ❶ zweigt der Keschtnweg zum Hang oberhalb der Straße ab und bringt uns durch lichtbewaldetes Gelände zunächst zum Weiler Eschenbach. Beim Sulznerhof übernimmt ein schöner Naturpfad quer durch steilere Hänge. Er steigt später merklich an und führt zum Hofschank **Partschoner** ❷, 996 m. Anschließend auf der Zufahrt abwärts nach **Signat** ❸, 848 m, wo im Übrigen auch Busanschluss besteht. Als Nächstes legt sich nun das wilde Katzenbachtal in den Weg, was eine etwas aufwendigere Traverse nach sich zieht. Ab Pieracher geht es auf kleinem Pfad in den Tobel hinab, hinter der Brücke an einem Feld entlang und danach wieder steil aufwärts bis auf die Straße, die das nahe Gut **Spornberg** ❹, 871 m, mit Oberbozen verbindet. Wir wandern gleich vorn

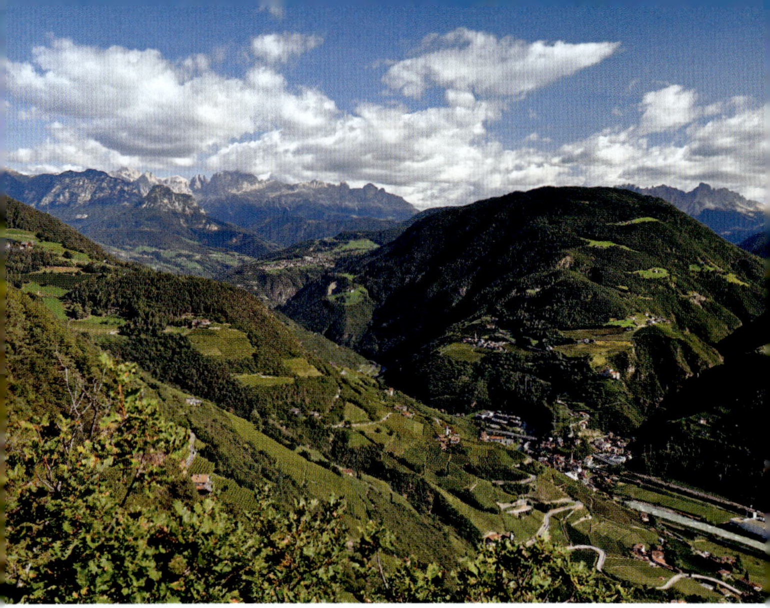

Blick über das untere Eisacktal mit der Ortschaft Kardaun; im Hintergrund die Felsgipfel des Rosengarten.

am Zaun entlang und verlieren im weiteren Verlauf fast 100 Höhenmeter. Zum Hofschank **Ebnicher** 5, 832 m, muss dann wieder ein Weilchen schräg angestiegen werden. Wir setzen auf dem Fahrweg gen Westen fort und achten auf den Linksabzweig des Keschtnweges nach rund 600 Metern. Anfangs mit Nr. 2A, später mit Nr. 2 markiert, geht es am mit Eichengehölzen bestandenen Hang jetzt stetig bergab. Noch weit oben überrascht eine Aussichtskanzel mit Kreuz. Der mit Porphyrgestein durchsetzte Untergrund ist etwas holprig. Nach

Porphyrfelsen über den Gärten beim Partschonerhof.

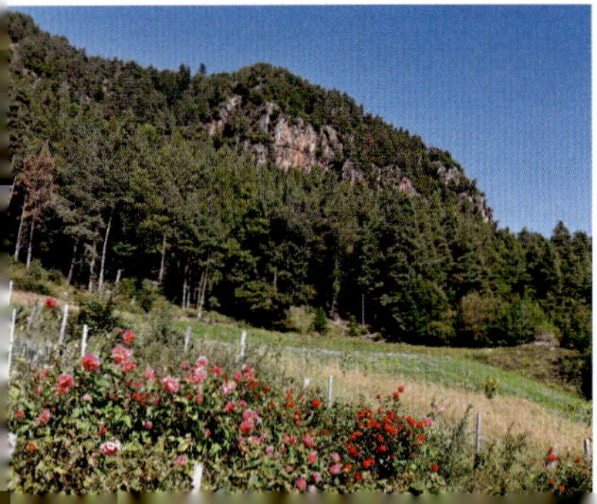

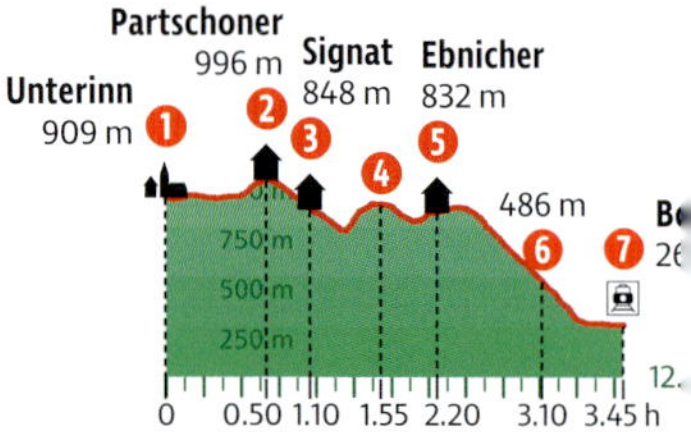

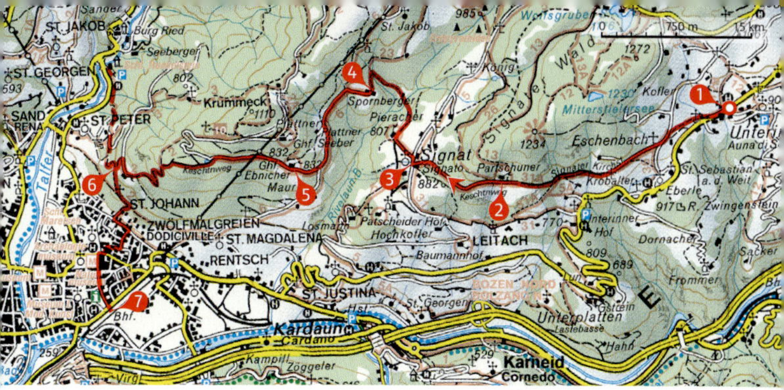

einigen Schleifen verzweigt sich die Route Richtung Schloss Runkelstein einerseits ❻, während wir jedoch am Hauptweg bleiben, der sich gegen das Stadtgebiet von Bozen absenkt. Später zweigt linker Hand die reizvolle Oswaldpromenade Richtung St. Magdalena ab. Im Siedlungsbereich (Oswaldweg) angekommen, nehmen wir den bestmöglichen Kurs in die Innenstadt via Hörtenbergstraße, Cavourstraße, Batzenhäusl und Bindergasse, schließlich vom Rathausplatz durch Weintraubengasse und Laurinstraße zum Bahnhof in **Bozen** ❼.

Bildstock am Wegesrand.

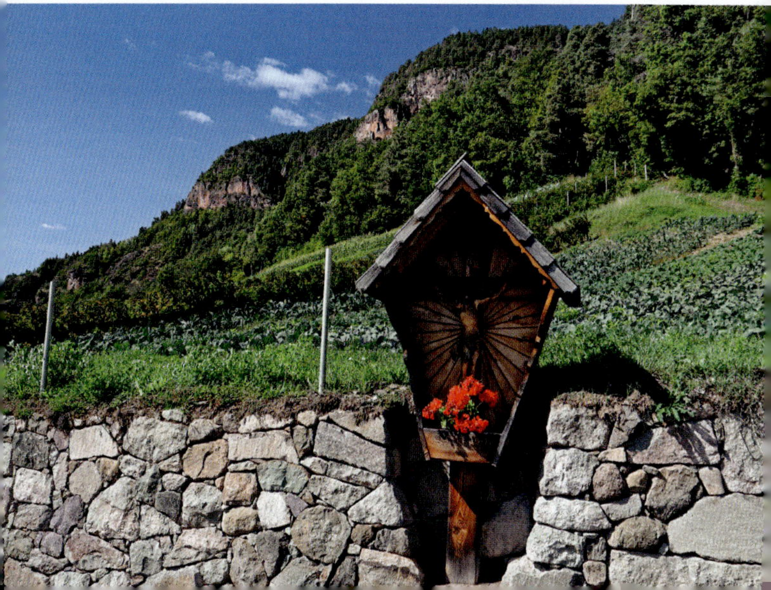

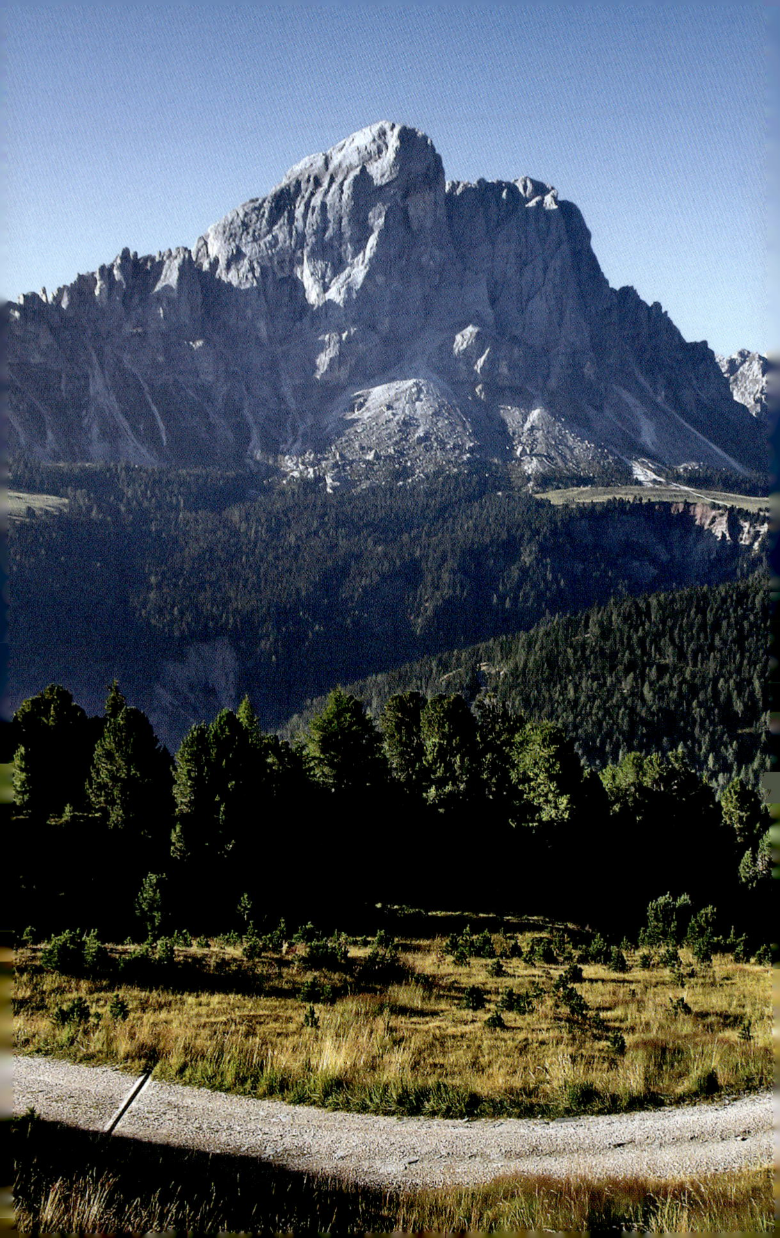

DOLORAMA-WEG

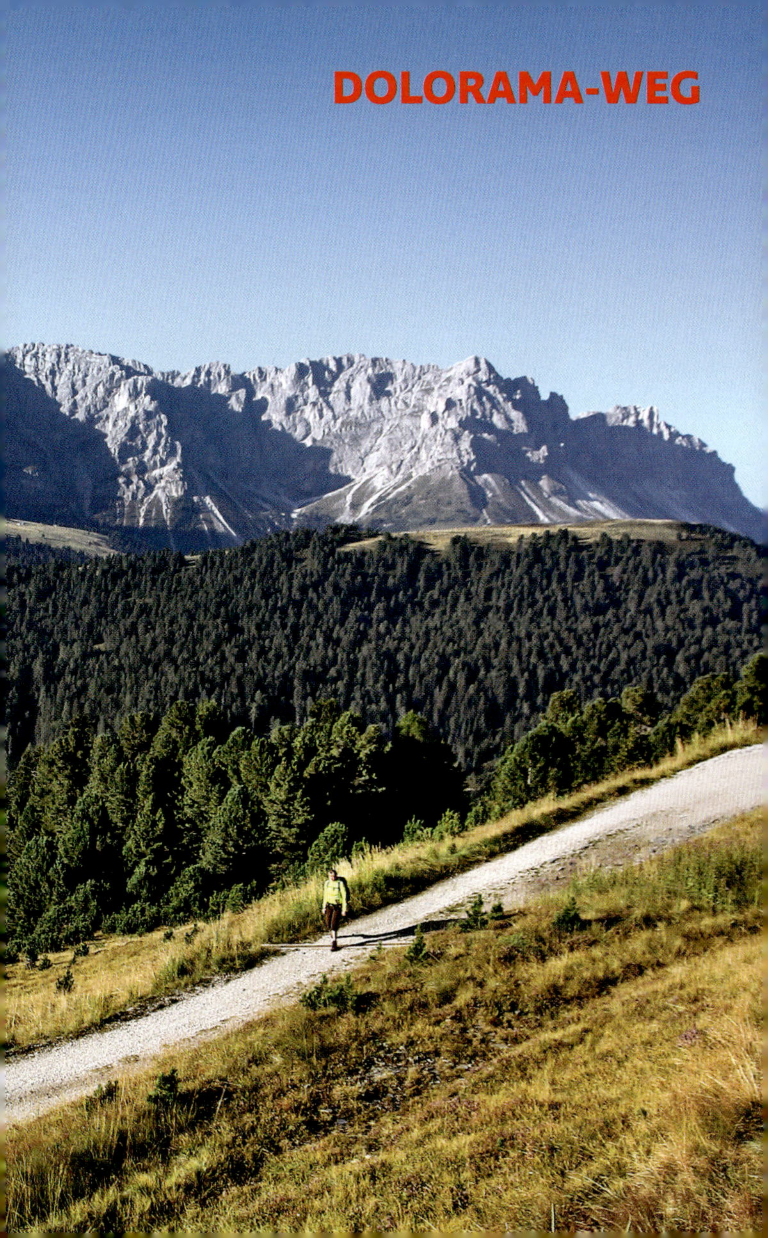

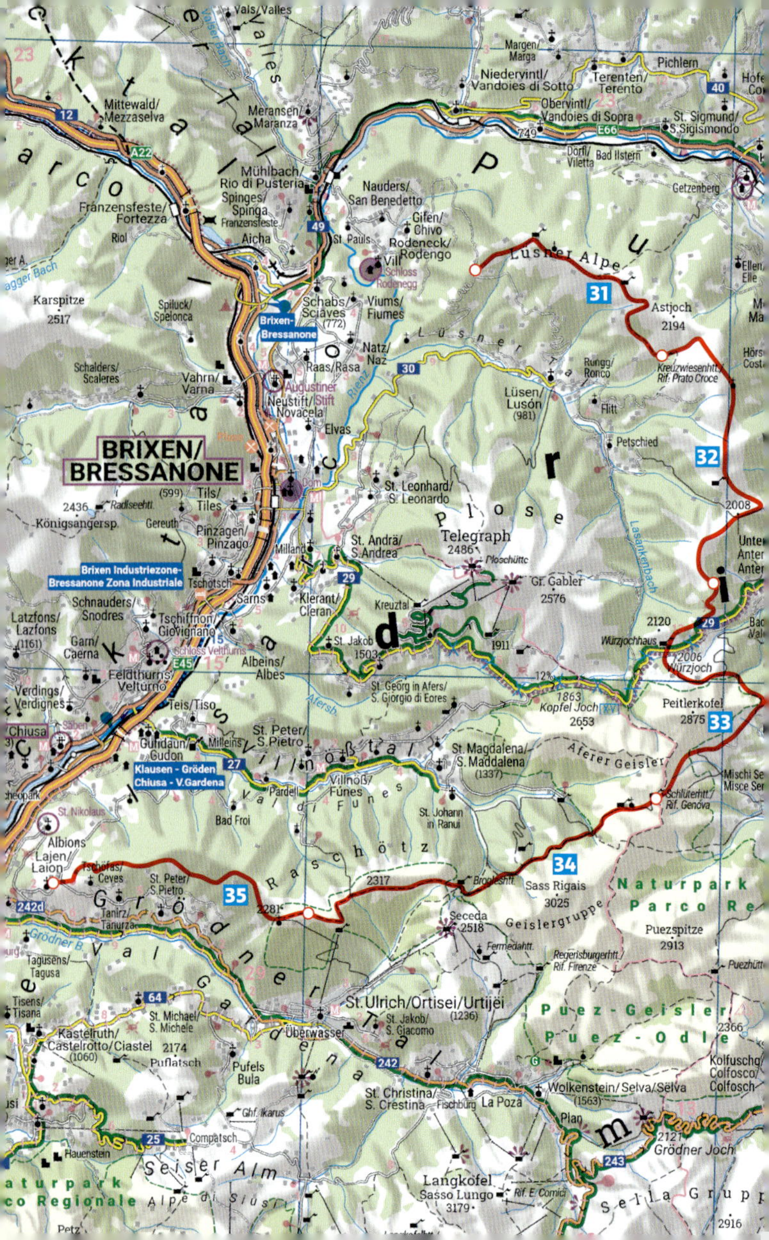
BRIXEN/
BRESSANONE
Brixen-
Bressanone
Brixen Industriezone-
Bressanone Zona Industriale
Klausen - Gröden
Chiusa - V.Gardena
Mittewald/
Mezzaselva
Franzensfeste/
Fortezza
Mühlbach/
Rio di Pusteria
Meransen/
Maranza
Spinges/
Spinga
Aicha
Nauders/
San Benedetto
Gifen/
Chivo
Rodeneck/
Rodengo
Vill
Schloss
Rodenegg
Niedervintl/
Vandoies di Sotto
Obervintl/
Vandoies di Sopra
Terenten/
Terento
Pichlern
Margen/
Marga
St. Sigmund/
S.Sigismondo
Dorfl/
Viletta
Bad Ilstern
Getzenberg
Lüsner Alpe
Astjoch
2194
Kreuzwiesenhtt./
Rif. Prato Croce
Rungg/
Ronco
Flitt
Lüsen/
Lusón
(981)
Petschied
Schabs/
Sciaves
(772)
Vium/
Fiumes
Natz/
Naz
Raas/Rasa
Vahrn/
Varna
Neustift/
Novacela
Augustiner
Stift
Elvas
Spiluck/
Spelonca
Karspitze
2517
Schalders/
Scaleres
Tils/
Tiles
(599)
2436
Radlseehtt.
Königsangersp.
Gereuth
Pinzagen/
Pinzago
Milland
St. Leonhard/
S. Leonardo
Plose
Telegraph
2486
Plosehütte
Gr. Gabler
2576
St. Andrä/
S. Andrea
Tschötsch
Sarns
Klerant/
Cleran
Kreuztal
St. Jakob
1503
1911
2120
Würzjochhaus
2006
Würzjoch
2008
Schnauders/
Snodres
Latzfons/
Lazfons
(1161)
Tschiffnon/
Giovignano
Garn/
Caerna
Schloss Velthurns
Albeins/
Albes
Feldthurns/
Velturno
Verdings/
Verdignes
Teis/Tiso
St. Georg in Afers/
S. Giorgio di Eores
Kopfel Joch
1863
2653
Peitlerkofel
2875
Chiusa
Säben
Gufidaun/
Gudon
Milleins
St. Peter/
S. Pietro
Villnößtal
Val di Funes
Villnöß/
Funes
Pardell
St. Magdalena/
S. Maddalena
(1337)
Aferer Geisler
Schlüterhtt./
Rif. Genova
St. Johann
in Ranui
Bad Froi
St. Nikolaus
Albions
Lajen/
Laion
Tschöfas/
Ceves
St. Peter/
S. Pietro
Raschötz
2317
2281
Broglesht.
Sass Rigais
3025
Naturpark
Parco Re
Puezspitze
2913
Geislergruppe
Tanirz/
Tanurza
Grödner Tal
Val Gardena
Seceda
2518
Fermedahtt.
Regensburgerhtt./
Rif. Firenze
Puezhütte
Tagusens/
Tagusa
Tisens/
Tisana
St. Ulrich/Ortisei/Urtijëi
St. Jakob/
S. Giacomo
(1236)
Überwasser
Puez-Geisler
Puez-Odle
2366
Kastelruth/
Castelrotto/Ciastel
(1060)
St. Michael/
S. Michele
2174
Puflatsch
Pufels
Bula
St. Christina/
S. Crestina
Fischburg
La Poza
Wolkenstein/Selva/Sëlva
(1563)
Kolfuschg/
Colfosco/
Colfosch
Plan
2121
Grödner Joch
Ghf. Ikarus
Compatsch
Hauenstein
Seiser Alm
Alpe di Siusi
Naturpark
Parco Regionale
Langkofel
Sasso Lungo
3179
Rif. E. Comici
Sella Grupp
2916
Petz
A22
E45
E66
12
15
23
25
27
29
30
31
32
33
34
35
40
49
64
242
242d
243
749

Über die Lüsner Alm zum Peitler und aus dem inneren Villnöss nach Lajen

Seit einigen Jahren wird unter dem schönen Namen »Dolorama« eine mehrtägige Tour propagiert, die gar nicht mal so tief in die charismatische Welt der »Bleichen Berge« eintaucht, aber auf genussvolle Weise doch eine Kostprobe liefert, die wahrscheinlich Lust auf mehr macht. Offenkundig ist die Wortschöpfung aus »Dolomiten« und »Panorama« zusammengesetzt, was definitiv als Motto verstanden werden kann. Wirklich neu ist freilich nur der Name, denn hinsichtlich der Linienführung erkennt man kaum irgendwelche Geheimnisse, sondern eher den pfiffigen Verbund mehrerer fast schon klassischer Höhenwege. Als ich zum ersten Mal davon Notiz nahm, war ich sogar ein wenig überrascht, dass eine Tour unter solch wortgewaltigem Namen tatsächlich auf die nordwestliche Ecke der Dolomiten beschränkt bleibt. So möchte ich denn auch eher von einem Schnupperkurs sprechen, auf den sich insbesondere Neulinge in der Materie »Trekking« einlassen können oder überhaupt alle Wanderer, die es gern beschaulich mögen. Die Route gestaltet sich weithin hindernisarm.

Sie beginnt mit der Überschreitung des heiteren Geländerückens der Rodenecker und Lüsner Alm, also in sanftem Hochweidengelände, wo die eigentlichen aus Dolomit aufgetürmten Berge sich noch in einiger Distanz befinden. Der stolze Peitlerkofel grüßt bereits herüber und bildet

Vorhergehende Doppelseite: Der Peitlerkofel ist immer wieder ein Blickfang.
Unten: Auf der Höhenroute des zweiten Tages zwischen Wieseralm und Glittner See.

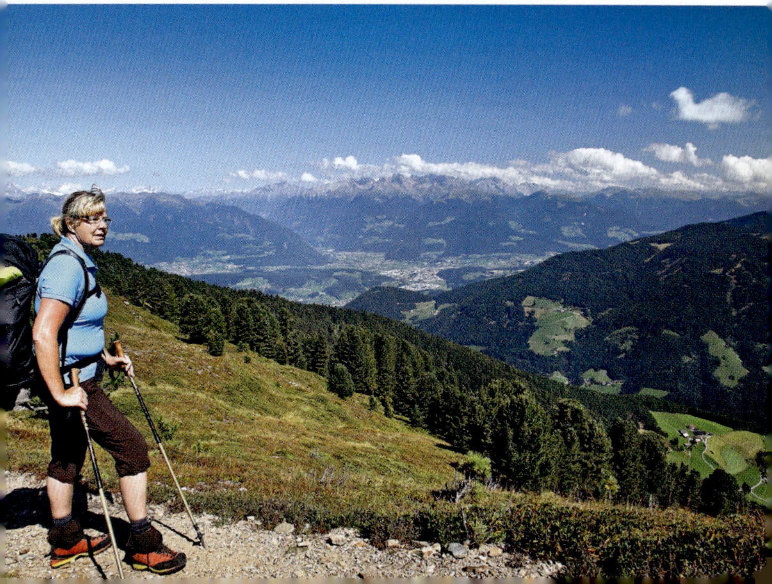

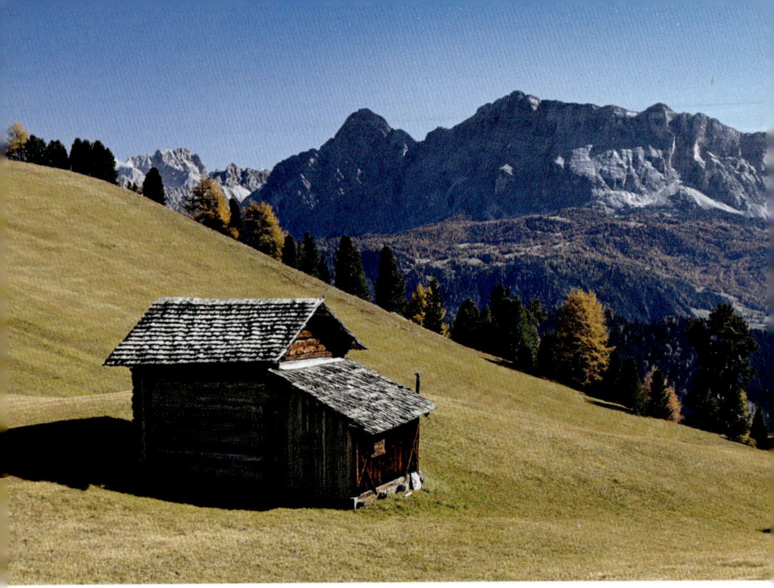

Stadel auf den Peitlerwiesen mit Blick Richtung Neuner und Zehner.

den unverkennbaren Richtungszeiger, doch vorerst sind wir eine Weile damit beschäftigt, den weitläufig gerundeten, aus altkristallinen Gesteinen bestehenden Kamm bis über den Maurerberg hinweg abzulaufen. Eine Nacht auf der Maurerberghütte schürt die Vorfreude, ehe wir jenseits des Würzjochs schließlich ins Reich des Peitlers eintreten und diesen mächtigen Solitär auf seiner Ostseite passieren. Mit der Schlüterhütte finden wir die nächste Unterkunft am Ursprung des Villnösstals, jetzt schon von den imposanten Geislerspitzen in Bann gezogen. Deren Nordtraverse am altbewährten Adolf-Munkel-Weg verspricht ein Schaulaufen ersten Ranges, fortgesetzt an den Sonnenhängen der Raschötz, die Blicke in die Grödner Bergwelt, sprich Richtung Sella, Langkofel und Schlern, gewähren. Damit aber genug, denn es naht bereits die finale Etappe mit dem Ausklang in den Wäldern des vorderen Grödnertals, hinaus zum nominellen Endpunkt im fotogen gelegenen Dorf Lajen.

Sofern man den ersten Marschtag kurz hält und noch auf der Lüsner Alm Quartier bezieht, sind idealerweise fünf Tagesetappen zu veranschlagen. Das Gesamtpensum hinsichtlich Distanz und Gehzeit ist dem Keschtnweg vergleichbar, allerdings auf durchwegs anderem Höhenniveau, denn der absolut tiefste Punkt (Lajen) liegt hier immer noch höher als die maximal erreichte Höhe drüben am Keschtnweg. Insofern unterscheidet sich auch der landschaftliche Charakter, bewegt man sich anstatt in Höfelagen doch meist entlang der Almhorizonte und geht auch schon mal ein bisschen auf Tuchfühlung mit jäh aufstrebenden Felsen, ohne diese selbst jedoch erklimmen zu müssen. In wandertechnischer Hinsicht passt die Dolorama-Route perfekt in unsere Auswahl leichter Trekkings. Und hier geht es auch wirklich von einer Hütte zur nächsten, was eine für viele Wanderer durchaus willkommene Entkopplung vom Taltourismus und die Chance zum Innehalten inmitten der Bergnatur bedeutet. Diesen praktischen Umständen entsprechend beschränkt sich die Saison auf die Sommermonate zwischen etwa Mitte Juni und Mitte Oktober, wenn die Wege normalerweise schneefrei und alle Stützpunkte bewirtschaftet sind.

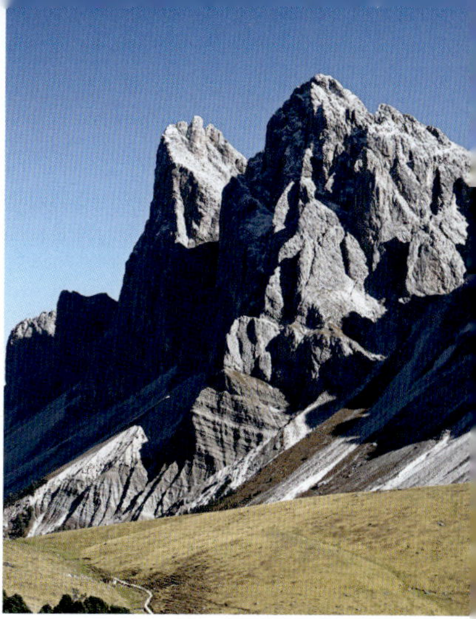

Furchetta (links) und Sas Rigais, die höchsten Gipfel der Geislerspitzen.

Weitläufig erstreckt sich der Höhenrücken der Lüsner Alm, dahinter die Pfunderer Berge.

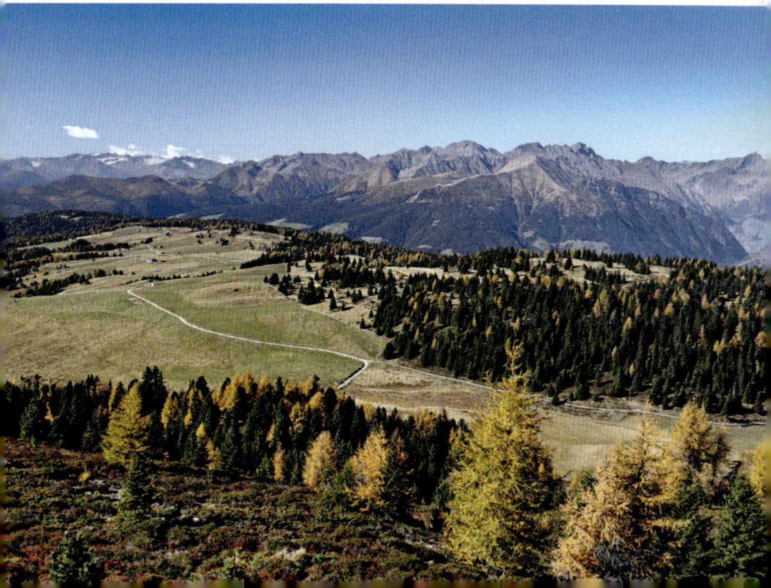

↗ 320 m | ↘ 120 m | 9.3 km

2.30 h

31 Zumis (Rodeneck) – Kreuzwiesenalm

Im Gebiet der ausgedehnten Lüsner Alm

Das Dolorama-Trekking beginnt mit einer angenehmen Almwanderung am Höhenrücken, der das Lüsner Tal vom vorderen Pustertal scheidet. Mit dem hoch gelegenen Ausgangspunkt erübrigt sich sogar ein nennenswerter Zustieg, außerdem besteht Spielraum in der Wahl der ersten Unterkunft. Den seitens der Touristiker gemachten Vorschlag, bereits bis zur Maurerberghütte durchzuziehen, möchte ich allerdings nicht unbedingt unterstützen, zumal zuvor ja auch eine – eventuell sogar längere – Anreise ins Kalkül zu ziehen ist. Lieber stimmt man sich in Ruhe auf die Umgebung ein und genießt das herrliche Landschaftsflair abseits der Alltagshektik. Die drei Gasthäuser setzen heutzutage vermehrt auf moderne und gehobene Angebote wie Alm-Wellness. Auf der Kreuzwiesenalm wird noch eigener Käse hergestellt.

Ausgangspunkt: Zumis-Parkplatz, ca. 1725 m, am Scheitelpunkt der Bergstraße zwischen Rodeneck und Lüsen (auch Linienbusverkehr von Mühlbach über Rodeneck, von Lüsen aus verkehrt jeweils am Do um 9.10 Uhr ein Wanderbus Richtung Zumis). Der Parkplatz ist gebührenpflichtig, gratis kann man das Auto in den Ortsteilen von Rodeneck, z.B. in Vill, abstellen.
Endpunkt: Kreuzwiesenalm, 1924 m.
Anforderungen: T1. Durchgängig leichte, überwiegend breit trassierte Wege mit verhältnismäßig geringen Höhenunterschieden. Lockeres Halbtagespensum.
Einkehr/Unterkunft: Ronerhütte (Tel. +39 0472 546016, roneralm.com). Starkenfeldhütte (Tel. +39 0472 671565 oder +39 346 2544724, starkenfeld.com). Kreuzwiesenalm (Tel. +39 333 7484880, kreuzwiesenalm.com). Übernachtungsmöglichkeiten ab Mai bis etwa Anfang November.
Variante: Vom Astmoos hinter der Starkenfeldhütte mit Nr. 10 auf höherer

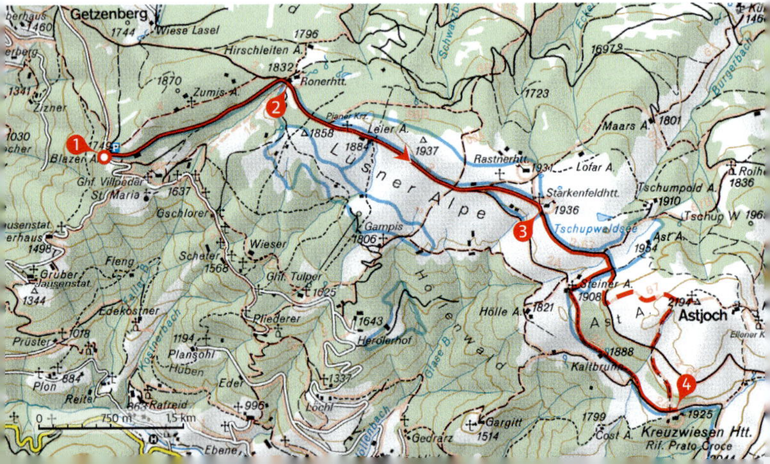

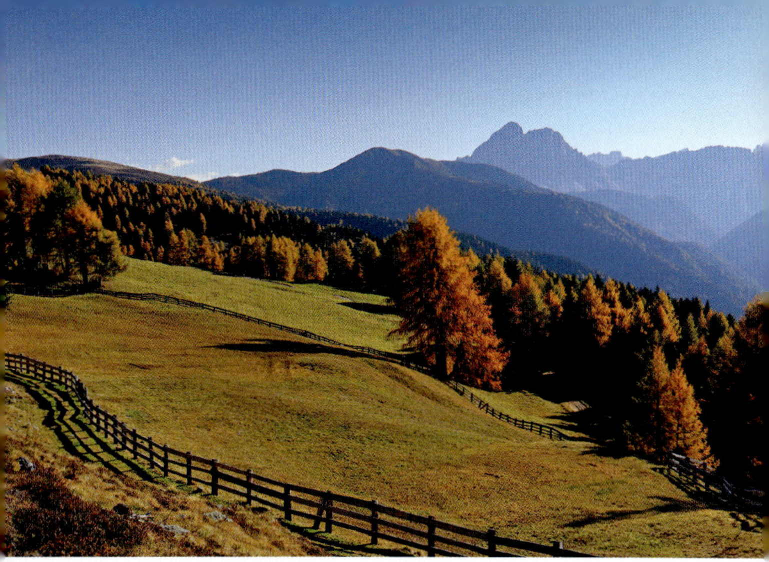

An klaren Herbsttagen verströmt die Landschaft besonderen Glanz.

Linie hinüber zum Ziel, noch schöner sogar über den aussichtsreichen Gipfel des Astjochs, 2194 m, bei Tabacco neuerdings Burgstall genannt.
Karte: Tabacco, Blatt 030 »Brixen – Villnössertal«.

Beim Parkplatz **Zumis** ❶ nehmen wir den befestigten Almweg auf und kommen bald zum Abzweig des parallel verlaufenden Confinweges, der etwas urwüchsiger über die Zumisalm führt. Beide treffen später wieder zusammen und bringen uns zur **Ronerhütte** ❷, 1832 m, die zu einem stattlichen Almgasthof mit Ausblick über das Pustertal ausgebaut worden ist. Markierung Nr. 2 entfernt sich in einem Waldstück vorübergehend vom breiten Wirtschaftsweg, doch kommen wir später darauf zurück und gelangen etwas höher zur Kapelle am **Pianer Kreuz**, 1901 m. Geradeaus öffnen sich nun die weitläufigen Weiden der Lüsner Alm. Nachdem Nr. 3 von Lüsen über Herol eingemündet ist, bleibt die Rastnerhütte links liegen und die moderne **Starkenfeldhütte** ❸, 1936 m, rückt näher. Die Fortsetzung führt im Bogen um den Hang herum ins Astmoos, eine sumpfige Senke, und mit einem Rechtsschwenk leicht fallend zur Steineralm. Nach einem Steigabschnitt übernimmt hinter der Rafreider Alm für das letzte Stück zur **Kreuzwiesenalm** ❹, 1924 m, abermals ein Fahrweg.

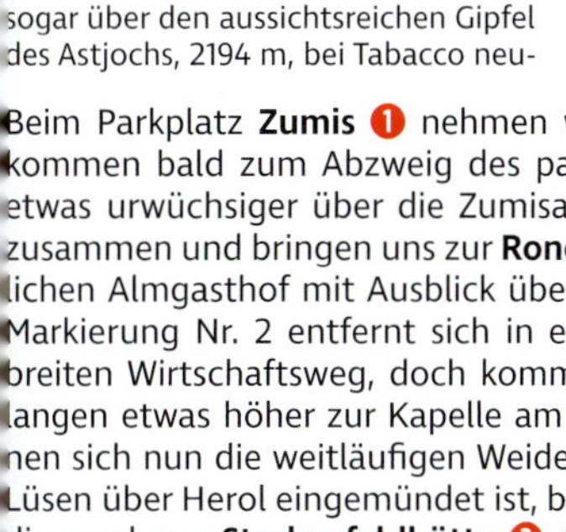

↗ 860 m | ↘ 660 m | 13.3 km

32 Kreuzwiesenalm – Maurerberghütte

4.30 h

Kammwanderung zwischen Campill und Maurerberg

Sind im engeren Bereich der Lüsner Alm mit seinen Gasthäusern noch ziemlich viele Wanderer unterwegs, so dünnt das Aufkommen weiter Richtung Süden vorübergehend deutlich aus. Oberhalb der Waldgrenze steht uns freilich eine tolle Panoramatour bevor. Zunächst wird mit dem Campill eine der herausgehobenen Kuppen überschritten. Auf der urigen Wieseralm kann zwischendurch eine Rast eingelegt werden. Stille Beschaulichkeit erwartet uns am Glittner See (und eigentlich nicht nur dort), ehe wir für das letzte Drittel ab Lüsner Joch zwei Möglichkeiten zur Auswahl haben: entweder auf dem offiziellen Dolorama-Trail quer durch die Ostflanke des Maurerbergs oder mit einem Mehrwert an Erlebnis direkt über den Kammrücken, der keine sonderlichen Hürden aufwirft. Auf der Maurerberghütte wird man dann typisch ladinisch verköstigt.

Ausgangspunkt: Kreuzwiesenalm, 1924 m.
Endpunkt: Maurerberghütte, 2132 m.
Anforderungen: T2. Leichte Bergwanderwege über weitläufiges Hochweidengelände, nur selten steil und weitgehend ohne Absturzgefahr. Etwas Grundausdauer angezeigt.

Einkehr/Unterkunft: Kreuzwiesenalm (siehe Tour 31). Jausenstation Wieseralm. Maurerberghütte (Anfang Juni bis Mitte/Ende Oktober, Tel. +39 0474 520059, maurerberg.com).
Varianten: 1. Vom Glittner See nach rechts abwärts zur ehemaligen Turnaretschhütte und direkter zum Lüsner Joch.

Blick über die Enneberger Gegend mit dem aufgewölbten Kronplatz.

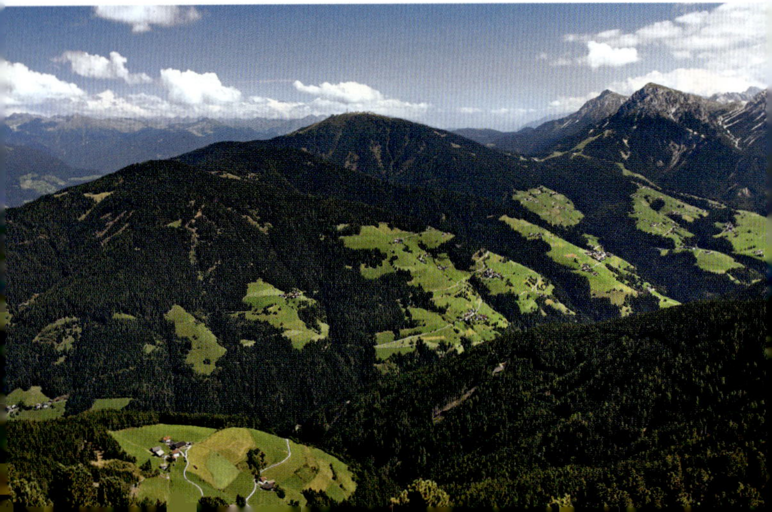

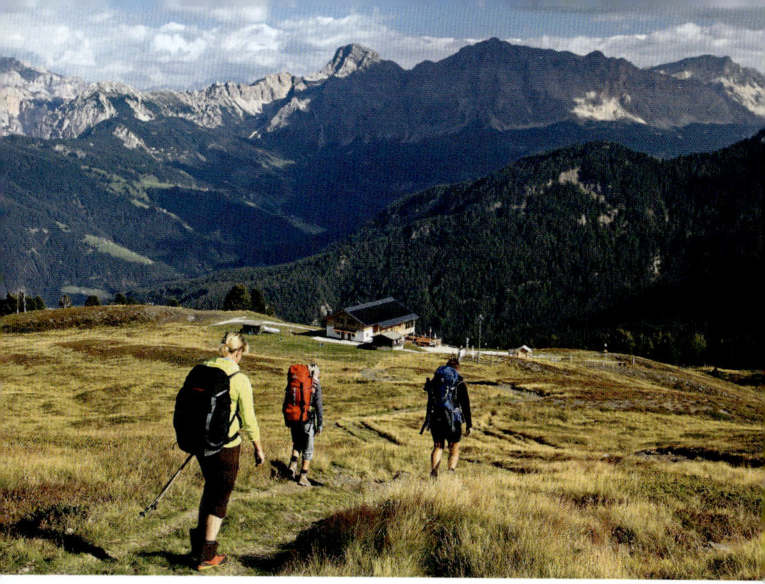

Nach einem aussichtsreichen Wandertag treffen wir auf der Maurerberghütte ein.

2. Ab Lüsner Joch mit Nr. 1 quer durch die Flanken des Maurerbergs, ab P. 2034 vorübergehend merklich steigend, zur Hütte (ebenfalls etwas Zeitersparnis, aber nicht so spannend wie über den Kamm).
Karte: Tabacco, Blatt 030 »Brixen – Villnössertal«.

Von der **Kreuzwiesenalm** 1 beginnen wir kurzzeitig auf einem Fahrweg und nehmen dann bergseitig die Nr. 12 aufwärts. Man stößt auf einen Karrenweg (Nr. 10) und folgt aus einem Geländeeinschnitt heraus dieser Markierung über die Nordwestflanke hinauf zum **Campill** 2, 2190 m. Nächster ausgewiesener Punkt in Südrichtung ist das **Jakobstöckl**, 2026 m, unweit der Astalm. Dahinter gewinnen wir bis auf Höhe des Jakobskopfes, der knapp rechts

Urig geht's auf der Wieseralm zu.

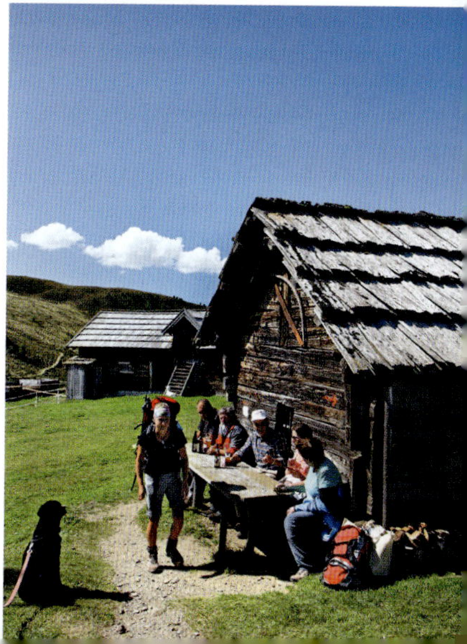

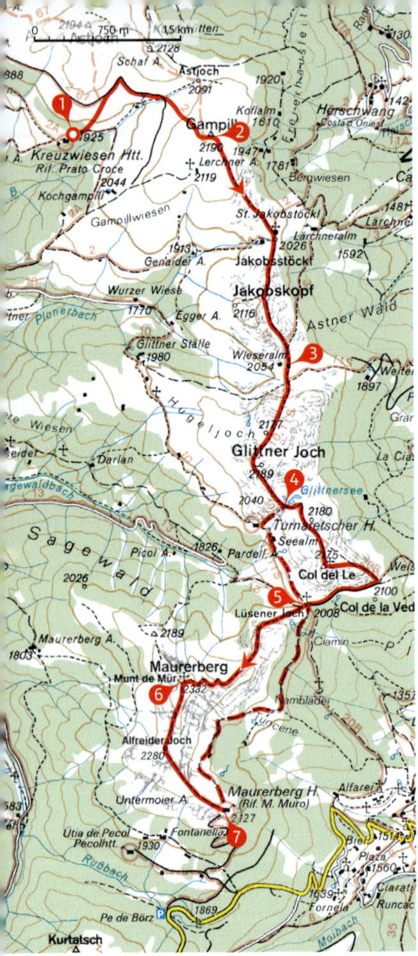

bleibt, wieder ein paar Höhenmeter und nähern uns der **Wieseralm** ❸, 2054 m, die sommers eventuell ein Jausenangebot bereithält. Abermals wartet ein kleiner Gegenanstieg. Der Anton-Schwingshackl-Weg führt durch kupiertes Gelände zum **Glittner See** ❹, 2151 m, wo sich Routen verzweigen. Im Kontext der Dolorama-Tour ist für uns die Verbindung zum **Col dal Lé**, 2175 m, maßgebend. Der steilen Südflanke muss man im Abstieg nach links ausweichen, ehe man wieder auf einen befestigten Weg einbiegt und mit diesem das **Lüsner Joch** ❺, 2010 m, ansteuert. Es ist die markanteste Senke dieser Etappe. Auch wenn man mit Nr. 1 eine mehr oder weniger direkte Hangquerung zum Tagesziel vollziehen könnte, lohnt sich jetzt die längere Gegensteigung zum Maurerberg: zunächst durch Strauchwerk ein gutes Stück empor, dann den Kammausläufer P. 2220 rechtsseitig traversierend und schließlich am steileren Gipfelhang hoch. Zuoberst flachen die Wiesen Richtung Gipfelkreuz am **Maurerberg** ❻, 2332 m, wieder ab. Der Ausklang des Übergangs vollzieht sich in gemächlichem Abstieg über die Rückfallkuppe des Alfreider Jochs und die Wiesenabdachung zur komfortablen **Maurerberghütte** ❼, 2132 m.

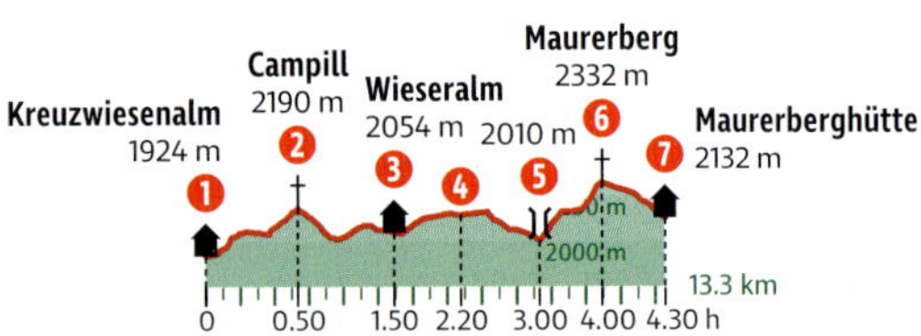

↗ 740 m | ↘ 560 m | 14.5 km

4.20 h

33 Maurerberghütte – Schlüterhütte

Im Bannkreis des stolzen Peitlerkofels

Südlich der Würzjochstraße beginnen die Dolomiten endlich auch in geologischer Hinsicht, wenn wir das Altkristallin der sanfteren Vorberge verlassen. Als Erstes prangt uns der Peitlerkofel entgegen, ein unverwechselbarer Solitär mit senkrechtem Nordabbruch und einer südseitigen Schrofenflanke, über die der viel begangene Normalweg führt. In diesem Zusammenhang sei freilich erwähnt, dass der klettersteigartig ausgebaute Gipfelaufbau absolute Trittsicherheit und Schwindelfreiheit verlangt – für Freunde leichter Trekkings also eher nur ein Objekt zum Anschauen und Bewundern. Man kann den Peitler beidseitig traversieren, wobei unsere Dolorama-Tour den längeren Kurs über das Gömajoch nutzt. Wunderbar beschaulich wandert es sich über die Peitlerwiesen, während unsere Blicke über die Bergwelt des Gadertals (Badia) schweifen. Gleich hinter dem Kreuzkofeljoch empfängt uns auf Villnösser Seite die altehrwürdige Franz-Schlüter-Hütte.

Ausgangspunkt: Maurerberghütte, 2132 m.
Endpunkt: Schlüterhütte, 2297 m.
Anforderungen: Maximal T2. Überwiegend leichte, hindernisarme Wander- und Wirtschaftswege, selten mal steil. Konditionell ebenfalls noch moderat.
Einkehr/Unterkunft: Maurerberghütte (siehe Tour 32). Würzjochhütte (Tel. +39 0474 520066, boerz.it). Munt de Fornella, Ütia de Göma und Ütia Vaciara (alle drei nur Einkehr). Schlüterhütte (Mit-

Besonders urwüchsige Szenerien begleiten uns im Bereich von Göma.

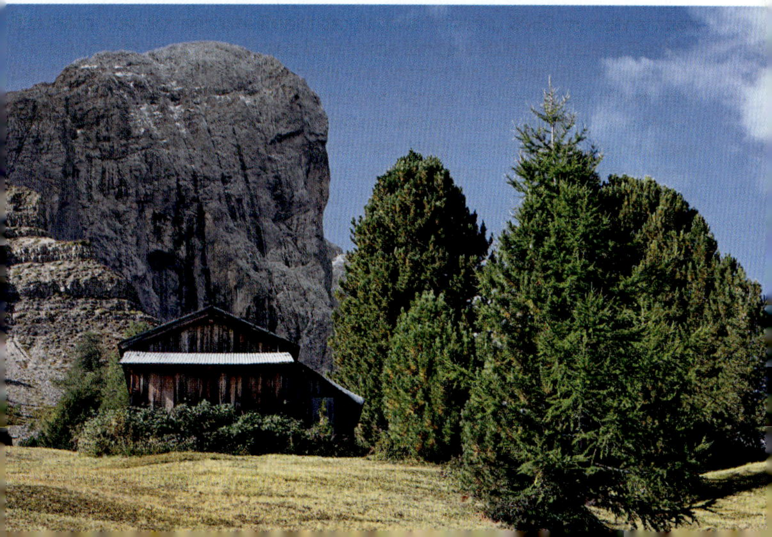

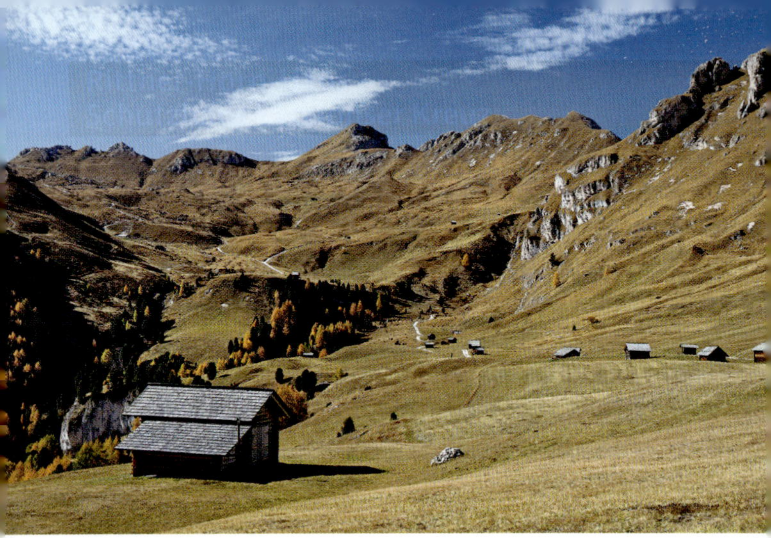

Auf den Peitlerwiesen lässt sich unbeschwert wandern.

te Juni bis Anfang/Mitte Oktober, Tel. +39 0472 670072 oder +39 347 2667694, schlueterhuette.com).

Varianten: 1. Der Peitlerkofel lässt sich geringfügig anspruchsvoller (T2+) auch auf seiner Westseite traversieren. Man steigt dann durch einen Grabeneinschnitt zur Peitlerscharte, 2362 m, empor und folgt dem Dolomiten-Höhenweg Nr. 2 bis zur Schlüterhütte. Die Gehzeit reduziert sich dadurch immerhin um mehr als 1 Std.
2. Versierte Bergwanderer können dabei eine Besteigung des Peitlerkofels, 2875 m, einbauen (Schwierigkeit T4, also schwarz!) – die Normzeit für den Aufstieg von der Scharte beträgt 1.30 Std.
3. Leichter zu haben ist der Zendleser Kofel, 2422 m, in gut 20 Min. ab Schlüterhütte.

Karte: Tabacco, Blatt 030 »Brixen – Villnössertal« oder Blatt 07 »Alta Badia – Arabba – Marmolada«.

Von der **Maurerberghütte** ❶ verlieren wir zunächst an Höhe, wenn es über die Schleifen des Fahrweges (Nr. 1) durch Zirbenwald Richtung **Pé de Börz** ❷, 1862 m, geht. Vom Parkplatz schlagen wir einen relativ steilen Waldsteig ein, der abseits der Passstraße auf die Höhe des **Würzjochs** ❸ mit dem gleichnamigen Almgasthof führt. Nun auf breitem Weg am Rande des tiefen, geologisch interessanten Erosionskessels entlang gen Süden. Im Wiesengelände unweit der Almwirtschaft **Munt de Fornella**, 2067 m, unter dem Nordabsturz des Peitlers, gabelt sich die Route. Wir halten uns links unmittelbar an der Jausenstation ❹ vorbei und gelangen leicht absteigend in ein bewaldetes Bergsturzareal. Über einen Wiesenrücken hinweg auf die Wiesen bei der ebenfalls bewirtschafteten **Ütia de Göma** ❺, 2030 m, hier vorübergehend auf breiter Trasse weiter und dann auf gutem Steig durch lichtbewaldetes Terrain hinauf zum **Gömajoch** ❻, 2111 m. Bei der Kreuzung

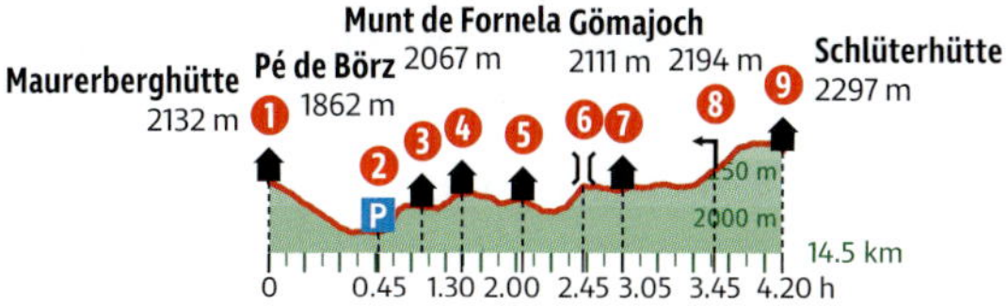

wählen wir Nr. 35 nach rechts. In weitläufigem, heiterem Wiesengelände empfängt uns mit der **Ütia Vaciara** 7, 2090 m, eine weitere Einkehrstation. Man folgt noch eine ganze Weile dem breiten Wirtschaftsweg, gewinnt erst allmählich an Höhe und kommt zu einer Verzweigung 8 unterhalb der Peitlerscharte. Links haltend nach wie vor mit Nr. 35 schräg aufwärts und zuletzt gemeinsam mit der Höhenroute von der Peitlerscharte über das **Kreuzkofeljoch**, 2340 m, hinweg zur **Schlüterhütte** 9, 2297 m.

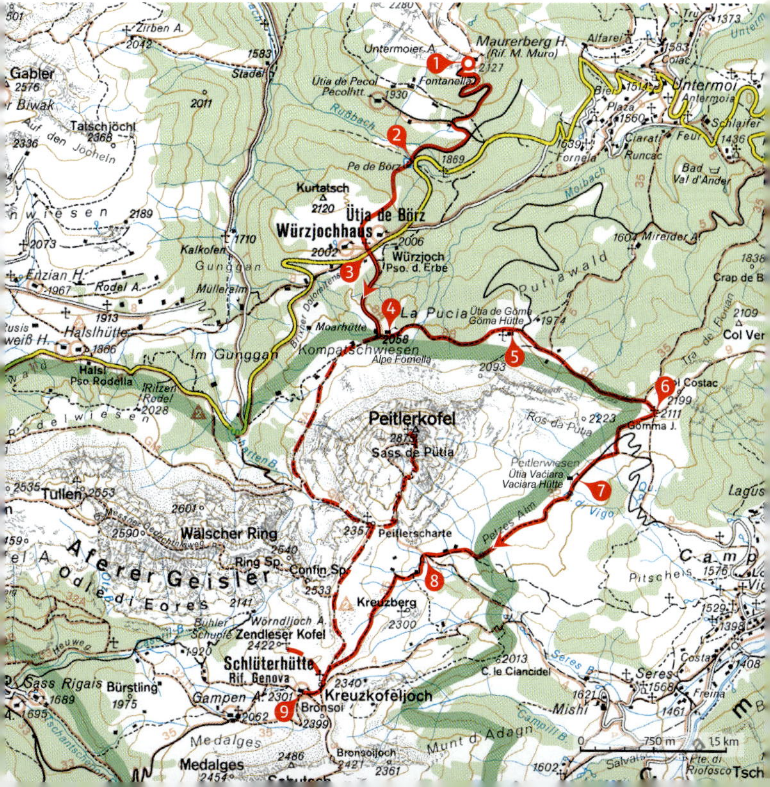

↗ 600 m | ↘ 730 m | 15.8 km

34 Schlüterhütte – Raschötzhütte

4.45 h

Über den beliebten Adolf-Munkel-Weg

Die schroffe Phalanx der Geislerspitzen über dem Villnösser Talschluss gilt als eine der Traumkulissen schlechthin in den Dolomiten. Auch wer noch nicht selbst dort gewesen ist, dürfte ihr Bild mit hoher Wahrscheinlichkeit schon als Kalender- oder Postkartenmotiv gesehen haben: Da erhebt sich eine Front scharf geschnittener Felszacken über grünen Wiesen und Wäldern, im Vordergrund vielleicht ein jahrhundertealter Bauernhof oder – klassisch – das bekannte Kirchlein St. Magdalena. Die ganze Herrlichkeit der Dolomiten spiegelt sich hier in einer einzigartigen Landschaftskomposition wider. Um die Wende vom 19. zum 20. Jahrhundert errichtete der Dresdner Alpenverein die Franz-Schlüter-Hütte am Kreuzkofeljoch und legte zu Füßen der Geisler-Nordwände den idyllischen Adolf-Munkel-Weg an. Beide entwickelten sich rasch zu Publikumsmagneten – bis heute ungebrochen. Für uns vermittelt diese Traverse ohne allzu viel Höhenverlust eine ideale Verbindung zur Raschötz, die sich bereits über dem Grödnertal erhebt und ihrerseits mit grandiosen Aussichten punktet. Sella, Langkofel und Schlern treten nun ins Blickfeld.

Ausgangspunkt: Schlüterhütte, 2297 m. Bester Zustieg von der Zanser Alm im hinteren Villnösstal.
Endpunkt: Raschötzhütte, 2170 m. Mit der nahen Raschötz-Standseilbahn kann man auch rasch und problemlos ins Tal gelangen (St. Ulrich im Grödnertal).
Anforderungen: T2. Durchgängig leich-

Die Gampenalm unterhalb des Zendleser Kofels.

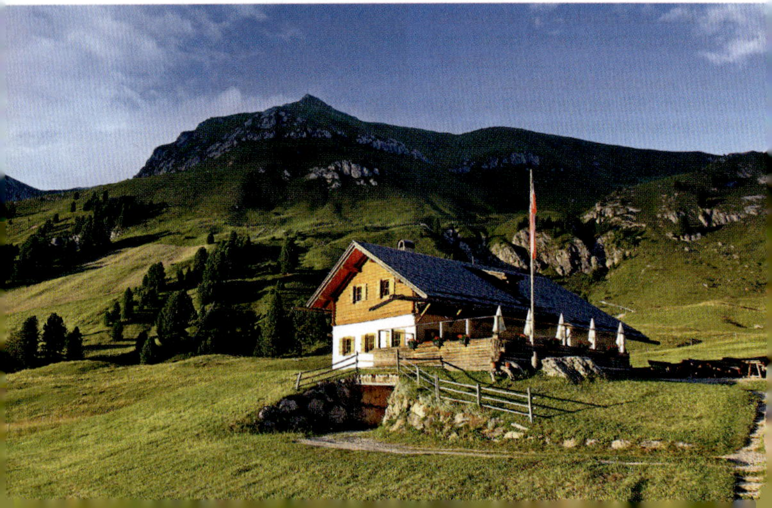

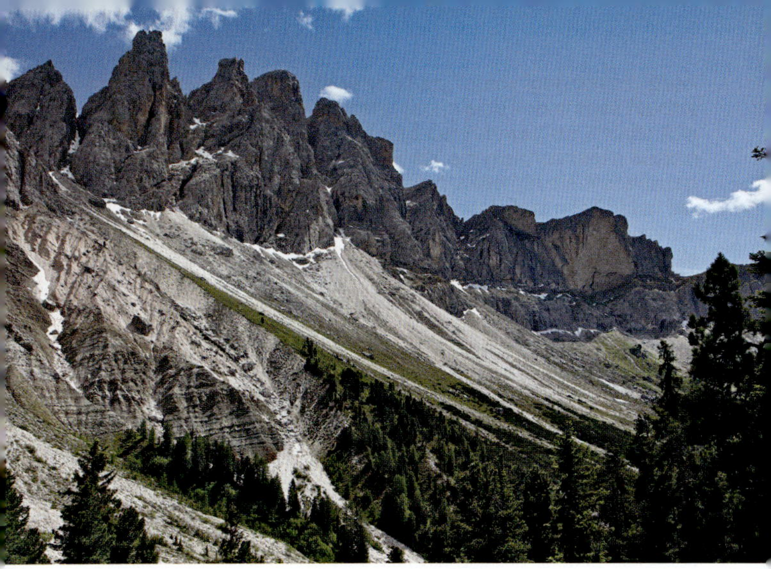

Über dem Adolf-Munkel-Weg ragen die Odle in den Himmel.

te Bergwanderwege, nur vorübergehend auch mal Fahrwege, ohne Absturzgefahr und mit sehr gemäßigten Verläufen. Etwas Ausdauer erforderlich, aber noch moderat.
Einkehr/Unterkunft: Schlüterhütte (siehe Tour 33). Gampenalm (Pfingsten bis Anfang November, Tel. +39 0472 840001 oder +39 348 2721587, gampenalm.com). Abstecher zu Glatschalm und Gschnagenhardtalm möglich (jeweils Einkehr). Brogleshütte (Tel. +39 338 4600101 oder +39 0471 655642). Raschötzhütte (Tel. +39 328 3345986, rifugioresciesa.com).
Karte: Tabacco, Blatt 05 »Gröden – Seiseralm« oder 030 »Brixen – Villnössertal«.

Von der **Schlüterhütte** ❶ nehmen wir den Direktabstieg (Nr. 33), der in einer steileren Hangpartie etliche Kehren absolviert. Unterhalb kommt man bereits zur **Gampenalm** ❷, 2062 m, die übrigens auch gemütliche Unterkunft bietet. Nun links haltend zum Fahrweg, also die direkte Fortsetzung zur Zanser Alm verlassend, und mit Nr. 35 hinab zur Brücke bei **Tschant-**

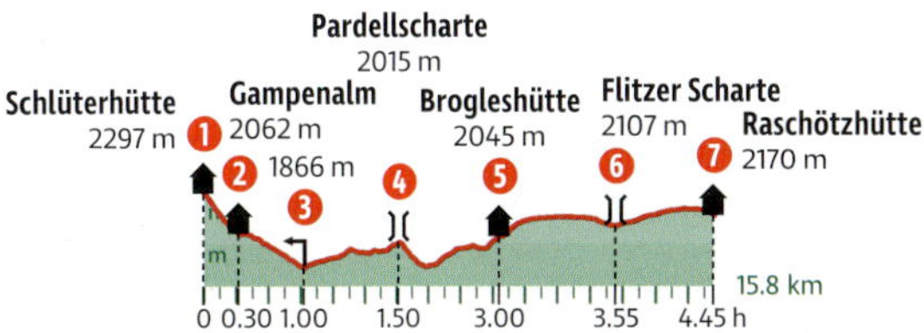

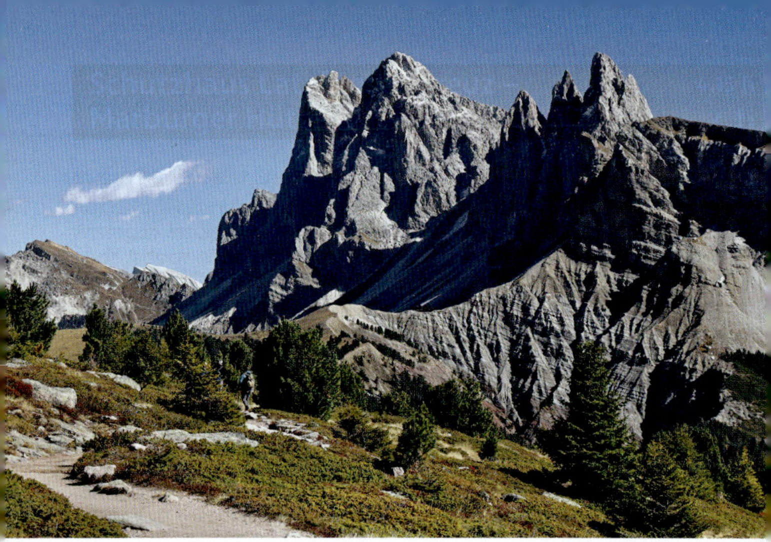

Beschauliches Wandern an der Raschötz, im Angesicht der Geislerspitzen.

schenon ❸, 1866 m. Während der Fahrweg hier talwärts abdreht, leiten wir am **Adolf-Munkel-Weg** einen Gegenanstieg ein. Man passiert zwei Abzweigungen zur **Glatschalm**. An der Nahtstelle zwischen dem Bergwald und den steilen Geröllreißen der Geislerspitzen wandern wir durch ein urwüchsiges Gelände, welches den Eindruck einer verwunschenen Märchenlandschaft erwecken mag. Bewachsene Felsbrocken zeugen von einstigen Bergstürzen, Pionierpflanzen markieren gleichsam die Kampfzone des Lebens. Vor allem prägen Zirben und Lärchen das Bild, während wir allmählich nach Westen vorankommen und dabei auch zwei Abzweigungen zur **Gschnagenhardtalm** hinter uns lassen. Die erste befindet sich auf dem

Morgendlicher Aufbruch bei der Schlüterhütte.

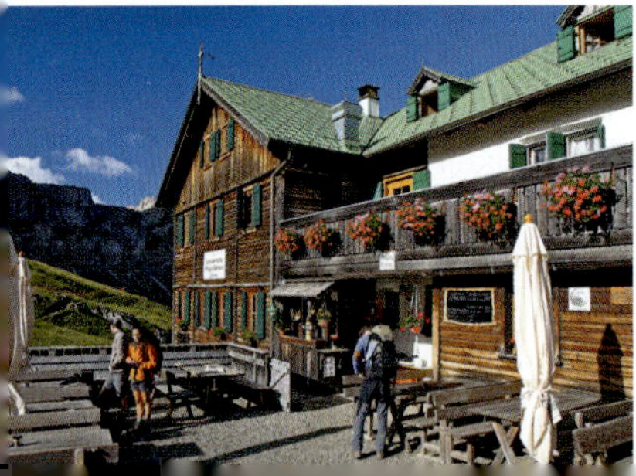

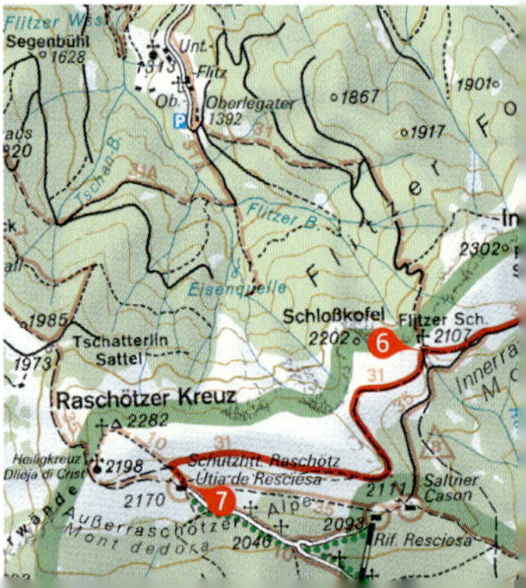

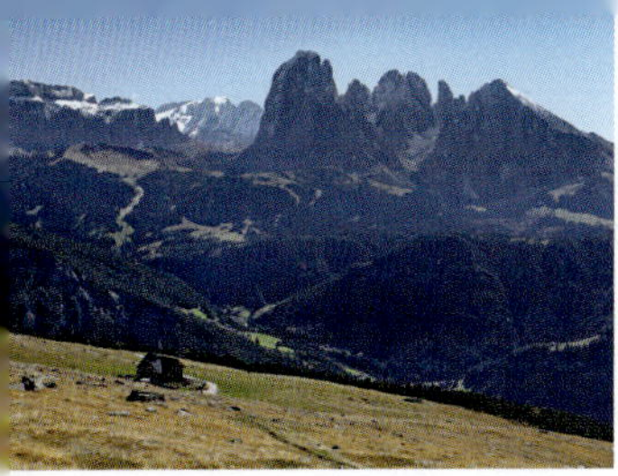

Die Raschötzhütte vor der Kulisse von Sella und Langkofel.

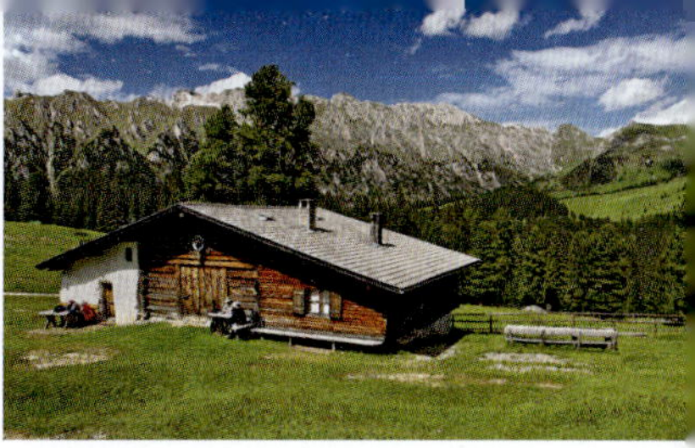

Ein Abstecher zur Glatschalm verschafft uns heitere Idylle.

Scheitel eines Geländerückens, auch **Pardellscharte** ❹, 2015 m, genannt. Dahinter wieder ein gutes Stück bergab und aus der Senke bei Weißbrunn mit Kreuzen der Route Nr. 29 erneut aufwärts. An einer kleinen Geländenase vorbei bewegen wir uns im Wald fort, queren später einen Schuttstreifen und gelangen ins freie Gelände bei der **Brogleshütte** ❺, 2045 m, oft auch als Broglesalm bezeichnet. Sie ist kürzlich modernisiert worden. Knapp oberhalb liegt der **Broglessattel**, 2119 m, Übergang in den Einzugsbereich von Gröden sowie für uns auf die Hanglagen der Raschötz. Lockeren Fußes durchmessen wir zunächst die Südabdachung der Innerraschötz. Ein komfortabler Karrenweg führt nahezu eben dahin. Später rückt man nach rechts ab, tangiert unmittelbar die **Flitzer Scharte** ❻, 2107 m, und geht den nächsten Bogen aus. Unweit der Raschötz-Standseilbahn um ein markanteres Geländeeck herum und schließlich noch rund anderthalb Kilometer quer durch die sanft geneigten Hänge gen Westen, bis wir mit einem kurzen Knick bei der **Raschötzhütte** ❼, 2170 m, eintreffen.

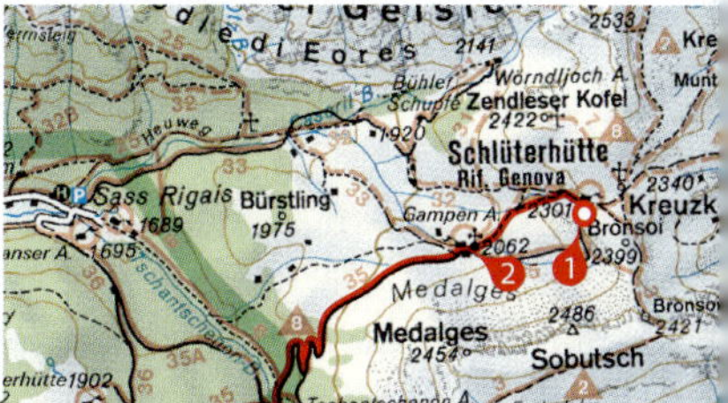
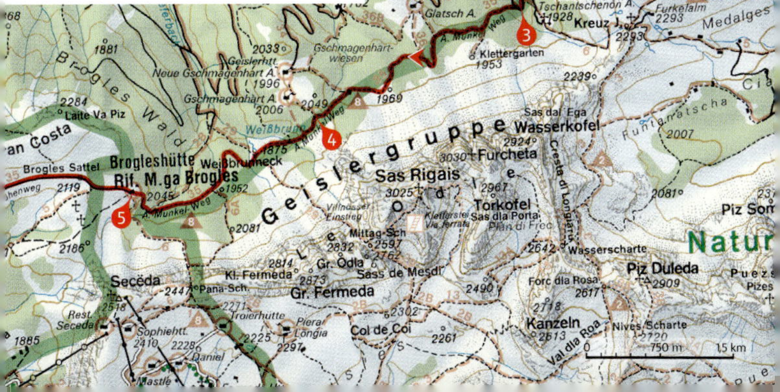

↗ 40 m | ↘ 1130 m | 10.1 km

35 Raschötzhütte – Lajen

2.45 h

Ausklang in den Wäldern über dem Grödnertal

Den erwachenden Tag oben auf der Raschötz zu erleben, ist mit etwas Wetterglück der perfekte Auftakt für die finale Etappe, die fast nur noch bergab führt. Wahrscheinlich wird man sich schwer losreißen können von diesem Aussichtsbalkon. Mit dem Abstieg von der Kapelle Heiligkreuz, die direkt an der Hangkante steht, tauchen wir allmählich in die waldreichen Gefilde der zum Eisacktal hin vorgelagerten Hügel ein. Bei einer Marende auf der Ramitzler Schwaige oder der Unterpulghütte können wir den Verlauf unserer Dolorama-Tour Revue passieren lassen, ehe das erhaben gelegene Bergdorf Lajen den Schlussakzent setzt.

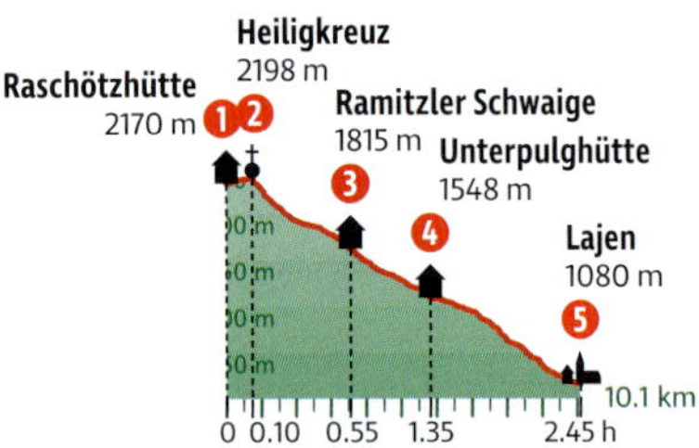

Ausgangspunkt: Raschötzhütte, 2170 m. Leicht erreichbar mit der Standseilbahn von St. Ulrich im Grödnertal und einer knapp halbstündigen Höhenwanderung.
Endpunkt: Lajen, ca. 1080 m, auf einer Hangterrasse über dem vorderen Grödnertal. Busverbindung nach Klausen. Dort verlaufen Bus- und Bahnlinie durchs Eisacktal (Richtung Brixen bzw. Bozen).
Anforderungen: T2+ maximal, meist T1. Im ersten Teil promenadenartiger Höhenweg, anschließend ein gepflasterter Abstieg, im großen Rest problemlose Karren- und Waldwege. Halbtageswanderung, überwiegend im Bergab.
Einkehr/Unterkunft: Raschötzhütte (siehe Tour 34). Ramitzler Schwaige und Unterpulghütte (jeweils Einkehr). Diverse Restaurants und Gasthöfe in Lajen.
Varianten: 1. Lohnender Abstecher zum Gipfelkreuz auf der Außerraschötz, 2281 m. Von der Hütte sowie der Kapelle Heiligkreuz existieren jeweils harmlose Wege.
2. Ab Unterpulghütte mit Nr. 34 via Noflatsch und Außergspoi nach Tschöfas, zuletzt auf dem Poststeig nach Lajen (etwas mehr Aussicht).
Karte: Tabacco, Blatt 05 »Gröden – Seiseralm« oder 030 »Brixen – Villnössertal«.

Lajen ist der nominelle Zielort der Dolorama-Tour.

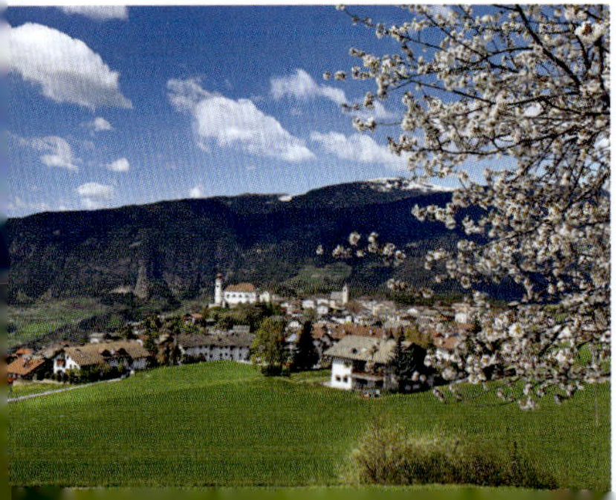

Von der **Raschötzhütte** ❶ wenden wir uns gen Westen und erreichen nach rund 10 Minuten bereits die weithin sichtbare Kapelle **Heiligkreuz** ❷, 2198 m. Hier taucht unsere Nr. 35 in den urwüchsigen west-

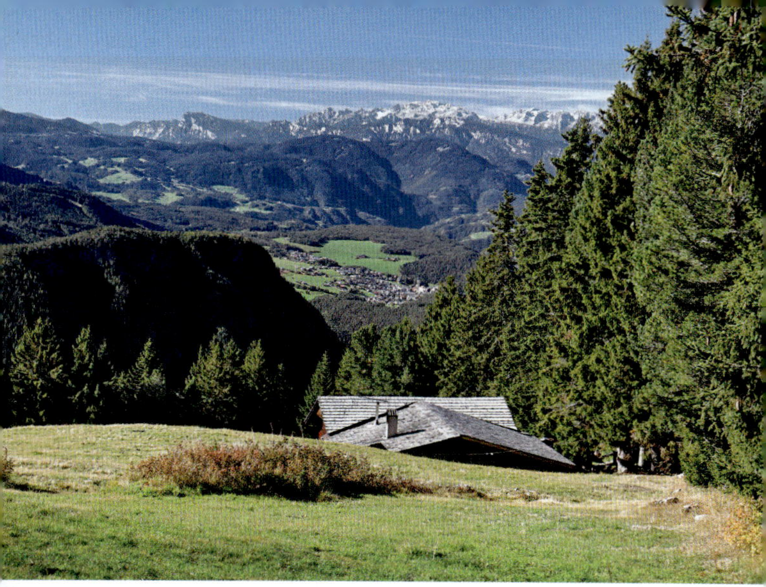

Bei der Ramitzler Schwaige genießen wir nochmals den weiten Horizont bis ins Trentino.

seitigen Berghang ab, für eine Weile aufwendig gepflastert, später rechts haltend Richtung Tschatterlinsattel. Wir durchwandern das aufgelockerte Gelände der Tschanwiesen und achten auf den Linksschwenk hinab zur **Ramitzler Schwaige** ❸, 1815 m. Richtung **Unterpulghütte** ❹, 1548 m, geht es allmählich weiter leicht abwärts, anschließend stehen uns zwei gleichwertige Routen zur Verfügung. Bleiben wir der Nr. 35 treu, bewegen wir uns für eine ganze Weile auf befestigten Forstwegen und treten erst ganz zum Schluss in das freie Gelände der Mooswiese hinaus. Im Zielort **Lajen** ❺, 1080 m, orientiert man sich zur Bushaltestelle im Trojer Anger.

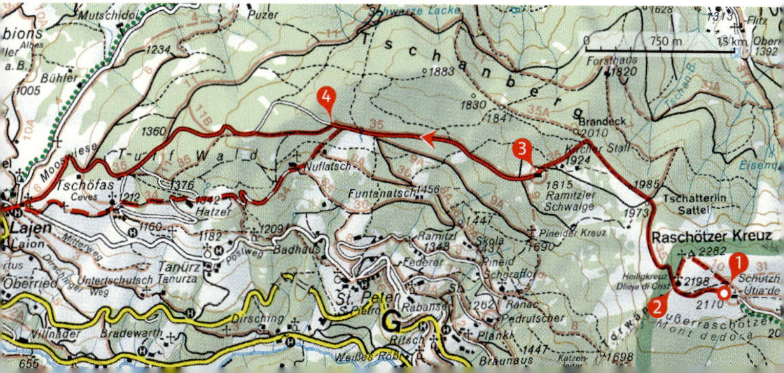

VON SEIS NACH SEXTEN

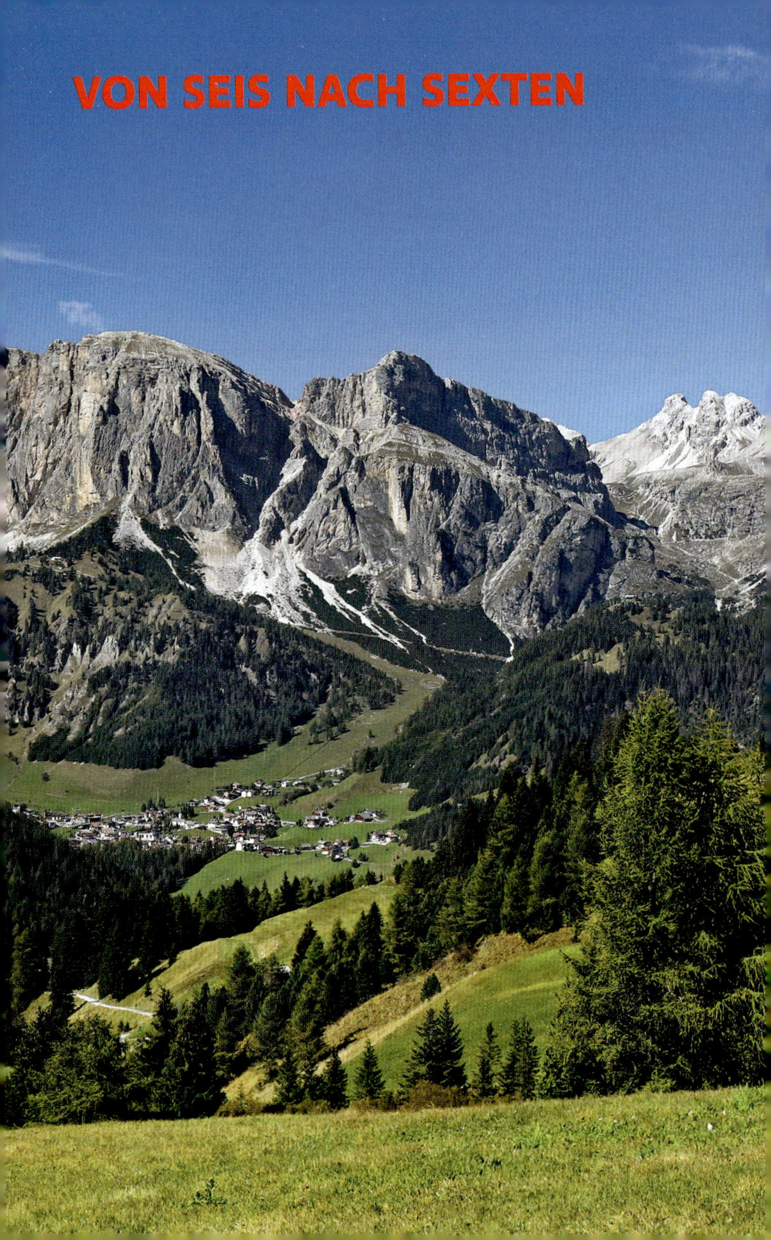

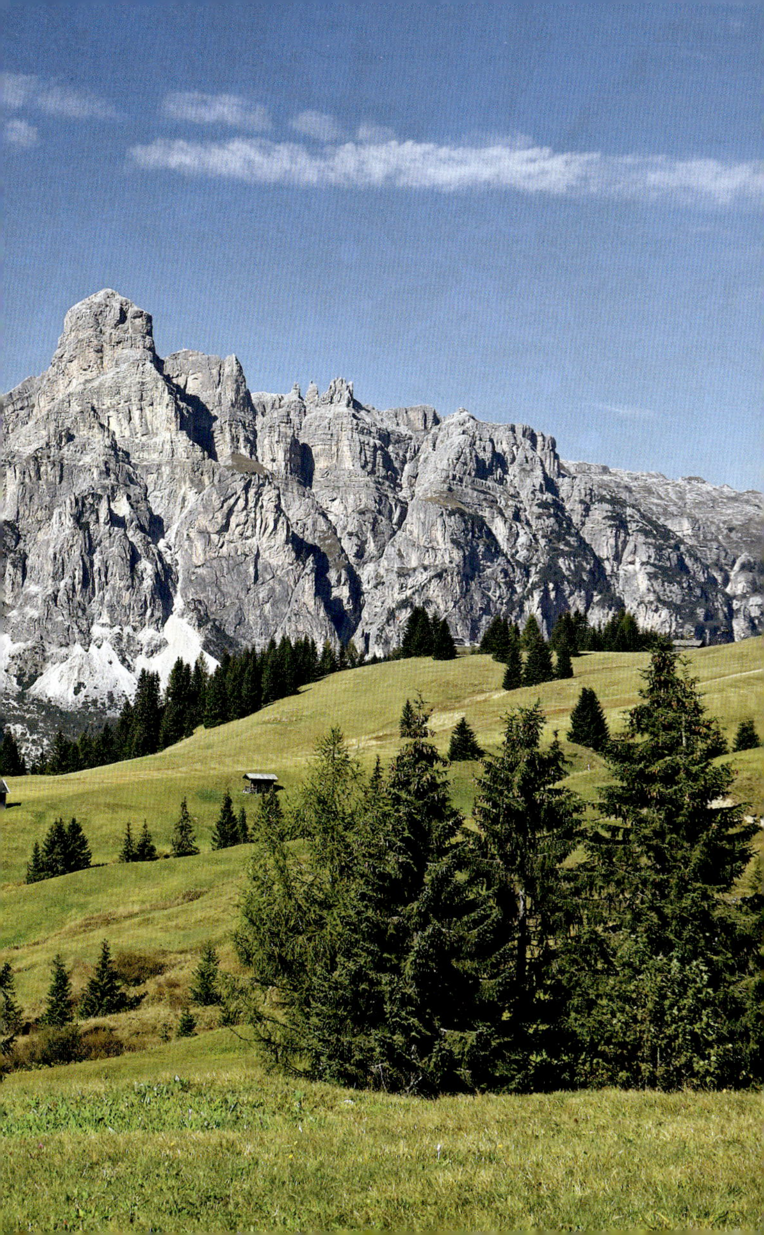

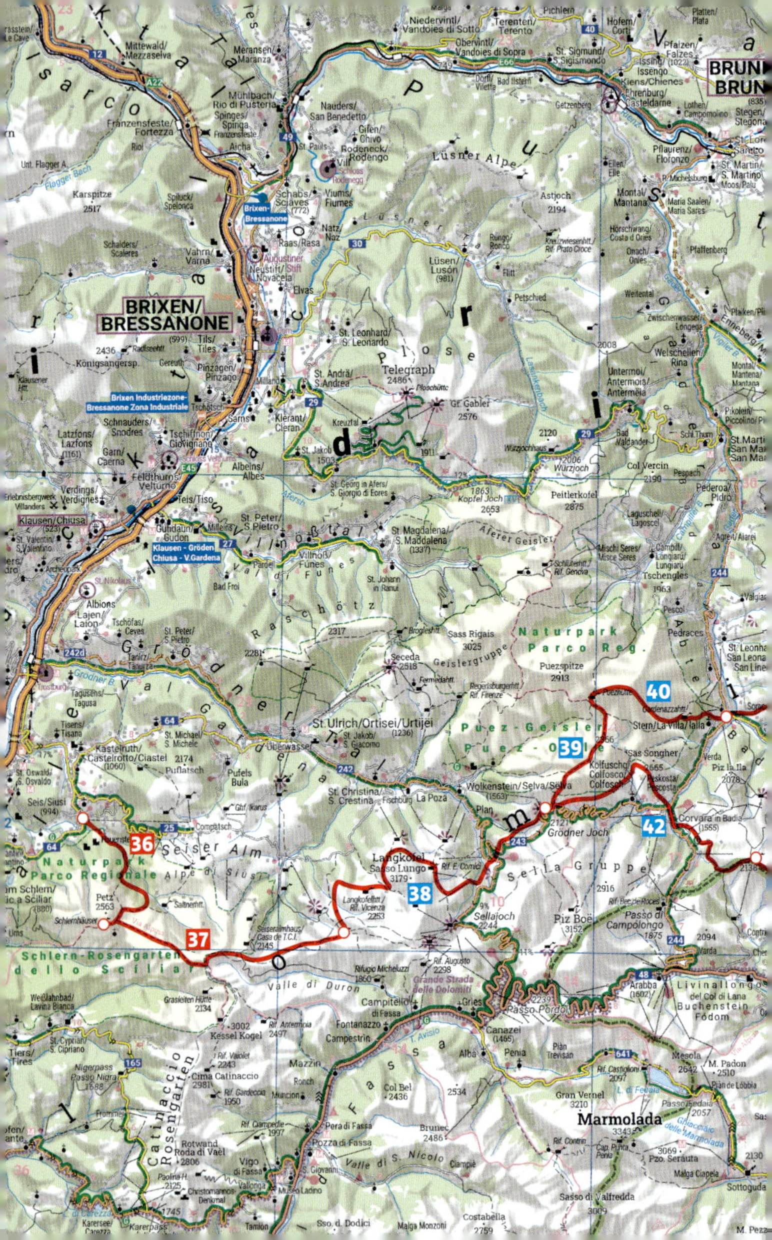

BRIXEN/
BRESSANONE
Brixen-
Bressanone
Brixen Industriezone-
Bressanone Zona Industriale
Klausen - Gröden
Chiusa - V.Gardena
Klausen/Chiusa
Franzensfeste/
Fortezza
Mühlbach/
Rio di Pusteria
Vahrn/
Varna
Neustift/
Novacela
Lüsen/
Lusón
Lüsner Alpe
Telegraph
2486
Gr. Gabler
2576
Plose
St. Andrä/
S. Andrea
Feldthurns/
Velturno
Villnöß/
Funes
St. Magdalena/
S. Maddalena
Sass Rigais
3025
Geislergruppe
Seceda
2518
Naturpark
Parco Reg.
Puez-Geisler
Puezspitze
2913
St.Ulrich/Ortisei/Urtijëi
St. Christina/
S. Crestina
Wolkenstein/Selva/Sëlva
Kastelruth/
Castelrotto/Ciastel
Seis/Siusi
Seiser Alm
Alpe di Siusi
Naturpark
Parco Regionale
Schlern-Rosengarten
dello Sciliar
Petz
2563
Langkofel
Sasso Lungo
3179
Sella Gruppe
Sellajoch
2244
Grödner Joch
2121
Piz Boè
3152
Stern/La Villa/Ialla
Kolfuschg/
Colfosco
Corvara in Badia
Passo di
Campolongo
1875
Arabba
Livinallongo
del Col di Lana
Buchenstein
Fodom
Passo Pordoi
Canazei
Campitello
di Fassa
Valle di Duron
Fassa
Marmolada
3343
Passo Fedaia
2057
Pozza di Fassa
Vigo
di Fassa
Catinaccio
Rosengarten
Rotwand
Roda di Vaèl
2806
Kessel Kogel
3002
Cima Catinaccio
2981
Nigerpass
Passo Nigra
Karersee/
Carezza
Bruneck
Bruneck
36
37
38
39
40
42

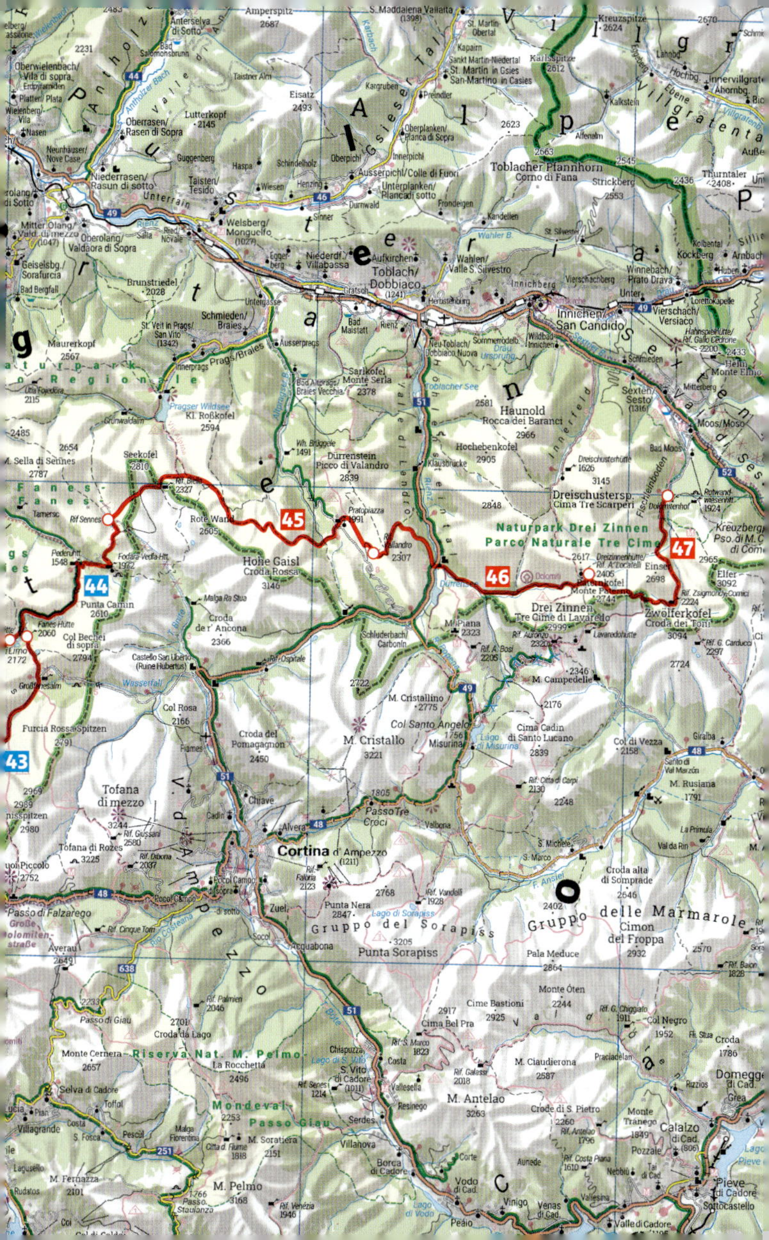

Cortina d'Ampezzo
Toblach/Dobbiaco
Innichen/San Candido
Drei Zinnen
Tre Cime di Lavaredo
Naturpark Drei Zinnen
Parco Naturale Tre Cime
Gruppo del Sorapiss
Gruppo delle Marmarole
Hohe Gaisl
Croda Rossa
M. Cristallo
M. Antelao
M. Pelmo
Riserva Nat. M. Pelmo
Tofana di mezzo
Dürrenstein
Picco di Vandandro
Haunold
Rocca dei Baranci
Misurina
Sexten/Sesto
Welsberg/Monguelfo
Niederdorf/Villabassa
Pragser Wildsee
Passo di Falzarego
Passo di Giau
Calalzo di Cad.
Pieve di Cadore
43
44
45
46
47

Südtiroler Dolomiten-Durchquerung zwischen Schlern und Drei Zinnen

Im großen Gebirgsverbund der Alpen stellen die Dolomiten fraglos ein Aushängeschild an landschaftlicher Pracht dar, nicht zuletzt begründet durch die geologische Situation, die allenthalben für formgewaltige, steilfelsige Gipfelkulissen sorgt. Seinen Niederschlag hat dies mittlerweile darin gefunden, die gesamten Dolomiten zum UNESCO-Weltnaturerbe zu erklären, was ihre Popularität nochmals gesteigert haben dürfte. Damit hat man einen Werbeträger mehr, den es eigentlich gar nicht bräuchte, liegt die Herausforderung für die Zukunft doch vor allem in einer funktionierenden Balance zwischen Tourismus und Naturschutz.

Jedenfalls wird es für passionierte Bergwanderer von hohem Interesse sein, die Dolomiten einmal zu durchqueren. Offizielle Routen dieser Art gibt es etliche, namentlich die großen, durchnummerierten Dolomiten-Höhenwege, die überwiegend von Nord nach Süd verlaufen. Unser Augenmerk ist hier allerdings speziell auf den Südtiroler Anteil gerichtet, weshalb sich vielmehr die West-Ost-Richtung anbietet. Insofern ist das nachfolgend im Detail vorgestellte Trekking zwischen Seis und Sexten respektive vom Schlern bis zu den Drei Zinnen eine persönliche »Erfindung« des Verfassers und nicht – wie die anderen Touren in diesem Band – von offiziellen Stellen ausgerufen. Ich habe mir gründliche Gedanken für eine optimale Linie

Seiten 170/171: Landschaft in Alta Badia mit Sas Ciampac (links) und Sassongher
Unten: Die Rossalm in den Pragser Dolomiten bietet nur Einkehrmöglichkeit.

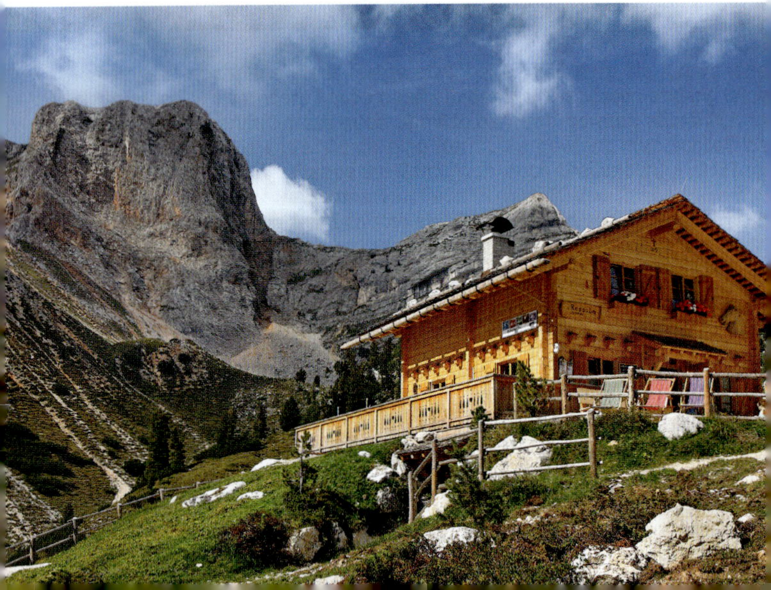

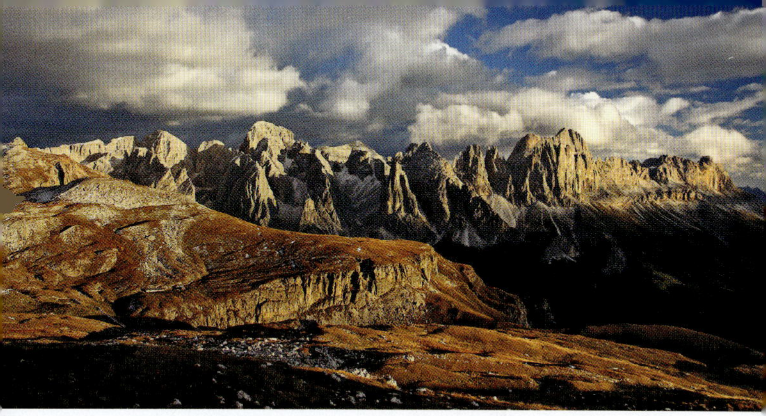

Über Schlern-Hochfläche und Rosengarten legt sich das milde Licht der Abendsonne.

gemacht, immer unter der Titelvorgabe, das Anforderungsniveau verhältnismäßig niedrig zu halten (zumindest nicht über T3 hinaus). In einigen Bereichen schien sie von vornherein klar und logisch, vor allem im Bereich von Gröden und Alta Badia kann jedoch in gewissem Rahmen flexibel agiert werden.
Mein Entwurf sieht einen Start bei Seis am Schlern vor, obschon eine engere Einbindung der Rosengartengruppe nicht minder verlockend wäre. Somit erklimmen wir am Rande der Seiser Alm zunächst die Höhen des Schlern und nehmen dann via Tierser Alpl Kurs ostwärts direkt dem Langkofelmassiv entgegen. Diesem Bollwerk lässt sich problemlos wahlweise links oder rechts ausweichen. Die wuchtige Sella nebenan zeigt sich ringsum von Passstraßen eingefasst und eignet sich kaum für eine leichtere Überschreitung; im Sinne der oben erwähnten Beschränkung ist sie womöglich ein Kaliber zu groß. Daher gilt es als Nächstes das Grödner Joch zu erreichen, um den Übergang Richtung Alta Badia zu vollziehen. An diesem Punkt verzweigen sich meine Vorschläge. Persönlich würde ich eher der Fortsetzung durch den Kern der Puezhütte den Vorzug geben: über die gleichnamige Hütte auf die eindrückliche Gherdenacia-Hochfläche und hinab in den Talort Stern. Anschließend gelangt man über die Forcella de Medesc mitten hinein in die Fanesgruppe. Diese Etappen wird manch einer freilich nicht mehr durchgängig als »leicht« empfinden und wer beim Schwierigkeitslevel T3

In den Sextener Dolomiten befindet sich die Zsigmondyhütte.

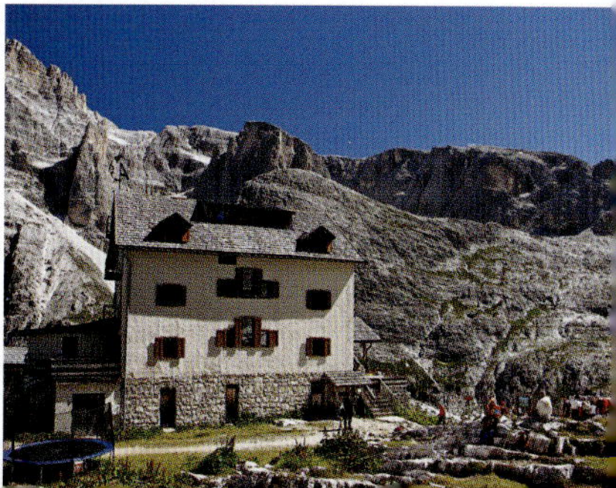

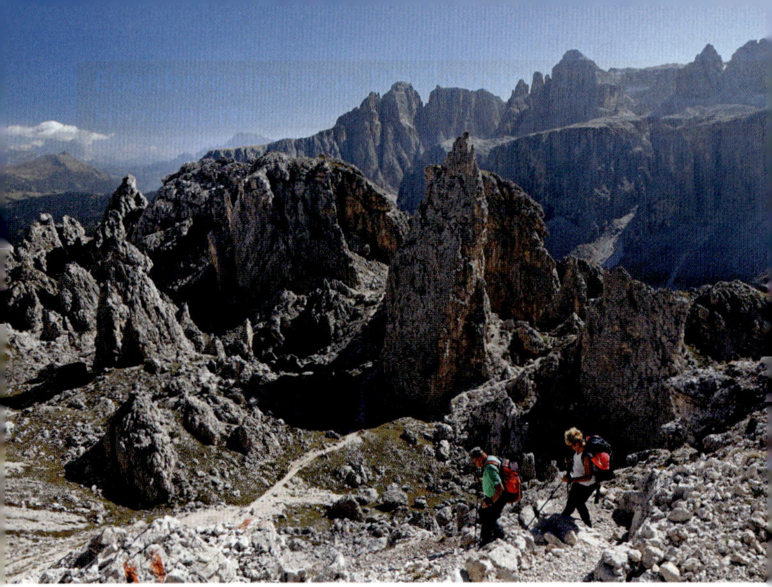

Am Cirjoch in der Puezgruppe, hinten die formgewaltige Sella.

vielleicht schon ein paar Sorgenfalten bekommt, sollte die ebenfalls ausführlich beschriebene Alternativroute erwägen. Diese führt vom Grödner Joch recht locker über den Kolfuschger Höhenweg Richtung Corvara und leitet danach über die sanfte Pralongià hinweg ins Fanesgebiet.

Damit haben wir inzwischen den Wechsel von den Westlichen in die Östlichen Dolomiten vollzogen. Im Verlauf zwischen den Hochplateaus von Fanes und Sennes, vor allem auch weiter durchs Herz der Pragser Dolomiten Richtung Plätzwiese, erwartet uns ein Bündel neuer faszinierender Eindrücke. Bevor dann in den Sextener Dolomiten die gewaltigen Schlussakkorde erklingen, muss mit dem Höhlensteintal (Landro) nochmals ein tiefer Taleinschnitt durchquert werden. So lässt sich beim Gegenanstieg zur Drei-Zinnen-Hütte neuerlich Spannung aufbauen, die sich im Angesicht einiger der formschönsten Dolomitberge überhaupt in geradezu euphorischer Weise erfüllt. Schlussendlich sei dazu angehalten, einen kleinen Schlenker direkt am mächtigen Zwölfer vorbei zu legen, ehe das gut einwöchige und rund 120 Kilometer messende Trekking durch die »Bleichen Berge« drunten im Fischleintal bei Sexten sein Ende findet.

Die tatsächliche Zahl der Tagesetappen ist freilich nicht festgelegt, zumal einzelne Abschnitte individuell gestaltbar sind. Wenn zwischen Mitte oder spätestens Ende Juni und Ende September sämtliche Unterkünfte geöffnet sind, liegen diese in aller Regel keinen vollen Tagesmarsch voneinander

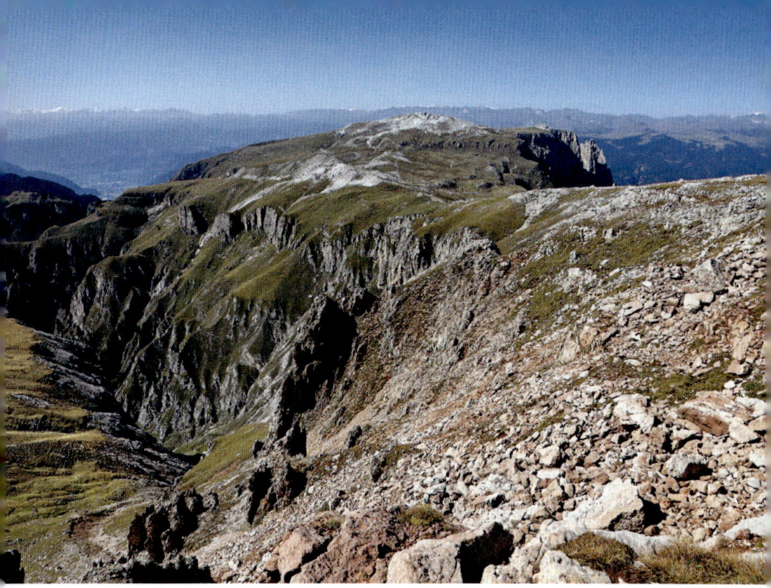

Blick zurück zum Schlern mit der hellen Haube des Petz.

entfernt. Oft sind es nur zwei bis drei Stunden von Hütte zu Hütte oder zwischendurch auch mal ins Tal. Zumindest acht bis – bei moderater Gangart – zehn Tage sollten insgesamt kalkuliert werden. In diesem Rahmen erreichen auch die konditionellen Anforderungen, ähnlich wie die wandertechnischen, allerhöchstens mittleres Niveau. Grundsätzliche Trittsicherheit ist zwar, wenn man sich längere Zeit durchs Hochgebirge bewegt, stets vorteilhaft, wirklich gebraucht wird sie auf dieser Tour aber nur gelegentlich bzw. stellenweise. Insofern findet hier auch jeder gemäßigte Wanderer eine ideale Möglichkeit, den gesamten Südtiroler Bereich der Dolomiten auf spannenden, erlebnisreichen Wegen zu durchqueren!

Unterwegs im Valun de Fanes.

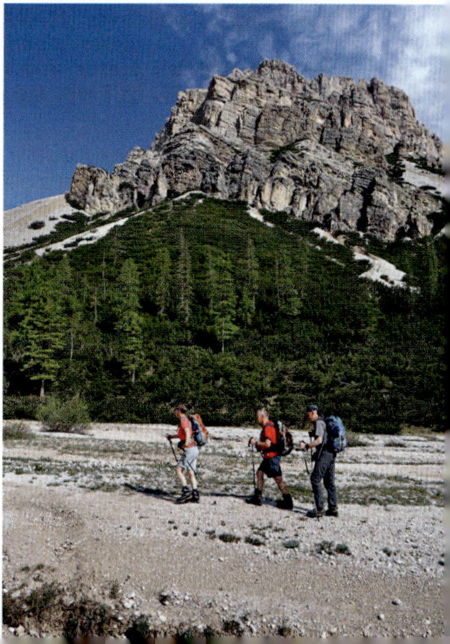

↗ 1460 m | ↘ 20 m | 9.8 km

36 Seis – Schlernhaus

4.30 h

Großartiger Auftakt am Schlern

Der Schlern ist gleichsam zu einem Symbolberg Südtirols avanciert, zum Spiegelbild dessen, was die Menschen unter der »Seele« ihres Landes verstehen. Schon von Bozen aus sieht man seinen mehr als 1000 Meter mächtigen Dolomitaufbau bugartig über der Völser Mittelgebirgsterrasse aufragen. Sein einzigartiges Profil mit den beiden Schlernzacken (Euringer- und Santnerspitze geheißen) über den sanften Wiesenwogen der Seiser Alm stempelt ihn zu einer Art Klischeebild Südtiroler Bergidylle. Da kann es kaum verwundern, dass schon früh die Idee aufkeimte, oben auf dem Schlern ein Schutzhaus zu bauen. Genug Platz hat es ja, schließlich bildet der Berg eine ausgedehnte Tafel und stürzt nur an den Rändern steil ab. Das Projekt war nicht unumstritten, wie uns die Chronik überliefert, doch nachdem namhafte Persönlichkeiten wie Johann Santner vehement dafür eintraten, kam es 1885 zur Umsetzung durch die Sektion Bozen des Deutschen und Österreichischen Alpenvereins. Nach mehrfachen Um- und Anbauten sprach man später nicht mehr vom Schlernhaus, sondern von den »Schlernhäusern«. Eine Nacht dort oben hat bis heute nichts von ihrer Faszination verloren, handelt es sich doch (beinahe) um eine Gipfelhütte. Der Petz als

Als erstes Quartier empfiehlt sich das Schlernhaus vis-à-vis der Rosengartenkette.

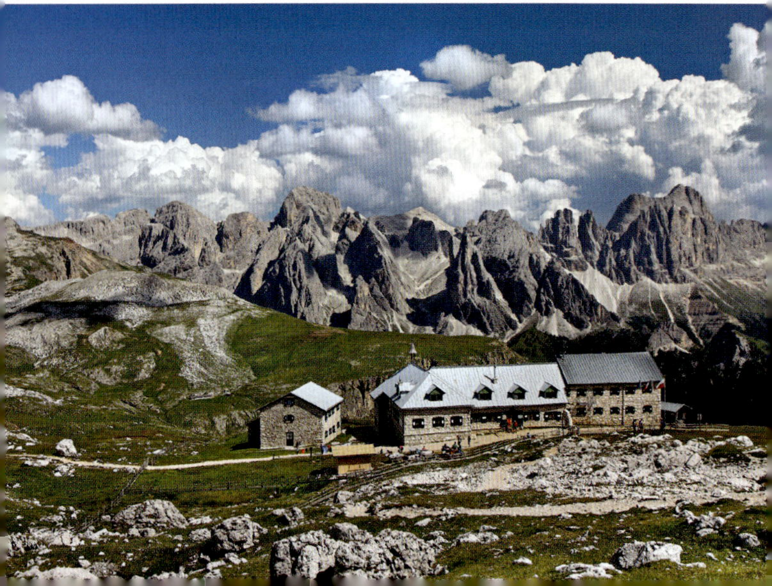

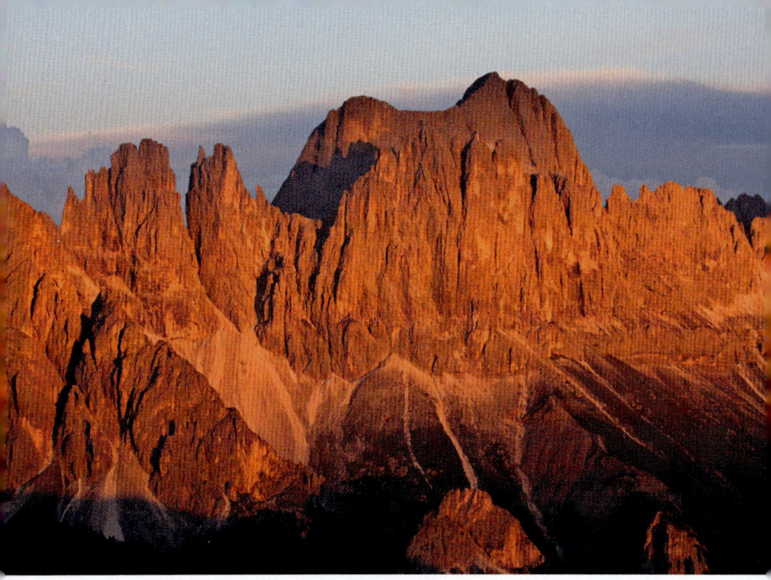

Alpenglühen an Rosengartenspitze und Vajolettürmen.

höchster Punkt des Berges ist nur einen Katzensprung entfernt und sollte nicht ausgelassen werden, wenn wir nach langem Aufstieg über den originalen Touristensteig hier das erste Quartier unserer Dolomiten-Durchquerung beziehen. Wenn sich im Licht der untergehenden Sonne die Rosengarten-Silhouette tief rot färbt, dann fühlt man sich garantiert wie im siebten Himmel ...

Ausgangspunkt: Talstation der Seiseralmbahn, ca. 1020 m, bei Seis am Schlern. Busverbindungen von Tiers im Anschluss aus Richtung Bozen sowie von St. Ulrich über Kastelruth. Großer, kostenfreier Parkplatz.
Endpunkt: Schlernhaus, 2457 m.
Anforderungen: T2+. Gut angelegte Bergwege, meist mäßig bis mittelsteil; ein paar felsdurchsetzte Stellen sind unkompliziert zu überwinden. Die größte Herausforderung stellt der beachtliche Höhenunterschied dar.
Einkehr/Unterkunft: Schlernbödelehütte (Tel. +39 0471 1885169 oder +39 338 7677009, schlernboedelehuette.com). Schlernhaus (Anfang Juni bis Mitte Oktober, Tel. +39 0471 612024, schlernhaus.it).
Varianten: 1. Bergfahrt mit der Seilbahn nach Compatsch und von dort in gemütlicher Wanderung über die Seiser Alm. Man nutzt zunächst Weg Nr. 10, danach Nr. 5 zur Saltner Hütte und zur Vereinigung mit unserer Route bei Wegpunkt 4. Die Gesamtgehzeit bis zum Schlernhaus beträgt 3.00 Std.
2. Zum höchsten Punkt des Schlern, dem Petz, 2563 m, sind es von der Hütte rund 20 Min.
Karte: Tabacco, Blatt 05 »Gröden – Seiseralm«.

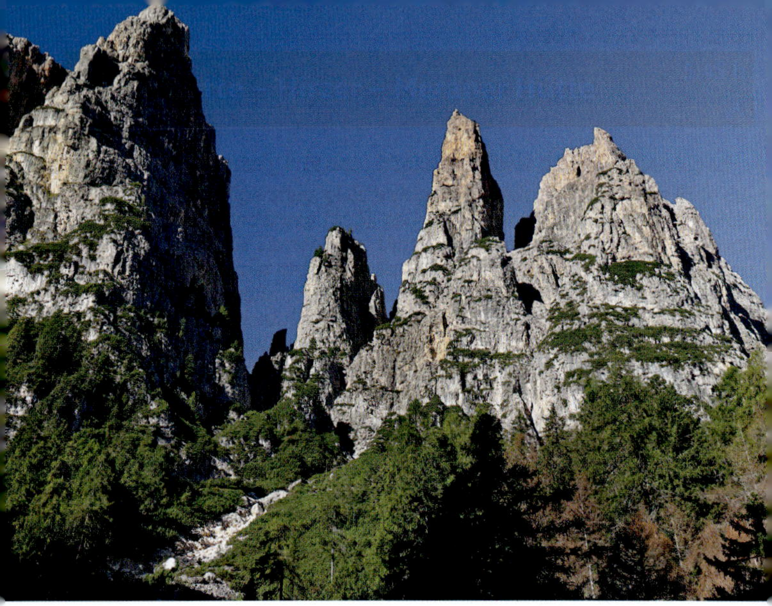

Schon beim Aufstieg zum Schlernbödele nehmen uns die Dolomiten gefangen.

Wir beginnen vom großen Parkplatz der **Seiseralmbahn** ❶ aus auf Forststraßen und Waldwegen, tangieren die Straße nach **Bad Ratzes**, bleiben aber rechts davon und nehmen nahe einer Bachbrücke den Zugang vom gleichnamigen Hotel auf, das wir auf der anderen Seite des Frötschbachs gewahren ❷. Jetzt ist die Nr. 1 gültig. Großzügig ausgebaut geht es weiter taleinwärts, beim Abzweig des Geologensteiges rechts hoch und mit vielen Windungen und Kurven am recht steilen Waldhang unterhalb der Schlernzacken beständig aufwärts. Nach insgesamt rund zwei Stunden kann bei der **Schlernbödelehütte** ❸, 1693 m, Zwischenstation gemacht werden. Hier zweigt auch der deutlich anspruchsvollere Gamssteig ab, der versierten Berggängern vorbehalten bleibt. Wir folgen weiterhin unserer Nr. 1 und queren von der Lichtung durch den immer noch mehrheitlich bewaldeten Nordhang insgesamt leicht aufwärts. Dabei sind einige Gräben bzw. Reißen zu kreuzen – potenzielle Problemstellen, doch ist

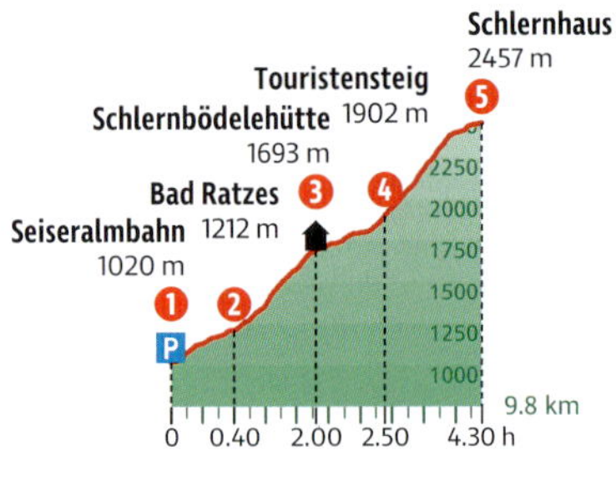

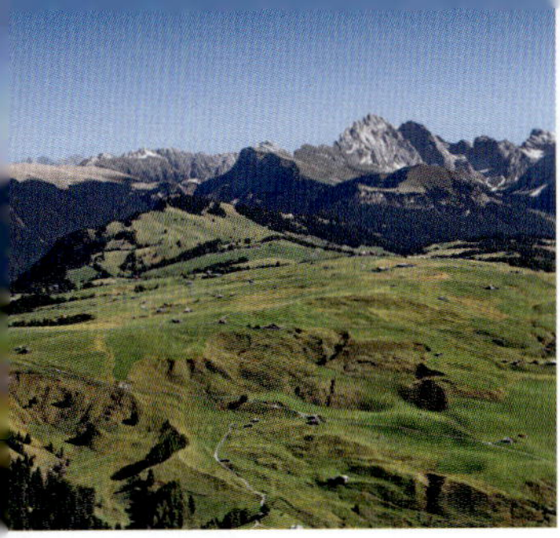

Unmittelbar nördlich des Schlern breitet sich die Seiser Alm aus.

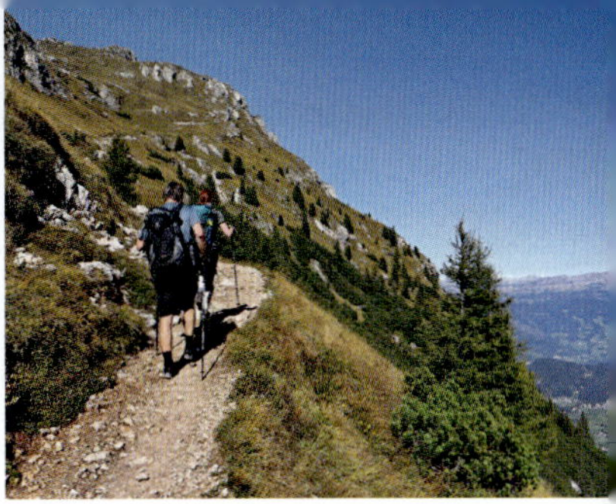

Ein guter Bergweg führt hinauf zum Schlernplateau.

der Steig ja bestens hergerichtet. Nach dem Abzweig zur Prossliner Schwaige schließen wir mit einigen Kehren zu einer Wiese auf, wo bei P. 1902 der (heutige) **Touristensteig** 4 von der Seiser Alm dazukommt (siehe Variante). Die Route führt nun – anfänglich noch durch Latschenbestände, später freier – insgesamt schräg nach rechts bis auf die Schlern-Hochfläche hinauf, vollzieht derweil aber etliche Serpentinen, sodass die Steigung stets moderat bleibt. Zuweilen anstehender Fels bereitet normalerweise keine Probleme. Mit Erreichen des grasigen Hochplateaus flacht das Gelände ab. Bei P. 2413 stoßen wir bereits auf die Verbindung zum Tierser Alpl (siehe Tour 37), doch sind es von hier nur noch ca. 10 Minuten bis zum **Schlernhaus** 5, 2457 m.

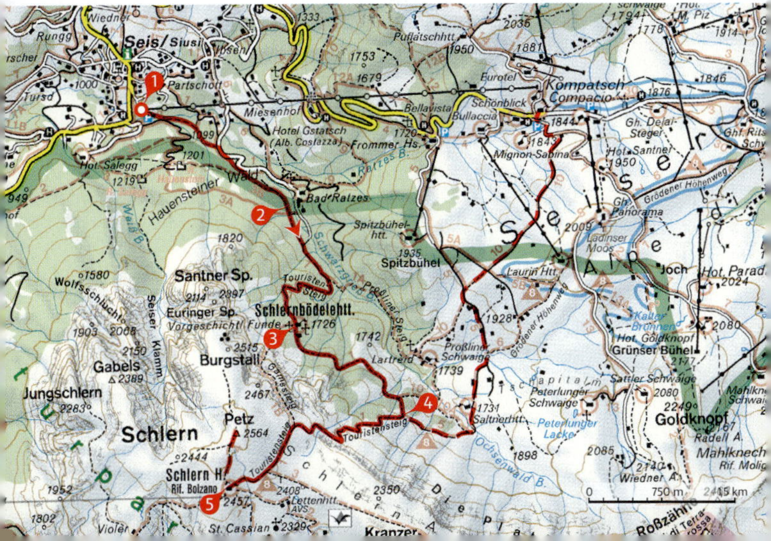

↗ 520 m | ↘ 680 m | 12.0 km

37 Schlernhaus – Tierser Alpl – Plattkofelhütte

3.50 h

Panoramaweg zwischen Rosengarten und Seiser Alm hindurch

Diese Verbindung besteht aus gleichsam klassischen Höhenwegen, die jede Menge von der typischen Faszination der Dolomiten vermitteln. Als Kulisse begeistert vor allem der Rosengarten mit seinen schroffen nördlichen Bastionen. Nachdem der Plateaurücken des Schlern überschritten ist, schnürt sich das Gelände am Grat zwischen Roterdspitze und Rosszähnen markant zusammen. Als Normalwanderer weichen wir diesem schrofferen Bereich südseitig aus und kommen zum Tierser Alpl, wo zwischen 1957 und 1963 in Privatinitiative eine Hütte entstanden ist. An diesem Knotenpunkt trägt sie seitdem große Bedeutung für den Wanderverkehr. Beim Weiterweg stoßen wir am Mahlknechtjoch auf den Friedrich-August-Weg, der in seinem westlichen Abschnitt die wiesengrüne Schneid abläuft. Wir bewegen uns hier zwar mehrheitlich auf der Seite des Val Duron, aber auch hinüber zur Seiser Alm öffnen sich einige Blicke. Schien die Langkofelgruppe anfangs noch fern, sind wir am Ende der Etappe direkt am Fuße der riesigen Plattkofel-Schräge angekommen und können uns in der gut geführten Plattkofelhütte verwöhnen lassen.

Die Schlern-Hochfläche schließt zur Roterdspitze auf, nach links der Grat Richtung Rosszähne.

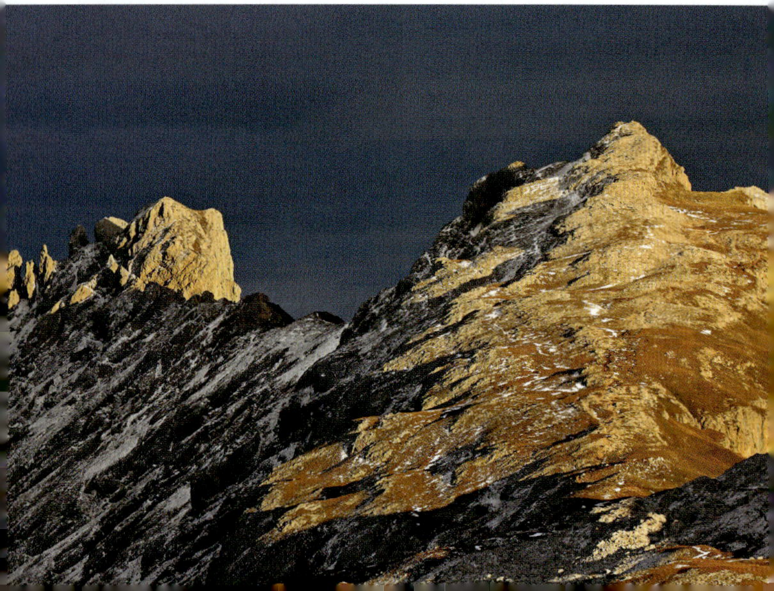

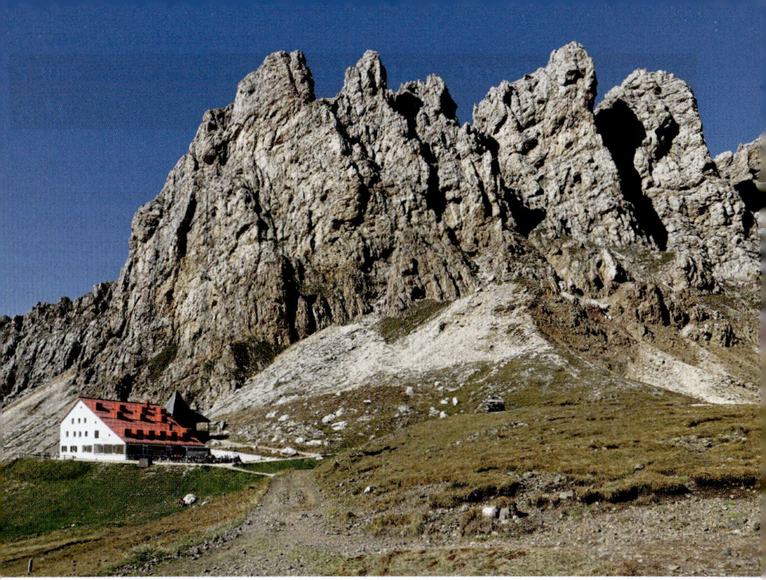

Am Fuße der Rosszähne hat die Tierser-Alpl-Hütte ihren Standort.

Ausgangspunkt: Schlernhaus, 2457 m.
Endpunkt: Plattkofelhütte, 2300 m.
Anforderungen: T2–3. Weithin gute Bergwanderwege, oft im Wiesengelände, im Bereich der Roterdspitze Felsschutt und vorübergehend abschüssiger, jedoch ohne wirklich anspruchsvolle Stellen. Diese Etappe kann ohne Weiteres zweigeteilt werden (insbesondere wenn man zuvor auf eine Nacht im Schlernhaus verzichtet).
Einkehr/Unterkunft: Schlernhaus (siehe Tour 36). Tierser-Alpl-Hütte (Ende Mai bis Mitte Oktober, Tel. +39 0471 727958, tierseralpl.com). Plattkofelhütte (Ende Mai bis Mitte/Ende Oktober, Tel. +39 0462 601721 oder +39 334 9569626, plattkofel.com).
Varianten: 1. Vom Wegpunkt 2 lässt sich in einer guten Viertelstunde die Roterdspitze, 2655 m, erreichen. Die Fortsetzung am Grat ist erheblich schwieriger (Maximilian-Klettersteig, Grad B, bis T5). 2. Eine Besteigung des Plattkofels, 2958 m, über den geröllreichen Normalweg (T3) an der einförmigen Südwestflanke dauert im Aufstieg von der Plattkofelhütte 2 Std.
Karte: Tabacco, Blatt 05 »Gröden – Seiseralm« oder Blatt 06 »Val di Fassa e Dolomiti Fassane«.

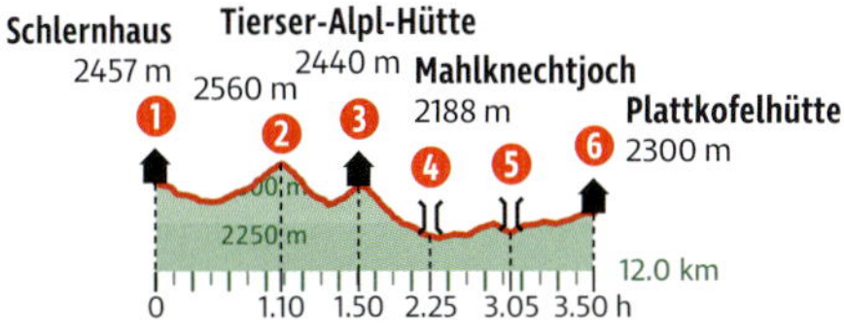

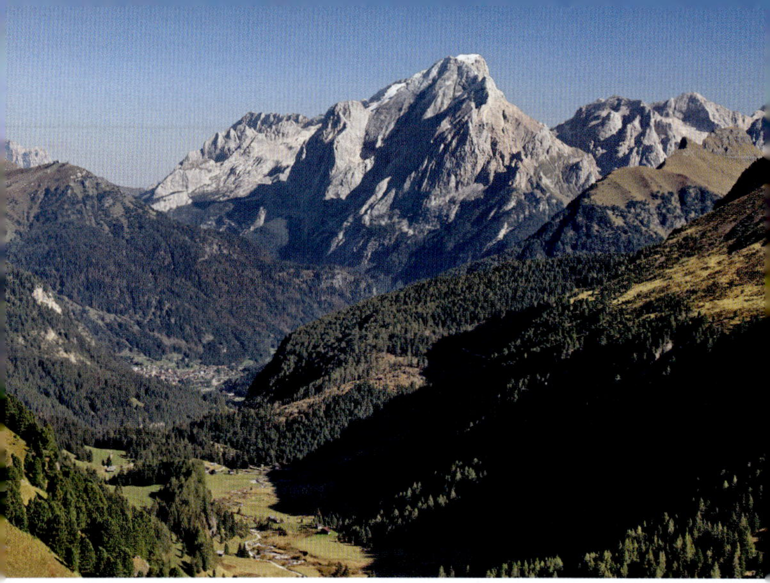

Durchs Val Duron öffnet sich der Blick zur Marmolada.

Vom **Schlernhaus** ❶ gehen wir am Touristensteig kurz zurück und schlagen dann nach rechts (also gen Osten) die Nr. 4 ein. Man gelangt geringfügig abwärts in die schwache Senke des Schlernplateaus, das völlig hindernislos der Länge nach abgewandert wird, wobei es am Kranzer vorbei allmählich wieder bergauf geht. Gute 100 Höhenmeter unterhalb der Roterdspitze ❷ lotst ein Wegweiser uns nach rechts zur Kante. Wir schlüpfen durch ein Gatter auf die Südseite, wo sich der Steig in steilerem Gelände geschickt hinabwindet, teilweise dicht an den Felsabbrüchen der Roterdspitze entlang. Hinter dem Gugglochegg kommt in einer lang gestreckten Hangmulde der Zugang aus dem Bärenloch (Nr. 3) dazu, ehe wir mit einer leichten Gegensteigung bei der **Tierser-Alpl-Hütte** ❸, 2440 m, eintreffen.

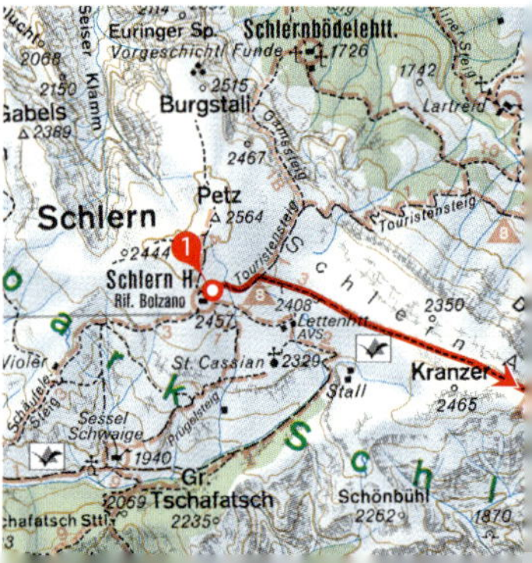

Wir überschreiten unmittelbar das Joch und steigen auf breitem Schotterweg ostwärts ab. Weiter unten aufpassen, dass man nicht zur Seiser Alm abschweift, sondern südseitig um eine Kuppe herum ins **Mahlknechtjoch (Pas de Duron)** ❹,

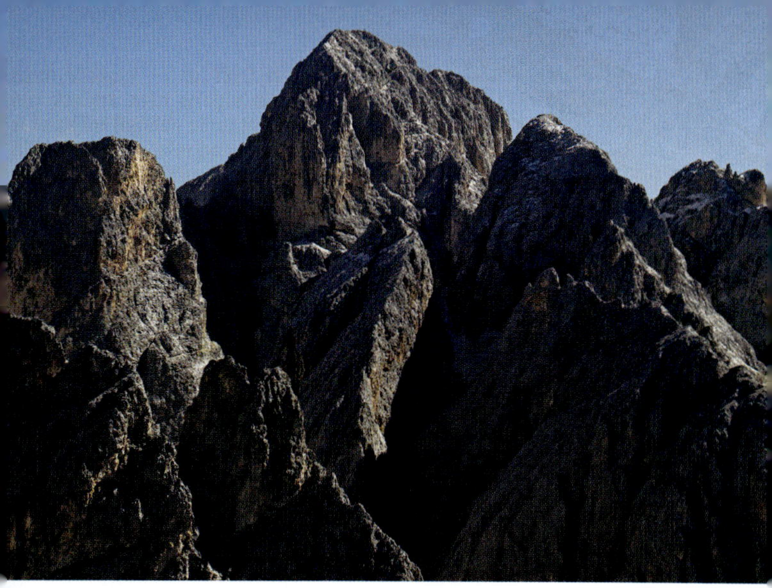

Felswuchten im Rosengarten mit dem überragenden Kesselkogel.

2188 m. Route Nr. 4 ist jetzt identisch mit der Nr. 594 des Trentiner Markierungssystems. Wir bewegen uns im weiteren Verlauf nämlich überwiegend auf der Südseite des grasigen Kammes, der die Seiser Alm vom Val Duron trennt. Nachdem ein erster Sattel tangiert ist, passieren wir den Bereich »Auf der Schneid« mit vorübergehend leichtem Höhengewinn und kommen hinter einem Eck in die **Sela Palacia (Palatschsattel)** 5, 2203 m. In ähnlicher Weise um die Kuppe des Palatsch herum und schließlich kammnah noch etwas ansteigend zur **Plattkofelhütte** 6, 2300 m, am weitläufigen Fassajoch.

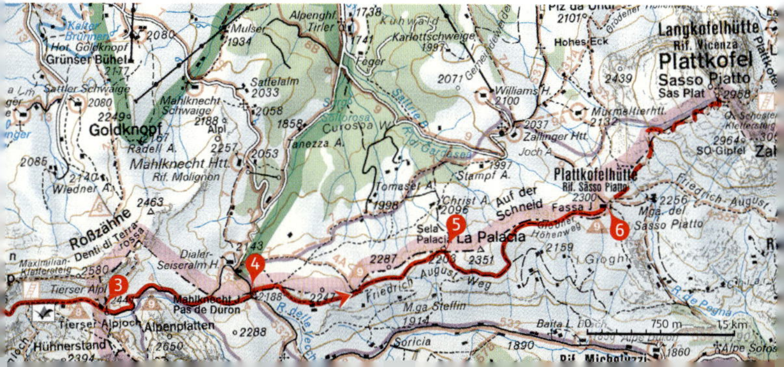

↗ 750 m | ↘ 930 m | 16.5 km

38 Plattkofelhütte – Grödner Joch

5.00 h

Im Bannkreis von Langkofel und Sellastock

Die Langkofelgruppe steht nun massig im Weg, lässt sich im Prinzip aber beidseitig problemlos umwandern. Während die Fortsetzung des Friedrich-August-Weges an der Südflanke entlang das Sellajoch ansteuert, sei hier die etwas abwechslungsreichere Traverse via Piza da Uridl und Col Ciaulonch Richtung Rifugio Comici empfohlen. Wer mag, kann auch einen Abstecher zur eindrucksvoll umkränzten Langkofelhütte einflechten, gegebenenfalls sogar, um dort zu übernachten. In jedem Fall werden wir später auf der Ostseite des Langkofels mit den Errungenschaften des harten Wintertourismus konfrontiert und sind bis zum Grödner Joch auch stets im Dunstkreis viel befahrener Passstraßen unterwegs. Allzu negativ soll dies aber nicht klingen, denn tatsächlich bewegt man sich meistens doch ein Stück abseits davon und mitunter sogar in durchaus idyllischen Szenerien. Das Bollwerk der Sella steht als geradezu überdimensionale Kulisse Spalier, doch wer hinsichtlich eines gesteigerten Erlebniswertes an eine Überschreitung denkt, sei aufgeklärt: Leichtere Wege gibt es dort nicht, weshalb der beschriebene Anschluss zum Grödner Joch in diesem Sinne als beste Option zu gelten hat.

Die Sella vermittelt stets starke Kulissen, hier direkt über dem Grödner Joch.

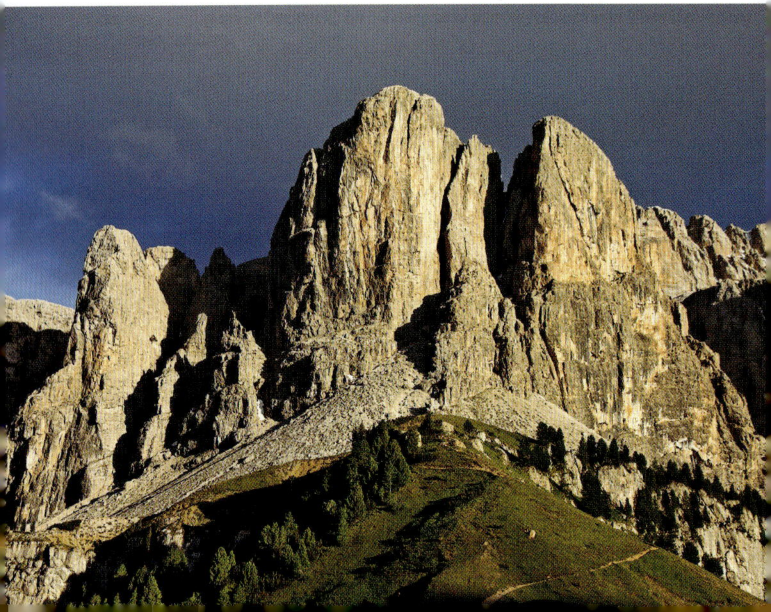

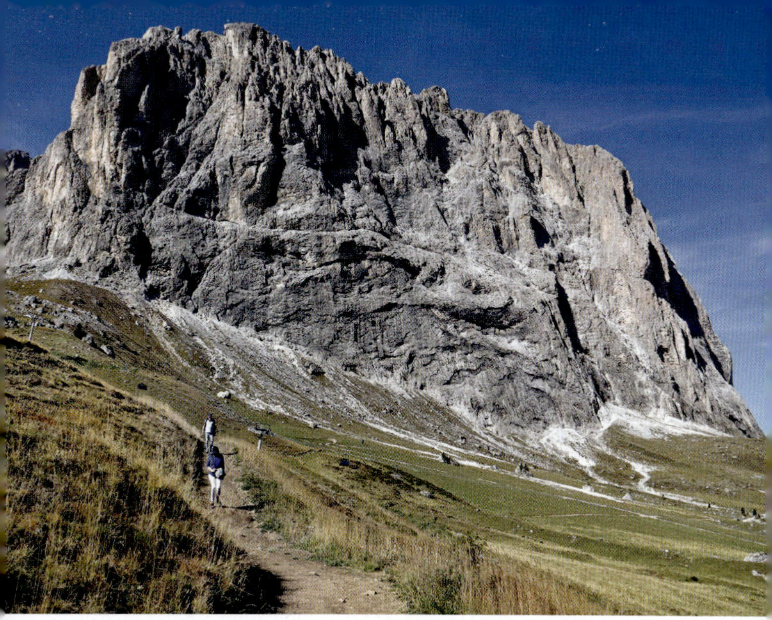

Nach einem guten Halbkreis um das Massiv entfernen wir uns vom Langkofel.

Ausgangspunkt: Plattkofelhütte, 2300 m. Am einfachsten erreichbar von Saltria (Busverkehr auf der Seiser Alm) mit anschließendem Sessellift zur Williamshütte und einer Wanderung von ca. 45 Min.
Endpunkt: Grödner Joch, 2121 m. Busverbindung zwischen Corvara (in Alta Badia) und Plan (bei Wolkenstein im Grödnertal).
Anforderungen: T2. Überall problemlose Wanderwege, selten steile Abschnitte, Trittsicherheit wird allenfalls marginal verlangt. Es überwiegen Wiesengelände und Zirbenwald. Die Strecke zieht sich aber etwas und verlangt grundlegende Ausdauer.
Einkehr/Unterkunft: Plattkofelhütte (siehe Tour 37). Eventuell Langkofelhütte (Mitte Juni bis Ende September, Tel. +39 0471 792323 oder +39 338 6075674, rifugiovicenza.com). Rifugio Comici (nur Einkehr). Baita Chiavaz und Ütia Sole (ebenfalls Jausenstationen). Chalet Gerard (Tel. +39 0471 795274, chaletgerard.com). Rifugio Frara (kein Tel., rifugiofrara.com) und Hotel Cir (Tel. +39

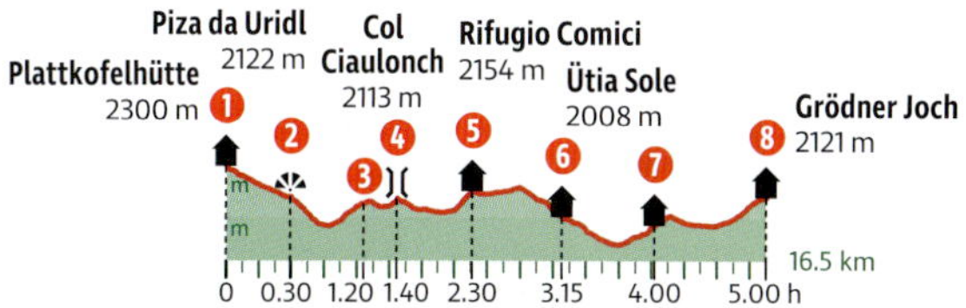

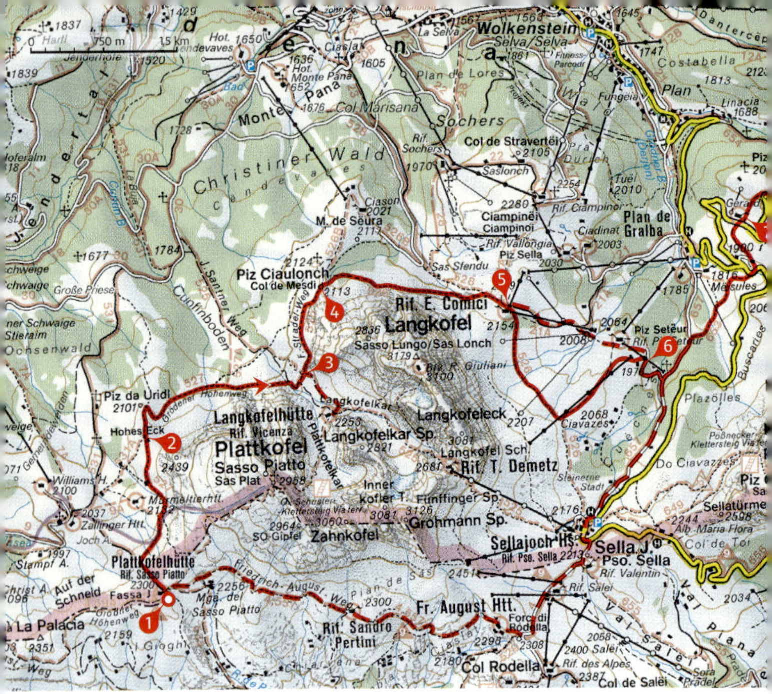

0471 795127, hotelcir.com), beide am Grödner Joch.

Varianten: 1. Man kann auf dem Friedrich-August-Weg auch südseitig um die Langkofelgruppe herumwandern (via Rifugio Pertini und Friedrich-August-Hütte) und am Sellajoch Weg Nr. 657 im Abstieg einschlagen. Die Gehzeit verringert sich dadurch etwas.
2. Vom Wegpunkt 3 in 30 Min. hinauf zur Langkofelhütte, 2253 m, falls man gern dort nächtigen möchte.
3. Vom Rifugio Comici zur Ütia Sole direkter, aber weniger schön über den breiten Schotterweg.
4. Im Prinzip ist ein Bustransfer ab Plan de Gralba hinauf zum Grödner Joch möglich.

Karte: Tabacco, Blatt 05 »Gröden – Seiseralm« oder Blatt 06 »Val di Fassa e Dolomiti Fassane« oder Blatt 07 »Alta Badia – Arabba – Marmolada«.

Von der **Plattkofelhütte** ❶ wandern wir kurz auf dem geschotterten Fahrweg abwärts, bis die Nr. 527 rechts abzweigt. Diese Route zieht sich mit leichtem Gefälle an der Westflanke des Plattkofels entlang. Bei der nagelneuen Aussichtsbank am **Piza da Uridl (Hohes Eck)** ❷, 2122 m, schwenkt sie markant nach rechts und verliert bis unter die Nordabstürze noch merklich an Höhe. Vom vorläufig tiefsten Punkt geht es wieder etwas bergauf. Wo das Langkofelkar ausmündet, zweigt ein Weg ins Innere der Gruppe und zur **Langkofelhütte** ab ❸ – durchaus eine Option für eine abgewandel-

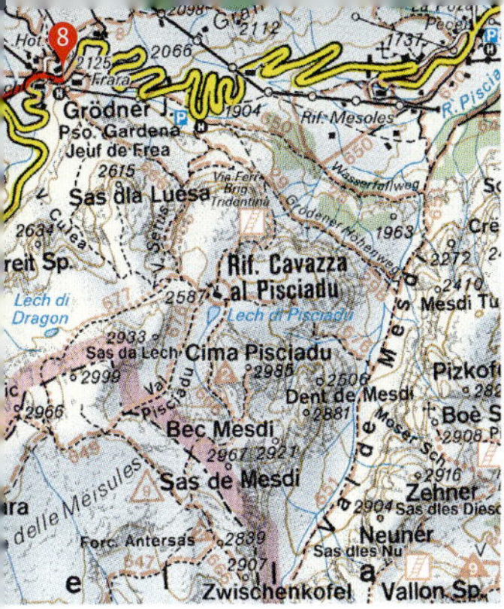

te Etappenplanung. Von nun an gilt die Nr. 526. Damit nordwärts querend und etwas höher über den **Col Ciaulonch (Col de Mesdi)** 4, 2113 m, hinweg. Laut Karte ziehen nun zwei parallele Wege am Fuß der Langkofel-Nordwand entlang. Als wirklich praktikabel erweist sich aber nur der untere (denn der obere verliert sich später teilweise in Geröllhalden). Gegen Ende der Traverse kommt man in die Nähe eines von Zirben umstandenen Tümpels und gewinnt 100 Höhenmeter bis zum Sattel beim **Rifugio Comici** 5, 2154 m.
Anstatt nun gleich gegen den Piz Setëur abzusteigen (staubiger Fahrweg), sei empfohlen, mit Nr. 526 gen Süden zu queren (bei der Gabelung am unteren Weg). Wieder etwas ansteigend geht es unter einer Sesselllifttrasse hindurch bis zu einem Zaun, wo die Markierung Nr. 21B talwärts abzweigt. An einer Skiliftstation vorbei landet man auf dem »Skulpturenweg« und kommt durch ein kleines Waldstück auf die Wiesen bei der **Baita Ciavaz**. Nur wenige Schritte entfernt befindet sich die **Ütia Sole** 6. Von dort sind wir jetzt doch auf den breiten Schotterweg angewiesen. Im fortgesetzten Abstieg wird ein Speicherteich passiert, ehe wir kurz darauf mit Nr. 653 rechts ausscheren. Etwas verschlungen durch Zirbenwäldchen zum nächsten breiteren Weg, der rechter Hand die Sellajochstraße kreuzt (Hinweis »Grödnerjoch« beachten). Etwas höher liegt das **Chalet Gerard** 7 an der Grödnerjochstraße. Wir tangieren diese dann noch einmal an der Sela de Culac und wandern mit unserer Nr. 653 ansonsten abseits davon, und zwar anschließend im bewaldeten Hang unterhalb. Auf den Wiesen der Plans de Frea orientiert man sich nach links hinüber, biegt in den Weg Nr. 654 ein und absolviert die letzte Steigung hinauf zum **Grödner Joch** 8, 2121 m.

Blick über die wiesengrüne Schneid zum Molignon.

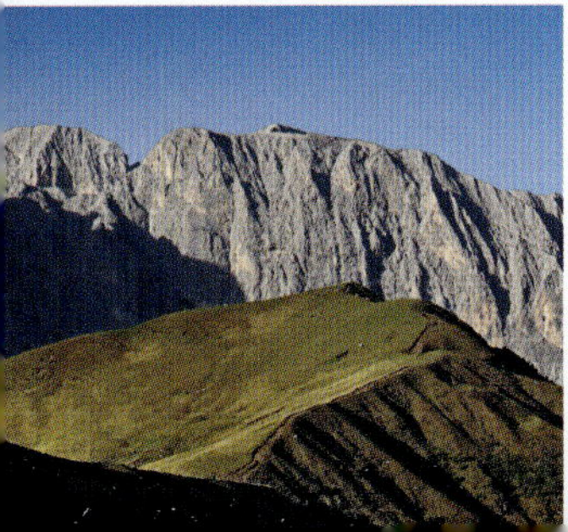

Über die Freawiesen geht es dem Grödner Joch entgegen.

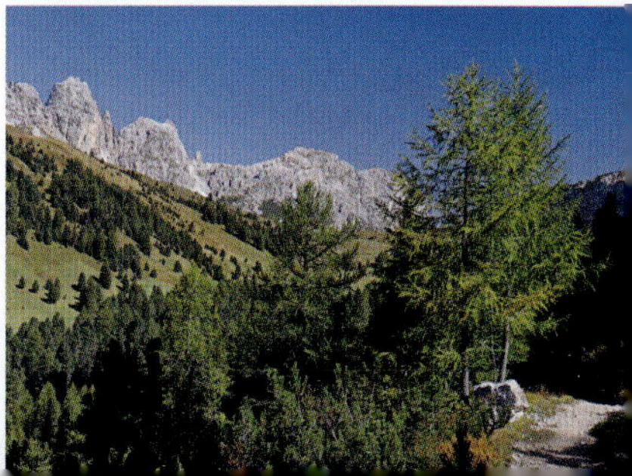

↗ 630 m | ↘ 280 m | 7.2 km

39 Grödner Joch – Puezhütte

3.00 h

Eintritt in die formenreiche Puezgruppe

Wenn am frühen Morgen das erste Sonnenlicht die Felsen streift, kann ein Fleck wie das Grödner Joch durchaus seine Reize ausstrahlen – tagsüber werden diese durch den Touristenrummel und den kaum jemals abreißenden Verkehr schier erstickt. Deshalb dürfen wir froh sein, rasch wieder in die Bergnatur entschwinden zu können, auch wenn es auf der Strecke zur Puezhütte zuweilen ebenfalls recht lebhaft zugeht. Freilich befinden wir uns hier in einer absoluten Fußgängerzone! Diese Etappe ist nicht nur ein Teilstück des berühmten Dolomiten-Höhenwegs Nr. 2, die Puezhütte wird auch gern als Tagesziel vom Grödner Joch aus angesteuert. Nachdem unterhalb des Cirjochs ein kleines Felslabyrinth durchquert ist, wechseln wir kurzzeitig in den obersten Teil des Val Chedul und anschließend über den nächsten Sattel auf die herbe Crespëina-Hochfläche, die allenfalls schütteren Bewuchs trägt und uns in einer anderen Welt wähnen lässt. Manche nennen es »Mondlandschaft«, doch der Mond entbehrt ja jener spezifischen geologischen Vorgänge, die Gebirgen wie den Dolomiten ihr großartiges Gepräge verliehen haben. Auf jeden Fall spürt man spätestens zum Abend hin, dass die Puezhütte an einem abgeschiedenen Ort liegt.

Inmitten der herben Puezwelt setzt der Crespëinasee einen Farbtupfer.

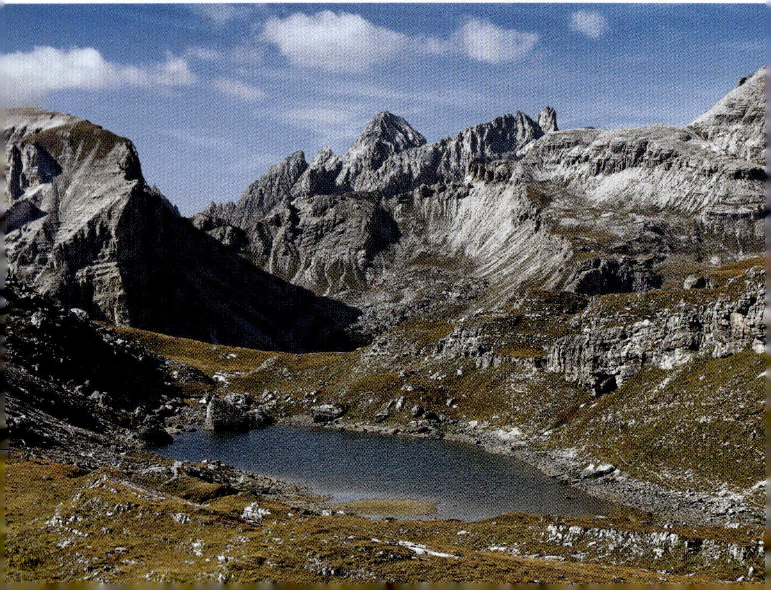

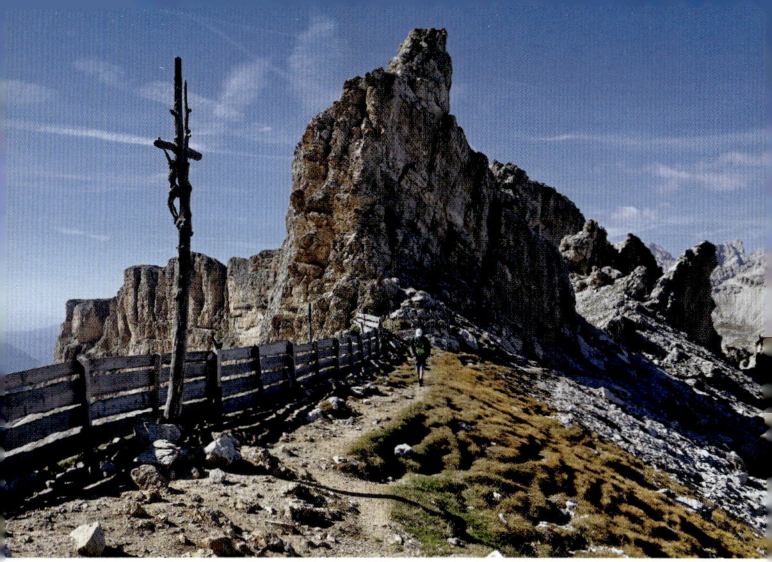

Der Scheitelpunkt des Übergangs liegt am Crespëinajoch.

Ausgangspunkt: Grödner Joch, 2121 m. Busverbindung zwischen Corvara (in Alta Badia) und Plan (im Grödnertal).
Endpunkt: Puezhütte, 2475 m.
Anforderungen: T2+. Auch im steinigen Gelände gut angelegte, hindernisarme Bergwege. Die Einstufung liegt an der Grenze zu »rot«. Zu Saisonbeginn ist u.U. noch mit Erschwernissen durch Schneefelder zu rechnen. Konditionell ein Halbtagespensum.
Einkehr/Unterkunft: Zwei Gasthäuser am Grödner Joch (siehe Tour 38). Puezhütte (Mitte Juni bis Ende September, Tel. +39 0474 646427, rifugiopuez.it).
Karte: Tabacco, Blatt 05 »Gröden – Seiseralm« oder Blatt 07 »Alta Badia – Arabba – Marmolada«.

Von der Scheitelhöhe des **Grödner Jochs** ❶ kehren wir der Sella den Rücken und wenden uns nordwärts hinauf den Cirspitzen entgegen. Auf einer breiten Trasse wird zunächst die Jausenstation **Jimmy Hütte** ❷, 2222 m, erreicht. Nebenan befindet sich die Bergstation eines Sessellifts. Im folgenden Hang wird es zwar schuttreich und felsdurchsetzt, doch unser Steig (Nr. 2) ist gut in Schuss und mit seinen vielen Windungen geschickt angelegt. Man gelangt in eine Art Labyrinth mit Blöcken und Zacken und gewinnt in Kürze das **Cirjoch (Forcella Cier)** ❸, 2467 m. Auf der Seite des Val de Chedul geht es nur kurz abwärts, dann bereits nach

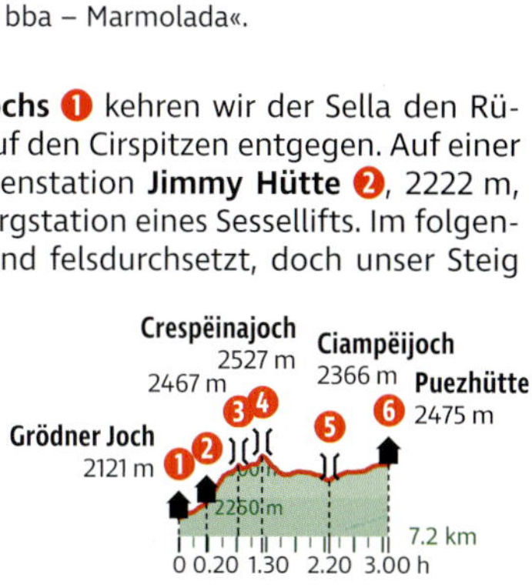

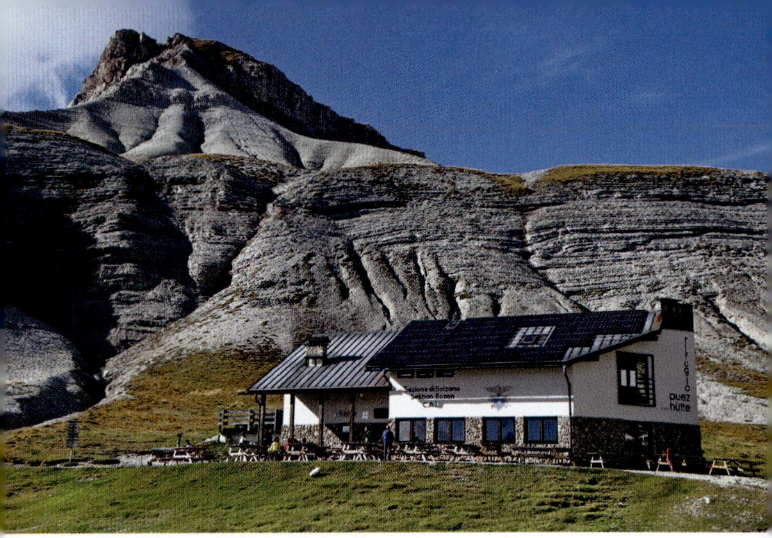

Ziel der Etappe ist die Puzehütte am Fuße des Puezkofels.

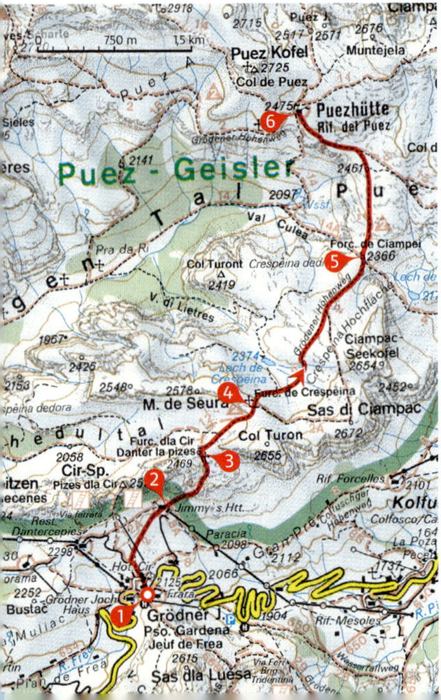

rechts querend in die hinterste Mulde des Hochtals und mit einer Kehre hinauf ins **Crespëinajoch (Forcella de Crespëina)** **4**, 2527 m. Jenseits erstreckt sich nun die gleichnamige Hochfläche, die mit der noch ausgedehnteren Gherdenacia im Hintergrund verbunden ist. Man steigt in die Senke nahe dem Crespëinasee ab und wandert über die karge Einöde leicht auf und ab in Grundrichtung Nordost. An der engen Bresche des **Ciampëijochs (Forcella de Ciampëi)** **5**, 2366 m, kreuzen sich mehrere Wege – südöstlich beeindruckt die Silhouette des Sassongher. Wir bleiben der Nr. 2 treu, steigen nordwärts am Rande der Abbrüche ins Langental allmählich wieder etwas an, gehen wo Route Nr. 5 abzweigt einen Bogen aus und kommen über eine letzte kleine Schwelle zur **Puezhütte** **6**, 2475 m.

↗ 200 m | ↘ 1250 m | 8.4 km

3.00 h

Puezhütte – Stern (La Ila) 40

Talwärts ins Hochabtei (Alta Badia)

Zwischen den festungsartigen Bergstöcken der Puez und Fanes müssen wir auf unserer Dolomiten-Transversale das obere Gadertal, eher unter dem Namen »Alta Badia« geläufig, queren. Aus der Weltentrücktheit der Gherdenacia (Gardenacia) kommen wir also in den quirligen, von Wiesengrün umgebenen Talort Stern (ladinisch La Ila bzw. italienisch La Villa). Dreisprachigkeit ist hier im ladinischen Teil der Dolomiten allgegenwärtig. Abgesehen von dem einen oder anderen unsensiblen Bauobjekt präsentiert sich einmal mehr eine Bilderbuchlandschaft.

Ausgangspunkt: Puezhütte, 2475 m.
Endpunkt: Stern (La Ila), ca. 1420 m, in der Gemeinde Abtei (Badia, oberes Gadertal). Busverbindung zwischen Bruneck und Corvara.
Anforderungen: T2+. Im oberen Teil etwas steiniger Weg, jedoch ohne besondere Hindernisse und auch nur selten steil. Bis auf den Anfang ausschließlich bergab, mithin nicht sehr anstrengend.
Einkehr/Unterkunft: Puezhütte (siehe Tour 39). Gardenaciahütte (Mitte Juni bis Anfang Oktober, Tel. +39 0471 840128 oder +39 335 8124781, gardenacia.it). Reichliches Angebot in Stern (Tourismusbüro, Strada Colz 75, Tel. +39 0471 847037, altabadia.org).
Varianten: Im Bereich der Gherdenacia existieren mehrere denkbare Übergänge. So könnte man der Nr. 1 weiter abwärts folgen und später die Nr. 1A Richtung Gardenaciahütte einschlagen oder von vornherein die Kombination Nr. 5/15 über die Forcella de Gherdenacia wählen. Zeitbedarf und Anspruch unterscheiden sich jeweils kaum.
Karte: Tabacco, Blatt 07 »Alta Badia – Arabba – Marmolada«.

Wir nähern uns dem Talort Stern in Alta Badia, dahinter die Lavarella.

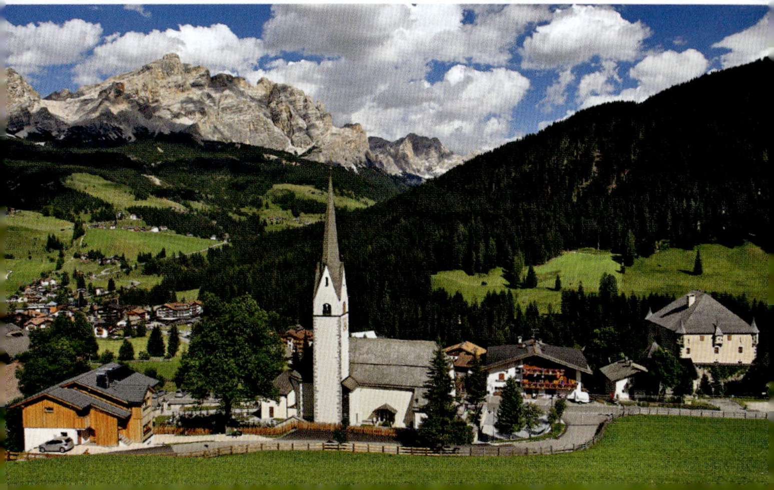

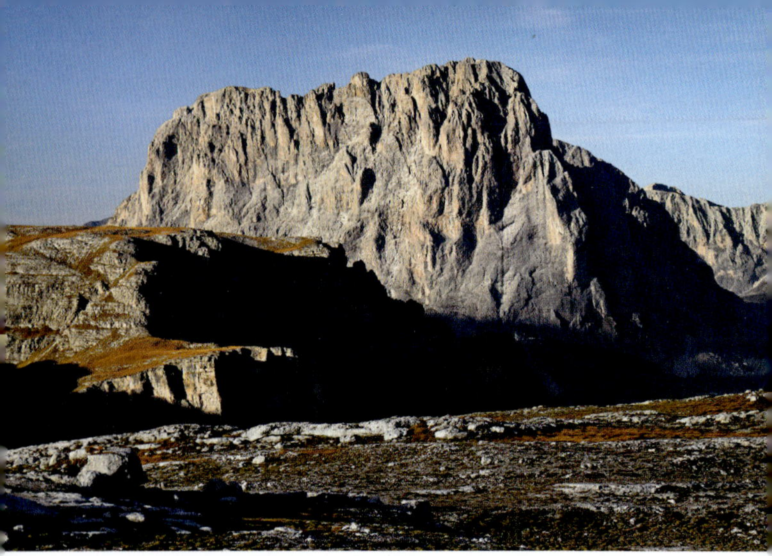

Von der Gherdenacia erblicken wir nochmals den wuchtigen Langkofel.

Bei der **Puezhütte** ❶ wählen wir Weg Nr. 1 schräg aufwärts und beschreiten mit leichtem Höhengewinn die steinigen Böden im Nordteil der Gherdenacia-Hochfläche. In Ostrichtung geht es am skurrilen Muntejela vorbei und bis in die Nähe der **Ciampani**, wo sich bei P. 2651 die Routen Nr. 1 und Nr. 11 gabeln ❷. Kurz vorher ließe sich linker Hand noch bis gegen das Hochtal von Antersasc vortreten (Steinmann bei P. 2668). Ansonsten schlagen wir jetzt die Nr. 11 nach rechts abwärts ein und halten auf einen markanten Geländeeinschnitt inmitten der Gherdenacia zu. Diese Struktur zeichnet den Kurs südostwärts eindeutig vor. Nach einer ganzen Weile öffnet sich die Umklammerung wieder. Wir lassen die Nr. 15 via Para dai Giai bzw. Forcella de Gherdenacia einmünden und steigen in lichtes Lärchengelände und zur **Gardenaciahütte**

Wir nähern uns der Gardenaciahütte.

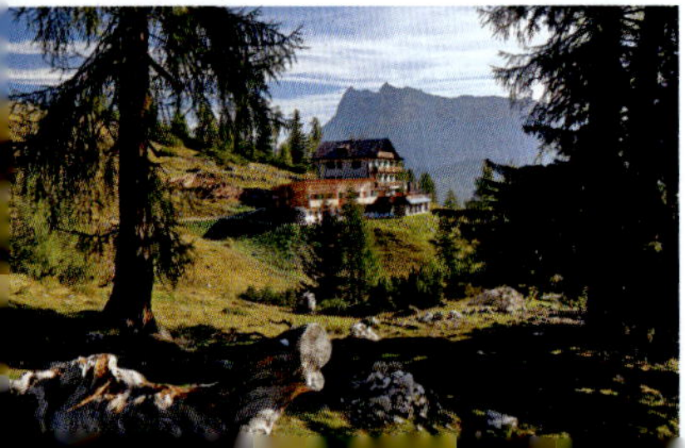

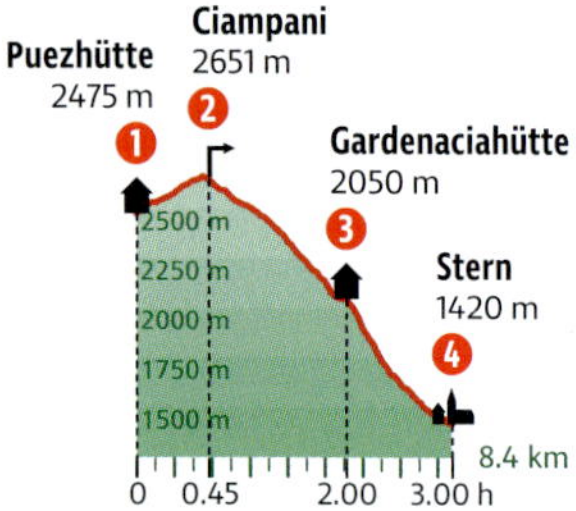

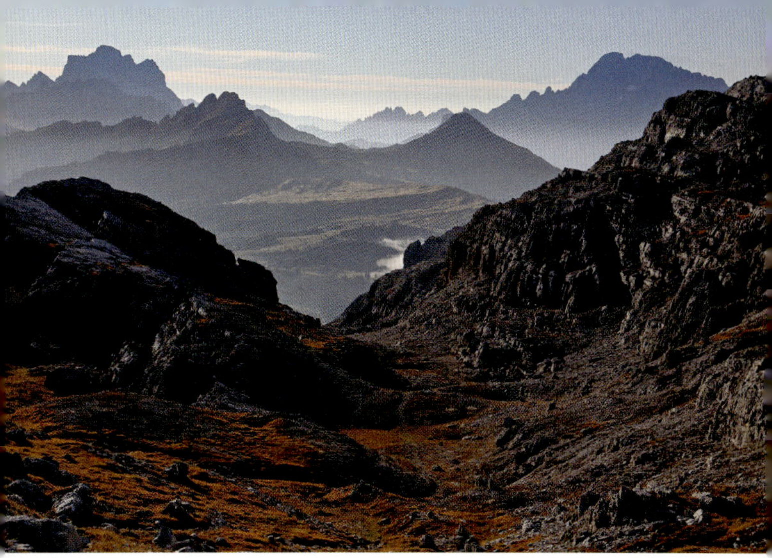

Durch die Geländekerbe führt unser Abstieg vom Hochplateau. Im Hintergrund staffeln sich die Berge kulissenartig Richtung Pelmo und Civetta.

(Ütia Gherdenacia) ❸, 2050 m, ab. Von dort weiterhin mit Nr. 11 durch eine enge Rinne und anschließend am gewöhnlichen Waldhang talwärts. In Kürze schert eine Verbindung zum Sessellift aus, der natürlich genutzt werden könnte. Doch die Zeitersparnis fällt kaum ins Gewicht, sodass wir den ohnehin immer komfortabler werdenden Abstieg fortsetzen und bei der Kirche im südlichen Ortsteil von **Stern** herauskommen. Durch Strada Rottonara und Strada Picedin geht es schließlich noch hinab zur Hauptstraße (Strada Colz) ❹ mit Bushaltestelle und Tourismusbüro in der Nähe.

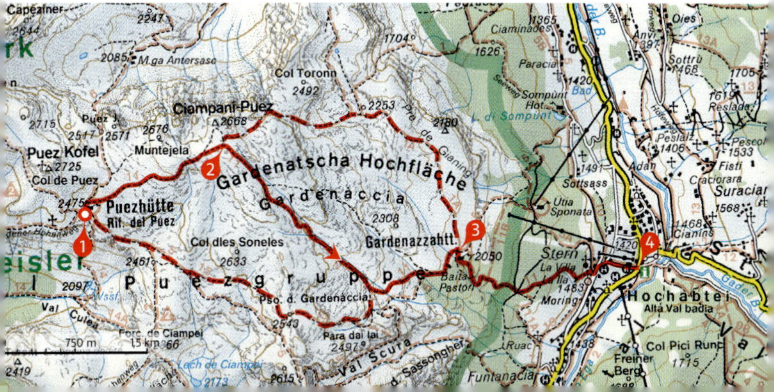

↗ 1250 m | ↘ 620 m | 11.5 km

41 Stern (La Ila) – Lavarellahütte

5.15 h

Alpiner Übergang ins Fanesreich

Wird man drunten im Tal der Forcella de Medesc ansichtig, mag so manchem unbedarften Wandergenossen womöglich das Herz in die Hose rutschen. Doch die hohe Hürde besitzt tatsächlich weniger Tücken, als es vorderhand den Anschein erweckt, zumindest falls man diszipliniertes Steigen gewohnt ist. Der Weg erweist sich nämlich als überwiegend solide; erst weit oben kommt etwas »nachgiebiges« Geröll ins Spiel. Kein Pappenstil sind allerdings die mehr als 1100 Höhenmeter von Stern hinauf zum Eintrittstor ins sagenumwobene Fanesreich, wo sich das Landschaftsbild plötzlich komplett wandelt. Hinter den abweisenden Mauern der Kreuzkofelwände öffnet sich jetzt eine weitläufige Geländeschüssel, die fast noch weltentrückter wirkt als die Gherdenacia drüben auf der anderen Seite des Gadertals. Eine eigenartige Melancholie umgibt diese herbschöne Szenerie, in der man sich regelrecht verlieren kann. Bis zum Wanderumschlagplatz bei der Lavarellahütte haben wir darin noch ein gutes Stück Weg zurückzulegen.

Ausgangspunkt: Stern (La Ila), ca. 1420 m, in Alta Badia. Busverbindung zwischen Bruneck und Corvara.
Endpunkt: Lavarellahütte, 2042 m.

Anforderungen: T3. Nach oben hin zunehmend geröllreicher und beschwerlicher Aufstieg zur Forcella de Medesc, aber noch als ordentlicher Bergweg

Eine von zwei Unterkünften im Fanesgebiet: die Lavarellahütte.

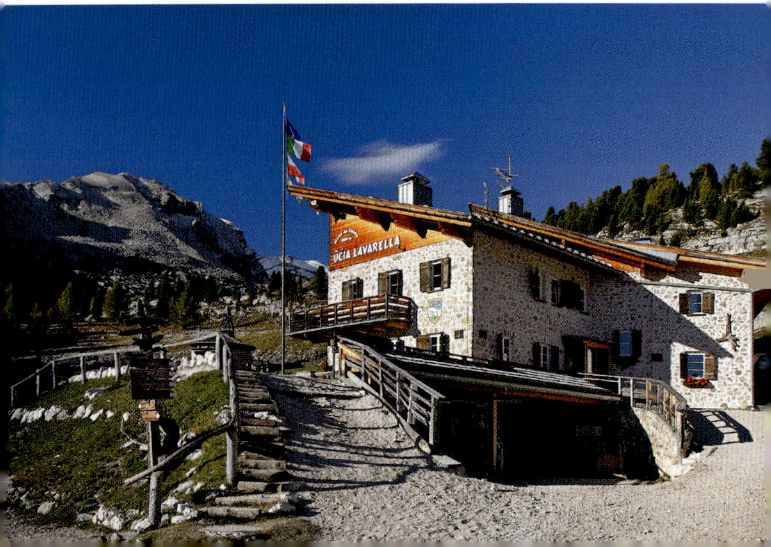

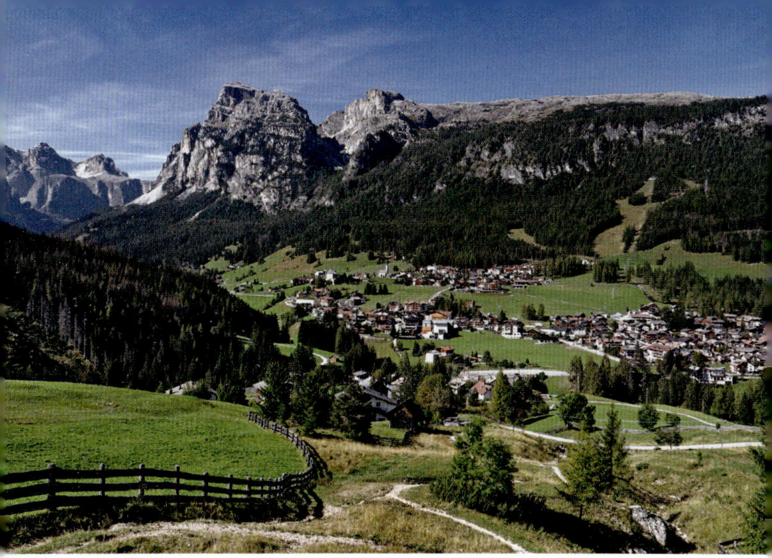

Rückblick auf Stern unterhalb der Puezgruppe; hinten links die Sella.

anzusprechen. Vorsicht bei Schnee im Frühsommer. Auf der Fanes-Hochfläche wird es zuletzt etwas holprig. Trittsicherheit erforderlich und angesichts des langen Aufstiegs auch solide Kondition.
Einkehr/Unterkunft: Lavarellahütte (Mitte Juni bis Mitte Oktober, Tel. +39 0474 501094, lavarella.it). Eventuell Faneshütte (Anfang Juni bis Mitte Oktober, Tel. +39 0474 453001, rifugiofanes.com).
Varianten: 1. Falls der Anspruch der Medesc-Scharte nicht adäquat erscheint, könnte man von Stern per Bus via St. Kassian bis Sciarè hinauffahren und von dort wie bei Tour 43 beschrieben fortsetzen.
2. Im letzten Abschnitt ließe sich bei ähnlichem Zeitbedarf von Weg Nr. 12 auf die Nr. 7 wechseln.
3. Als alternatives Quartier steht die unweit gelegene Faneshütte zur Verfügung (15 Min. zusätzlich).
Karte: Tabacco, Blatt 07 »Alta Badia – Arabba – Marmolada«.

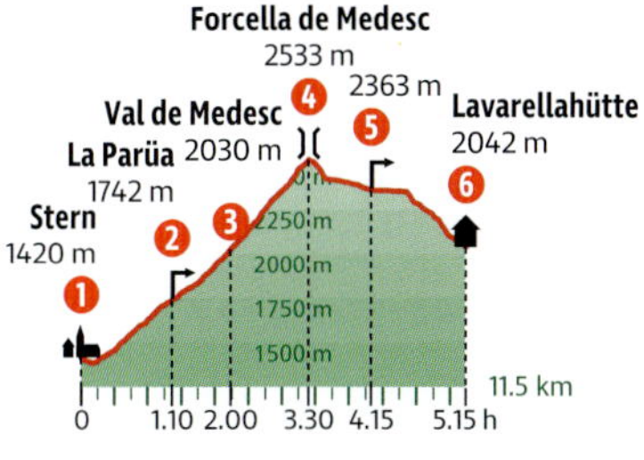

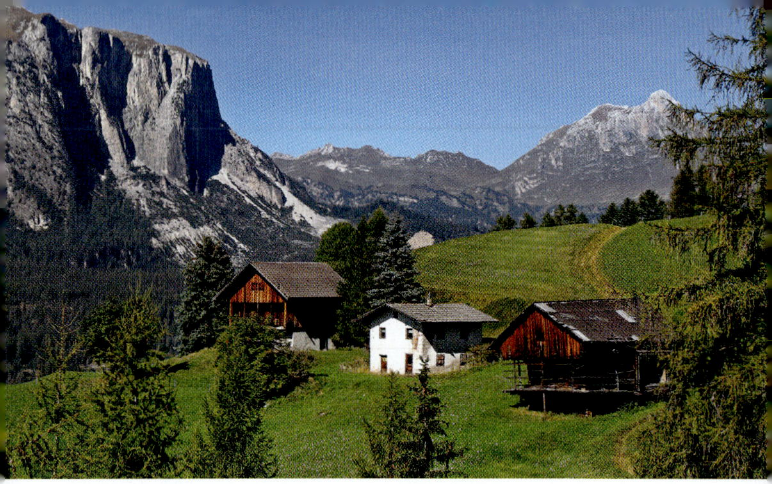

Typisch Ladinien: Bauernhäuser über dem Gadertal.

Bei der Bushaltestelle »Kulturhaus« in **Stern** ❶ nehmen wir die Nr. 12 auf und wenden uns zunächst ein kleines Stück abwärts in die Talsohle. Mehrmals die Straße nach St. Kassian tangierend geht es nun bergauf und auf einem Wanderweg an der Häusergruppe Ciampidel vorbei in teilweise bewaldetes Gelände. Vorübergehend landet man auch auf einer Forststraße (Richtung Heiligkreuz), die sich bei P. 1742 ❷ gabelt (Flurname »La Parüa«). Wir biegen rechts ab und kommen aus dem Wald allmählich in die Latschenregion voran. Über unseren Köpfen prangen der südliche Teil der Kreuzkofelwände und rechts die Lavarella. Dazwischen liegt der Einschnitt des **Val de Medesc**, welches für uns den Durchstieg vermittelt. Bevor es dort etwas ernster wird, passieren wir auf rund 2030 Metern eine weitere Verbindung nach Heiligkreuz ❸. Anschließend geht es mehr nach rechts in den schuttreichen Geländetrichter hinein. Der gute Steig vollzieht einige

Die gestuften Steinschichten auf Kleinfanes werden im Volksmund als »Parlament der Murmeltiere« bezeichnet.

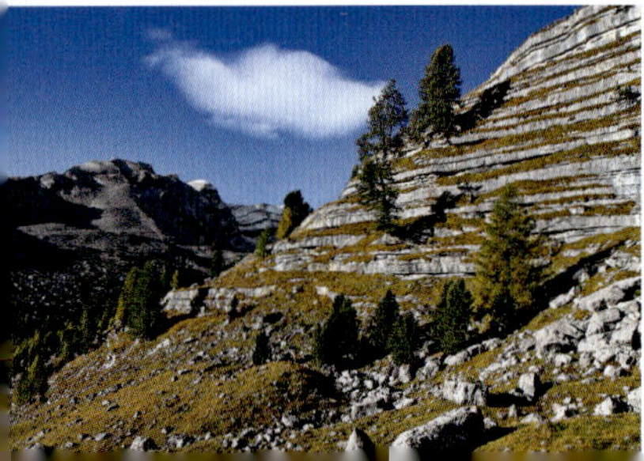

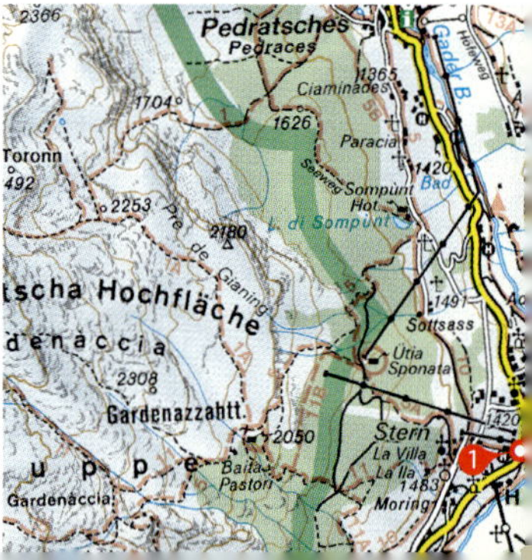

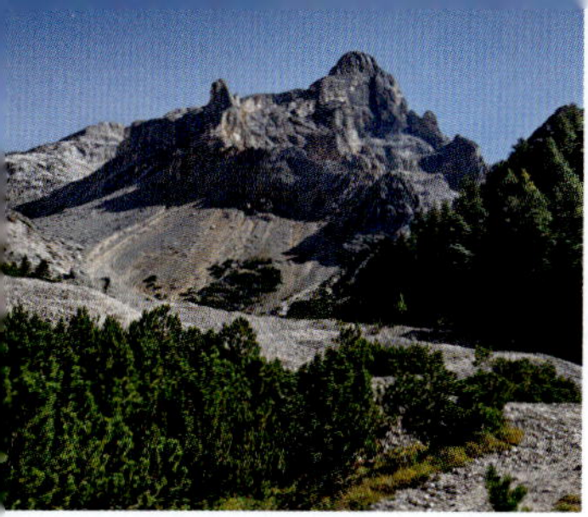

Der Aufstieg zur Forcella de Medesc wird sukzessive strenger.

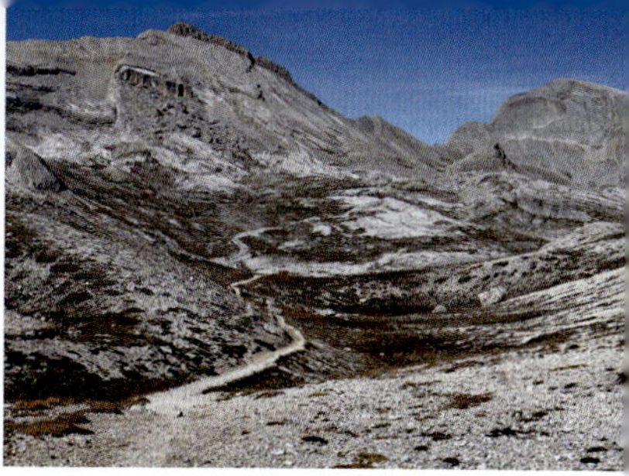

Herbe Welt: das Fanesplateau mit Zehner und Neuner.

Schleifen und wechselt dann auf die linke Seite der Hangmulde, gewinnt hier wiederum im Zickzack an Höhe und wird bei der folgenden Aufwärtstraverse allmählich etwas dürftiger. Letzte Kehren leiten zum Ausstieg in die **Forcella de Medesc** ❹, 2533 m, wo man erstmals in die große »Fanesschüssel« blickt.

Dort geht es nordostwärts in eine Hochmulde hinab, anschließend über eine flache Schwelle hinweg und zur kurzfristigen Vereinigung mit der Nr. 7, welche aus dem Gadertal kommend die Kreuzkofelscharte als Übergang nutzt. Wenn wir weiterhin bei Nr. 12 bleiben ❺, wählen wir den südlicheren Kurs Richtung Lavarellahütte – beide Optionen sind freilich nahezu gleichwertig. Nach einer kleinen Gegensteigung gelangt man allmählich in ein Terrain mit Zirben und Lärchen, wo es nun etwas verschlungen und manchmal auch eine Nummer steiler und holpriger zugeht. Zuletzt an einem Hüttchen der Kleinfanesalm vorbei zur komfortablen **Lavarellahütte** ❻, 2042 m. In der Nähe ist der Grünsee (Lé Vert) eine zusätzliche Erkundung wert.

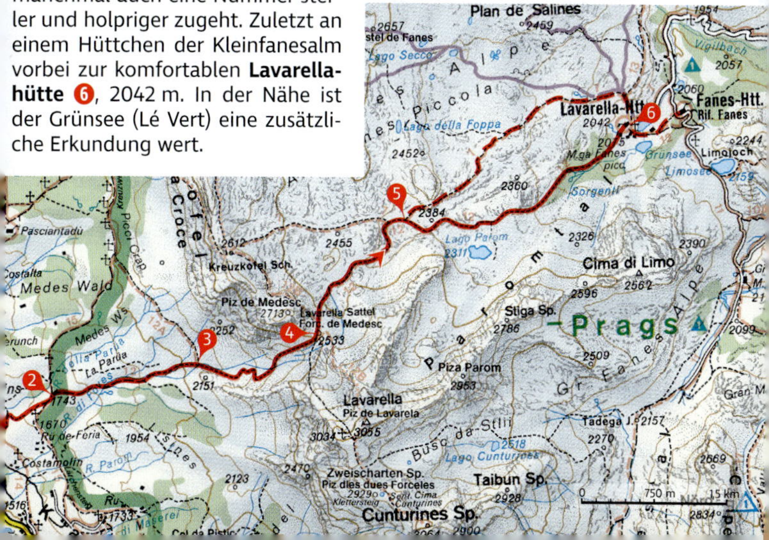

↗ 870 m | ↘ 860 m | 15.0 km

42 Grödner Joch – Corvara – Pralongiahütte

5.00 h

Alternativkurs über den Kolfuschger Höhenweg und die Pralongià

Ab Grödner Joch sind wir auf unserem Weg durch das Gebiet von Alta Badia nicht auf eine bestimmte Linie festgelegt. Merklich leichter als der Kurs durch die Puezgruppe und später über die recht hohe Forcella de Medesc hinweg (siehe Touren 39–41) ist jener, der mit dem herrlichen Kolfuschger Höhenweg beginnt, zwischendurch in den Talort Corvara absteigt und damit Anschluss zur Pralongià erhält. Dieser Bergstock erscheint – frei von himmelstrebenden Felsen und mit einem Wiesenpelz, aber auch mit ordentlich Ski-Infrastruktur überzogen – ziemlich unscheinbar, erhebt sich allerdings quasi im Zentrum der Dolomiten und gewährt daher eine besondere Rundumschau: Sella, Puez, Lavarella, Tofane, Setsass, Civetta und Marmolada ordnen sich im 360-Grad-Zirkel an. Das Gasthaus zuoberst zählt zu den komfortablen Unterkünften und ist sicher nicht mit einer Puezhütte zu vergleichen. Möge jeder selbst entscheiden, welcher Wanderstil bevorzugt sei …

Ausgangspunkt: Grödner Joch, 2121 m. Busverbindung zwischen Corvara (in Alta Badia) und Plan (bei Wolkenstein im Grödnertal).
Endpunkt: Ütia Pralongià, ca. 2130 m.
Anforderungen: T2. Zunächst bequem

Auf dem Kolfuschger Höhenweg lassen wir das Grödner Joch hinter uns.

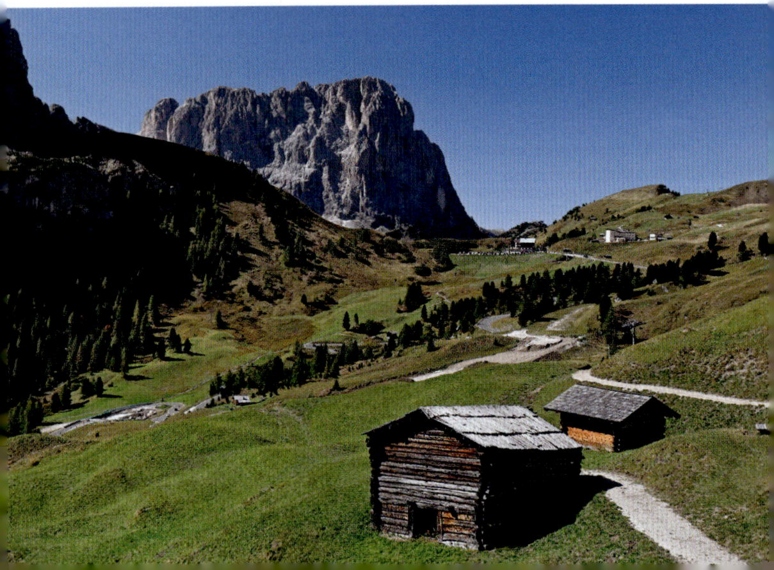

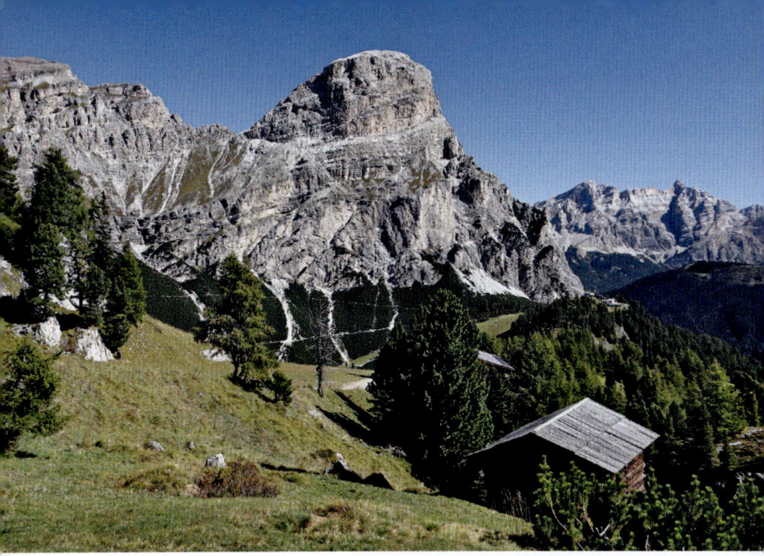

Der Sassongher von Westen; später queren wir die Latschenzone unterhalb.

trassierter Flankenweg ohne irgendwelche Hindernisse, abwechselnd frei und lichtbewaldet. Ein wenig steiler ist der Abstieg nach Corvara; hinauf zur Pralongià überwiegend breite Fahrwege. Etwas Ausdauer erforderlich, gegebenenfalls in Corvara unterbrechen.

Einkehr/Unterkunft: Zwei Gasthäuser am Grödner Joch (siehe Tour 38). Ütia Forcelles und eventuell Ütia Col Pradat (nur Einkehr). Zahlreiche Restaurants und Unterkünfte im Talort Corvara (Tourismusbüro, Strada Col Alt 36, Tel. +39 0471 836176, altabadia.org). Ütia La Marmotta und Ütia Inzija (fallweise Einkehr). Ütia Pralongià (Tel. +39 0471 836072, www.pralongia.it).

Varianten: Als Aufstiegshilfen stehen von Corvara die Seilbahn zum Col Alt und von Planac ein Sessellift zur Ütia Punte Trieste zur Verfügung. Vom Col Alt ca. 1.30 Std. unkomplizierte Höhenwanderung zur Pralongiahütte, im zweiten Fall von der Bergstation nur noch ein kurzer Aufstieg.

Karte: Tabacco, Blatt 07 »Alta Badia – Arabba – Marmolada«.

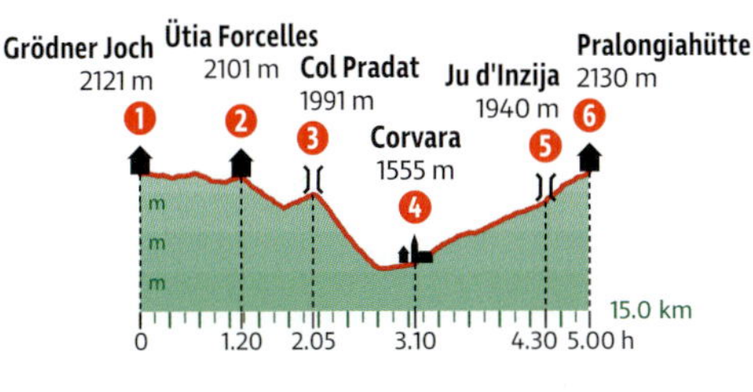

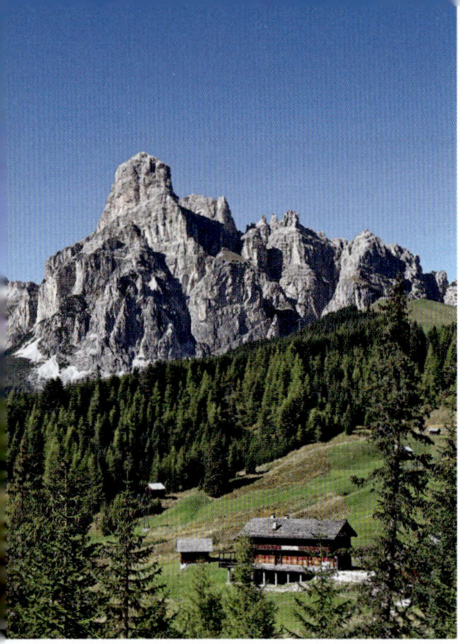

Der Sassongher zählt zu den formschönsten Gipfeln in Alta Badia.

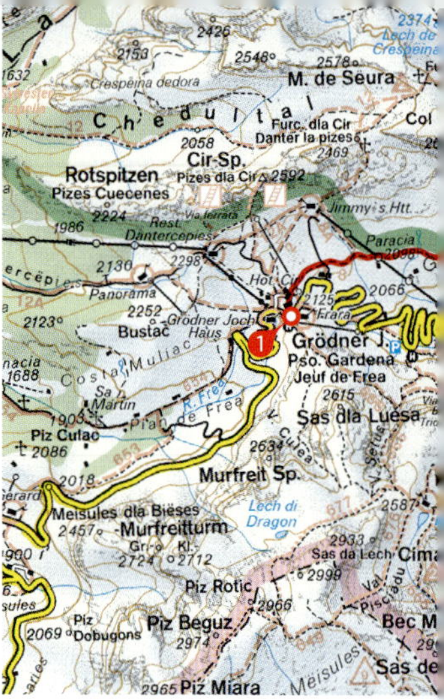

Am **Grödner Joch** ❶ nehmen wir mit Nr. 8 Ostrichtung auf und müssen uns alsbald endgültig vom im-

Toller Hüttenstandort auf den Höhen der Pralongià.

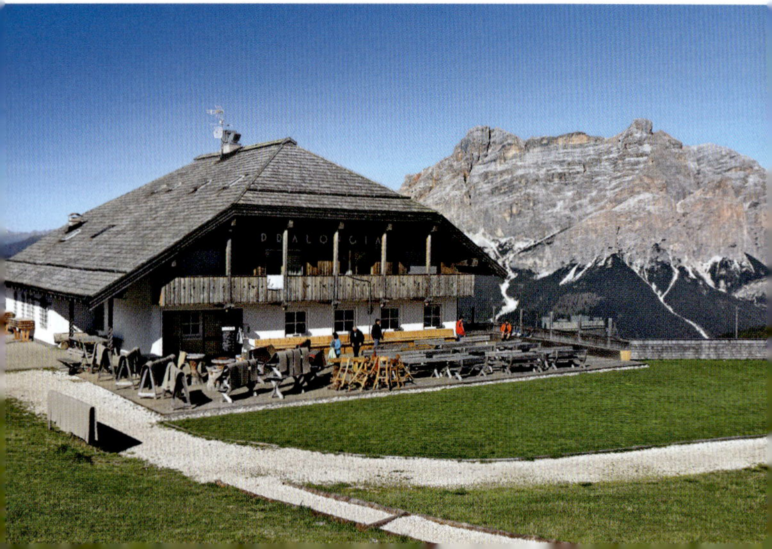

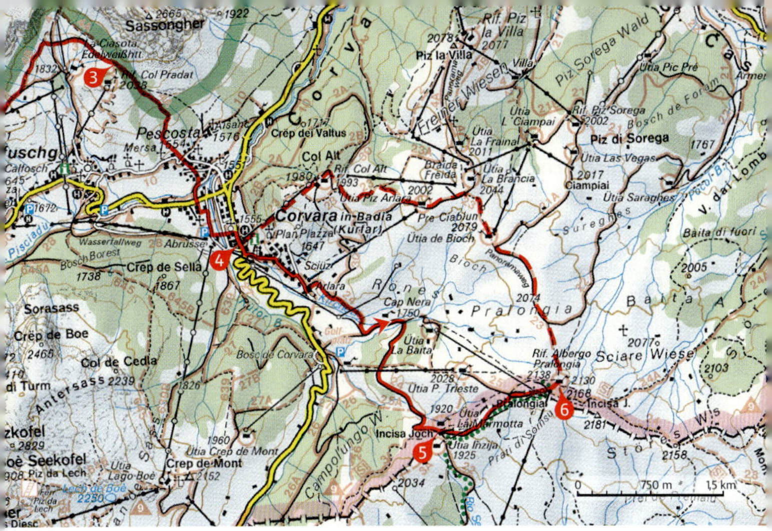

posanten Langkofel verabschieden, doch angesichts des wuchtigen Sellastocks wird es aussichtsmäßig gewiss nicht langweilig. In leichtem Auf und Ab geht es sonnseitig durch eine malerische Landschaft von stadelbesetzten Bergwiesen und lichten Baumbeständen, stets mit Blick auf die Felsmassen gegenüber. Richtung **Ütia Forcelles** ❷, 2101 m, wird nochmals eine Gegensteigung fällig. Liftstation und Hütte bleiben zurück, wenn wir auf einem Schottersträßchen gegen den folgenden Geländeeinschnitt absteigen, allerdings nicht ganz bis in den Grund bei der Ütia Edelweiss. Vielmehr scheren wir links aus und gehen den ganzen Bogen bis zum Sattel P. 1991 hinter dem **Col Pradat** ❸ aus. Von dort leitet Steig Nr. 4A sehr windungsreich durch den Waldhang hinab nach **Pescosta**, einem Ortsteil von Corvara. Unten über den Rü de Pisciadu sowie die Staatsstraße hinweg und durch die Strada Burjé an den Sportanlagen vorbei, später links haltend ins Zentrum von **Corvara** ❹, 1555 m, mit dem Busbahnhof.

Hier nehmen wir die Route Nr. 24 auf, hinter der Col-Alt-Talstation durch die Strada Arlara ansteigend und am gleichnamigen Hotel vorbei aus den Siedlungen heraus. Ein Abschnitt bei Frëines verläuft auf kleinerem Steig, danach geht es auf einem breiten Fahrweg weiter aufwärts, die Capanna Nera (ehemals Negerhütte) links liegen lassend. Man unterquert den in der Variante erwähnten Sessellift und kommt in den Bereich der Inzijawiesen. Mit einer markanten Linksschleife zur **Ütia La Marmotta** am **Ju d'Inzija** ❺, 1940 m, und auf nach wie vor breiter Trasse durchs Skigebiet recht steil ansteigend bis zum Ziel bei der **Pralongiahütte** ❻, ca. 2130 m, die ihren Platz hoch oben auf dem Wiesenplateau hat.

↗ 700 m | ↘ 770 m | 16.9 km

43 Pralongiahütte – Faneshütte

5.00 h

Der südliche Einstieg ins Fanesgebiet

Wer die Pralongià überschreitet, kommt im Anschluss zur Valparolastraße und ins abzweigende Val Sciarè, welches von Süden, also zwischen den Felsmassen von Conturines und Fanisspitzen hindurch, ins Innere der Fanesgruppe aufschließt. Die Wanderung ist dort von beschaulicher Art, obgleich imposante Kulissen Parade stehen. Egal auf welchen Weg – die Fanes strahlt immer eine besondere Aura aus. Kein Wunder, dass eine der berühmtesten Dolomitensagen hier ihren Ursprung hat.

Ausgangspunkt: Pralongiahütte, 2130 m.
Endpunkt: Faneshütte, 2060 m.
Anforderungen: T2, oft nur T1. Im ersten Teil fast nur breite Wirtschaftswege, im Bereich der Fanes abwechselnd mit problemlosen Wanderwegen. Relativ gesehen am anspruchsvollsten ist noch das steilere Stück zum Col de Locia. Die Wegstrecke verlangt zumindest grundlegende Ausdauer.
Einkehr/Unterkunft: Pralongiahütte (siehe Tour 42). Restaurant Sarè, Restaurant Sas Dlacia (Campingplatz) und Capanna Alpina, allesamt im Bereich von Sciarè. Ütia de Gran Fanes (Jausenstation). Faneshütte (Anfang Juni bis Mitte Oktober, Tel. +39 0474 453001, rifugiofanes.com), eventuell Lavarellahütte (Mitte Juni bis Mitte Oktober, Tel. +39 0474 501094, lavarella.it).
Variante: Im Zielgebiet kann auch die Lavarellahütte als Quartier gewählt werden (plus 10 Minuten).
Karte: Tabacco, Blatt 07 »Alta Badia – Arabba – Marmolada« oder Blatt 03 »Cortina d'Ampezzo e Dolomiti Ampezzane«.

Hochböden auf Großfanes.

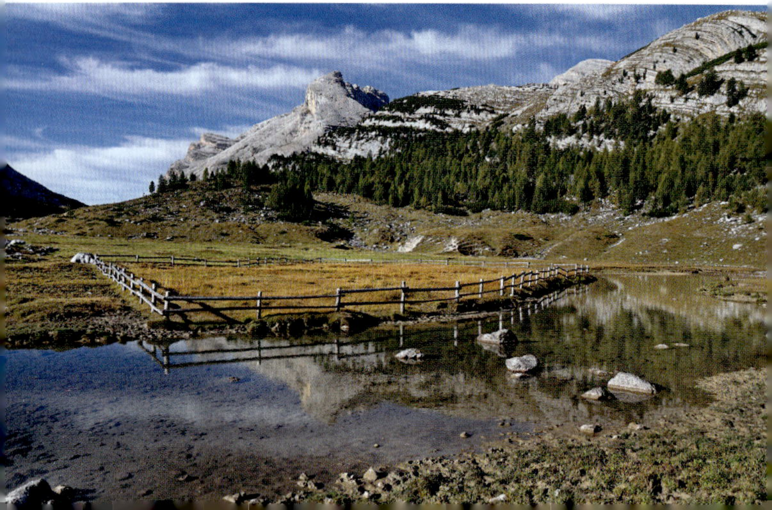

Nur gut 10 Minuten sind es von der **Pralongiahütte** 1 zur leicht herausgehobenen Kuppe namens **Störes** 2, 2181 m, von der man die ganze Umgebung perfekt überblickt. Natürlich auch ein feiner Platz für Sonnenauf- und -untergang! Mit Nr. 24A geht es nun breit trassiert in Grundrichtung Nordost abwärts. Von den ausgedehnten Störeswiesen tauchen wir allmählich in den Bergwald ein und gelangen – immer auf dem Fahrweg verbleibend – bis hinunter ins flache Gelände bei den Wiesen von Sciarè. Nach Kreuzen einer anderen Forststraße nähern wir uns der Straße zum Valparolapass, wo sich bei der Örtlichkeit **Sciarè (Sarè)** 3, ca. 1650 m, der Campingplatz »Sass Dlacia« befindet.

Wir passieren das Areal unmittelbar und laufen auf schönem Waldweg

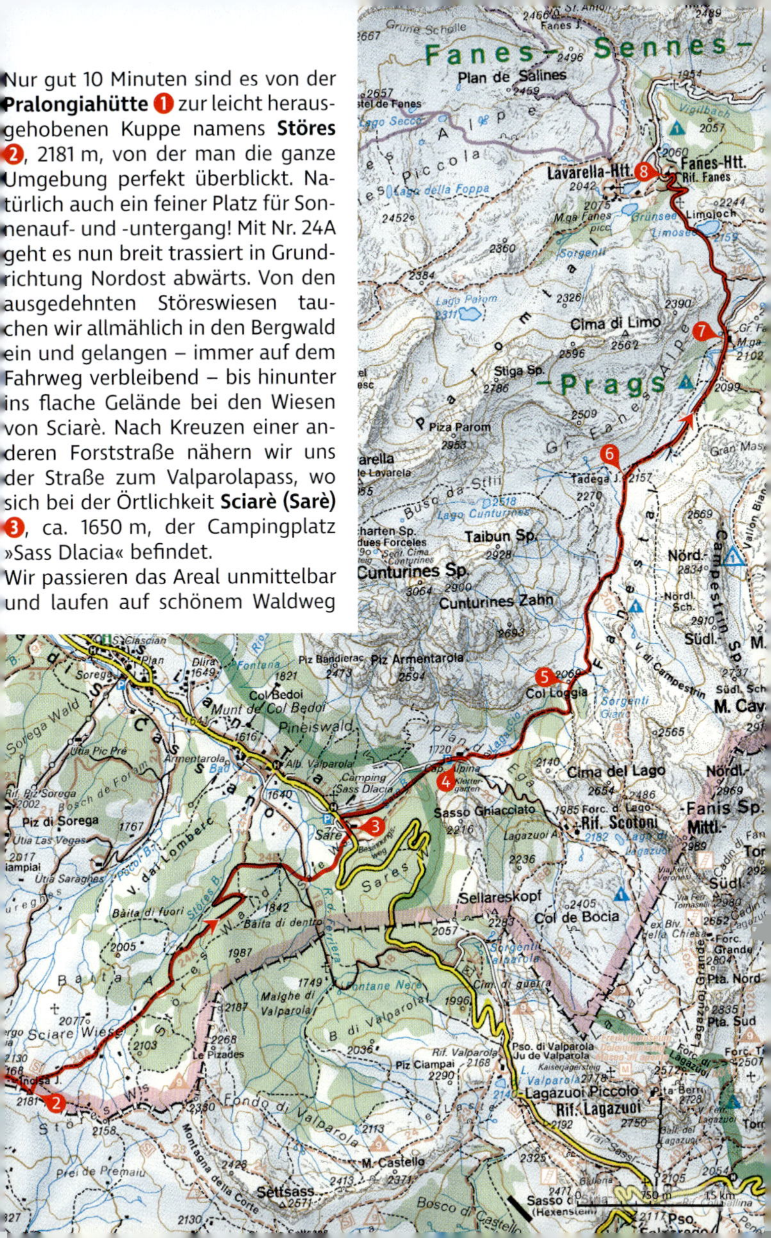

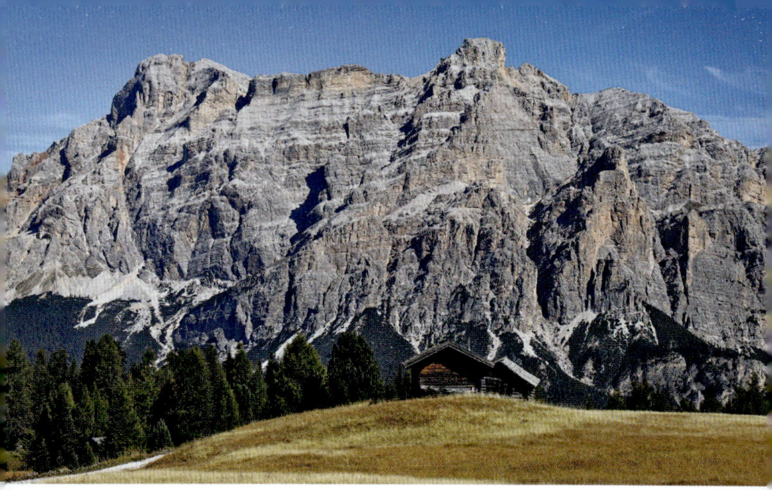

Auf den Störeswiesen präsentieren sich Conturines und Lavarella als kompaktes Massiv.

(Nr. 11) taleinwärts zur **Capanna Alpina** ❹, 1720 m, die über eine Stichstraße angeschlossen ist (gebührenpflichtiger Wanderparkplatz). Von dort brechen regelmäßig viele Leute ins Fanesgebiet auf. Im Val Sciarè verläuft die Route zunächst moderat, muss auf der rechten Seite dann aber die Geländestufe zum **Col de Locia** ❺, 2069 m, überwinden. Schöner Rastplatz an dieser Stelle. Bis zu unserem Tagesziel ergeben sich jetzt nur mehr geringe Höhendifferenzen, doch zieht sich die verbleibende Strecke noch fast sieben Kilometer. Das Hochtal gibt den Kurs nordwärts klar vor. Sachte ansteigend kommen wir zum **Ju dal'Ega** ❻, 2157 m, voran, wo die Gipfelroute Richtung Lavarella und Conturines links abzweigt. Wir folgen dem Fahrweg zur sommers einfach bewirtschafteten **Ütia de Gran Fanes (Großfanesalm)** ❼, 2103 m, gewinnen zum **Limosee**, 2159 m, respektive dem nahen Limojoch (Ju de Limo) nochmals ein wenig Höhe und erreichen im Abstieg – teils mit Abkürzern – die stattliche **Faneshütte** ❽, 2060 m. Während der letzten guten Stunde ist unsere Nr. 11 übrigens identisch mit dem Dolomiten-Höhenweg Nr. 1.

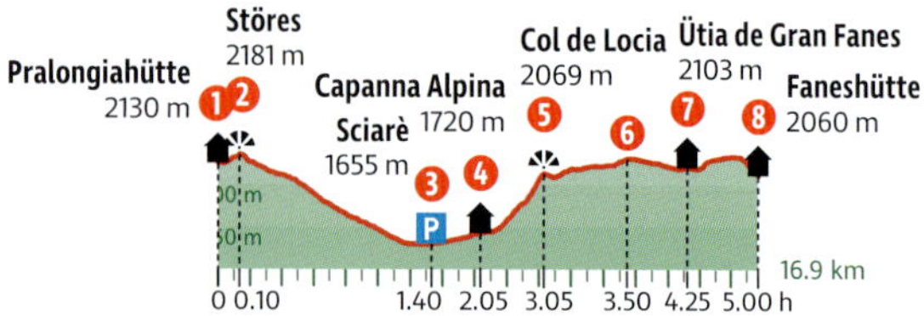

↗ 650 m | ↘ 560 m | 10.3 km

3.30 h

Lavarellahütte bzw. Faneshütte – Senneshütte

44

Hinüber aufs Sennesplateau

Im weiteren Verlauf unserer Dolomiten-Durchquerung wechseln wir von Kleinfanes zum Sennesplateau, das schon zu den Pragser Dolomiten gehört. Ein Zwischenabstieg ist dabei unumgänglich, doch ist das wildromantische Rautal hinter St. Vigil in Enneberg nicht besiedelt. Lediglich das Gasthaus Pederü befindet sich hier (und ein frequentierter Umschlagplatz der Wanderer, die zahlreich zu beiden Seiten ausschwärmen). Insgesamt ein lockerer Abschnitt mit nicht übermäßig spannenden Wegen als solchen, aber allemal sehenswerter Umgebung.

Ausgangspunkt: Lavarellahütte, 2042 m, oder Faneshütte, 2060 m, je nach vorheriger Nächtigung.
Endpunkt: Senneshütte, 2135 m.
Anforderungen: T1–2. Breite, befestigte Wege und unkomplizierte Steigabschnitte verlangen keine besonderen Fähigkeiten. Der Gegenanstieg von Pederü ist vorübergehend relativ steil (auf Fahrbahn). Auch konditionell moderater Abschnitt.
Einkehr/Unterkunft: Lavarellahütte und Faneshütte (siehe Touren 41 bzw. 43). Berggasthof Pederü (Mitte Mai bis Mitte Oktober, Tel. +39 0474 834316, pederue.it). Senneshütte (Anfang Juni bis Mitte Oktober, Tel. +39 0474 646355 oder +39 328 7945579, sennes.com). Eventuell Fodara-Vedla-Hütte (Tel. +39 348 8537471, fodara.it).
Variante: Zwecks Nächtigung kann man auf die Fodara-Vedla-Hütte, 1966 m, ausweichen (dafür nach der Kehrenstrecke rechts halten) oder bis zur Seekofelhütte, 2327 m, durchziehen. Letztere ist aber relativ klein und von Weitwanderern auf dem Dolomiten-Höhenweg Nr. 1 oft stark belegt.
Karte: Tabacco, Blatt 031 »Pragser Dolomiten – Enneberg« oder Blatt 03 »Cortina d'Ampezzo e Dolomiti Ampezzane«.

Die Kerbe des Rautals trennt Fanes und Sennes voneinander.

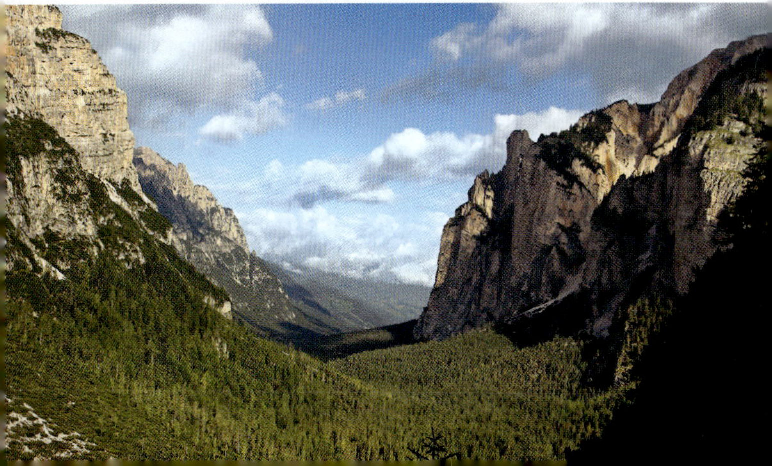

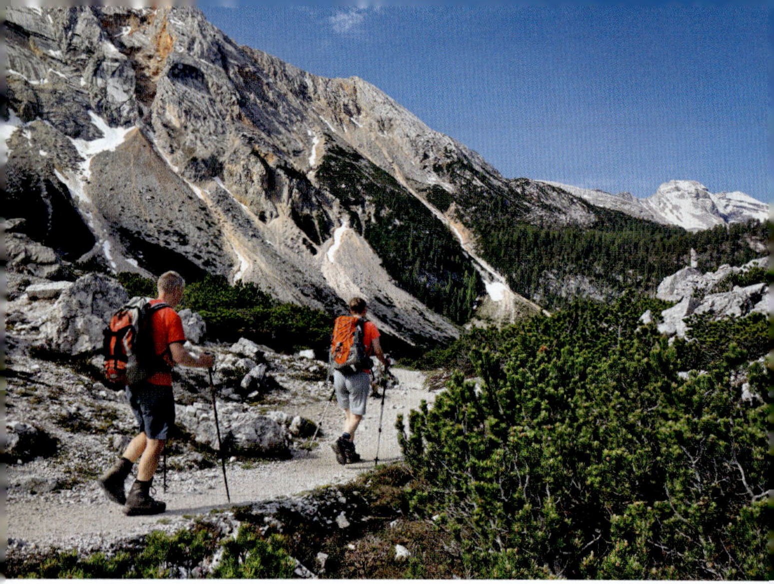

Unterwegs im Fanes-Hochtal.

Die Wege von der **Lavarellahütte** ❶ und der **Faneshütte** verbinden sich nach kurzer Zeit und ziehen anschließend gemeinsam durch die große Biegung des Valun de Fanes. Bald können wir von der staubigen Fahrbahn (auf der man gelegentlich mit Jeepverkehr der Anrainer rechnen muss) ausscheren und den parallelen Wandersteig (Nr. 7) nutzen. Nach einigen Berührungspunkten verläuft dieser längere Zeit ein Stück weit abseits davon. Man durchquert Latschenfelder und muss zwischendurch sogar mal ein bisschen ansteigen, ehe es über die Schwelle am Rande eines markanten Erosionstrichters abwärts geht. Schon fast unten kreuzt man den Fahrweg und wendet sich bei **Pederü** ❷, 1548 m, nach rechts, wo sich die Route Nr. 7 im Gegenanstieg fortsetzt. Mit einer Reihe enger Serpentinen folgen wir dem Fahrweg über die steile Geländestufe hinweg. Erst im flachen Bereich kürzt man die weite Schleife via Fodara Vedla über den markierten Steig Nr. 7A ab. Dann wieder in die Sandpiste einfädelnd und in sanfter Steigung über die Hochfläche des Plan de la Lasta zur großzügigen **Senneshütte** ❸, 2135 m.

Almhütte auf Kleinfanes gegen die Eisengabelspitze.

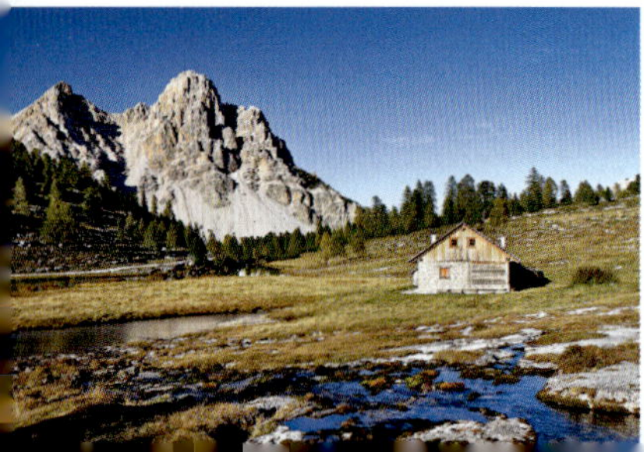

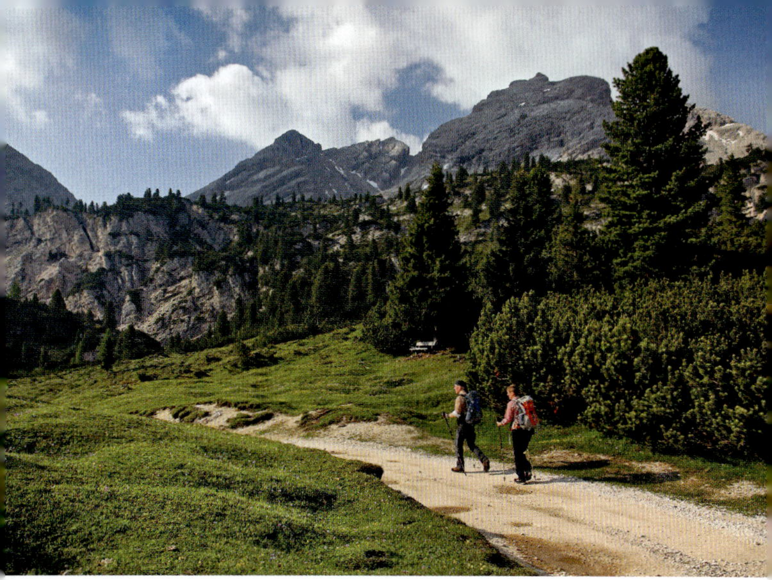

Auch auf der Sennes-Hochfläche gestaltet sich das Wandern bequem.

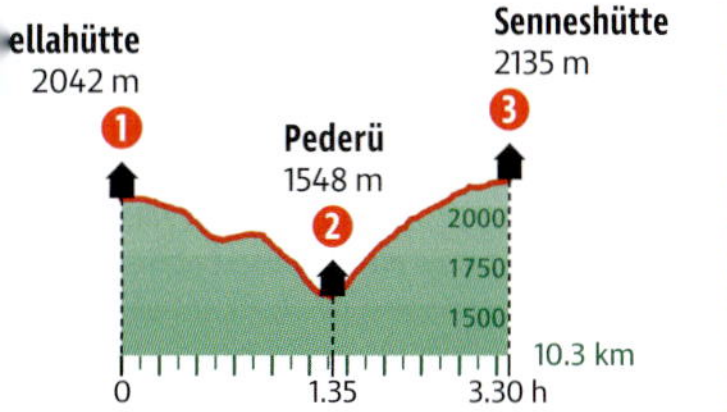

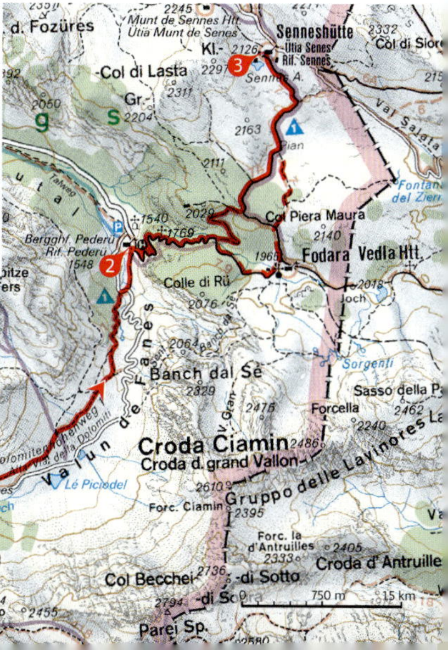

↗ 800 m | ↘ 900 m | 16.4 km

45 Senneshütte – Dürrensteinhütte

5.30 h

Über Rossalm und den Gaiselleite-Höhenweg Richtung Plätzwiese

Eine pfiffige Verbindung, die kaum einmal wesentlich unter die 2000-Meter-Linie absinkt – ein echter Höhenweg also! Von der Senneshütte müssen wir als Erstes die Ofenscharte am Seekofel überschreiten. Ein Gipfelabstecher zu diesem Paradeberg hoch über dem Pragser Wildsee mag verlockend erscheinen, verlangt wandertechnisch aber noch ein Quäntchen mehr ab als die üblichen Wege auf unserer Tour. Durch eine »Winnetou-Landschaft« kommen wir Richtung Rossalm voran – nette Einkehrstation auf knapp halber Strecke. Anschließend steht die Traverse der Gaiselleite bevor, sprich der Balkonweg am Fuße von Kleiner und Hoher Gaisl, wo wir ebenfalls in urtümlichen Impressionen schwelgen. Lieblicher wird es zuletzt im Bereich der deutlich belebteren Plätzwiese. Für die Übernachtung stehen hier zwei luxuriösere Unterkünfte bereit sowie ein Stück weit gen Süden die einfachere Dürrensteinhütte, direkt neben dem ehemaligen Sperrfort Vallandro. Der Blick geht – außer zur mächtigen Hohen Gaisl – vor allem Richtung Cristallo auf der anderen Talseite.

Der Höhenweg an der Gaiselleite verlangt elementare Trittsicherheit.

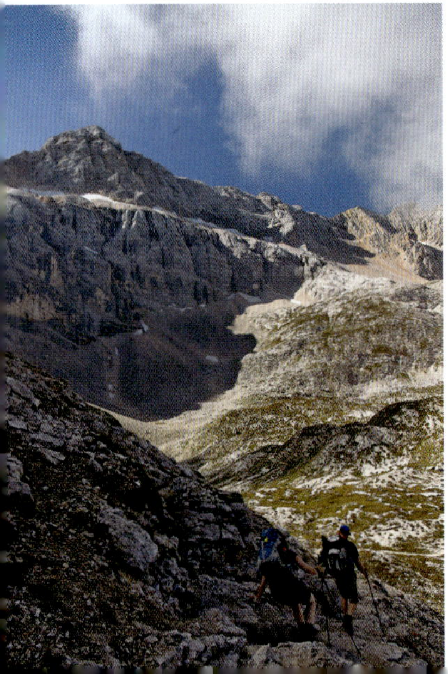

Ausgangspunkt: Senneshütte, 2135 m. Leichtester Zustieg ab Pederü (dorthin verkehrt ein Wanderbus von St. Vigil).
Endpunkt: Dürrensteinhütte, 2040 m. Problemlose Rückzugsmöglichkeit zur Bushaltestelle auf der Plätzwiese (Verbindung ins Pragser Tal).
Anforderungen: T3, meist T2. Zum größten Teil gewöhnliche Bergwege, meist über steinige Matten und phasenweise auch Schutt, eine abschüssige Passage an der Gaiselleite (Schlüsselpassage), mit elementarer Trittsicherheit aber gut beherrschbar. Tagfüllendes Pensum.
Einkehr/Unterkunft: Senneshütte (siehe Tour 44). Seekofelhütte (Mitte Juni bis Ende September, Tel. +39 0436 866991, rifugiobiella.it). Rossalm und Stollaalm (jeweils nur Einkehr). Berggasthof Plätzwiese (Tel. +39 0474 646677, plaetzwiese.com). Hotel Hohe Gaisl (Tel. +39 0474 646360, hohegaisl.com). Dürrensteinhütte (Mitte Mai bis Ende Oktober, ab Mitte September Übernachtung auf Anfrage, Tel. +39 0474 972505, vallandro.it).

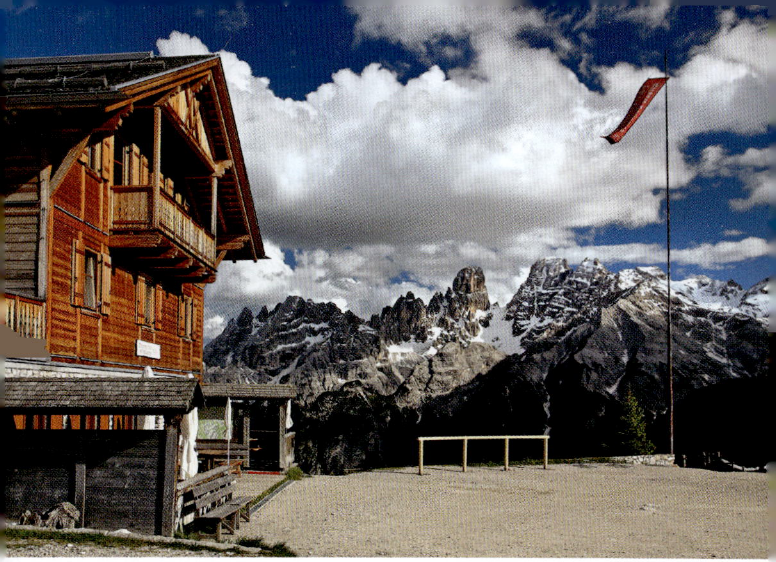

Am Ende dieser längeren Etappe finden wir in der Dürrensteinhütte Unterkunft.

Variante: Auf recht steilem und stellenweise gesichertem Steig lässt sich der Seekofel, 2810 m, besteigen (T3–4); von der Ofenscharte über die Südseite ca. 1.20 Std.
Karte: Tabacco, Blatt 031 »Pragser Dolomiten – Enneberg« oder Blatt 03 »Cortina d'Ampezzo e Dolomiti Ampezzane«.

Wir verlassen die **Senneshütte** ❶ Richtung Norden und schweifen in Kürze mit Nr. 6A nach rechts ab. Die steindurchsetzten Wiesen des Sennesalm-Plateaus werfen keinerlei ernsthafte Hindernisse auf. Bei P. 2259 erfolgt die Einmündung in den Fahrweg, der zuvor umständlich weit ausholt, uns nun aber direkt zur **Seekofelhütte** ❷, 2327 m, bringt. Nur wenig oberhalb wird die **Ofenscharte (Forcella Sora Forno)**, 2389 m, überschritten. Jenseits ins Kar des Ofen bis P. 2186 ❸, wo sich der Weg gabelt. Während Nr. 1 links zum Pragser Wildsee absteigt, halten wir uns mit Nr. 3 rechts und wandern durch eine von einzelnen Zirben bestandene Flur steiniger Matten

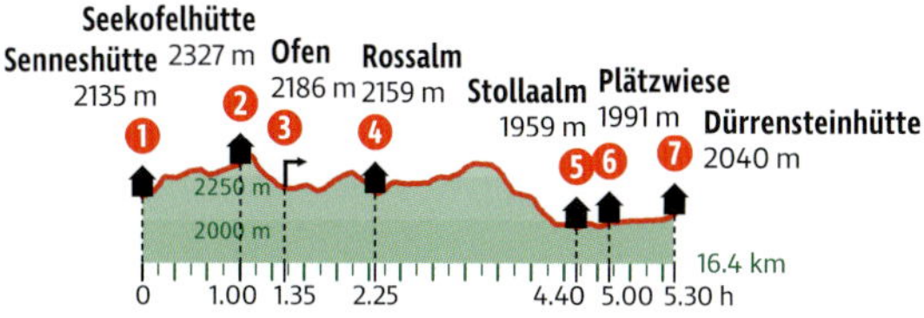

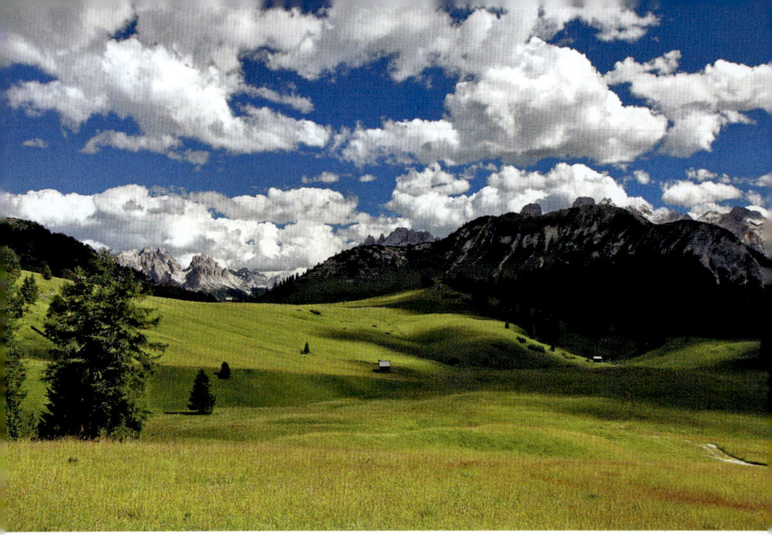

Malerische Plätzwiese.

leicht auf und ab. In der Nähe des Kühglattenpingl verzweigen sich erneut mehrere Routen. Wir gewinnen einen Geländesattel (P. 2280) und steigen dahinter auf einem Karrenweg zur einladenden **Rossalm** 4, 2159 m, ab. Auf der Fortsetzung ist weiterhin die Nr. 3 gültig, womit wir uns jetzt auf dem Höhenweg entlang der Gaiselleite befinden. Nach einem ausgedehnten Linksbogen geraten wir in eine abschüssige Bröselflanke, deren Traverse mittels einiger Ketten entschärft ist. Bei einem Grateck liegt das heikelste Stück bereits hinter uns. Wir durchqueren die nächste Karbucht und gelangen leicht ansteigend um die von der Schlechtgaisl vorspringende Geländerippe herum. Nach dem zwischenzeitlichen Höchstpunkt wird auch das nordöstlich der Hohen Gaisl eingelagerte Gletscherkar passiert – freilich ohne Eisauflage, die sich längst in den hintersten Winkel zurückgezogen hat. Vom Gumpalboden windet sich unser Steig zu einem Graben hinab und kommt in die

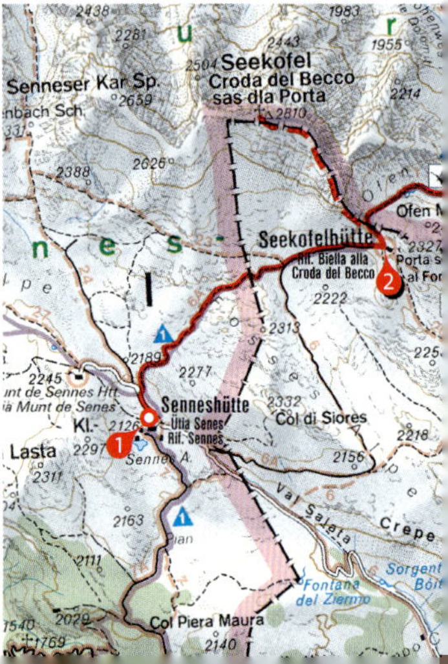

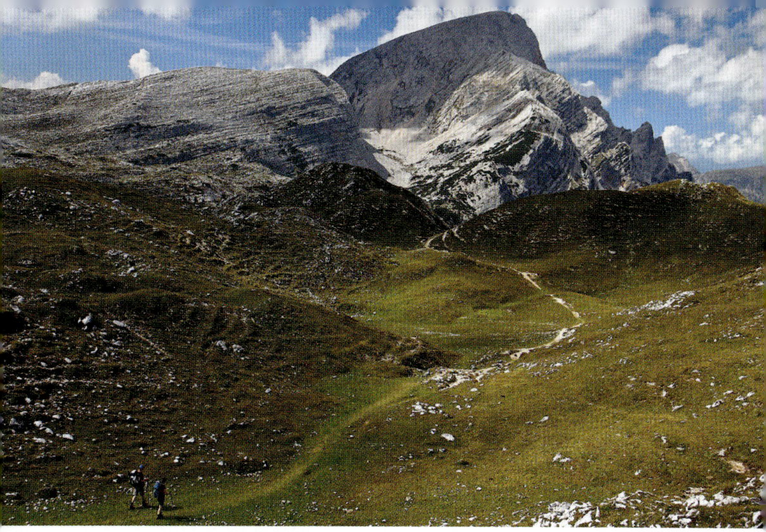

Unterwegs im Herzen der Pragser Dolomiten; im Blickfeld der Seekofel.

Nähe der **Stollaalm** ❺. Sie ließe sich linker Hand rasch mitnehmen. Jetzt ist es allerdings auch nicht mehr weit bis zur **Plätzwiese** ❻, 1991 m, mit den beiden Hotelbetrieben. Dort stoßen wir auf einen breiten, nahezu ebenen Weg (Nr. 37), der uns noch rund zwei Kilometer gen Südosten bis zur **Dürrensteinhütte** ❼, 2040 m, bringt.

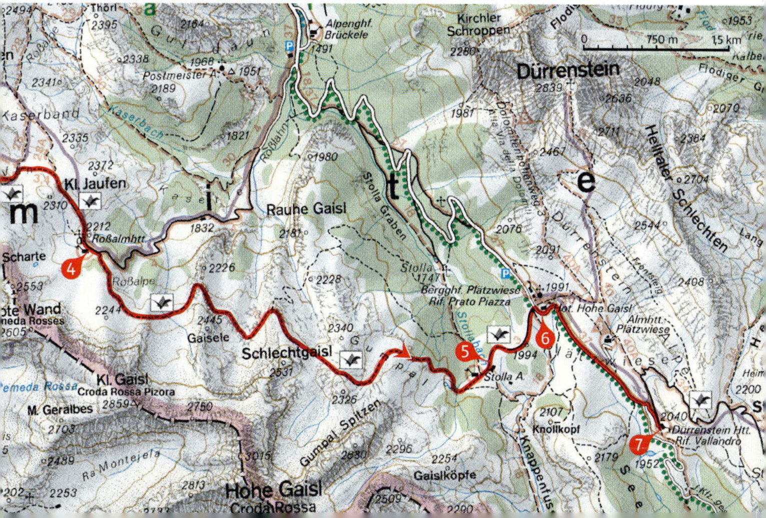

↗ 1200 m | ↘ 840 m | 14.3 km

46 Dürrensteinhütte – Landro – Drei-Zinnen-Hütte

5.20 h

Übergang ins Höhlensteintal und Westzustieg ins Zinnengebiet

Auf dieser Etappe, die sich mit einer Zwischennächtigung im Hotel Drei Zinnenblick auch aufteilen ließe, wechseln wir aus den Pragser in die Sextener Dolomiten. Zum Auftakt steht der Strudelkopf auf dem Programm, wo wir vom großen Heimkehrerkreuz Umschau halten können. Die Gegend ringsum war ja im Ersten Weltkrieg besonders hart umkämpft – Zeugnisse dieser tragischen Historie sind immer noch unverkennbar. Der Trichter des Helltals vermittelt das Bergab ins Höhlensteintal (Valle di Landro), wo der Seitenwechsel ohne Umschweife vonstattengeht. Angesichts der noch anstehenden 1000 Steigungsmeter wird der Dürrensee ein Stück weit südlich wohl eher ausgelassen. Die folgende Strecke durchs Rienztal ist im Grunde eine Genusswanderung und im Allgemeinen nicht so überlaufen wie andere Wege Richtung Drei-Zinnen-Hütte, doch eine Portion Marschtüchtigkeit sollte schon mitgebracht werden. Rechter Hand dräuen die Abstürze von Monte Piano und Katzenleitenkopf, links sind es jene des Rautkofels. Malerische Lärchenwälder sorgen indes für Harmonie in der Landschaft. Oben dann der legendäre Blick auf die berühmteste Felsformation der Dolomiten, direkt hinein in die mauerglatten Nordwände der Drei Zinnen, flankiert vom ebenfalls profilierten Paternkofel. Hoffentlich lässt sich in der stark besuchten Hütte ein Platz ergattern ...

Ausgangspunkt: Dürrensteinhütte, 2040 m. Einfachster Zugang mit Bus aus dem Pragser Tal zur Plätzwiese und dort noch ca. 40 Min. zu Fuß.
Endpunkt: Drei-Zinnen-Hütte, 2405 m.
Anforderungen: T3, meist T2. Im ersten

Paternkofel (links) und Drei Zinnen im letzten Abendlicht.

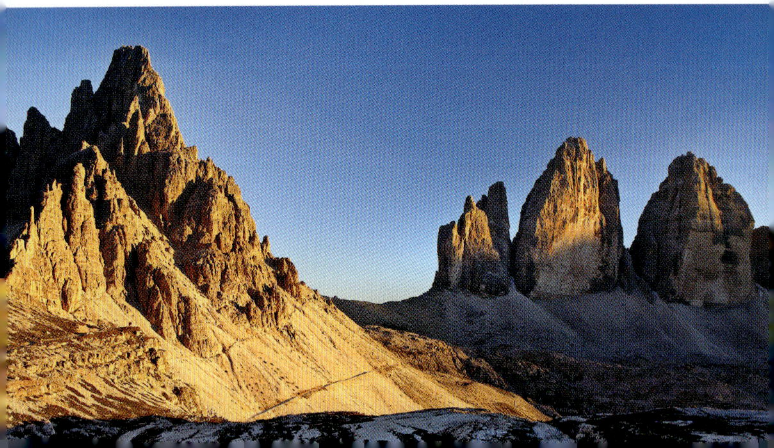

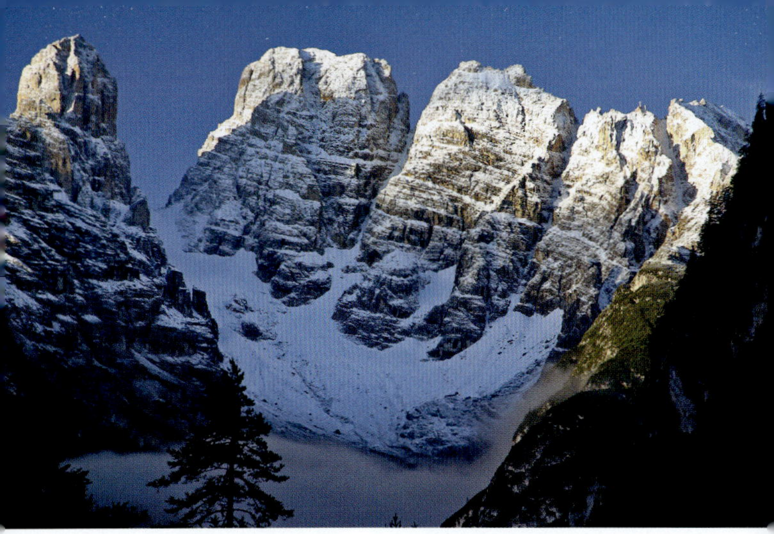

Majestätisch wirkt das mit Neuschnee überzuckerte Cristallo-Massiv.

Teil mit Abstieg durchs Helltal guter, aber relativ schmaler und kehrenreicher Steig, eine ausgesetzte Traverse ist gesichert (Trittsicherheit). Durchs Rienztal hinauf zur Drei-Zinnen-Hütte problemloser, breit ausgebauter Weg. Dieser zweite Abschnitt zieht sich über 8 km und volle 1000 Hm, entsprechende Ausdauer vonnöten.

Einkehr/Unterkunft: Dürrensteinhütte (siehe Tour 45). Hotel Drei Zinnenblick (Tel. +39 0474 972633, hoteltrecime.com). Drei-Zinnen-Hütte (Ende Juni bis Ende September, Buchungen ausschließlich online, dreizinnenhuette.com).

Varianten: 1. Kurzer Abstecher auf den Strudelkopf, 2307 m, vom Sattel über den mäßig steilen Hang höchstens 20 Min.

2. Leichter, aber länger als durchs Helltal ist der südseitige Abstieg nach Schluderbach. Anschließend muss eine Strecke von rund 3 km im Höhlensteintal zurückgelegt werden (am schnellsten auf dem Radweg), um am Dürrensee vorbei Anschluss zur Hauptroute zu erhalten.

Karte: Tabacco, Blatt 010 »Sextener Dolomiten«.

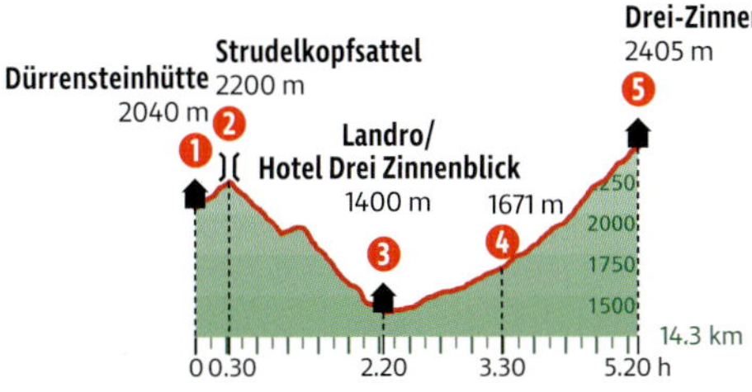

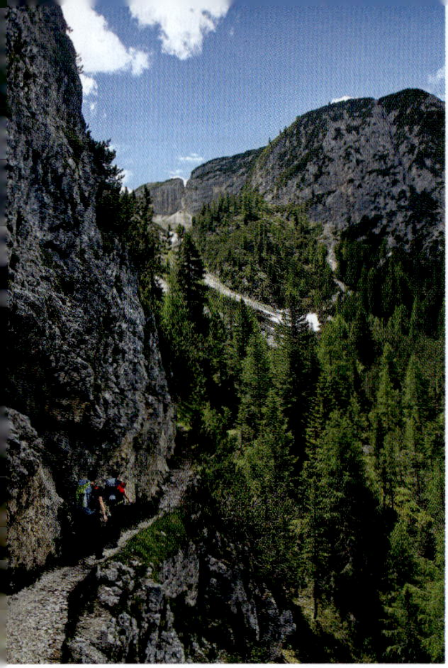

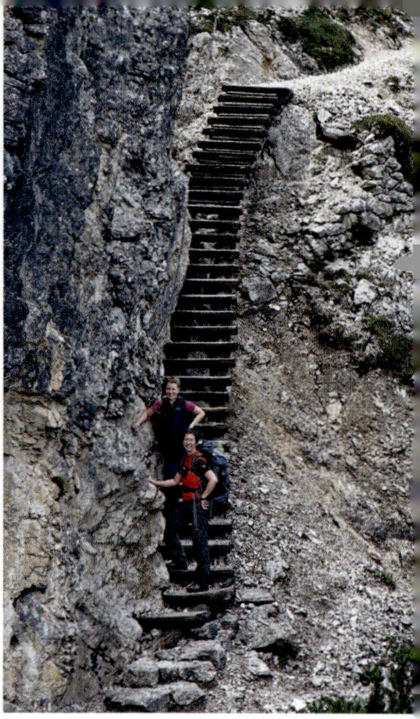

Urwüchsiger Pfad im Helltal – heikle Stellen sind hier gut ausgebaut.

Direkt bei der **Dürrensteinhütte** ❶ nehmen wir den Steig aufwärts auf (also nicht den nach Norden ausholenden breiten Schotterweg) und gelangen durch Latschen- und Wiesengelände zum **Strudelkopfsattel** ❷, 2200 m. Der gleichnamige Plateaugipfel ist hier ein beinahe obligatorisches Mitnahmeziel. Route Nr. 34 (gleichzeitig Dolomiten-Höhenweg Nr. 3) taucht indes nordseitig ins Helltal ab. Ein gutes Stück weiter unten dreht sie deutlich nach rechts ein, quert unter einem sekundären Geländeeinschnitt entlang und umkurvt einen Felsausläufer auf teilweise gesicherten Bändern. Unterhalb der Steilwände vollzieht man zahlreiche Windungen und quert am Ende diagonal nach rechts hinaus zur Örtlichkeit **Landro** ❸, 1400 m, im Höhlensteintal. Nur ein

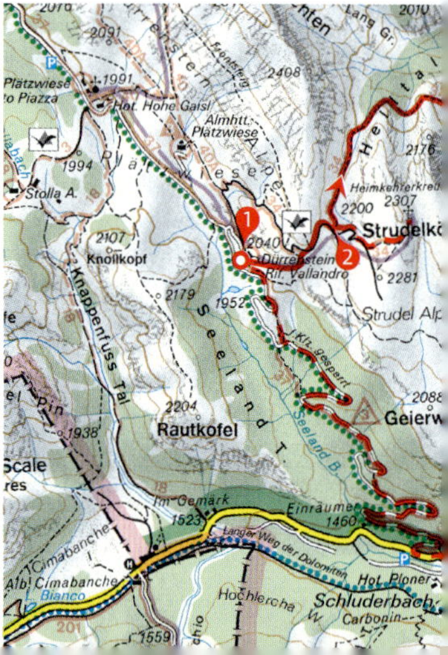

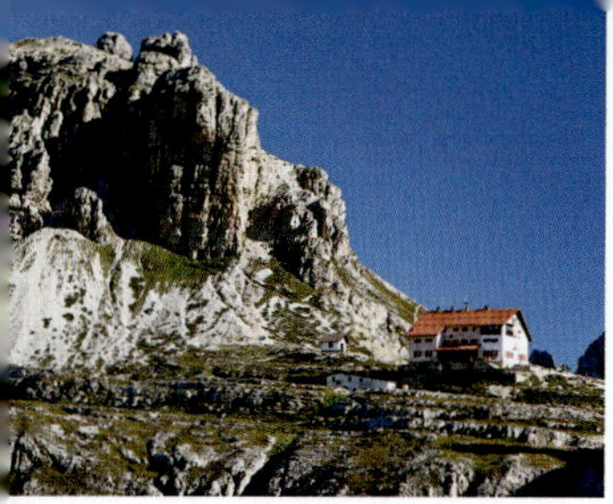

Die Drei-Zinnen-Hütte mit dem Sextner Stein.

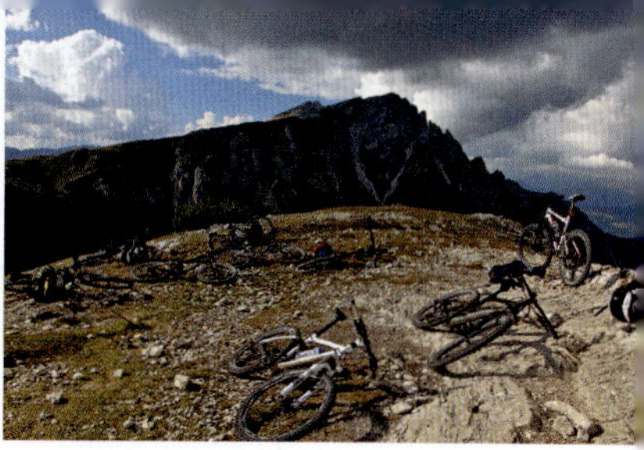

Auch für Mountainbiker ein beliebtes Ziel: der Strudelkopf.

paar Schritte entfernt befinden sich das **Hotel Drei Zinnenblick** und gegenüber am Beginn des Weiterwegs ein großer Wanderparkplatz.
Von dort begeben wir uns mit Nr. 102 ins Rienztal hinein. Ein von Latschenfeldern flankierter Fahrweg zieht eine Weile flach dahin und steigt erst zur Talverengung hin allmählich an. Nach einer eventuell vermurten Stelle zweigt die Route Nr. 10 zum Großen Wildgrabenjoch nach links ab ❹. Unsere breite Trasse wird in Bälde von einem – ebenfalls komfortablen – Wanderweg abgelöst. Immer links vom Bachlauf der Schwarzen Rienz schlängelt sich dieser durch Krummholzbestände zu einem kleinen Boden und überwindet die folgende steilere Geländestufe in angenehmen Schleifen. Damit kommen wir zum Rand des Rienzbodens hinauf. An der linken Seite entlang und mit etlichen Kehren – zuletzt gemeinsam mit dem viel begangenen Zugang über den Paternsattel – bis zur **Drei-Zinnen-Hütte** ❺, 2405 m, am Toblinger Riedl.

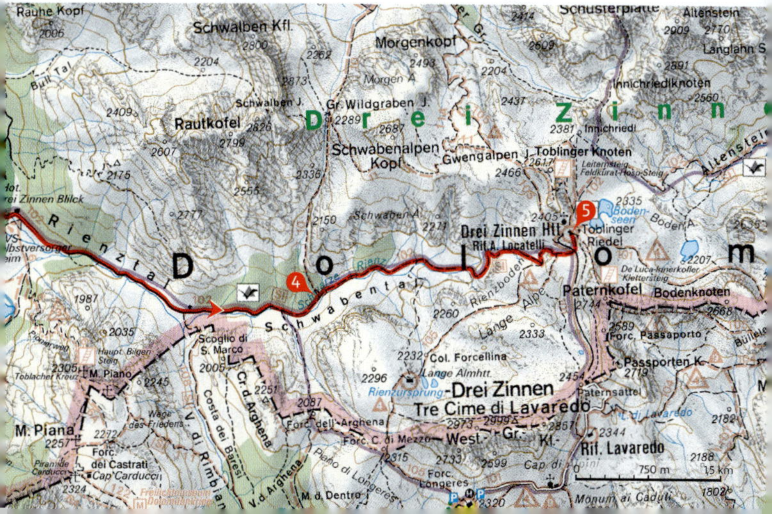

↗ 250 m | ↘ 1200 m | 11.2 km

47 Drei-Zinnen-Hütte – Fischleintal (Sexten)

3.45 h

Feierliches Finale in spektakulärer Umgebung

Es sind Traumkulissen schlechthin, die sich uns im Herzen der Sextener Dolomiten offenbaren, in Jahrmillionen geschichtete und später markant herausgewitterte Felsmonumente: Elfer, Zwölfer und Einser – Stundenzeiger der Sextener Sonnenuhr –, der Paternkofel und nicht zuletzt die weltberühmten Drei Zinnen ziehen Bergfreunde jeder Couleur in ihren Bann. Um noch eine reichliche Portion von Impressionen aus dieser Bergwelt mitzunehmen, sei vorgeschlagen, das finale Bergab ins Fischleintal bei Sexten um einen Höhenweg zu verlängern und vorab bei der kleinen Büllelejochhütte sowie der Zsigmondyhütte vorbeizuschauen. Speziell mit dem gigantischen Zwölferkofel gehen wir derweil so richtig auf Tuchfühlung.

Ausgangspunkt: Drei-Zinnen-Hütte, 2405 m.
Endpunkt: Fischleinboden, 1454 m, im gleichnamigen Tal südlich von Sexten. Großer, gebührenpflichtiger Parkplatz. Busverbindung über Sexten zum Bahnhof Innichen.
Anforderungen: Maximal T2–3. Gut ausgebaute Bergwege mit steinigen Abschnitten; etwas Trittsicherheit vorteilhaft. In mehrheitlichem Bergab nicht sonderlich anstrengend.
Einkehr/Unterkunft: Drei-Zinnen-Hütte (siehe Tour 46). Büllelejochhütte (Mitte Juni bis Anfang Oktober, Tel. +39 337 451517, rifugiopiandicengia.it). Zsigmon-

Mit Blick zum Elfer steigen wir zur Zsigmondyhütte ab.

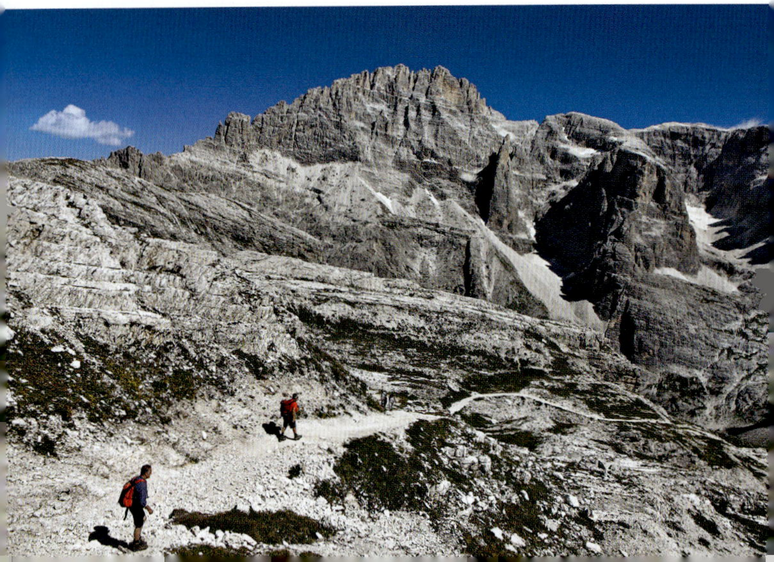

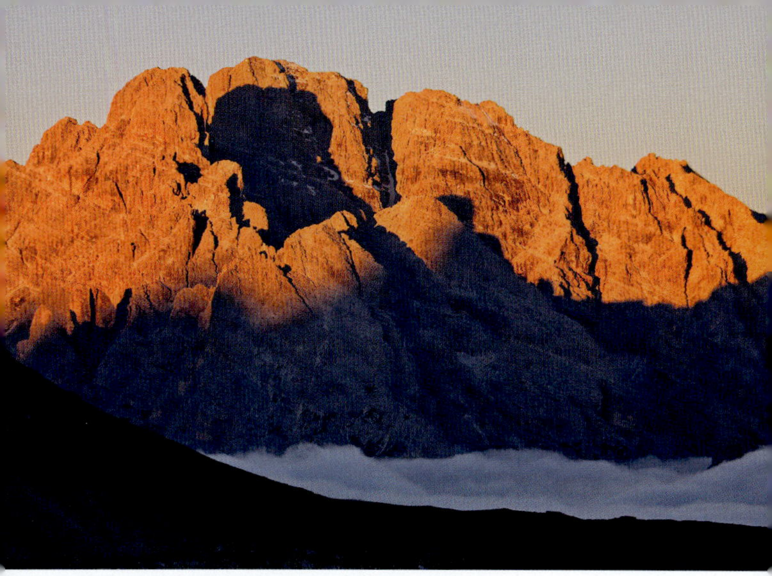

Der letzte Wandertag ist angebrochen: Cristallo im Morgenlicht.

dy-Comici-Hütte (Mitte Juni bis Ende September, Tel. +39 0474 710358, Reservierung online, zsigmondyhuette.com). Talschlusshütte (Tel. +39 0474 710606, www.talschlusshuette.com).

Varianten: 1. Der direkte Weg (Nr. 102) führt von der Drei-Zinnen-Hütte durchs Altensteintal hinunter. Man kommt zunächst auf die sanfte Terrasse unweit der Bödenseen und wandert unter den Abstürzen des Innichriedlknotens allmählich deutlicher bergab. An einer Geländeschwelle links eindrehen und später über zwei Gräben hinweg in die Latschenzone. Stets auf der linken Seite des Baches zum flachen Auslauf der Route Richtung Talschlusshütte.
2. Von der Büllelejochhütte lohnt sich ein halbstündiger Abstecher auf den Ostgipfel der Oberbachernspitze, 2677 m (T3).

Karte: Tabacco, Blatt 010 »Sextener Dolomiten«.

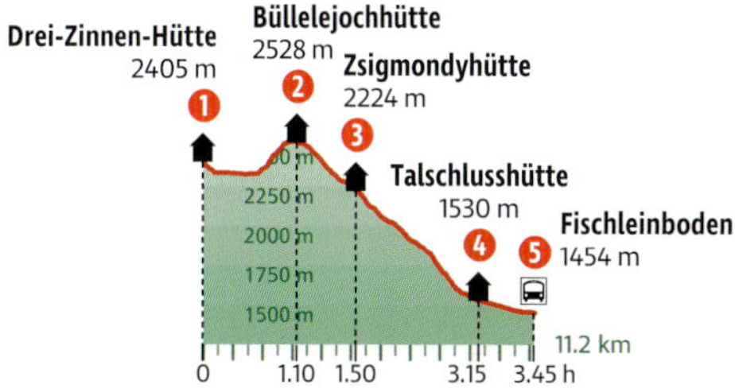

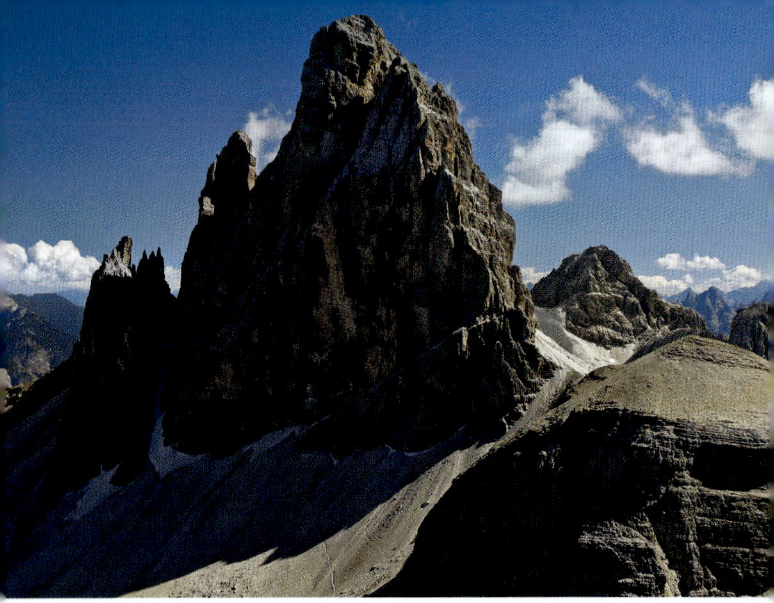

Zu den prächtigsten Gipfelkulissen zählt zweifellos der Zwölferkofel.

Von der **Drei-Zinnen-Hütte** (1) wählen wir den ostwärts leicht fallenden Weg Nr. 101 südlich der Bödenseen. Ohne nennenswerte Hürden durchquert man die Blocklandschaft und Schutthalden unterhalb des Paternkofels, zieht an einem Felssporn vorbei und muss dahinter rund 200 Höhenmeter bis ins **Büllelejoch**, 2522 m, ansteigen. Eine kammnahe Traverse bringt uns rasch weiter zur **Büllelejochhütte** (2), 2528 m, die tagsüber oft rege besucht ist, aber nur wenige Gäste zur Nacht aufnehmen kann. Als Nächstes schlüpfen wir durch das nahe **Oberbachernjoch**, 2519 m, und leiten das Bergab ein. Die Route weicht allen Riegeln geschickt aus und gelangt mit einigen Schleifen durch schütter begrüntes Gelände mäßig steil zur **Zsigmondyhütte** (3), 2224 m. Nun mit Nr. 103 in die etwas abschüssige Ostflanke und links eindrehend immer hoch über dem Einschnitt des Bacherntals insgesamt schräg abwärts. Später gelangt man noch näher an die Wände des Einsers heran, wobei sich der Steig

Die zauberhaften Bödenseen setzen liebliche Akzente.

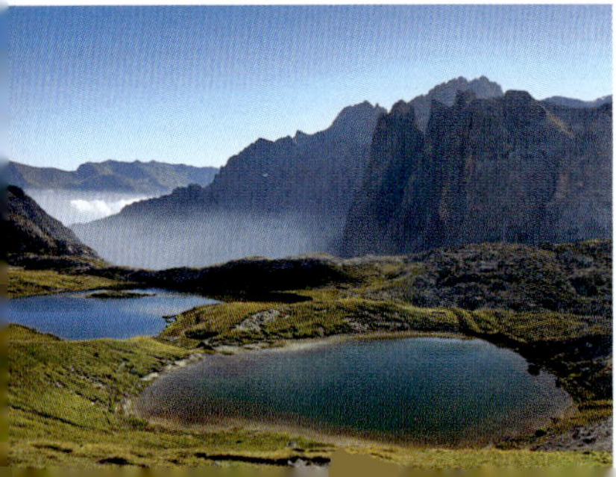

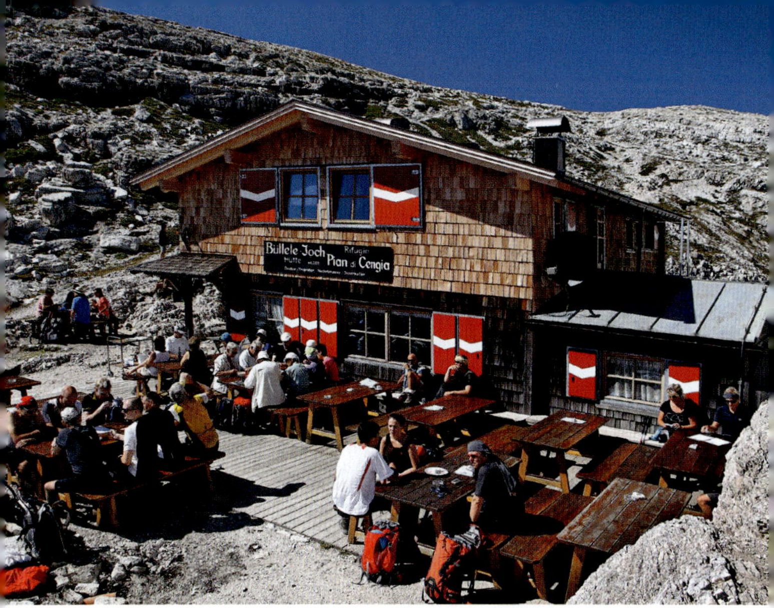

Höchste und kleinste Hütte in den Sextener Dolomiten: die Büllelejochhütte.

inzwischen jedoch als ziemlich komfortabel erweist und im Bereich des Bergsturzes von 2007 schließlich mit einigen Kehren in die Sohle des Fischleintals ausläuft. Dort an der stark frequentierten **Talschlusshütte** ❹ vorbei noch etwa zwei Kilometer ziemlich flach und gemütlich hinaus bis zum Parkplatz am **Fischleinboden** ❺, 1454 m.

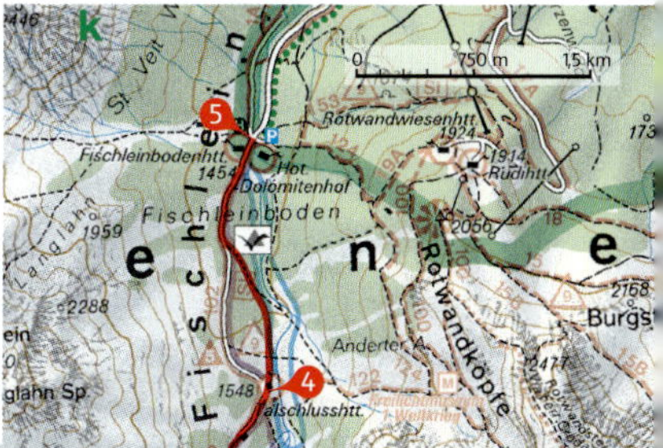

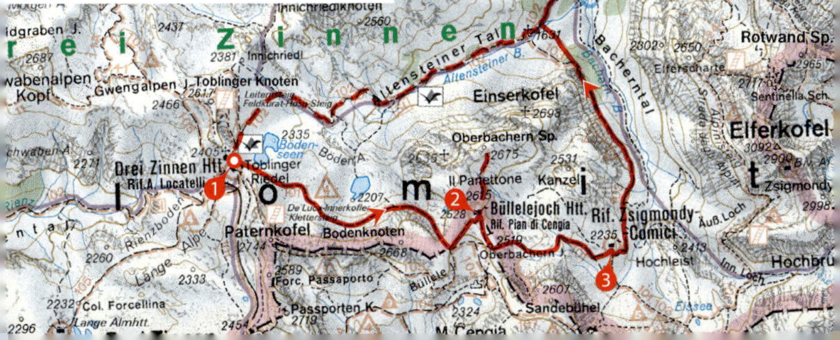

STICHWORTVERZEICHNIS

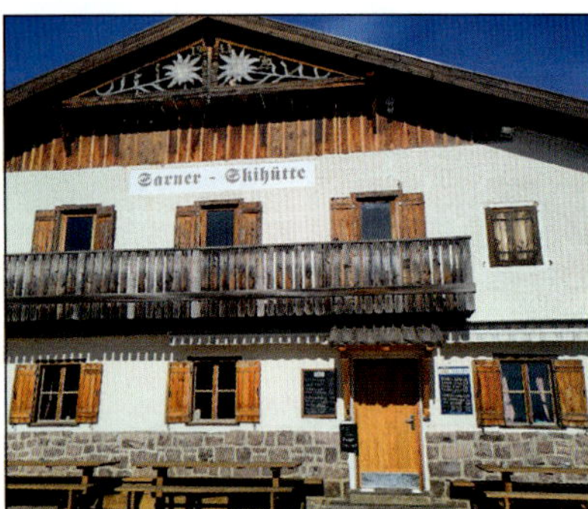

Sarner Skihütte

Ein idyllisches und einzigartiges Plätzchen mit Panoramablick wie aus dem Bilderbuch.
Übernachtungsmöglichkeiten mit Abendessen und Frühstück für Radfahrer und Wanderer.
Ein idealer Ausgangspunkt für die Sarner Hufeisentour mit Parkplatzmöglichkeit über mehrere Tage.
Parkplatz auch für Wohnmobile bestens geeignet.

Sarner Skihütte
Fraktion Auen 19 · 39058 Sarntal
Tel: +39 333 9392929 · info@sarnerskihuette.com
www.sarnerskihuette.com

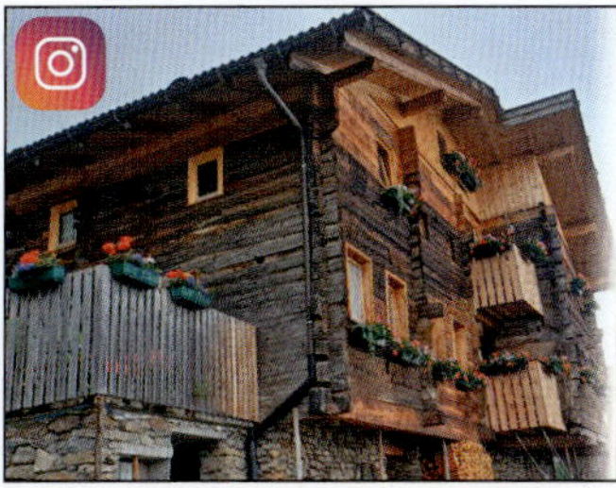

Obervernatsch Hof

Das Perfekte liegt im Unperfektem.

Folgen Sie uns auch auf Instagram
@obervernatschhof

Bergbauernhof Obervernatsch
Katharinaberg 18 · I-39020 Schnalstal
Tel. +39 348 530 47 62
obervernatsch@gmail.com

Stöffl hütte

2.057 m - Latzfonser - Villanderer Alm

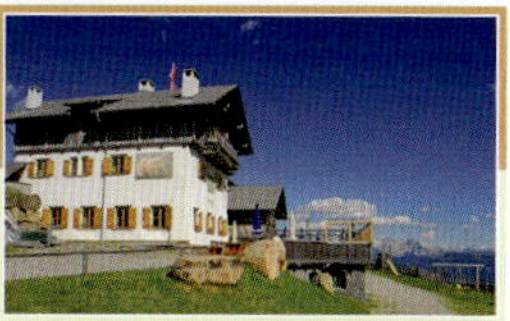

Die Berghütte Stöfflhütte in der Villanderer-Latzfonser Alm bietet eine einmalige Aussichstlage auf 2.057m.
Von der Hütte aus können wunderschöne Bergwanderungen, Schneeschuh- und Mountainbiketouren unternommen werden. Unsere Küche verwöhnt Sie mit einfachen Almschmanckerln, aber auch mit feinen Gerichten aus der Regionalen Küche.

Pichler Richard, Untergassl 5, 39040 Villnöss, Tel.: (+39) 338 73 19 464, www.stoefflhuette.it

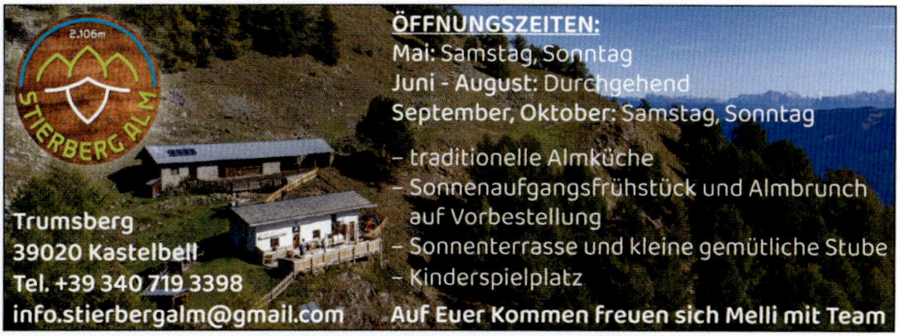

2.106m
STIERBERG ALM

ÖFFNUNGSZEITEN:
Mai: Samstag, Sonntag
Juni - August: Durchgehend
September, Oktober: Samstag, Sonntag

- traditionelle Almküche
- Sonnenaufgangsfrühstück und Almbrunch auf Vorbestellung
- Sonnenterrasse und kleine gemütliche Stube
- Kinderspielplatz

Trumsberg
39020 Kastelbell
Tel. +39 340 719 3398
info.stierbergalm@gmail.com

Auf Euer Kommen freuen sich Melli mit Team

In den Sommermonaten können Sie mit einer kleinen Wanderung verbunden, unsere urige Latschenölbrennerei von Anfang Juni bis Ende Oktober täglich von 10:00 - 16:00 Uhr kostenlos besichtigen.

ONLINE-SHOP
Kommen Sie uns besuchen!

LATSCHENÖLBRENNEREI
Orig. Barbianer
SINCE 1912
Oberdorf 13
I-39040 Barbian
Provinz Bozen Südtirol
Tel. +39 328 892 6205
info@latschenkiefer.it
www.latschenkiefer.it

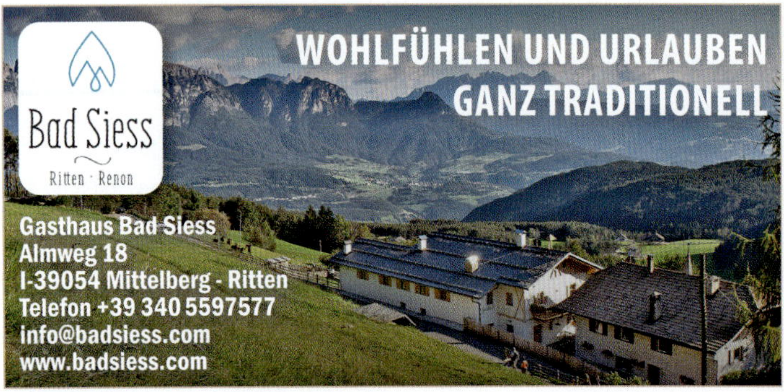
Bad Siess
Ritten · Renon
WOHLFÜHLEN UND URLAUBEN
GANZ TRADITIONELL
Gasthaus Bad Siess
Almweg 18
I-39054 Mittelberg - Ritten
Telefon +39 340 5597577
info@badsiess.com
www.badsiess.com

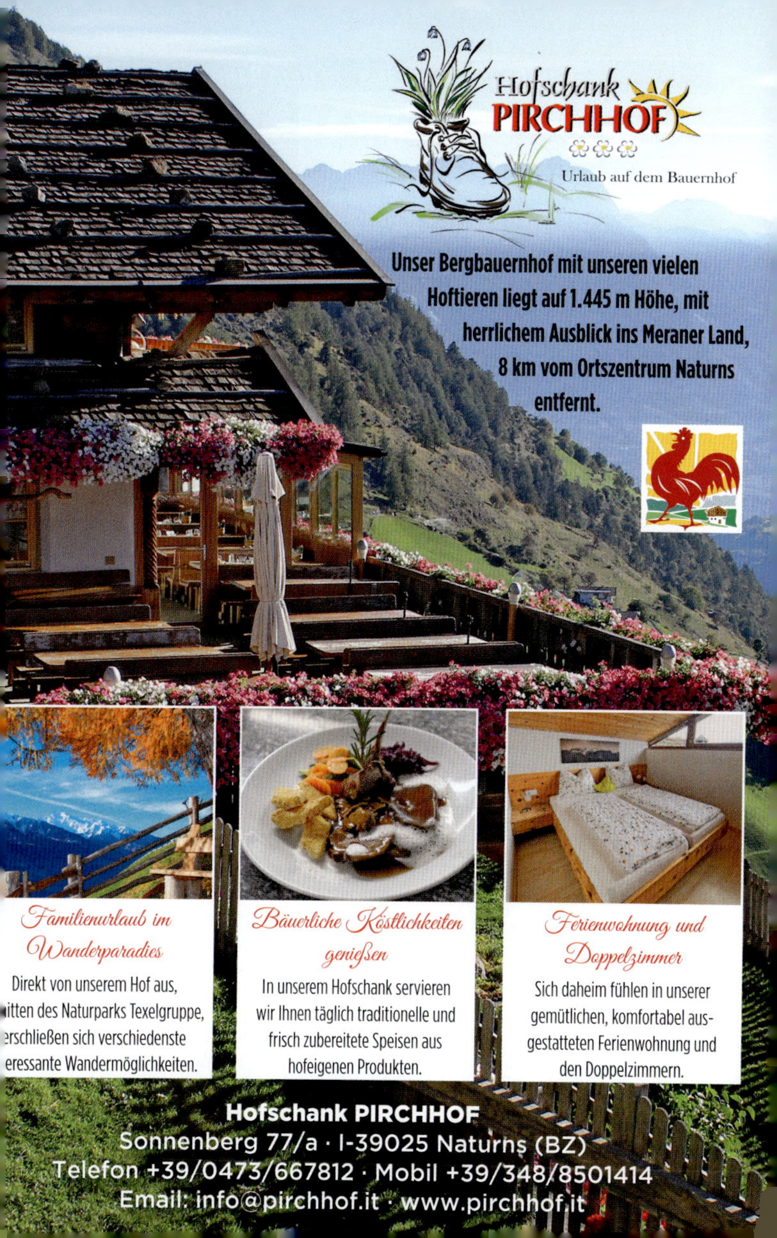
Hofschank
PIRCHHOF
Urlaub auf dem Bauernhof
Unser Bergbauernhof mit unseren vielen Hoftieren liegt auf 1.445 m Höhe, mit herrlichem Ausblick ins Meraner Land, 8 km vom Ortszentrum Naturns entfernt.
Familienurlaub im Wanderparadies
Direkt von unserem Hof aus, itten des Naturparks Texelgruppe, rschließen sich verschiedenste eressante Wandermöglichkeiten.
Bäuerliche Köstlichkeiten genießen
In unserem Hofschank servieren wir Ihnen täglich traditionelle und frisch zubereitete Speisen aus hofeigenen Produkten.
Ferienwohnung und Doppelzimmer
Sich daheim fühlen in unserer gemütlichen, komfortabel ausgestatteten Ferienwohnung und den Doppelzimmern.
Hofschank PIRCHHOF
Sonnenberg 77/a · I-39025 Naturns (BZ)
Telefon +39/0473/667812 · Mobil +39/348/8501414
Email: info@pirchhof.it · www.pirchhof.it

Gasthaus ❤ Urlaub auf dem Bauernhof

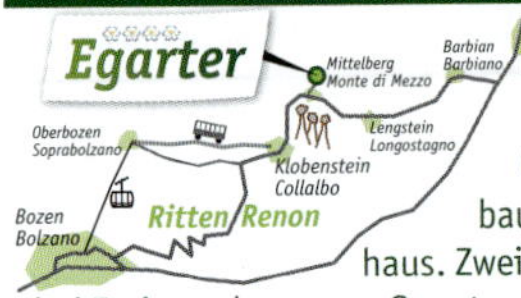

Montag Ruhetag

Gemütliches neuerbautes Traditionsgasthaus. Zwei Doppelzimmer und drei Ferienwohnungen. Sonntagabend geschlossen.

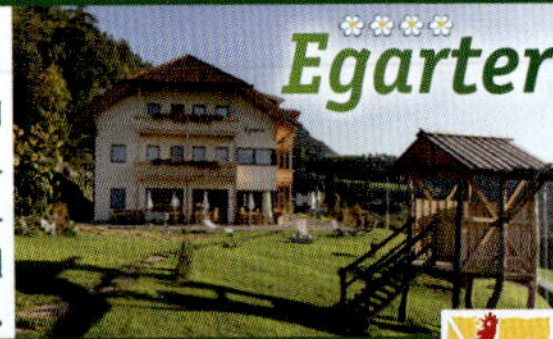

39054 Klobenstein-Mittelberg **Ritten** ❤ Telefon +39 0471 356717
info@egarter.net ❤ **www.egarter.net**

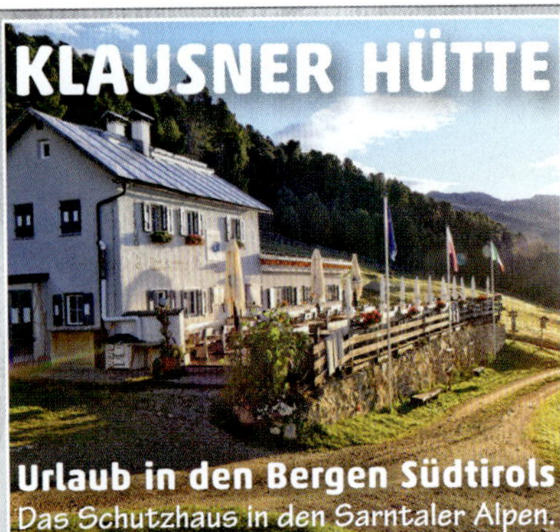

Viele Wege führen zu uns

Über eine Vielzahl von Wanderwegen, gelangen Sie im Sommer und Winter recht einfach zur Hütte. Zur besseren Orientierung hängen an den Wanderparkplätzen immer die aktuellen Wanderkarten aus.
Die Klausner Hütte bietet Platz für maximal 22 Personen. Nach einem anstrengenden Wandertag, für eine Sonnenaufgangstour oder um einfach mal die Ruhe und einzigartigen Blick auf die Dolomiten zu erleben, bietet die kleine aber feine Berghütte ein einmaliges Erlebnis.
Wir freuen uns, euch kennen zu lernen.

Familie Monika Obrist
Latzfonser Alm · I-39043 Klausen
Tel. +39 320 707 8058
klausnerhuette@gmail.com
www.klausnerhuette.it

SÜDTIROL

CLUB ALPINO ITALIANO
Sezione di Bolzano

Schutzhaus **Rittner Horn** 2261 m
Rifugio **Corno del Renon**

Das Schutzhaus steht in den südlichen Sarntaler Alpen auf dem Gipfel des Rittner Horns (2.261 Meter).
Es ist ein ideales Ausflugsziel für Familien, Mountainbiker und Wanderer.

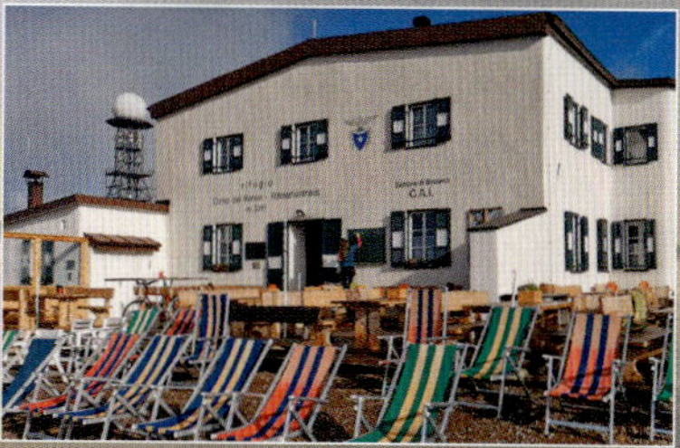

Ein besonderes Erlebnis

Sonnenuntergang und Sonnenaufgang am Rittner Horn bei einem Abendessen, mit Übernachtung und Frühstück und gemütlichem Beisammensein in unseren urigen Stuben.

Familie Treibenreif · Hornweg 3 · I-39040 Barbian · Telefon +39 0471 1550602
Handy: +39 3480353635 · www.schutzhaus-rittner-horn.com
Buchungen und Preise auf Anfrage: E-Mail: schutzhaus-rittnerhorn@hotmail.com

Rosmarie ★★★
Hotel · Restaurant
Wellness- und Genusshotel

Verena und Andreas Gufler mit Nadine, Marie und Melanie
I-39013 Pfelders/Moos in Passeier – Südtirol
Tel. +39 0473 421 022 · Mobil +39 346 686 1670
info@hotel-rosmarie.it · www.hotel-rosmarie.it

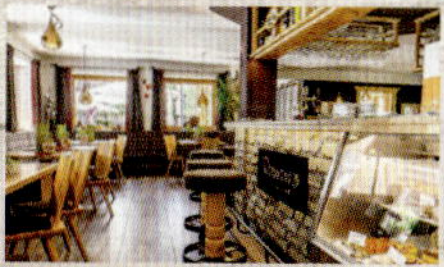

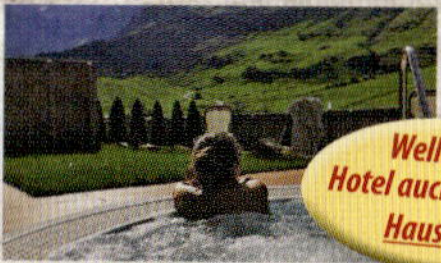

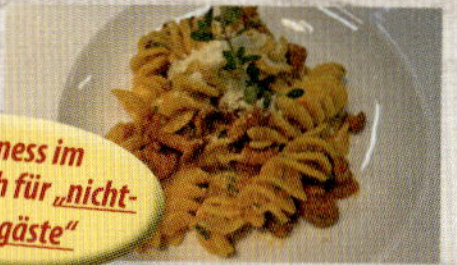

Wellness im Hotel auch für „nicht-Hausgäste“

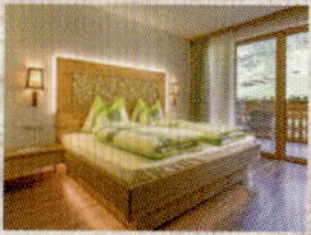

♥lich willkommen!

Hausgemacht: Nudelgerichte, Kuchen, Torten und Süßspeisen, heimische Steaks, Barbecue-smoker, Fischgerichte, Psairer Forelle.

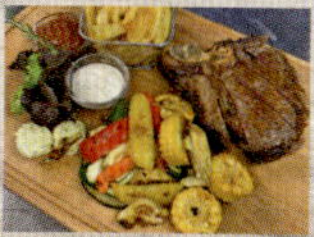

Wanderer für eine Nacht ♥lich willkommen!

Wellnessbereich mit Dampfbad, Biosauna, Infrarot-Kabine und Finnische Panoramasauna, Außen-Whirlpool mit Blick auf die atemberaubende Bergwelt, Relax-Raum mit Blick auf die Alpen.

Heimische Dry Aged Steaks

Unsere Komfortzimmer sind mit Panoramabalkon oder Terrasse mit Bergblumen, die in Pfelders wachsen, und heimischen Hölzern liebevoll eingerichtet.

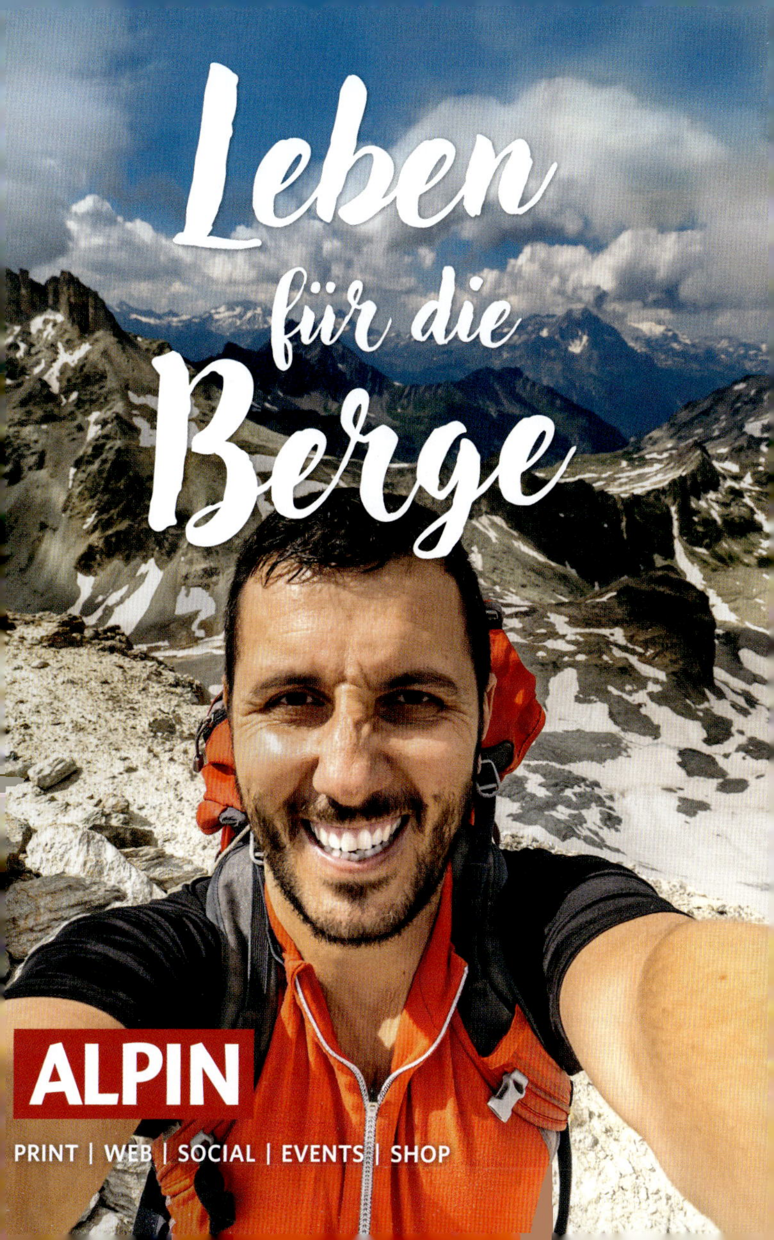
Leben
für die
Berge
ALPIN
PRINT | WEB | SOCIAL | EVENTS | SHOP

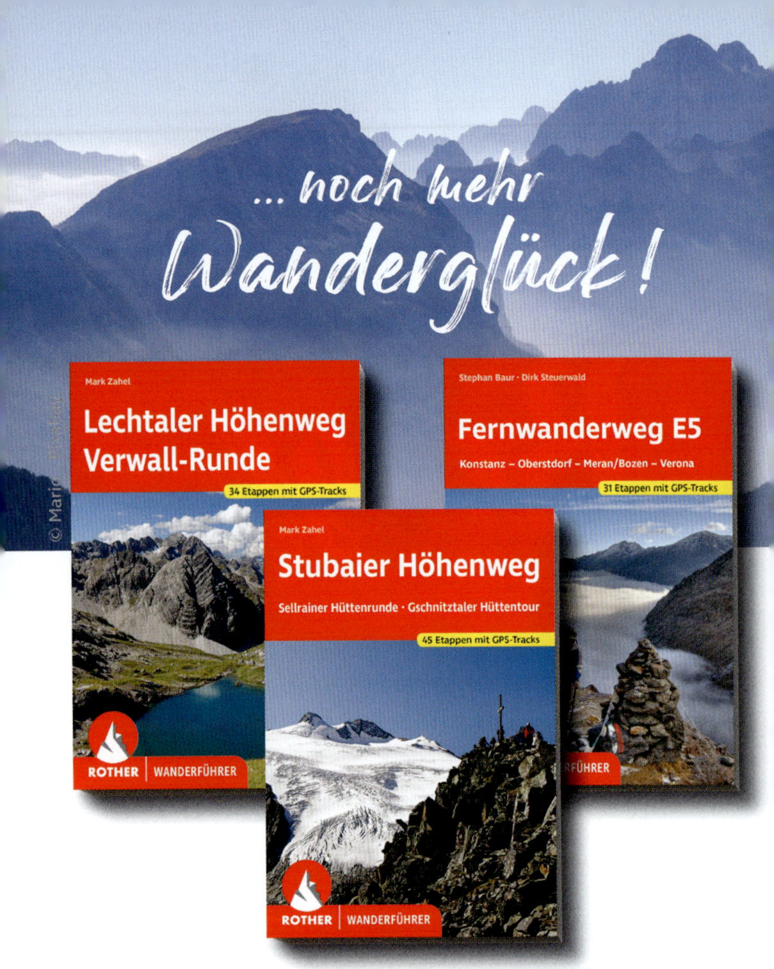

Mit Rother seid ihr immer auf dem richtigen Weg. Wir zeigen euch die beste Auswahl an Touren in der Region, vom Klassiker bis zum Geheimtipp, von Kennern ausgewählt und genau beschrieben. Mit geprüften GPS-Tracks zum Download – so einfach geht Wanderglück!

700 Ziele auf **rother.de**

… weltweit

Den passenden Wanderführer für euren Wunschort oder das gesuchte Ziel findet ihr bei Rother auf der geografischen Suche: rother.de/geografische-suche

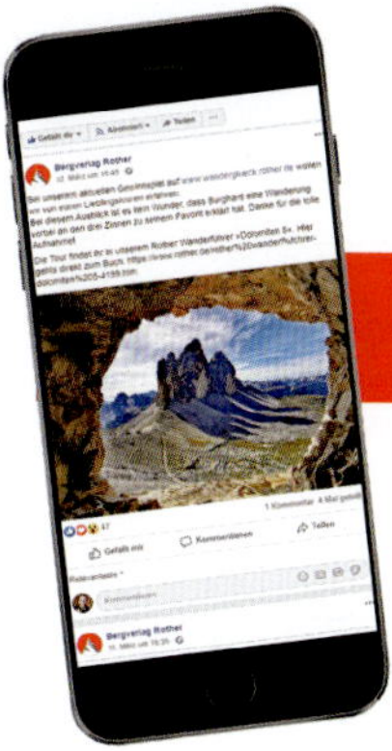

Neues, Tourentipps, Gewinnspiele

Monatliche Neuerscheinungen, Tourentipps und Gewinnspiele im Rother Newsletter

Gleich anmelden:
rother.de/newsletter

ROTHER
BERGVERLAG

Umschlagbild: Der Eishof im Pfossental befindet sich am Meraner Höhenweg.

Bild im Innentitel: Die Zsigmondyhütte vor dem mächtigen Elfer-Massiv.

Bild Seite 2: Hoch über Schlanders im Vinschgau mit Blick in die Ortlergruppe.

Alle 236 Fotos stammen vom Autor.

Kartografie:
47 Wanderkärtchen im Maßstab 1:75.000

Übersichtskarte auf dem Umschlag im Maßstab 1:1.000.000

Übersichtskarten
S. 20/21 im Maßstab 1:180.000
S. 54/55 im Maßstab 1:130.000
S. 90 und S. 152 im Maßstab 1:220.000
S. 130 im Maßstab 1:250.000
S. 172/173 im Maßstab 1:300.000
© Freytag & Berndt, Wien

Werk-Nr.: 4752

Die Ausarbeitung aller in diesem Führer beschriebenen Wanderungen erfolgte nach bestem Wissen und Gewissen des Autors. Die Benützung dieses Führers geschieht auf eigenes Risiko. Soweit gesetzlich zulässig, wird eine Haftung für etwaige Unfälle und Schäden jeder Art aus keinem Rechtsgrund übernommen.

1. Auflage 2024
© Bergverlag Rother GmbH, München
ISBN 978-3-7633-4752-0

MIX
Papier | Fördert gute Waldnutzung
FSC® C147178

Wir freuen uns über jeden Korrekturhinweis zu diesem Wanderführer!
Bitte per E-Mail an: leserzuschrift@rother.de

ROTHER BERGVERLAG · Keltenring 17 · D-82041 Oberhaching
Tel. +49 89 608669-0 · rother.de

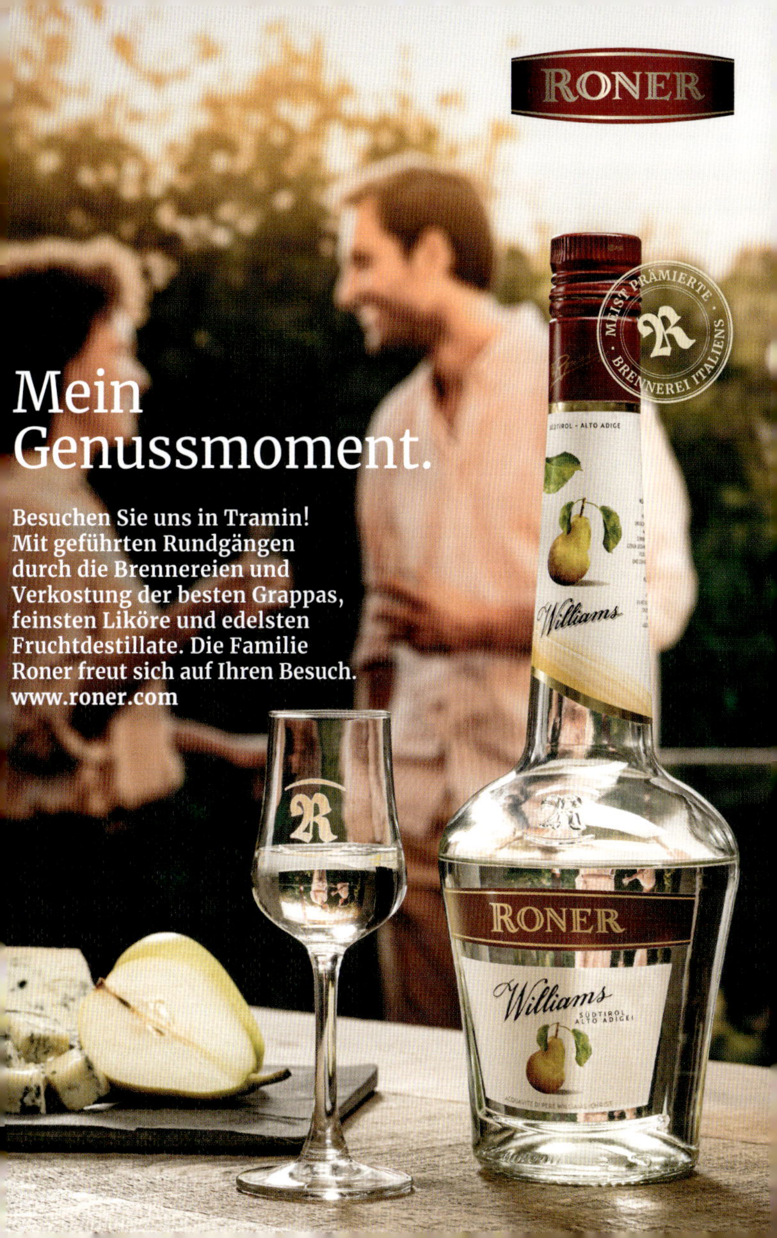
RONER
Mein Genussmoment.
Besuchen Sie uns in Tramin! Mit geführten Rundgängen durch die Brennereien und Verkostung der besten Grappas, feinsten Liköre und edelsten Fruchtdestillate. Die Familie Roner freut sich auf Ihren Besuch.
www.roner.com
MEIST PRÄMIERTE BRENNEREI ITALIENS
SÜDTIROL · ALTO ADIGE
Williams
RONER
Williams
SÜDTIROL ALTO ADIGE

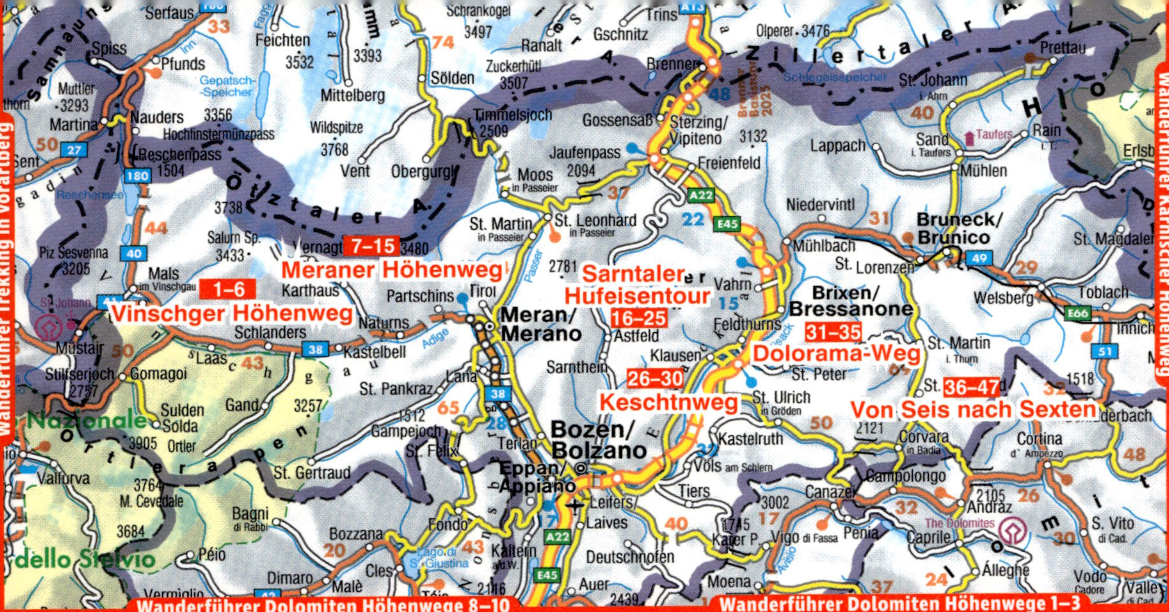

Sechs mehrtägige Trekkingtouren in den schönsten Gegenden Südtirols auf leichten bis mittelschweren Wegen.

ROTHER.DE

ISBN 978-3-7633-4752-0

9 783763 347520

€ 16,90 [D]
€ 17,40 [A]

hristian Starke

Tiroler Höhenweg

on Mayrhofen nach Meran

15 Etappen mit GPS-Tracks

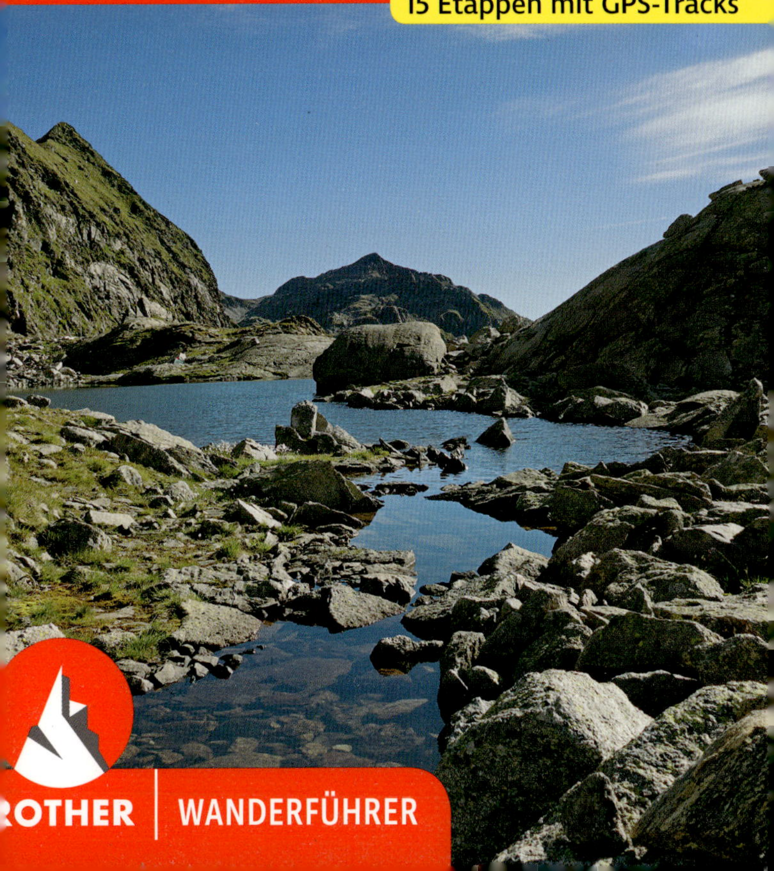

ROTHER | WANDERFÜHRER